贾植芳 ◎ 著

陈思和 ◎ 主编

卷五 · 书信卷

贾植芳 全集

山西出版传媒集团

北岳文艺出版社

图书在版编目（CIP）数据

贾植芳全集 / 贾植芳著；陈思和主编 . — 太原：
北岳文艺出版社，2020.1
ISBN 978-7-5378-4988-3

Ⅰ . ①贾… Ⅱ . ①贾… ②陈… Ⅲ . ①贾植芳（
1916-2008）—全集 Ⅳ . ① C52

中国版本图书馆 CIP 数据核字（2017）第 253948 号

贾植芳全集·书信卷

贾植芳◎著　陈思和◎主编

//

选题策划
续小强
刘文飞
范戈

项目负责人
范戈

责任编辑
贾江涛

书籍设计
张永文

印装监制
巩璠

出版发行：山西出版传媒集团·北岳文艺出版社
地址：山西省太原市并州南路 57 号　邮编：030012
电话：0351-5628696（发行部）　0351-5628688（总编室）
传真：0351-5628680
网址：http://www.bywy.com　E-mail：bywycbs@163.com
经销商：新华书店
印刷装订：山西人民印刷有限责任公司

开本：710mm×1000mm　　1/16
总字数：4850 千字
总印张：297.5
版次：2020 年 1 月第 1 版
印次：2020 年 1 月山西第 1 次印刷
书号：ISBN 978-7-5378-4988-3
总定价：498.00 元（全 10 卷）

1967 年秋，任敏从山西家乡来沪探亲时与贾植芳合影，时正陷"文革"苦难中

1986 年，胡风追悼会后在胡风家中合影

1986 年，贾植芳、任敏在复旦九舍 13 号寓所

2002 年，左起：顾征南、章培恒、贾植芳、何满子夫妇、范伯群、斯宝昶

编者说明

本卷为卷五《书信卷》，所收书信内容如下：

一、《致胡风（1938—1954）》，初刊于《书屋》2001年第4期；单行本以《贾植芳致胡风书札》（线装，手迹影印，华宝斋书社2001年10月出版）为题出版；后收入《贾植芳文集·书信日记卷》（上海社会科学院出版社2004年11月出版）。本卷据《贾植芳文集》版本收入。

二、《写给任敏（1972—1985）》，初刊于《收获》1999年第3期；后收入《解冻时节》（长江文艺出版社2000年3月出版）及《贾植芳文集·书信日记卷》。本卷据《贾植芳文集》版本收入。

三、《贾植芳、任敏致胡风、梅志、路翎等信件选（1979—1981）》，由陈思和校注。初刊于《史料与阐释》第一辑，复旦大学出版社2013年出版。

四、《贾植芳、任敏致胡风、梅志、晓风、晓山信件选（1982—2005）》，由陈润华、金理校注，初刊于《史料与阐释》第四辑，复旦大学出版社2016年出版。

五、《写给范泉（1983—1995）》，初刊于《新文学史料》2002第2期。刊发时的《附录》与《后记》一并收入。

六、《致李辉（1992—2008）》，由李辉整理、校注。初刊于《史料与阐释》第一辑。

七、《致孙景尧(1982—1987)》，由方颀玮整理，刘耕华校注。

八、《致董大中（1982—2005）》，由董大中校注。初刊于《史料与阐释》第一辑。

九、《致钦鸿（1982—2006)》，由钦鸿校注。初刊于《史料与阐释》第一辑。

十、《写给学生》，大象出版社 2000 年 4 月初版。本卷据此版本收入。删去原书中非贾植芳先生所写的《总序》《代序》以及附录《学生眼中的老师》。

十一、《其他书信》各篇的篇末都注有书信来源说明。

目 录

贾植芳、任敏致胡风、梅志、晓风、晓山信件选（1982—2005）

写给范泉（1983—1995）

致钦鸿（1982—2006）

致胡风

(1938 — 1954)

1938 年

19380421

胡风先生：

　　来武汉后，得见《七月》，颇觉喜欢。因为生活的缘故，不能用热烈的体裁，现即寄上来汉写的《蜘蛛》一篇，现在用这样晦涩的写法，似觉不当。但也就真存在着这样的境遇。如认为不合格，请即退下。

　　副标题用"呈献为真正人权斗争着的日本兄弟"，就是写它的用意。二年前在日本的海滨，在夜雨声中，辗转于席上，想着过去的人与事，爬起来写了这样一篇，用以纪念友人，二年后的今日，从报上看到了动人的记载，我又不禁把它从记忆中抄出，转赠于这一更广泛和伟大的运动的支撑者和受难者。

　　有一个时候我不相信文字，但现在又糊涂地写出了这些。也算是纪念自己罢。

　　此祝
大安

贾植芳
四，二一日，午。

19380508

胡风先生：

"探交"的信已拜读过。近来又搬动了一次，弄得生活颇形麻烦，甚至很糊涂的，没能写复信。训练班[①]近日就大概结束，这简直类乎一个噩梦。武汉这地方生活颇无意思，我即预备尽可能回我生长大的北方去。这是很早就希望着的事。

《蜘蛛》是在寂寞中写的，在日本海滨就写就的，不知怎样，不久之前的情绪又恢复了一年之前，这情绪颇可怕，我原写了纪念一个用自己的血为正义而牺牲的人，后来报上看到日本军阀大捕反战运动者，有些甚至就牺牲于牢狱了，于是又从记忆中抄出。不过这样的作品，有时或竟是一个可怕的趋势，于健康的读者也许有害的。

训练班现设于南湖军校原址，这里，给敌人已轰炸过两次了。

匆匆。

祝安。

贾植芳上
五月八日，夜。

19380604

胡风先生：

南湖曾奉一函，未接复信，不知收到否？我在武汉混了一个多月，心情阴气得很，现在总算告一段落，后日即打算动身赴晋，到一个部队内做工作。

现寄拙稿一——《家》，是在武汉写的，原打算以"五四"到抗战前后的智识阶级写一剧，但因为向来没用过剧这一形式，故先做一小规模的尝

---

① 训练班：指最初由国民党中央政治学校承办的"留日学生训练班"，武汉时期交由国民政府军事委员会政治部第三厅（郭沫若任厅长，中将军衔）接办。

试，结果便是这个《家》。

《家》刚写罢，突然接到友人辗转来的信，知道在北方的妻子死去这消息，——对于死，我的见解，以为这东西本身却是可怕，如在《家》里所说，但在人的作用上，却有商量余地，就是死法问题。故我承认生命脆弱是一件事，但不是死的整个解释，所以要紧的是在生命的应用上这一点，来决定死的价值。接到这个信，我顺手在原稿的头上加了一个注，算是一个纪念。

我的通讯处暂时无法决定，现在暂写一个武汉的友人地址，到目的地后，当再写信通知。匆匆。

祝安。

贾植芳
六月四日，夜。武昌府后街十八号转。

19380613

胡风先生：

离汉前曾寄上拙作一剧本《家》及一函。我于十日到西安，沿途颇费了周折，预备在西安稍事勾留，即动身到山西战区。一向因为生活的忙碌，没能有确切的通讯地址，很是抱歉，现在算暂时得到一个，虽然也是带有很大的游移性，但总是一个较有办法的——

"山西新绛县探交陆军第三军第七师政训处。"

西安这地方近来很寂寞，它的黄金时代因了潼关的炮声和那次大轰炸，都剥削净尽了。阔人们跑到更远的地方，繁荣自然也就跟到那地方。但我是喜悦的，因为又回到可爱的朴质的北方。虽然这北方过去对我也是残忍的。匆匆。

祝好。

贾植芳
六，十三日，夜。

19381014

胡风先生：

汉口一函接读。在山西的战地里，随军辗转，已然四个多月。军队的任务是保卫黄河渡口，防止敌人过河。所以转来转去，老是在一条中条山里。这山中的面积，横有八十里，纵有百余里。大部我都算走到，有的地方颇是险峻，像原始的森林蔽天，据土人说，老虎一类的东西还在出没着呢。但就是这样的地方，侵略者的炮声还听得很清楚。九月十六日敌人因在风陵渡一带吃了大亏，于是想趁机一举而"扫荡山内残敌"，六千多敌和四十八门炮一齐向山隘口集中总攻，驻地已是前方，到傍晚非战斗员退却，在黑的原野里，可以看见敌人放的篝火，而周围却是零碎的步枪声。过了两天，因为我们的总攻，和我某路友军的抄敌后路，敌人进攻的计划算完全的粉碎！据军部发表，敌死伤约三千，我们一千七百余。事后我到前方一带活动，调查所得，敌人之中真正的日本人不及十分之三，大部是山西人，而且就是本县人，敌人的民众工作倒比我们出色。据我的经历，我们每到一地，第一件是各处召唤民众返家。目下山中大军云集，而山内因人口稀少且贫困，吃的东西已要什么没什么了。我们吃的"馍"是有限制的。但另一面，秋禾却在田里自己腐烂了。农民们都已逃亡了。晋南的麦子和棉花，是华北的重要产品之一，在山西是次于"煤"的产品，但就在夏收与秋收之间，闹着粮食恐慌，是笑话呢，还是悲哀呢？

另一方面的情报，敌人不唯有充分的食粮，而且临汾和太原的几个面粉厂已开了工，另外敌人还在几个县城开了"军政训练班"一类的场所，训练青年，我们对面的敌人不唯士兵大部是中国人，连政治员（宣抚员）之类也成了中国人了，他们也随军工作，如贴标语召开民众大会之类，敌人现在是进一步地用出政治方法来扶助军事的侵略了。但在我们自己阵营里，大部人是混着苟安的生活，更有人讲"少管闲事"的"世故"，莫名其妙地过着。中国这个国家真太古老了，难道黑暗和腐化这东西真是上好的油漆一样，涂于这古老的壁上，怎样也擦不掉么？有人说黑暗是没有进步性而只有蔓延性，那么现在所该做的，也许只是"防疫"的工作。说到这里，我觉得《七月》应该办下去，现在应该结合一切的良心，建立自信，扫荡欺骗和浮诈，拭去黑暗和腐臭。

现驻地还是山中，已连雨了八天，今天晴了一忽，看样子却是还得再下。山村上的"老百姓"们都算回来了，但大部的时间办了公事——替部队弄吃的，眼巴巴看自己的谷子腐烂在田里，这种心情，我描写不出。

写信寄"第九十五军邮局交山西夏县第三军第七师政治部"，末了，希望这信能看到。

问好。

贾植芳

十，十四日，中条山下。

1939 年

19390105

胡风先生：

　　十一月间在行军中接到自汉口寄的信，到复回信后，汉口就陷落，所以那信该是扑了空。日子过得真快，转眼已是两个月，近日从一张废报纸上看到你到复旦的消息①，所以重写一封，希望它再不会扑个空。

　　来山西前方已是半载，部队一直在山西的"盲肠"中条山一带作战，九、十、十二诸月曾有数次大激战，击退了"扫荡"的敌人。在前方，可以看到进步，虽然太慢。后方情形虽是隔阂，但在仅能见到或听到的机会中，失望总比兴奋的时候多。这，只有在长期的战争中，来弥补它。

　　我即在师部政治部做事，主要做对敌，但因为这一工作的没有根基和不被注意，所以很少成绩。近来更因为脑病的复发，所以又多了一层障碍，预备最近回后方，治疗后再讲。

　　汉口失陷后，前方对于后方的消息，更隔开了，尤其是出版界，简直是毫不知道，希望能从你处得一点消息。还有鹿地亘先生，在前方看到他

---

① 抗战期间胡风曾任复旦大学中文系兼职教授。

的《国民の栏意》①小册子，不知现在到了哪里？来信"第九五邮局交山西夏县第三军第七师政治部"。匆匆。

祝安。

贾植芳

一，五，朝。

19390414

胡风先生：

四·三的信拜见。作为总后方的地方，竟是那样一副低沉苦闷的面孔，虽然似乎是值得吃惊的事，然明白中国历史和情况的人，总是也不觉意外。听说西安古都比那地方就还要"进步"呢。这些人工的障碍，许多有良心的评论家都说借日本人的大炮，是可以得到教训，渐与洗刷的，跟我看，这还是单纯的一面。在这个只能生细菌的地方，主要的还要做内部消毒的工作，鲁迅先生的改造精神论，我一直到现在都觉得是一种正论。就在这山野的地方，时时也波到这种低气压的空气，使你闷窒，出气不得。虽然离敌人境三十里地（指指挥部一类的机关），但人们的头脑，和思想方法，证明还是战前的式样，敌人的凶残并没有改变了它。马马虎虎，自私自利二大潮流，还是河一样的在人们中间流荡，前方后方化，所得的战争教训，不过是东西太贵一点而已，真是悲观。不过把眼睛从高级人们的头上抬过去，看看愚夫愚妇，士兵，乡下小孩，都是进步了，大大进步着，我想，这里就是希望。少数腐乱着的中国人，在战争的进展中，是渐渐地不能"代表"中国全体人民了。到前方一年，所得的就是这点用眼睛看到的安慰。也因此，觉得文学应和群众拥合，奉仕于群众，是现在文学的真实结论。《七月》发行大众版，极为拥护。

前方在文化上，可以说还是没有的，一面是接济不到，一面当地很少这些人，创造提倡不出，连宣传也是贫弱的很，大家还是老套子，反观敌

---

① 《国民の栏意》，可译为《人民的呼声》，是鹿地亘先生担任第三厅设计委员期间写的一本用于前线对日反战宣传的小册子。又据许俊雅教授提示，《国民の栏意》更为妥当的译法是《国民的意志》。参见许俊雅：《我读〈贾植芳致胡风书札〉的一些想法》，许文为为复旦大学中文系、河西学院等联合主办的"贾植芳与中国新文学传承"国际学术研讨会提交的论文。

人，那对于宣传的讲究与注意，大规模地干，我想，只一味盲目地夸张着自己的了不得的进步的，而且凭了这升官发财的大人们是应该静下气，注意这一点，因为敌人这样干，在我们眼中，有的人说是近乎"危机"的一种不利东西。——下次，我可以奉上一些敌人的宣传品。

部队现在出击，整日炮声隆隆，我是前日才从别处回到临时的留守地方，明日晨便一个人出发到山前的作战地方。匆匆。

祝健康！

弟 植芳
四，十四，夜，支家川村。

19390522

胡风先生：

前奉上一函，并一稿。我将要离开第七师了，所以通讯处改为"西安梁府街九号李子忠先生转"。

前方一年，系在一个黑洞里旅行，眼睛因之亮一些了，但黑暗的旅行，是不能继久的。而且，也疲惫了。

祝好。

植芳
五，廿二，夜。

19390627

风兄：

离开队伍时曾奉一书，想达左右。弟到西安后，刚巧中原战争变起，此地以距离相近，顿成草木皆兵之状。苟安已不被允许。罗马人所说的 Quo Vidas?（往何处去？）成了大问题。弟敷衍已久的问题，不能不解决了。决定不再如此地混了，短期中当到故乡去。此后距离愈远，连通讯的联系，恐亦不易了。但世界的生命是长久的，我们总该有一天快乐的相聚罢。

祝兄的健斗；弟之小文，请兄处置之可耳。

植芳 拜
六月廿七

19390816

胡风先生：

　　六月间在华阴曾投过一函，和一个短稿，我离开原来的地方了，记得那个信里说到。要凭良心生活，做一个上进的中国人，真是天大的不容易。然而也不用悲观，咬着牙干罢。"光明就在我们的前面"，连山内的小孩都唱着这个充满光和热的歌。

　　在西安混了一礼拜，我又折转来，走了近半个月，经过荒寒的陕北山地，绕到吕梁山内，家就在这里，有近四年的光景，没看到家了。一个人在江湖上寂寞地生活着，有时是也想到家的，正像裴里甫①所说，家是充满着回忆和甜蜜，然而那指的是法国人的家，在苦难着的中国人的家乡，就完全不兑现了。这就是老爷们所唱的"中国的特殊性"罢，比如我们的故乡，是在近游击区里，整日日本人、军队、土匪混和着扰，是像高等数学里所讲的 pocebelity 一样，那么逻辑地，此去彼来，竟是"秩序井然"的扰。做一个老百姓，一般的谈论，（乡下人，泥腿子们的野论），只有两条路：当土匪，或上吊，否则，没有法子。而一般官僚，联合了市井的混子，像苍蝇一样的，逞雄发威风，要这个要那个，要得无微不至。老百姓一面得应付日本人，一面得打发这些住在安全地的老爷们，有什么时间做庄稼，真是天晓得，而且农具，耕牛，骡马，都给烧的烧了，拿的拿了，拉的拉了，最近日本人在强制征兵，和征求工作员，而一些坏军队，也拉老百姓，被拉的非得花几个钱不行，否则，汉奸"嚓"杀了。老百姓哭着脸说，"唉，老总，老百姓怕你，你专打老百姓，日本人不怕你，你不敢打日本人。"结论：是两个耳刮子，和几个妈的屁。就这样，田地渐在荒芜了，年轻的老百姓都流亡到外面，有的走了正确的路，加入他们热爱的队伍，打日本，报仇雪恨，有的就走了近路，结合一些同命运的家伙，仿效着欺侮他们的人，自己做起活来了，真是混乱得很。这样，混的时间很短，我又跑出来了。五天后到了宜川，雇好了轿车往东走，可巧走了两天，就被抢劫了，路费被拿得一文不剩，要不是碰见友人，简直得饿

_____

　　①裴里甫，应为小说人物，出处失考。

死陕北的深山中。返回宜川后，却又淋了一次雨，掉了一次河，而且奇特地病了起来，预备再多混几天，再行出走。预备能到四川去旅行，一来看看战时的首都，再则换换空气。如这个目的达到，希望在不久的将来，能会到先生，当面报告一点战地的奇闻。

宜川地处群山包围中，是从前土匪常攻打的地方，现在是出奇地繁荣，生活程度高到使人吐舌，外国也不过如此。我住在城外一个小店内，这里的住客，是车夫，小商人，赶驴的，挑夫，混鬼，杂兵，下等女人，是一个奇怪的世界，很能得到一些新奇的知识，所谓 Read man，该是如此讲罢。匆匆。

　　顺祝
健康！

弟 植芳
八，十六，夜于宜川王家小店内。

19391010

胡风先生：

自晋西返转西安后，得"九·一"函及《七月》四集一期一本。本想早写一个回信，因病和忙，而最要紧的是心情的落寞，所以直俟到坐在宝鸡的旅馆里，而时间已是十月中旬了。

《七月》总算满意地又出现了，在西安，书铺内见不到，大约是什么原因罢，只报贩们手持着卖，据在茶馆里听几个报贩们的议论，则也是很好卖呢，差不多来了就光了，这证明在这个城市里，群众也还是需要着文化。这真是中国的活力素，值得乐观。再一个观感就是从偶尔得到的敌人的杂志里，看到写战地或以战争为题材的作品的大量，就觉得好像是对中国创作的一种傲视，只这一点，就觉得我们还是落后，至少赶不上战争的需要，这真是一种危机的东西。这里，就希望着《七月》的精进，哪怕吃点苦头，甚至遭暗算也罢。还是要干。

我是明日就动身到重庆旅行，预备试写一个长篇，定名《新尸》，在西安写完万把字，只是在这样的被号称做后方的城市环境里感受着，觉得写得心情很坏。这真是一个矛盾。

附寄上《手续剧》一篇，是写着一个实事样的东西，记得初经历了这样的题材，很为感叹，战争启发了民众的灵魂，而在好的民运工作下，群众虽还不能马上跳出贫穷，但渐渐脱了愚昧，愚昧实在比贫穷厉害，但是能脱出愚昧，也会能离去那天赋样的贫穷。而启发了的群众，那力量是固执样的，不可遏止的。这是这次战争给中国民众的变化，也就是将来希望的种子。所以对中国前途存着正确信心的人，他的希望，是决不会落空的。

西安这地方很闷，没有正当娱乐，正式也没有文化。大家还是一样地活着，只来了警报，才会使人警觉是在战时，而街头是人踏马，马踏人，秩序什么的好像死过了一样，觉得颇不喜欢。北方天气是冷了，苍蝇们是差不多绝迹，但娼妓们反看得更形活跃。过去人们说过，西安是靠了娼们繁荣的，而转到了战时，就更形活动起来，已成了这城市的组成的主力军，有人开玩笑说，这里的娼们编起来，起码有一军人。真是可为浩叹了。匆此。

顺祝

康健！

贾植芳

十，十，夜，宝鸡。

19391021

胡风先生：

在陕南的一个小城曾寄一信。我于昨日转抵重庆，现寓中二路公路局车站对面华北寄宿舍内。

此来的目的，一来是看看战时首都的气色，因为西北一带是在低气压的空气下，很是苦闷，所以打算能做一个短期的居留，找一个糊口的事，静心一下，写出长一点的东西来。假若这"理想"可达到，真是喜不自胜，否则，短期间内，又要搬到敌人后方住去了。目下暂不迁移。

初来呼吸这后方第一城的空气，很不习惯，而且生疏。希望能得到一些指示。匆此。

顺候

健康。

弟 贾植芳

十，廿一，午。

19391113

胡风先生：

来渝后，曾奉一讯，交由北碚华中图书公司转，此后即移来上清寺，寓友人处，作为生活的资料，就在一家报纸帮人编新闻，——国内政治战事。

此次来渝，一则观光，西北一带近窒息得不得了，简直难于出气，所以来行都看看；二是看病；三则想借这个病，不能做实际工作的刹那，写一点长的东西，读一点书，但想，只要能有相当的健康保持，还是想早一日回战地。离别都市年余，乍一来到，颇有点呼吸不惯，但这样都市的生活，也确实感到厌倦。

《七月》久未见到，情形若何，颇是惦念，希望它能茁壮地活下去才好。匆此。

祝健！

弟 贾植芳
十一，十三，夜。

来示交"上清寺一八〇号二楼"。

19391129

胡风先生：

离城前的信收到。看到先生家族的不幸的遭遇，不禁怃然。在战争途中，每个人简直都遭受了不可补的损失。惟望一向仰着头战斗的先生，相当的克制着步过这个涧壑，那是最切要的了。

来渝后，生活是很错乱的，而且又为了谋取生活资料，连过日子的程序也颠倒了。此后，就是希望理过这个疲倦的身子，在能生活的条件下，暂时度一下书房的日子。写长篇，战地时就有这个意思，旅居西安时也曾计划了一下，写出了一点（题目暂定为《霍林上尉》），这以后，也希望能写下去，更希望能从先生处得一点意见。都市生活，尤其都市人寻觅刺激的生活，是疲倦到泛起厌恶了，所以另一面，就是能不能在身体弄得好一点后，春天一来，到战地去。

一两天后当寄上一篇创作，《嘉寄尘先生与蚂蚁》^①，但那样对题材的处理法，自己也觉得不放心，而又非这样不可，真是没有法子。

哪一天回城，请能告知。匆此。

祝健！

植芳
十一，廿九，夜。

19391216

胡风先生：

寄往上清寺的信得到。因为害了很讨厌的皮肤病——湿疮，不能过于劳动，所以早几日前就搬到李子坝的报馆来，算是节制劳动。

《嘉寄尘先生与蚂蚁》的小说，是初来重庆闷起头来写的，尤其末一段，觉得累重，关于蚂蚁部分，希望能相当的予以撤销，因为整日忙于应付疾病，而原底稿又是毁去了。原题目也请打倒，就请换上《解放者》罢。

所谓工作，也还是这样。《七月》若再排印明信片，请能登一则征求《七月》一、二、三各集合订本的启事为祷。匆此。

祝健！

弟 贾植芳
十二，十六，晨四时。

---

①此篇后以《嘉寄尘先生和他的周围——中条山的插话》为题，发表于《七月》1940年第5卷第1期。

1940 年

19400127

胡风先生：

　　造访后，又是半多月了。重庆的气候恶劣，空气坏，过得很窒气，在垃圾堆一样的工作上，活得寡而无味。病是好了。就是想压着这颗时刻跳动的心，想凑在城市的机会，多写作一点。虽然有时这又很难办到。

　　长篇是在计划着，暂写着断片和札记，慢慢来连续；还是以知识阶级为题材，不过是人手多一些，关于近代的中国智识阶级的形态，颇想来一次综合，但有时却弄得模糊了。比如上次谈到的《蜘蛛》一篇，本是想写出纪念一个英勇的牺牲者，但因为或是由于读书和神经过分衰弱的影响，就把它写成类似沙宁①的情况了。看来就晦涩。近来也掏空写了一个短篇，改削好，再奉上请指正。

　　《七月》怎样了？下周要进城，希望能到尊寓去一访。

　　匆此。

祝健！

植芳
一，廿七，朝。

---

①沙宁，俄国作家阿尔志跋绥夫的同名长篇小说中的人物。

19400307

胡风先生：

　　信收到。今晚曾往访未遇，想是回乡了？但不知近状若何，很是记念。

　　我已决心脱离报社，来重庆五月，呼着极不自由的空气，虽然又换了一个和报社一样的环境，但这是一个回北方的机会。血迷的故乡的声音，我是时时向往的；尤其在疲惫和异常寂寞的时候。觉得还是做一个时期的实际工作为好，所以决心脱离垃圾堆一样的职业，再跑向山野去。路这个东西，我以为是长的，是看来简单直接，实际又是极弯曲迂回的。走起来时，是不唯要出一头一身的湿汗，而且要跌跤和挨投来的石子的，但这些也都该看成小事，才能搏斗，中国本来就不是一块完全光明的净土，新的要从旧的蜕变。

　　下礼拜一不知是否回城，预备能在该日的晚上七时左右再往尊寓造访一次。希望能有一个再谈的机会。

　　要写的东西，我是尽可能地不放弃它，但预备能把轮廓写得广一点，所以想多思索一下，或者在离渝前，还可完成一个短篇，如是当希望能奉上请教。

　　关于《七月》一二三集的购买事，我也写了信去，但还未得到回音，预备再等一下再说。我仍住上清寺宿舍。匆此。

　　祝健！

植芳

三，七，夜。

19400418

胡风先生：

重庆别后，于四月初即到西安。别西北六个月，乍一回来，天气还是北方特有的高大晴和天气，沙土飞扬亦如故，但"气压"就低到直压到眉间，要人闷憋，真是可怕。或许是地域的缘故罢，重庆的感觉还没这样的深刻，这样，人的灵魂由愤怒会变得粗暴，觉得生活的本质，就真如尼采的所云，分别善恶，而用力量去征服恶。决计绕一个圈子，能有机会过军队生活去。目下呢，就急着能早日到宜川去，这是第一。

陈守梅兄常会到，大家一样的闷。他计算着能去重庆溜溜。他在这里住得很长了。

此地出了一个杂志，叫《黄河》，第二期内有一段批评《七月》的话①，守梅兄云，已寄您。这是一种看法，一种意见，颇值玩味。主要的，那是一种面目。

兄处的生活情形，很是惦念，还是一样的忙罢，希望能多得一些消息。

此处有一个书店，愿意代理发行《七月》，他知道它的销路在此处不坏，而且附有印刷所，可以印刷，将来如《七月》能扩充到打纸版印发，西北方面亦不妨托其代办，但希望您的信里能说明代办的办法，好叫这书店再和华中公司去直接接洽去。

我三两天就离开西安雇牲口绕小道去宜川，大概得十天才能到。来信请暂由"西安东大街新民书店转"。匆此。

祝安。

弟 植芳
四，十八。

---

①据许俊雅考订，"一段批评《七月》的话"，来自《黄河》1940年第2期谢冰莹《建立生产文学》一文。参见许俊雅：《我读〈贾植芳致胡风书札〉的一些想法》。

19400514

胡风先生：

西安曾奉一函。四月廿四日我即离开西安，雇骡子绕河北上。在风沙里，一个人骑着驴子前进，是很寂寞的，好像充军。这一带名叫黄龙山，是荒无人迹、土匪出没的场所，有时走了一天而碰不见一个人，是很平常的。我幸而无恙，走了九天，到得宜川。

这次的重回西北，是觉得都市太闷塞了，像蒸在笼里一样；但找得这样一个机会的职业，又像爬在污泥里，不过在广漠的西北高原，地方接近火线，总希望等着机会，又走回部队，以此为基础地做出点事情。但世界上，只有等待的心情，不好描写，也希望在这期间，充实一下头脑罢。

此地的文化，经过一场风波，又完全摧毁了。没有什么书。《七月》和您的情况，是很惦记的事，希望继续着通讯，——"陕西宜川秋林镇十里坪同济成转"。

匆此。

祝安。

弟 植芳

五，十四，夜。

1943 年

19430221

风兄：

　　客岁暑假奉一书，秋间并寄文稿一包，想均收阅。半年来，以军中生活不定，弟又到处辗转，故再未有写信机会。日前由军中来省城，书店中得站读兄之新旧作，又如对面，引起弟之旧怀新感，大觉怅惘。故诉之文笔以寄兄。弟数年来生活，更现实化，不是路的问题，而是走法问题。这就是我的数年中最大的苦恼所在。此后呢？还是这"走法"问题，我希望追求到一个适当的解决，哪怕包括尽一切折磨与困苦，蔑视与羞辱。

　　兄动静，时在关切。在书店中，拜读兄香港脱险后文篇①，兄的悲愤，在弟就觉得是一种时代的魂魄，——经历了各种方式的生活和环境，对我们的中国现实，更肤接了，但也更怆然了。除过寄兄的一包文稿外，一字未写。因为我有一个思想：认为时代问题的解决，文字只是一种配合力量。另外还要依靠一种"真实"力量。所以又回到部队，但是结果，失望！所以我又要离开军队了。现在而感到怆然！至前寄兄文稿，如兄认为如何处置，均可。弟希望最近年来，不再提笔了。

　　谨祝健斗。来信寄原部队。

弟 植芳 拜
二，廿一。

---

　　① 香港脱险后文篇，指胡风《死人复活的时候——给几个熟悉的以及未见面的人》一文。

1944 年

19440431[①]

风兄：

　　回到部队后接读来信，是很久的事了。但一直没能写复信，却是因为走的问题。现在，好了，我明天就要离开这里了，军队的生活，又告一个段落了。晚上月明风静，心平如镜，那么就写一封回信罢。真是，下次再提笔作书时，不知又在一个什么环境中了。

　　昨日看《大公报》上登的文协周年祭论文，想为兄所执笔，读后真是"感情如涌"，而又联带地想到兄上函中深沉的感慨。一句话：战时中国文士的悲哀，可说是人类性的悲哀。弟数年来深有感于在这样国度做"人"实在不是容易的一回事，惶[②]论做有良心的文士？弟前函曾有"往后一个字都不写了"的话，就因为觉得做一个"配合"的文士，实在还不如去卖油条坦然而实在。甚至还不如这样体面。但话虽是这样说，人生到底是一件严肃而有意义的事，还是要用鞭挞的态度去度过，故兄的劝勉，实乃弟

---

　　① 四月不应该有三十一日，此日期明显有误，但因无法判断正确日期究竟是四月三十日还是五月一日，故从手稿所署。又据许俊雅推测，此信写信时间极可能为 1944 年 4 月 21 日，参见许俊雅：《我读〈贾植芳致胡风书札〉的一些想法》。

　　② 原文如此，应为"遑"。

勇气之源泉。我常想，世界上最美丽的姿态，就是手执武器躺在战场之野的勇士的姿态。弟从前从军之中曾真实地看到这种姿态，衷心曾想，人生到此，可云满足地感到着。

旧作数篇，即请存兄处，不一定非要发表；其中兄认为尚可发表者，就请兄随便写个笔名发表之亦可。总之，任凭兄裁处可耳。陈守梅兄数年不候，不悉兄有否会到或通讯。

安定了再函告；现通讯处仍可由西安原处转。

即请：

著安。

弟 植芳 拜

四，卅一。

19440812

风兄：

忽然接到来信，大有空谷跫音之感。这几年里，我觉得真是一个不算太短的时期，虽然彼此默然，但兄的消息，我一直留心，我流落西北，而且少与外界往还，看见西北的杂志期刊上曾有过不少兄的好坏消息，含血的或是杞忧的，我都为其支配，感到不宁和担忧，偶然在什么地方看见兄的几首旧诗，这才释然了。

我在这几年里，走着一条惊险荒唐的路，生活的范围扩大了，对中国有更多的认识了，和真的生活现实全部接触了。我时常听着自己心的跳跃，也感到生命的麻木，就这样有时惊觉有时糊涂地过着日子。这当中，诚如兄所听到的，已经结了婚，完备了人生的形式。现在呢，我又将打破这样的生活现状，有一次远行。对这一次的远行，我解释为"深化生活"，走向生活的底渊去。

写作事，这几年也时不忘怀，但在对生活意义不满足的情况下，对这样的事更觉其难了。只有近一年期中，我索居一处，写过一些鞭责自己的短篇，默默地拿给自己看；这些，还存有一些，希望再托人找回时，能寄予兄，算个纪念罢。

现在暂留个通讯处"西安大学习巷四十八号屈宝如先生转"。

　　匆此，即祝

健康。守梅兄似在渝，请代候。

弟 植芳

八，十二日。

1946年

19460412

风兄:

"四·七"函收到。守梅兄的苦难①,不胜系念之至,希望兄去函予以安慰与鼓舞,因为,苦难往往就是勇气之源泉,当弟被关于徐州日伪的留置所时,心上奇怪得倒像是得了安慰。

兹有友人金君赴沪,托带去小米一包,绿豆一包,皮鞋二双,据熟识的作者皮匠说,这皮是东洋货,较徐州出品坚韧,但不悉适用否?晓风的一双,纯是任敏设计,可不知大小如何?

弟在徐因为事务手续的拉牵,短期内尚难离开。股本的事,也正在设法中。

前寄出的稿,是在一个深夜中写出的,自己读来很有阴气,这样的东西,请兄看看再说。近来也计划写一点小说样的东西,但在此地此时,天天过着像安特列夫的《假面跳舞会》地生活,是很难找到宁静的。

此颂

---

① 守梅兄的苦难,指的是其夫人张瑞自杀身亡。参见许俊雅:《我读〈贾植芳致胡风书札〉的一些想法》。

健安
　屠先生①一同

弟芳上
四，十二。

　屠先生要的颜料，兹检寄各色凑成一盒带去。（十五瓶）
　又，金君可于明晚动程。

19460515

风兄：

　六·五夜信收到。说是要走了，但老走不了，急得每日只在屋子里来回走。不过，要等的人已不来了，那么，走得大约要快些了。

　在这样闷塞的地方活着，是只许动物式的营生的；住久了，会使你变成一个虚无派，好像回到我们祖先们的洞穴中一样，是这样的可怕。要写什么的话，也只有到上海再说罢。

　此地建设忙，——街上士兵忙修碉堡，大厦工人忙修舞厅。我则皱着眉，在屋子里"无事忙"。毫无"建设"的心情。

　昨日一个商人从上海回来，带回二集一期的《希望》一本，寄的则尚未收到。这两日读着它，心情渐渐暖和起来，好像得了一场雨似的。

　即颂
健安。
　屠先生一同

弟芳上
五，十五日夜。

────────────
　①屠先生，指胡风夫人梅志，原名屠玘华。

19460521

风兄：

周前得来书。海上情况，阅报颇有发现，此地亦渐入风声鹤唳之状。我的事务，约可告一段落，现在只等我的一个胞妹同她的丈夫由城固的西北大学毕业来到这里，我就要离开这里了。但等人的心情是很难耐的。社股约可募集一些；等他们到徐，我即抽身先行到沪，属时再将款子收集起来，一并到沪。

近来心境颇黯淡，以至要写的上海游记，写过扯了，扯过又写，到现在还没写出个所以然来。寄去的两篇小说，也还是粗糙的坯子样的东西。但还正在努力克服着这样的心情。

此祝

健斗！

屠先生一同

弟 芳上
五，廿一。

19460621

风兄：

沪行一再搁延，徐州事务，虽大致就绪，然为安置残余，经与友人合作，就原有房地，开设贸易行一所，亦已大致完妥，惟尚需少加指挥，俾上轨道，就这样，又有搁误了。原意想使这个经济据点，能有所成，作为社的经济卫星。这个理想，就全看事实的试炼如何了。

能照理想进行的话，约再半月后，当可在沪把握。

此祝

健安

屠先生一同

弟 芳上
六，廿一日，夜。

1953 年

19530921

梅志兄：

来信早收到了，因为开学又忙了一阵，所以迟复。风兄前带回来的关于历史的稿子，我已交王造时先生，他的自由出版社专出历史书，王先生是复旦的历史系教授，他决定后，我请他们出版社直接和作者接头。如有什么变化，我再写信。

我本学期争取只教一门课三个钟头，明年春天再多教点，预备在这期间，争取时间，写点什么。

本系暑假请教授，我着一位助教去请元化先生，他带口信给我说，没有时间，介绍我去请夏、唐二公①，我认为这就不必了，所以作罢。

上海久虽不雨，但气候也有些冷了，你们在北京已习惯否，在念。不一。

近好

力 上
九月廿一日

---

① 元化先生，指王元化；夏、唐二公，指夏衍、唐弢。

19531120[1]

梅志兄：

信及别氏选集一卷收到了。我因为学习总路线常常进城开会听报告，所以一直没有捞到写复信的时间，并不是那个什么。

我这半年虽然上课只一门，但事情推到头上的很不少，一个教研组和中文系的政治学习组，我都算个小头目，这就是说，事情很不少。

上礼拜进城开了三天华东作家协会的成立会，和梅林、罗洛、耿庸都得借机聚会，喝了几盅。这个会上，听了一些人的胡言乱语，也算长了点见识耳。梅林日见其苍老，耿庸日见其沉默，×××先生却是红光满面，气宇轩昂。人之不同，有如斯者。

《奥涅金》从你们那儿拿回来后，就纷纷被原震旦同学人手一本的拿走念去了；《诗丛》[2]大约在本地新文化书店卖去十来本，因为附近设了新华书店，该店企图转业，所以原书退了回来，堆在家里。

你要的花边及《苔丝姑娘》，已嘱任敏照办，她现在每天晚上上班成了制度，只有礼拜天才可以进城。下周总可以寄出。（《苔丝姑娘》附信寄出，花边下周买好再寄。）

我教史华印了一本翻译的论俄国古典作家的书，内容系以别林斯基为开始的俄国革命民主派传统及其作家，以果氏和萨尔蒂科夫为重心，有些在排了，有些在工作中；同时也开始写点什么。

所交的杨先生的稿子[3]，因为史华不印，所以交给了王造时，已请历史系的先生通知他，把稿子退回来。再由史华或我寄回。（据王先生回信，原稿已直接退回，兹寄去原信，这是王先生写给历史系一个教授的）

---

①此信在收入《贾植芳致胡风书札》《贾植芳文集》时，写信时间系 1954 年，现经许俊雅考订，当系 1953 年，参见许俊雅：《我读〈贾植芳致胡风书札〉的一些想法》。

②《诗丛》，指《七月诗丛》。

③杨先生的稿子，指时为南京大学外文系教授的杨宪益先生向许史华主办的泥土社投送的一部书稿。

上海天天刮风，气候不正，我每天蹲在屋子里吃烟，因此很怀念你们。不一。

近好。

力　上

十一月二十日

19531123

风兄：

前信计达。兹寄去方平先生所译莎士比亚喜剧《捕风捉影》一本，这是一个有恒心的青年，他甚愿得到你的指正。

我近来身体不好，情绪亦不佳，只在教课之余，译一些论俄国作家的文章，已成十篇，还有一半。昨晚遇耿庸，他说芦甸到沪时曾相遇，畅谈许久。本年寒假，我决终止去京，埋头写东西，希望自己勇敢地写起来。

近况如何，很是怀念。不一。

近好。

力

十一，二十三日，夜。

1954 年

19540731

风兄：

我们北京回来，已经又半年了，这年半来，因为课程和杂务负担重，每日昏昏沉沉，忙忙碌碌，宛如赶火车跑单帮的小贩心情，由于精神枯燥，几次提起笔来，都没有写成一封信。

我们非常怀念你们！

友人方平译的沙翁，续出了一本，连同《十日谈》一本，现在一并寄你。我简直像希腊文教员毕里科夫①一样，每日上课，开会，吃烟，小便，半年来上海也很少去了，很想把这种混沌的生活和情绪整顿一下，写点什么，但这种心愿还只算一个心愿罢了。

潘开滋同志春天在此修养了一个时候，他很想你能住到一个农场，安静下来，多写点东西。

我在课余随手译的一本论俄国作家的书，已算完工了，下月初可寄你。

---

① 毕里科夫，通译别里科夫，契诃夫小说《套中人》中的人物。

好，就写到这里吧。

握手！玘华兄一同

芳

七，卅一。

19540908

风兄：

信收到了。我们暑假在莫干山游玩了十天，李春潮也在那里修养；离山回沪路过杭州时，曾和朱声、冀汸兄玩了一个下午，喝了几盅。

前托史华把我译的书寄你处三本，一本是送给守梅、一本是送给嗣兴兄的。

兹有文艺联合出版社将印行《苏联文学》①一本，是苏联作家 A. 杰绵基耶夫等作的，其中论马耶可夫斯基章中，曾引风兄诗一首（题目大约是致马氏，记不清了），出版者希望能找到原文照抄，省得意译出来走样，但不知原诗出何处，我记得或许在《为祖国而歌》中，但这本书我没有了，请便中示我，以便转告该社。

学校已开学，功课负担很重；我努力在冲破自己那种茫然的心情，想写创作，但却颓然而废，回沪半年来，未写成一字，目前，希望对自己用强制力量，努力写下去，我想，旧的记忆和新的生活中，都是应该有写的东西的。我想先集中力量把监狱生活用长篇形式写出来。

我们每天在学校的寓所中坐着，上海越来越陌生了，家里添了小孩子，似乎显得热闹一些了。任敏已经辞掉职工学校的职务，坐在家里念俄文。兹寄去照片一张，是和春潮在莫干山公园照的。不一。握手。

梅志兄一同

芳

九月八日

---

①据许俊雅提示，《苏联文学》，当为《俄罗斯苏维埃文学》，苏联捷明岂耶夫（A. Дементьев）等著，苗小竹译，上海文艺联合出版社 1944 年 4 月出版。参见许俊雅：《我读〈贾植芳致胡风书札〉的一些想法》。

写给任敏

（1972 — 1985）

写在前面的话

　　青年朋友李辉热情地将我在"文革"中以至一九七八年深秋解除"监督"前后写给我的妻子任敏的信整理出来，我看了以后，非常感慨。前几年我在给几位青年朋友编的《写给爱人的信——中国现代作家家书集》写的序中说："从这里最能窥见这个作家的心性品质和思想风貌；进而从他的职业来看，更能借此从一个人生活的一角一隅——而且是最深邃的一角一隅，反映出他那个时代以及文坛气候。"但这是指一般正常的历史社会条件下的情况而说的，这里选录的我写给任敏的信件，尤其是"文革"中的信件，是中国历史上一个非常特殊的时期的产物。

　　一九五五年"胡风案件"发生后，我们夫妻双双被捕，扫地出门，一年多以后任敏被放出来，但到了一九五八年，她又因形势所迫，"自愿"报名去青海"参加社会主义建设"。在一个民族自治县的山区小学当教员。但自动流放到青海也过不了关，终于又一次被捕，关进了青藏高原的监狱里。一九六二年因为饥荒她才被放出来，下放到我的家乡山西襄汾农村，一边做"自食其力"的农民，一边照顾我年迈的父母。任敏的这些情况，我在监狱里一点也不知道。直到一九六三年十月，我突然收到家乡寄来的一个土布包裹，里面有一双黑布鞋，鞋里放着四颗红枣、四只核桃，这是我的家乡求吉利的习俗。虽然一个字也没有，但我心里明白任敏还活着，而且已经回到我的家乡了。所以一九六六年五月我被正式判刑后，旋即被押回复旦大学到校印刷厂"监督劳动"，我出狱后的第一件事，就是给任敏写信。任敏后来回忆收到我的信时，"非常突然"，也"非常激动"，"一想到他在狱中度过漫长的十多年，能健康地生活下来，真不容易！他的身体健康，就是我的希望。在这十一年里，我为他受苦、受累、受难是值得的，艰难、困苦、劳累都没有白受"。这是她当时的真实心情。她很快就给我回了信。这是那时候我们第一次通信，以后的十几年应当有不少这样的相濡以沫的家书，但因为种种原因大部分丢失了，这里选录的也只是保留下来的书信中的一部分。

那时我们作为"劳动改造"或者"监管"的对象，虽然所生存的地方不同，但在当时的环境中都是极不自由的。我们的通信彼此都不能直接收到，先要经过各自单位监管人员的传阅检查，往往大家都看过了，才交到收信人的手里，但也可能不交给收信人，随意抛弃。所以我们写给对方的信，有时收得到，有时收不到。在这种情况下，为了安慰与自己休戚相关的亲人，也为了应付重重检查，只好在信上说些"一切如常""都好"之类与实际情况大相径庭的话，或者"好好改造"之类当时的套话。但就是这样的家书，有时也惹出了麻烦。一次任敏在信上说：有一个邻居看她孤苦，要将他们的一个男孩送给我们当儿子，她征求我的同意。为此，印刷厂作为"阶级斗争新动向"开了批斗会，说我"要为反革命衣钵找接班人，永远与人民为敌"。

除了告诉彼此还活在人世上之外，通信的另一个目的是交流一些与国内外形势有关的信息。例如，任敏在农村看不到报纸，我写信告诉她报纸上登载的一些大事，但用的语言都是那时官方的政治语言。我早年学习过马列著作，列宁的一句话还记在心里："在狼群中要学会狼叫。"我们当时可以说是在刀尖上过日子，在这种情况下，写信不能不特别小心，因为我们的案子——"胡风反革命集团"案，就是用"缴获"的私信作为"罪证"来定性定案的。私信被某些人物用特有的思维方式断章取义、无中生有、无限上纲，结果导致了成千上万人的灾难。所以，以政治"大批判"式的语言传达信息，甚至要联系到对自己"改造思想"的"积极意义"，实在也是"事出有因"也。这是特殊历史年代的扭曲的通信方式，却也为历史留下了一个见证。

一九九九年三月上旬于上海寓所

1972 年

19720521

敏：

正惦念中，接到你在襄汾车站来信，知道一路顺利，很是高兴。那天晚上车开后，我步出站台，乘车回校，九点多到了家。你走了，觉得房间分外的宽阔、空虚，但觉得你这次来，在上海住了这么一个时候，心里实在喜欢，尤其看到你身体健壮，精神焕发，这对我安慰鼓舞很大。望你在乡间健康地生活、学习和劳动，尤其要牢记毛主席教导，要学习谦虚、谨慎、戒骄、戒躁的高尚作风，在农村这个广阔的天地里，把自己锻炼好！

你走后，我向领导同志表达了你对学校和群众对你在沪期间多方照顾和帮助的感谢之情，领导说，这是党和毛主席对我们的关怀，勉励我们很好地学习主席思想。我内心很是激动。

今天是礼拜，本来我准备今天搬回校本部原处，小陈说，我的床位临时有人住，可以推迟到下周内搬，或许明天就搬；也有的同志对我说，"你就在八舍住着吧，反正将来要搬，何必再搬回校内住？"但我觉得还是搬回去住好，上班吃饭都方便，比一个人孤零零地住在八舍好，省得一天来回跑许多路。所以还是决定搬回校内住。

你走后，我的痔疮好了，但又牙疼了几天，也没去看医生，这两天又好些了，可能是有些火气，生活上照应些就会全好的。

我所惦记的，是你在乡间的生活。在外面这些日子，现在乍一回去，吃的，烧的，不知如何？很是挂心！

昨天星期六，下班后去五角场洗了个澡，今天上海天气很晴朗，我不想出去，一个人待在屋内看书。生活上我会妥善安排的，你不要挂心。

等着你回村后的来信。

祝健！

芳

五月二十一日上午

19721210

敏：

前后两信都收到了。知道一切都好，很是欣快。今天礼拜日，我到大连路照你所说，买了二条围巾，一条是天蓝，一条嫩绿，深绿或深蓝的都没有，红的也没有，柜台旁边两个小姑娘建议我买成雪青色的，说这好看，时兴，但还是照你说的买了，本来不想去市区，所以来到大连路，后来去了市区，也还是这些颜色。每条是三·六五元，发票附上。不知合意否？如不行，将来你来沪时另买吧。另外，附寄茶叶二两，有卖固体酱油及鱼油的，都买了，还买了些咖喱粉，供你烧饭时用。在大连路邮局付邮后，我坐了一段汽车，到了虹口，前行路过我们的故居义丰里，我走进去小便看了看，竟认不出我们先前住过的那幢房子了。中午在四川中路一个小饭店吃了些炒面，在外滩看了看黄浦江，这才回到学校。

随信附寄去我们的放大照片一幅，是小陈代放的，放了好几张，剩余的都留在我处，比原照大些，也好看些。

这些日子没什么事，我身体精神都很健康。处理的事，也许需要上面批示，我这么想，所以还得等等，不能着急。来信说，你常想到这半年来忙于你的生活，想到我穿衣问题，等等。快不要这么想了，我常说，我们现在的唯一要务，就是集中一切力量保持两个人的身体健康，这是根本的

038

根本，是最大的财富和幸福，穿的衣服只要能贴体和御寒就行了，你先不必为我的衣着操心，我倒是担心你腿不好，怕受寒，所以很想先把你的棉裤寄回，来信说，预备做一条，那也行，如无条件，即来信，好把旧的寄回。总之，首先要照顾吃饭，我住在大城市里，吃的总比你在乡间强些，每念及此，心里也很难受。但想到这些年艰辛的生活，对我们的改造和锻炼的意义，那收获就很大，也许这就是我们将来能再为人民和革命做些有益的事的最坚实的基础，如我所说，是千金难买的，这么一想，我觉得心胸很是开朗和广大。我想，你也应当有此体会。

　　上海气候还不很冷，我劳动的地方已经生火了，不必挂念，正常地劳动学习和生活，同时，也做好来沪的精神上的准备。

　　祝健！

芳

十二月十日

　　附寄发票，邮单各一张。

1973 年

19730210

敏：

　　一月二十八日的信，七日才收到。照信封上的上海邮戳，是二日到沪的，但春节放假五天，所以来信恰在假期，七日我上班才看到信，并且被假期值班人员拆开了。

　　今天是十日，礼拜六，我刚下班回来。二日我曾给你寄去猪油年糕，并写去一信，现在想都该收到了。让你吃些上海年糕，权当你来沪过年一样。春假内，我用剩下的八尺布票买了些毛兰布，送到成衣店做了一件学生上装，今接来信，知道你急需钱买供应粮，那就照你的意见，先借些钱买粮，等三月份我寄钱给你还人家。

　　今年过年能吃到家乡的柿饼、栗子，我很高兴，使我不断地想到久别的故乡和在家乡辛苦的你，心潮又很不平静。现在栗子还没吃完，当我接到你寄的邮包凭据时，一看花了三元多邮资，心里吃了一惊，寄得多了，这将影响你的生活，所以感到不安。下次不要以此为例才好。

　　春节期间，上海天气一直不好，总是落雨，直到今天，还在落个不停，所以假期内我未外出，坐在房间里安静地看书。食堂改善了生活，并且降价以售，所以吃得也很丰盛。遥想你过年精神愉快，是祝！附信寄来的窗花——一对小鱼，我很感兴趣，联想到我国古代的大作家庄生的话："涸辙之鲋，相濡以沫。"我们各自勉励，努力学习改造，争取早日团聚。

所要的毛华达呢，我已托人去上海布店问，上周我在五角场买布，看到有每公尺十二·五元的黄呢子，今天再去看看，等有结果，再发这封信。

祝健！

芳

二月十日夜

五角场布店有毛华达呢出售（标明70%羊毛，30%人造毛），价格为二十二·八〇元；另有全毛哔叽，价为二十五·四〇元；还有制服呢，价为十二·五〇元，也有十五元以上的。可告托买者，由其决定后告我（以上各物均不要布票或纺织券，皆为蓝色）。

又及，十一日

19730401

敏：

信及汇款都收到了。今日礼拜我来到市区，上午已买好女袜二双、纱巾二条，并同时给你买了二两龙井、两包鱼露一块寄去。袜子有花的每双要专用券二寸，共用了四寸，素色的才不要专用券，你要的药（塞替派注射剂）医药总公司（南京路）现已无货供应，说是半个月以后再来看看。这种药是比较紧张的，要碰巧。我走了许多药店都没有，说全市只有医药总公司才有。下星期日我再来问问。

你要华达呢，无你说的那种。我走到八仙桥在一家大布店看到有三合一（即粘毛、涤纶、锦纶），有藏青色。每一公尺零一寸，价钱是十元多些，我想下回礼拜日先买下这种寄去。

许多大布店，只有此一家有这种货。凡立丁南京路有全毛的，"老介福"有天蓝色的，要十八·三元一公尺。蓝的没有，再有是些鲜艳颜色的。

如何，来信说明。

现将袜子、纱巾发票及邮票寄上。

我的脚已好，一切正常。

此信便在虹口游泳池邮局所写，我在此等电车，凑空写此一信。

祝健！

芳

四月一日

19730410

敏：

信写好未发。昨天上班时，在前一日车上碰见的女同志送来五盒"1213-3"针剂（每盒十支）。据说，这是去年才生产的，内部用药，所以纸盒上无商标之类。那时她丈夫患肝癌，千方百计地托人买来的，后因她丈夫重病不治，还剩下这五盒，说价钱也不很贵，她不肯要钱，说是放在家里也无用，愿意送给患癌症的人，也算个好事。据说此药对缓变性各种癌症都有效，对爆发性癌症，也能起些减少生理上痛苦的作用。用时每日早晚各打一针。如溶液有沉淀现象则是变质表现，那就万不可用。现在寄去，如病家用它，应当经过医生的审查批准才好。如不用，放起来也不妨，只花几个邮资罢了。

所要的塞替派，这个礼拜日我再去南京路医药总公司买。全上海只有它有。因属热门货，要碰巧，我为此跑过几次了，但愿这个礼拜日能买到手才好。

今天一个校内同志交我七元钱，想托你在乡间买些红枣，说是一个女同志生病贫血，需用红枣，上海没卖的，所以托你买。现在把这七元寄去，你可尽这七元买红枣和付邮资，邮资可能比红枣还贵些，捡质量为好些的买，最好开个收据，邮资收据也一块寄来，以便向托购者结账。你有空就办一下。

祝健！

芳

四月十日

药今天寄出，前寄上邮单，用〇·七三元，另加木盒一只，二角。

芳 又及
十二日

19730415

敏：

今天礼拜，我到了市区，现在在八仙桥邮局写信。所要衣料，"三合一"之类又买不到，据说这种布完全要碰巧，市场偶然有，莫不一抢而空。只在八仙桥内销，原价要三十六元一公尺，因属二等品，所以削价出售，每公尺只要二十六·三元，布店说女同志衫料不需要一公尺一，只要一公尺零五，足够了，因此买了一公尺零五，计二十七元六角，现在已在布店对面邮局寄出，邮费〇·九八元。现将发票及邮单一块附信寄你。东西名贵些，但又算便宜货，是蓝色。上海现在连这种毛货也很稀少，也要碰巧。当有机会买到"三合一"，再买一公尺。这样原寄来的四十三元，在我处还有五元左右。如需买别的，可来信。

上周寄出 1213-3 药五盒是人送的，是新出的癌特效药，药店也难买到。如患者经过医生同意可以用。只花了不到一元的木箱及邮资。今天我去医药总公司问过，所要塞替派仍无货供应。上周也汇去七元，是别人托你买红枣的，如能买到，即为寄来。这个月因为买东西老跑上海，没有给你寄钱，对你的生活很是惦记，前已寄来的四十三元余款，如不要再买东西，可来信，我即把余款寄回，并顺便给你寄几块钱去。

盼着你的回信。

祝健！

芳
四月十五日上海市区

043

19730624

敏：

六月十二日的来信及汇来的八元钱收到了。知道你身体大健，使我精神上的负担得到解除，很是高兴。虽然如此，但你年纪大了，加上生活的艰苦，应该从这次病中得出教训，重视生活上的保健工作，这样身体健壮，才能保持旺盛的精神力量，在生活和劳动中得到锻炼，为我们后半生的幸福，建立稳固的根基。要注意劳逸的适当安排；要加强学习，在思想上跟上时代前进。学习剪窗花很好，这也是一种精神修养，使精神上有所安排、集中，这样也能排除一些物质生活上的艰苦，保持一种内心的安乐和愉快。所要的小剪和 B_{12}，下月初一块寄出。下月份我想买一双塑料鞋，今年上海多雨，原有的胶鞋早破得不能再穿了，老穿上湿鞋子走路和劳动，恐怕腿部容易受寒，这都是因年龄而来的必须注意的事故。所以我想你要的三合一之类移到七月份再买。另外，也把你要的汗背心这次买好一块和 B_{12} 等寄去。

你可找本六月份的《红旗》看看，那上面有许多重要的有关落实政策的文章，都比过去的论点提法细致而具体，这对我们的前进也是一种鼓舞。

昨天有一次外调，是问四九年的一段历史生活中有一个姓宋的山西商人，说是李松如的朋友，在商丘、界首做过买卖，说李松如认识那个人，就是此人介绍的，但我不知道这个人。外调的同志态度很客气，他们对当时的一切情况很熟悉，说我当时是接受了吕某的"名义"，短期地混在一起，说这里的领导说"你的思想改造得不错"。当场写了一个简单的材料。从这些情况可以看出组织上对我的历史情况做了深入细致的调查研究和分析工作，这更使我很受教育。去年印刷厂的一次对我的评审会上，领导同志说，对历史上的那些罪行，结合对"天才史观"、唯心论的批判可以提高认识。不要以为年纪大了，又犯过大罪，没有前途了，实际上不是这样。并指出主要罪行是反对毛主席的路线问题。给你讲一些这些情况，使你对我的问题有明确的认识，充满对前途的信心努力向前。

家乡夏收还好，你的生活得到一些改善，我很欢喜。二哥的小女儿麦收后能到你处小住一个时候，这很好。

上海布票早发下来了，和去年一样，上次代买尼龙袜子，就是用的今年的专用券。

祝健！

芳

六月二十四日

19730709

敏：

前信计达。今天礼拜，下午我去市区还走了一趟，先到一家药房买B₁₂，他们说买十盒太多，只准买五盒，说一个人用不了这许多，因此买好后，我又走了一家，再买五盒，买够了十盒，共计七元，因在两家买的，所以有两张发票。你要的剪纸花的小剪，跑了两家剪刀店，都说现在没有专供剪花用的剪刀，所以只好捡最小号的买了一把，你先用着，等有了这种专门用来剪窗花的剪刀再买。你要的汗背心，上海现在时兴的女背心，如过去给你买的，都很短，只能穿到肚脐眼上，恐你不合用。所以买了一件女式九十公分的汗衫，只是多用些布票，贵些。买好这几样东西，我在四川路邮局买了一个木匣，因为塞不满，又跑到附近买了一两龙井茶，这才塞满了，现将B₁₂发票，木箱发票（〇·三五元）。邮单（一·一〇元）一并附信寄去。

你要的"三合一"之类裤料，我看了几家服装店都有成衣卖，价钱在十元上下，只要几寸专用券，这比买布做合算，你可给托买者说明，如买成衣，就把尺寸寄来，否则下月初买布寄去。因为这个月还未接到来信，所以惦记，不知病全好了否？今天买好这些东西后，我在市内剃了个头，又到四马路书店走了走，又在"王三和"喝了点啤酒，才信步走回虹口，搭车回来。

这些日子我身体精神仍然很好，很正常，只是痔疮有些发了，但关系不大，并未出血，只要生活正常，就不碍事，不必惦记。

你这些日子生活如何，甚念！

祝健！

芳

七月九日

19730805

敏：

　　七月十五日的信早收到了。昨天（四日）给你寄去十元，想在此信前可收到。接来信知今年家乡夏收不好，很以你的生活为念。据报载，今年天气干旱，是世界性的，非洲一些国家遭到严重干旱，家乡人民将像全国人民一样，在"大旱大干"的精神力量努力下，一定能获得好的秋收，战胜天灾。你在和乡亲们进行抗旱斗争中，一定要注意劳逸结合，很好的安排生活，口粮不够，那就花钱买些，如需要布票，我可设法寄去。总之，千万要当心身体，以乐观的精神对待一切困难。

　　这些日子，没什么情况，我的生活如常，痔疮有些发，但对生活劳动却没啥影响。我的精神身体都很好。我总希望你能在秋收后来沪，看当时情况再作决定。上海这几天很热，学校已放暑假，我们每天上班六个半小时，所以多了一些读书时间。今天在街上看到一种手帕很别致，所以买了一块附信寄你。

　　上次寄的 B_{12} 等想早该收到了。据内行人说，这种药不能一直打下去，当中要有间歇才行。

　　所说别人要买的"三合一"之类，到六月再看情况，如需买粮，那就移后再说。

　　盼着你的来信！

　　祝健！

芳
八月五日

19730813

敏：

　　八月九日的信今天收到了。知道你已收到了前信，那封信里我装了一条手绢，你信上没说，不知收到没有，我担心此信过重，邮局要说话。见到信，知道你这些日子身体很好，很高兴。粮食不够，就买上吃，要用乐观精神想方设法度过生活上的难关。你说要托一个物理系学生带些胡桃来，我看暂且不必了，我的问题还没有解决，这么办对人家不好，所以不必托他了，好在我想，你今年秋冬之间是可能来沪，那时由你带顶好了。我这半年来碰见学校里的熟人，都问起你去年怎么不来，说今年应该来了，看样子，你今年有可能来，我们这么希望吧！

我这些日子身体精神都好，痔疮有些发，我买了些灰锰痒，每天晚上洗洗，有些见效，这对生活毫无妨害，不必惦记。

上海热天已过，早晚已有凉意，现在还在暑假中，所以上班时间较短。

祝健！

芳
八月十三日

19730909

敏：

八月八日的来信早收到了。本月六日给你寄去十元，那天回来看看你的来信，知道今年年景不好，所以没有听你的意见，去买布，而是先把钱寄给你，供你买粮吃饭之用。年景既然这么不好，我的意见，买布暂缓一下，移到下个月再说，先把钱寄你买些粮食副食，照你的年龄和身体，一定要吃些细粮，才能维持住身体的健康，不能光吃窝窝，这不行，这要把身体弄垮，你知道，我们现在唯一的本钱和希望，就是两个人身体的健康。你先给那位买布的朋友讲讲，俟下月再给她或他买布，年景如此，想他们也会体谅的。

这个期间，接到二哥来信，他现有个院邻要从西安来上海再回家，可能到沪要我照应一些，但这人并未来，二哥信也说起汾阳连年歉收，生活低下，我看了信也很难过，我们暂时的处境，也无从说起，所以我还未回信，你去信可一提。

这个期间，有一位西安来的人外调询问一九四七年我们被反动派逮捕时，竺怀之情况。他问我是否听你说起竺在监狱情况，这点我毫无印象，他又问了你的地址，可能要去找你，或许已经找过你也说不定。他给我谈了一些竺的情况，说竺那时不是党员，她在上海法学院读书同时，还在一个妇救会之类的机关工作；说这个机关虽系民主人士所办，但里边有许多特务，竺虽未参加特务组织，但和这些坏人有关系，并说，竺出狱时是特务用小汽车接的，云云。这些情况，我毫无所知，因为那时我们和她没啥来往，对她并不了解。如组织上去问你竺的情况，及在敌人监狱中的表现，你可就自己所知忠诚老实地向组织提供材料。这是我们应尽的责任。

今年的下半年既然如此，那在年底前，你就做好准备来沪过春节吧，不管那时我处理了没有，你来了再说。你现在可做一些准备，俟你来前我再向组织上汇报。

今天下午去市区走了一次，在老介福对面我们过去常吃面的那家老店（它一个时候不开门了，现在又开始营业）吃了些光面，在这家店子门口有个老太婆卖零碎用品，看到一条洁白的手帕，我有所感，所以买了一条附信寄你。

我这些日子身体精神都好勿念。你年纪大了，去田里劳动，要有个节制，没事看些书，剪剪纸花就好。

即祝

健康！

芳

九月九日

此信因附寄毛巾被上海邮局今天退回，所以毛巾只好保存下来了。这样，信耽误了两天。八·十二①

19731007

敏：

九月二十一日的信早收到了。殷学海在来上海的那个礼拜日来校看过我，我恰好外出，没有碰到，他找到印刷厂碰到老盛他们加班，并留下地

———————————
① 八·十二，原件如此，疑为九·十二。

址，我才知道了。国庆日下午他来了宿舍，恰好我在家，所以坐了一会，他带来了核桃等也都送到。当天我留他在校吃晚饭，因当时尚早，他不肯，所以坐了多半个钟头就走了。说以后有空就来，我想，最好待你来沪，我们再请请他，那顶好。从他那里，我知道一些家乡情况，据说目前下了雨，明年麦收可告丰收。

今天礼拜，我给你汇去十元，买粮。我去市内走了一次。给八舍裴阿姨带的绿豆，因为我有一年多没去过八舍，今天路过看了看，原来的房换了人，是你第一次来沪看门的老余，他说这个阿姨早调到五角场一带的加工厂工作去了，这样，绿豆无从送她，那就送给别人算了。

节日印刷厂找我谈了一次话，要我就林彪事件自己的看法写一篇汇报，说要写真实思想，所以国庆节时期我忙于写文章，没有外出。这些日子生活劳动正常。我想写的东西也许要送到上面去。

见来信并听殷学海说，你身体都好，我很高兴，反正我们这么拖了近二十年，两个人身体都好，并从艰苦生活中获得很大的思想收获，这就是最好的教育。还是那句老话，把我们的财力尽力用于支持生活，保持健康，你不能光吃窝窝，要吃细粮，年纪大了，乡下副食品又少，哪怕暂时不要买什么用品，一定要把经济力量集中用在生活上，精神健康，它就是我们最大的幸福。

你现在可开始做一些准备，能在春节前到沪过节，不管那时处理了没有，今年一定要来上海过节，待情况确定，我即向领导汇报，准备住处。不一。

祝健！

芳

十月七日

1974 年

19740111

敏：

　　一月六日的信，今天看到了。知道你的近况，身体精神都好，我很高兴。明天礼拜，我去市内买的卡衣服及袜子，晚上再写信。代人买的条绒及侄女要的花布，我的意思，是否买成成衣为好？如果是成衣，就把尺寸寄来。二月份十一日是新年，五日发工资寄钱，我想最早要大年夜你才能收到钱，如果办过年用品等不及，能借你先借些钱，你收到寄款后，再还账也好。如果条绒衣服三月份买可以，二月份我想寄你三十～三十五元，使你过年丰富些，吃食就不寄了，你就近买些也行。如何，来信说明。

　　六日给你汇去十元和十斤粮票，想来该收到了。

　　家乡既然流行感冒，你及侄女都要注意，千万千万！我前些日子生了些小毛病，胃口不好，现在已完全好了，饮食正常，不必挂念。本来想这封信给你寄一张照片去，因为忙，我还没去取，来不及了，下次再寄吧。

　　这个月我只把买杏仁的钱还了人家四元多，也没添买什么东西，我的意见，你我应该先在饮食上改善一些，保持正常的健康水平，这是第一要务。家乡天寒，你要买些煤烤火，不可冻着。我在这里日夜惦记的就是你的生活和健康，只要身体好，我就最高兴了。

你说明年来沪，也好，到那时候情况也许又有新的进展了。这次经济上的改善，是组织上从你的生活考虑出发，是对你的关心，我们都很感激。

上海这些日子不太冷，只是常下雨，车间生火炉，并不冷，中午有时我带些馒头，就不去食堂吃饭了。晚上再吃得好一点，也一样。

春节时，我的同屋人将回苏北老家探亲，所以房间只我一个人，食堂供应既然很好，我就在房间休息看书，买些酒喝喝也很好，但愿你和侄女年都过得愉快、丰富！

明天我去市区，买寄东西后，晚上写信，再和此信一块发出。

祝健！

芳

一月十一日晚

1974

敏：

昨夜写了一信，还未发，和这里的一块寄出。今天礼拜，早上给你和侄女寄去一捆批林批孔学习材料，希望你们都很好的学习。

我上午跑到市区，现在是下午三点，才回到宿舍。替人买的长上衣，已买好了，价钱是十四元，专券二尺六寸；就是在虹口去年和你替人买风雪大衣那家买的。式样，是女营业员同志替我挑的，她说，这是上海流行式样。前信说，要二十元上下，三尺多专券，那是男式的，是要那么贵；市上还有进口货（叫什么托巴？）女上衣，不要专券，价钱贵些（十六～二十元），但没深灰的，所以还是买了所要的的卡。袜子是没花的，二·六元，不要专券。两用衫发票附寄；袜子未开发票，但袜子商标上有价目。另外，给你买了一袋三北酥糖（约十八块），共一斤多；还买了一袋蝶霜，一并都在北四川路桥邮政总局寄出了。邮资是〇·九二元（邮单附去），不要让人家全出，因为有我们自己的东西。本来想给你寄些肉松，恰巧附近食品店都没有，下次再说吧。

侄女要的花布，我因身上没带布票，没买，我看成衣店有卖女孩穿的花罩衫，只要五、六尺布票，五元至六元钱，很好，上海小姑娘都穿这个，你可把侄女①

×月×日

1974

敏：

前后二信都早见到了。这些日子，因为"大跃进"，劳动紧张，晚上常加班加点地干活，所以没时间写信给你。我无时不在思念你在乡间的生活，看来信，知道你手上干裂痛痒，乡下医生说是癣，我问医生，他说，这大约不是癣，可能是你脚趾上的"鹅掌风"引起的（即上海所说的"灰指甲"）有些人手脚生这种病，都用一种特效药治好了，但这种药难一时买到，要碰巧，你可问乡下医生"鹅掌风"的药物，我在上海也随时留意买这种药，不要再当癣治了。我肛门痛痒原来当痔疮治，但并不能见效，现在连阴囊部分也痒的难禁，我每晚用"灰锰痒"洗，也见效不大，我疑心是老湿病引起的，只要不再发展，总关系不大。

有一个小袁妻子生小孩要托你买些胡桃，他来信说，本月十日（即今天）直接汇钱给你，你买妥后，即直接寄他，（连同发票及邮汇单），现把他写的一纸附寄你，那上面有他的住②

×月×日

----

① 此信后面部分遗失，据其中提到"批林批孔"云云，可知写于一九七四年。

② 此信后面部分遗失，据其中提到学校"大跃进"、给小袁买胡桃云云，可知写于一九七四年。

19740704

敏：

    六月二十九日的信收到了。知道你一切都好，很是高兴。现在正是农忙，你的年纪大了，劳动半天就行了，下午应该休息和看点书报。今天礼拜，我去五角场走了一次，向布店问了关于你裤子的布，布店有裤片卖，但你的腰身的裤片却没有，店员说，得买布才行。所以明天拿钱以后，我准备中午去买布，涤棉灰色带条的大约二元一尺，二寸专券，我已问过成衣店，说是半月内可做好，工钱一·二五元。这样，两个礼拜后就可以寄你。近听人说，静安寺有卖劳动鞋的，蓝色，二元多钱，我已托人给你买一双，或许明天可以买好。

    今天早上我去食堂买饭，不小心摔了一跤，左手腕有关节别扭，已贴了膏药，大概总要一个时候才可以痊愈。但这也是个考验，一般年纪大的人，摔不得跤，我摔了一下，也没啥，这说明我的体质还不错，所以心里又很高兴。

    今天写到这里，明天把布买好送成衣店后再写信。你在乡间可代我做一双布鞋，松紧布没有，来信告我买寄。

    祝健！

芳
七月四日

19740707

敏：

    四日写了一信未发。本来说五日给你去五角场买布做裤子，后来同屋人说，五角场布店花色品种很少，所以我索性托他这个礼拜天去淮海路一带跑跑买布，如果礼拜日买到布送五角场成衣店，预计本月二十五日可以做成寄出。

    四日写的信说，我在食堂摔了一跤，手腕不灵，经贴膏药后，翌日即见好，现在恢复正常了。

今天我随同印刷厂青年去第一宿舍工地劳动，那里正盖家属宿舍，校内各单位轮流支援苦力，做小工。明天还有一天。这个宿舍是六层楼，但面积很小，每层只能住三家人，上午我被分配到屋顶平台上劳动，帮助泥工档车，把一些笨重的东西往下吊，带着柳条帽，这个工作有危险性，因为如果出了故障，车子翻了，那从六层楼顶跌下来可不得了，（因为车子摆在旁沿，开动马达时有震动），但总算平安完成任务，对我也是一种考验，我只是档车，而工人老师傅要在边沿上劳动操作，但他很习惯，这说明工人阶级的伟大本色，使我很受教育。下午在地上操作，这就平常了。所要的泡沫鞋，男式的国权路有卖，约三·五三元，明天带钱买好。女式的有三十六号的，是新式出品，咖啡色，半高跟，也要三元多，我看有些邪气，农村穿不合适。店员还说，现在能买到这种新产品还不容易，但我决定不要，礼拜天去上海买成过去有给你们买的那种样式，比较朴实大方。

还给你买了一支牙膏，一块小毛巾，礼拜日一块寄出。我阴囊及肛门口痒气一直擦那种湿气膏，都不见好，昨天医生给我一种新出的软膏，晚上搽了一次，不痒了，也许可以治好。

我这几日在建筑工地劳动，下午四时就下班了，今天在校内洗了澡，饭后去五角场走了一次，买好邮票给你寄信。上海很长时间阴雨，是黄梅天，这两天晴了，但仍然很冷。

礼拜日再寄物时写信。

祝健！

芳

七月七日

托人在静安寺给你买劳动鞋，他说只有三十七码的，三十六码的没有，所以作罢，你如能穿三十七码的，来信一提，以便托他去买。只二元多，便宜，是等外品。

19740728

敏：

　　今托福海给你带回皮包一只，计给你买了二瓶油，二斤红糖，半斤白糖，一筒果酱，一条肥皂，一块香皂，一支牙膏，二条鞋口，还有二盒杏元（饼干）。你要的干菜，五角场没有货，来不及去别处买，将来再寄吧。另外带去伍圆，代买胡桃，福海回沪时和买的阿胶一块带来，皮包是借用的，亦请一并带回沪。还装了本批林批孔的书，供你学习之用。八月份我再寄钱给你。

　　我一切都好，勿念。

　　祝健！

芳

七月二十八日

　　又：接你十七的信件，曾寄一信，想该收到。你的照相一并带回。（七张）

19740821

敏：

　　八月十二日的信早收到了，知道你收到的托带的物品。我照你的意见办，要购的五元胡桃到上市后再寄来。但阿胶一定要尽量想法带一盒来，因为是早就托买的，所以最好能不失信于人。万一古城一时买不到，托人在县上买上也好，你说要带五十个咸蛋，不要带这么许多，你在乡间缺乏副食品，如已腌好，大部分你留下食用，只带少数几个就行。我本来还想给你买咸鸭蛋回去吃。下月初当给你如数汇十元去。

　　二哥及外侄女不知到你处否？甚念。

　　因为开春在即，这些天印刷厂非常忙碌，每晚加夜班，礼拜天也要干多半天。能多做些事也是好的。我身体精神都好。希望你多注意身体，不可过于劳累，因为一般说来，你的营养是不够的，所以一定要注意在可能条件下的保健工作。

　　祝健！

芳

八月二十一日夜

19741006

敏：

　　九月二十日的信早就收到了。这以前写去一信想也见到，那封信主要内容是，代买的胡桃、阿胶都不要买了，只要买些杏仁（要甜的）寄来就行了。今接来信说，二个月后有人来沪，如时间靠得住，那就带来也行，省些邮费，总之，你酌量办理。所有前后用费，我再和人算账，了此一宗手续。

　　今日礼拜，早上给你汇去十元。虾皮，如你信上说，上海不易买到，我听人说，国庆有供应，也要排队，而且都一抢而光。我在国权路邮局出来，抱着侥幸心理，跑到同济商店，想不到这里倒有卖的，也不要排队，真是喜出望外，我给你买了一斤，只八角钱，又随手买了二只广式月饼，一只火腿，一只果仁，都算比较高档的。因为带去作包皮的一块布，还有些余地，又买了一卷葱油酥，一块塞进去，就在同济对面的邮局寄出。我估计月饼路上可能压坏，装了一个小塑料袋，但使你能尝到上海的月饼，也算我们一块过节了。这就是我们目前的处境下的一些欢乐。过节时，我在食堂买了二个月饼，一角一个，比街上便宜，也算一点过节意思。

　　家乡年景不好，尤其你没有菜吃，我无时不惦记你的生活和健康，在目前情况下，我们一定要集中经济力量到生活上，争取我们的身体健康，这是头等大事。

　　二哥和侄女不知到你处否？甚念。

　　离春节还有一个季度，你来沪问题，看当时情势决定，就目前情况看，这个可能是存在的，如何，就要看那时的现实情况了。

　　我的一切都照常，很好，不要挂念。把你的身体搞得好好的，就是我最大的安慰。

上海这几天下雨，国庆放假两天，我哪里也未去，坐在房子里看书。

存在这里的你的衣服，夏天我晒过一下，过冬需要，来信提明，以便到时寄回。

祝健！

芳
十月六日

19741219

敏：

十一月十六日的信早收到了。知二哥及侄女已到你处，并很高兴，请代我向二哥问候。

这些日子没有给你写信，想你很惦记。因为领导上要我写一份有关一年来思想认识的材料，而且也再催问，我忙于写文章，又加上工作忙，所以没能给你去信。现在文章已交上去了，才给你去信。

就在文章交上去那天，又有一次外调，是问及四七年我们被捕情况，他是问的《文萃》一案有关的人，但也问了些我们情况，写了材料。

至于你今年是否能来沪过年，还要看看情况发展，才能决定，但精神上做些必要的准备也是应该的，这是我看现在的形势的一种设想。

本月寄去十元，谅早收到。二哥及侄女去你处，我很惦记你们的生活，要在可能范围内，让二哥过得好些，他过去对我们有很大的帮助和照应，我想起来，心里就感激，总希望和相信能报于万一。如目前生活还能过去，就留二哥他们多住一些日子，为了需要，暂且借一些债也不要紧，我相信我们有能力偿还的。

你身上的"鹅掌风"不知发展如何，寄去的药不知有效验否？据说这种病以夏天用药治疗效果最好。

我一切都好，不要挂念。如有需要，来信说明，我在等你的信！

祝健！并候

二哥及侄女都好！

芳
十二月十九日

19741229

敏：

十二月十四日的来信见到了。好久没有收到信，我心里很不安，真是日夕思念，现在得到信，知你身体精神都好，我很高兴。我在这期间写你一信，想也该收到。今知二哥已回汾阳，侄女还留你处，侄女如能在你处找到工作顶好，如此可以陪伴你，使生活多一些内容和欢乐。关于你们生活问题，我也在考虑，目前想每月寄你十五元，另外我已托人兑换全国粮票，如能弄到手，也使你们少得帮助。总之，得集中全力渡过目前的饥荒，使我们都能健康地生活和劳动，这困难的日子，对我们也是最大的教育和鞭策，这也是对我们的改造的最大帮助。下月五日，即下礼拜，我即给你先汇十五元，我生活上如月底不够，再临时借些，因为在互助金内借款，也是要按月扣除的。所以暂时这样决定，如不适用，我再设法。总之，我们目前应集中全力应付因农村歉收带来的饥荒所造成对生活的威胁，一定乐观地度过这个暂时的困境。这个期间，印刷厂领导一次找我谈话，先就问到你今年来校否，生活有无困难，我也如实地给他讲了，至于后果如何，现在还不敢下结论，只能看未来的事实。他们也给我提些意见，说应该和机会主义路线头子决裂，说应该从犯错误的时代背景上加以认识，说应该联系厂史和思想认识其根源等。另外，有关的人对我也说起，我的问题，学校无权但可以向上提意见，说总是要解决的。给你大概地说说这些情况，你心中也有个数，我们应该相信党和人民，在生活和劳动中很好改造教育自己，向前看。

你手上的疮不知如何，前寄去的药你可就近问问医生，是否可用，如能用再用，希望早日治好，起码不至再有发展才行。

昨天我去中灶把七四年积存的油票都换成明年的了，黑牛如果来沪，就买油给你带回。今年的布票，上海规定用到明年三月底。专用券还有十尺多些，布券还有一丈多，原来二丈多，丢了一丈，夏天我买了一件背心用去一些，如果农村有人用也可以，他还你当地布票也行。

我这些日子精神身体都好，劳动正常，这些日子，上海经常下雨，中午我怕再跑到食堂吃饭，所以往往早上买些馒头，中午在车间水炉上烘烘，即在此休息，但因为上海天气热，光吃烤馒头火大，所以这几天胃口不好，经养几天也就过去了。

侄女住你处，要她多看些书，努力学习，过几天，我给你们寄些学校印的有关批林批孔的材料去。

祝健！

芳
十二月二十九日

小袁我好久没看到他，他托你寄的胡桃，前已寄去就行了，因他人不在上海在青浦。至于还欠他几毛钱，我见到他再补还他。

又及

1975 年

19750104

敏：

　　今天收到十二月二十五日的信，前几天速发两信，想来这封信到你手里的时候，都该先后看到了。

　　如前信所告知你的，从本月份起，我的生活费已调整了，这也是组织上对你的照顾和关怀，所以前信说，往后每月寄你三十元生活。今看来信，知道借了人家二十元，这很好，使我安心不少，礼拜一发工资，我再寄你十元，供你买菜等零用。所说代买的上衣，要到下礼拜（十二）我去市区去买，买好后即付邮。我本来打算用去年的专用券给你在三月份买一件夏天的确凉衬衣，现在人家在困难中借钱给你，所以先替人家买，如果还有剩余，再凑起来替你买，否则，到时候再买不要什么票的衬衫，只是价钱高些，听说布店近年来不要票或少要票的布种类很多，不用票也可以买到衣服。

　　已给你换了十斤全国粮票。

　　今天领导上发我一张干部登记表要我填写，需要二张照片，所以我也要照个相，照好后，即寄你一张。这个情况也是个新发展，值得注意。现在调整生活费也如此，这些说明形势在不断发展。从此有关情况，你知道就行了，不可对外人讲，在生活上更应谦虚谨慎，戒骄戒躁，处处严格要求自己才好！

你如短期内不来沪，侄女就住在你处，陪陪你，使生活不那么寂寞。经济上比较过去宽裕了一些，但首先还是从保持身体健康着眼，吃的要好一些，羊肉、鸡蛋、黄豆这些东西家乡应该比较多，你年纪大了，应多注意饮食，不可使身体亏损，弄出毛病，只要你把身体搞好，就是我最大的高兴！

你来沪问题，春节是来不及了，经济上也还一时转不过，我的意思索性再过一个时期，看我的问题是否还有新的发展，总之，经济上活络一些了，随时可来。不知你意思如何？有什么想法？

我想每月除寄你三十元，上海留三十五元，我的生活最大限度用二十五元，留下十元作机动用。你看如何？本月内，我想先把别人托买杏仁的余款四元多还人家，以清手续，再给你买一双套鞋，因为上海经常下雨，老套鞋漏水，不能再补了，天冷脚湿很不方便，也影响身体。你的腿有毛病，不知今冬如何，如需要我想替你买一副护膝（体育用品商店卖的），保护腿部关节。还有什么需要，来信说明。

前信也说到，如托买布的人，要汇钱来沪，你可收下不必寄来，我二月份替他买，在此付钱，省些事。如何，事先告诉我。等十二日寄出制服后，还要写信；下礼拜一（六日）给你汇十元，暂就不写信了。

祝健！

芳

一月四日夜

又：侄女住你处，要她努力看书学习，过几天我寄些批林批孔的读物去。

又：你要替人买的灰的卡制服据人说，需要三尺多专券，价钱在十七元至二十元多些之间。十二日我买好后即付邮。

19750106

敏：

前天写了一信未寄，现在随汇款十元给你，把它寄出。十斤粮票，现在寄出，（用专信），因为如果随替人买的衣服寄出，还得放一礼拜，所以索性花些邮费赶快寄出，使你早日收到，我就高兴。

照片俟下次写信寄你，还没有去照，但日内必须去照，因为填表规定十五日以前要交的。

你们有什么需要，给我来信。

问好！

芳

一月六日早

19750208

敏：

十六日及十八日两信都先后收到了，知道你很快地收到邮包；我在发邮包的同天，还发去一信和汇去五元钱，你信上却没提收到字样，下封信要补提一下，这可能是由于你粗心，想来总该收到的。

你信上所说的要买的东西，下月初我就去市内买好，邮包这次收到的时间短，可能是由于我在邮政总局发的，下次也就在这里寄发，使你能早收到。

我忽然想起，你是腊月生日（具体时间我忘了），所以下次还想给你寄一些吃食，以示庆贺。

你现在和侄女两个人过日子，加上粮食紧张，所以还是尽可能多寄一些钱给你们，使你们的生活不至于太刻苦，能保持住一般的营养要求；我在上海的伙食条件总比村里好些。侄女让她多住些日子，春暖花开时，再说。农村既然活不多，你们应加紧学习，决不可在学习上放松，必要的话，我会寄些读物去。你手上的疮不知治疗如何，我现在治肛门上的湿气，医生给我一种叫"癣湿药膏"的药（是解放军6333部队五七制药厂产品），还不错，这药也治鹅掌风，你可去买一盒用，如买不到，来信提明，我在此买寄，早日把病治好。

我这些日子身体精神都好，工作却很紧张，下礼拜起，大概就要开始加夜班了。原说寄你一张相片，这里同屋人已回苏北看望他娘去了。所以一个人也很清静，我借了一部《三国演义》在重看。

上海的布票专用券（去年的），只能用到三月份，专用券去年的还有二尺，我想是否在三月份给你买一件的卡上衣，把它用掉？但如果这样，给人买的条绒就需要移后一个月，因为不能影响你的生活。你考虑研究一下，回信告我。如决定买，就把你的衣服尺寸单开来，价钱一般是十四元，要什么颜色，你也说明。

我这些日子身体精神都好，工作虽然紧张，但精神很好，酒药随信再寄一包。

祝你们新春快乐！

芳

二月八日夜

19750216

敏：

节前给你寄去二十元和年糕等邮包，还有一信，想来都该陆续收到了。

今天是年后第一个礼拜，我上午去市区，现在刚回来，先给你写信。侄女的外衫也买好了，买的是什么绸一类的东西，价钱比花布贵些（要五·九〇元），用布票只有二尺，省些布票，女营业员给我选的花色，不知合身合意否？（腰宽稍微大些），女袜买了二双，二双天蓝，你要一双玫瑰红，大号的，无货，所以买了一双玫瑰红带黑花的，这另要二寸专券，每双价钱都是二·七〇元，袜子商标上有标价，所以未开发票，给你买了二盒治湿药膏，这些东西都是一块付了邮。药膏如有效你来信再买。邮单付上，因为有我们的东西，袜子是替人买的，叫人酌量的出些邮资就行了。

我春节过得很好，伙房改善了生活，但这几天身体不好，原来只当咳嗽吃药，昨天工作时身体不舒服，晚饭后我去洗澡，也不出汗，我觉得奇怪，跑到医务室，医生也检查，吃了一惊，说是温度高到三十八·四，马上打了一针，又给吃了些药，睡了一夜，今天早饭后我再去看病，医生检查后说体温三十六度多些，已正常了，所以我也就放心了。后来在市区跑了跑，出了些汗，觉得身上好多了。这大概与上海气候不正有关，上海今冬一直不冷，报上说，这情况很罕有，我想，只要注意起居饮食，也就行了。

前信说过，三月份要想法把去年的专券用掉，你计划一下，来信说明，以便照办，上海市上现在有进口的的卡，女式二用衫，各种颜色都有，不要专券，价钱在二十元上，国产的的卡，价钱便宜些，但要二尺——三尺专券。

你们这些日子生活如何，甚念。过年生活改善了吗？如粮食紧张，应该多买些副食品，如羊肉、蛋、豆腐之类也好，以副补粮。这个月经济上是否够用了？这些都是我时时惦记的。

不一。

祝健！

芳

二月十六日下午

19750301

敏：

自从收到你二月四日的信以来，过春节后还未收到你的信；这当中，二月五日我寄出二十元，十日寄去食品邮包，并一信；十六日又寄去侄女上衣等和一信，都未收到你的回信，我很焦急惦记，敢是你送侄女上汾阳去了，怎么能没信呢？

因为不知道你收到上述的那些信和东西没有，眼看过二天就是五号，还要寄钱和代人买的条绒，很久不收到你的信，我不摸情况，所以先写这封信，盼望早日收到你的回信，使我早日安心，并再把款和布寄出，又给你换了几斤粮票，辅助你的零用，也因为久未接来信，所以摆下未寄出。

总之，我现在等着你的回信！

祝健！

芳

三月一日夜

19750307

敏：

　　正在怀念中，接连收到你的二月二十五日及二月二十二日两信，你二月二十二日的信，邮戳上是二月二十八日从古城发出，所以前天才到沪，比二月二十五日的信反而迟了几天。这中间，因为好久没收到来信，所以我很惦记，曾于三月一日发出一信，询问情况，今接来信，我很高兴。

　　你说，患了下感冒，不知可全好了没有？一定要注意治疗；今年气候不正，乍寒乍热，最易致病，我伤风咳嗽，一直吃了一个时候的药才见好了，这大约和吃烟有些关系（咳嗽多痰），所以接受你的意见，少吸为宜。你的气管不好，恐与睡热炕有关，需要注意。所说的杏仁，不必往上海寄了，原来托买的钱，我早已还了人家，就算了。倒是你可以买些当药吃，我们家乡过去有这个办法，用盐浸起来当药吃，它有益于气管及肺部，可谓一举两得。

　　所说的代买的的卡上衣及条绒，我后天礼拜天去买，这样，上海的布票就只剩今年的了，不能再给人垫了，还得准备你今年来沪应用。今天我已先给你汇去五元，又给你买一大条洗面毛巾和一块小毛巾，当和衣布一块寄你。你生活上不要克苦自己，要吃饱吃好，如我所说，农村有鸡蛋、羊肉、黄豆、豆腐等，应该多吃些，粮食虽紧张，可以以副食品补粮之不足，也比较经济实惠，有益于健康。

　　给你换了六斤全国粮票，供你赶集时零用，所以这封信要挂号寄出。后天邮包寄你时，还要写信。我的短裤如已做好，即可寄来，因为短裤太破了。

　　上次寄的治手上及脚上花指甲的药膏不知见效否？如有成效，当再买寄。

　　我还想下月份给你买一套棉毛衫裤，不过五元多钱，你里面的小衣也穿的不像话了。（九十公分大概可以了？）

　　祝健！

芳

三月七日夜

19750309

敏：

　　写好的信，因这几天忙，顾不上上邮局挂号发出。今天礼拜，我去市区买托买的东西，花条绒买了八尺，每尺价一·三五元，共计十·八〇元，本想买九尺，因为去年布票已不够用，买八尺，已用了今年的五寸了，（共用布票八尺）；两用衫（的卡），照原尺寸买了一件，价钱是十六·八〇元，专券二尺六寸，我们所有的专券，几乎全用光了，只剩下二寸，留下给你买裤子用。过去买的那件是十四元，店员说，那批货售完，这批高档些，所以贵些。花布的的卡衫发票随信附去。另外给你买一盒云南沱茶，因为怕盒子压坏，所以取出盒子，而毛巾包好一块寄出。茶店说，此茶比龙井名贵，也浓，耐泡，你可一试，价钱比龙井贵得多，你闲时可以品品。一块寄出毛巾三条，一大二小，供你日用。

　　今天天气不好，我只在虹口走了走，现在回来写信，马上再去国权路寄粮票并挂号发出。

　　七日汇去五元，谅快收到了。不一。

　　祝健！

芳
三月九日

　　又：邮包寄费〇·九八，邮单附寄你。

1976 年

19760221

敏：

今天收到你在县里火车站的来信，知道你一路顺利地回到县里，我很高兴。想现在该回村里有几天了。你走后，县供销社的满堂来了一信，说是要托你买布，现在把原信附寄你可问他要买些什么，你将来替他办好。我处闹地震，这倒是使人担忧的事，你应提高警惕，必要时，是否先到汾阳二哥处住一住，避一下，你决定后来信。如去汾阳，我下月寄钱，即汇二哥处。

你回家后，粮食煤炭这些事，不知如何？你在中途遇雪，家乡又下了大雪，冬衣不知有否？这些我都很挂念。必要时，是否把皮袄给你寄回？车站的行李不知取回否？来信一提。

那天车开后，我走出车站，在洪兴路吃了一碗鸡粥，花了五分钱，即乘车回校，当天夜里上海即开始下雨，第二天下了一天，今天又下了一天，你真是运气好，没碰上下雨。这几天，我生活正常，今天早上碰到事务科的徐某，他说，我们离开那天下午，招待所的家具他们就搬走了，还说，等到夏天我的住处可能又要调整，所以我暂且就不再借床了。

福海想来该回沪了，托买的东西尽量能买到最好，否则，一部分将来买到邮寄也行。

我的工作还很忙碌，你走后又做了一个夜班，有些咳嗽，我正在吃些药水。

现在批判右倾翻案风的斗争正在深入发展，你在乡间，也应抓紧看报学习，接受教育，提高认识，要正确对待环境。

等你的回信。

祝健

芳

二月二十一日夜

又：今天礼拜，上海阴而不雨，风很大，我吃过中饭，到五角场走了一次，现在回来，买来了邮票，给你寄信，并买了二两土烧，两个麻花，一个人坐在房内看书喝酒御寒，后来想去洗澡，因为冷没有洗，准备明天下午下班后在校内花五分钱洗，据说也很好。

又及

二十二日下午

19760307

敏：

你到家以后前后二信及福海带来的信和东西都收到了。知道目前你生活上吃饱不成问题，我很高兴。福海是上礼拜日下午来我这里，他说本来想去我们原住处把东西送去，因为托买的东西都没买到不好意思去。他坐了一会走后，我即把你送原住处邻居的东西送去，并福海退回来的十五元。我在阿婆他们那儿坐了一会，她们特地给我煮了一碗"龙须面"吃，我们在那儿住了一阵子，多承他们的照顾，送点土物，也表示我们的人情。

五日给你汇去二十五元，想该在此信前收到。这个月房钱扣二·六〇元，等于单身汉宿费的一倍，我算了一下，前后共扣去房钱二十八至二十九元之间，也还差不多，可能多了一点，也就算了，所以我也不去找房产科，就此告一段落。

今天礼拜，上海天气不好，有些小雨，我在市内走了半天，这是你走后我头一次进城，我跑到西藏路修好了水笔，买了二本书，并给你买了四两安徽绿茶，三点返校，又去国权路邮局，把福海来的旅行袋及茶叶付寄出去。我想这点茶叶，够你喝一个时候了。

你给同屋人带来的代买的蘑菇，连同发票我已交给他，他今天回家问家中是否还要这种蘑菇，因此此信要明早发出，如果需要你再代买，设法买到木耳顶好，你带回的他的旅行袋是他借一个在黑龙江插队的青年的，这人前几天要走来要，因为还没寄到，所以设法另借了一只带去。你给他买好木耳和蘑菇之类就连同旅行袋一块寄来。寄去二十五元，你手头可能紧一些，因此买东西看情况办事，不可使你手头过于拮据。

信上说，家乡地震警报高潮已过，我很高兴，但也不可放松警惕，思想上要高度重视，必要时，随乡亲们一块行动，不可大意。

我这些日子一切正常，不要挂念。咳嗽还没全好，我现在尽量少吃烟，这或许对咳嗽也有些关系。

有何需要，来信提明。

祝健！

芳

三月七日

小陈家里人说，这个蘑菇不错，希望你在买木耳外的钱都买成它，或多买它也行，你看情况办好了。

又及

19760313

敏：

上礼拜日（七日）写一信并寄去旅行袋及茶叶，五日并汇去二十五元，想来都该次第收到。前信说，给同屋人代买的蘑菇如买好和旅行袋一块寄来，不知是否已买了木耳及蘑菇或者已经寄出？现在同屋人说，蘑菇不需要买了，所以我特写信通知你，如果蘑菇没有买的话，即停止购买，来信通知我。但能买到木耳即买成木耳，完了再算。

这个时期，我因为咳嗽，请医生检查了一下胸部并经过 X 光透视，说是肺部、心脏都很正常，没有病象，所以我很高兴，每日喝些药水，少吃些烟，会慢慢好的。我肛门和阴囊发痒，经医生检查，说是霉菌感染所致，我们过去用了许多黄霉素药水，医生说，这不对头，没有用，给了我些药膏，并说应把内衣短裤用沸水煮洗消毒才行，换句话说，也不是什么大病，身上这两件毛病弄清楚了，我心里很愉快。你听了也很高兴的。

家乡闹地震，近况不知如何，十分惦念。总之，要提高警惕，必要时和乡亲们一块行动，三月份快过去一半了，如果地震转移了的话，那就再好不过了。

你近来生活如何，要注意必要的营养，现在农活不太多，那就应该多注意休息和学习。

我这些日子生活一切正常，不要远念。候你的来信。

祝健！

芳

三月十三日

19760321

敏：

三月十五日的信前日收到，昨天收到邮包单，今天礼拜天，我一会儿到五角场邮局取回，晚上交给小陈。我看邮单上，邮费用了一·三〇元，因此你得照这数目交给玉堂，人家处处帮咱们办事，不能叫人再在经济上吃亏。上礼拜给你一信，因小陈说，蘑菇难保存，不想买了，现在既然买好寄来，也就算了，黑木耳买好后你再寄来，就行了。

看你信，知你一切很好，有吃有烧，我很喜欢，一定要保持一定的营养水平，把身体搞好，不能生病，手上的疮不知回家后有无再发，我的咳嗽也好了，这是由于治疗和我吃烟较有节制之故，屁股上的痒病也每天在敷药治疗，这些日子身体精神都很好。你所要的东西，下月初一都买好寄去，这个月的糖票别人借去买了，下月再买寄你。上海现在规定皮鞋每户凭卡供应一双，布也有些上涨，听说过去买的那种涤卡上衣现在要二十多元了，因此汾阳女孩要买，将来也只好买日本货的了。你要的衣服，待过一个时候钱上转开就买。

070

小姑能来你那里住几天很好，使她吃好些，婶母也在可能下多照顾一些，她们都是有了年纪的人了，也使她们能在晚年快活一些，我们在人情上和道义上都应如此。借住的房子，就照你那么办，每月付一元房租，表示我们一点心意，黑牛媳妇许多地方帮助你，你可替我道谢。

上海这些日子天气不好，前两天忽然下雪，这两日才晴朗些了。家乡地震警报解除了否？甚念。

祝好！

芳

三月二十一日

19760327

敏：

三月二十一日的信收到，知道你一切都好，地震已过，很高兴。买来的蘑菇已收到，付给购者，上礼拜信件已给你提过。既然木耳一时买不到，就照你说的下月把十元钱付给购者也好，为此，下月还账，生活可能紧些，你付队里款可以暂少付一些，留够生活费，鸡蛋之类要日常吃到，保持一定的营养水平，年纪大了，生活伙食关系很大，不可在这上面打小算盘，为要。当前应很好学习，接受政治思想教育，农村阶级斗争复杂，一定要妥善注意环境。你要的护膝下月一定要买寄你，枕巾等一下也行。我这些日子咳嗽基本好了，身体健旺，饮食增加，一切都很正常，不要惦念。近来找到一部最早的一百回本《水浒》，我正在阅看。前几天在学校小店看到有一种价廉物美的女手帕很好，给你买了一条，随信附寄。家乡如能买到土布，给我做一件衬衫也行，下月经济紧张，那就等一下再办，能买到肉吃，要多吃一些油脂和蛋白质的东西。

不一，祝健！

芳

三月二十七日

19760410

敏:

　　接到你三月二十一日信后，这些日子再未接到来信，我很惦念。这当中，曾寄去两信，后一信并附寄手帕一条，本月五日又汇去二十元，想来都该收到了，所以这几天我专心在候你的信。

　　这个月我们还账二十元，所以生活紧些，只给你寄去二十元，正如我前信说的，可先给队里交十元，留十元你生活开支，如吃菜等等，这样这个月我们债务清了，下个月经济就正常了。

　　本来想明天礼拜日给你去市买护膝，因这几天中央发布二项决议，上海像全国一样，全市人民热烈欢呼拥护中央的二项决议和愤怒声讨首都天安门广场一小撮反动派制造反革命政治事件的罪行，在热烈游行，交通比较拥挤，所以我不打算去市内，预备过一个时候再说。你要的草纸，我早买了，邮局不准当印刷品寄。这个月的糖我已买了，明天礼拜，想就近买斤可可粉，把糖混在其中寄出，连同草纸一块寄你。最近重要的学习材料，我已包好，明天寄你，你应好好学习，努力提高阶级斗争和路线斗争觉悟。

　　近来生活身体如何，我无时不在念中。上礼拜日，原住处的阿婆和阿妹来看我，这个小姑娘记性很好，还能记住我的住处，她说，我门上有一幅画画的马（其实是骆驼，她不认识，说是马），所以她记得。

　　这些日子，我一切正常。咳嗽也好了，饭量也增加了。上礼拜内，组织上问我一九三六年在北京和赵化龙被捕事件，我又写了一回材料。

　　农村春耕业已开始，你年纪大了，应量力而行，参加一些力所能及的劳动，这对思想和身体都有好处。

　　等你的来信。

　　祝健!

芳

四月十日夜

19760411

敏：

昨晚写了信。今早我到五角场买了可可粉，现在把四两糖和可可粉搅混在一块，可能不十分均匀，你喝时再把它全部搅拌一下，就均匀了，这样就很甜了，比原买的"含糖可可"甜多了，不知又买了否。昨天在学校小店买糖，看见有一种棕色皮夹很好，可惜身上钱不够未买成，今天小店不开门，等过两天买下，下月和枕巾，护膝一块寄。学习材料亦已寄出。

祝好！

芳

四月十一日

19760425

敏：

正甚念中，接到四月十五日及四月十七日的信，知悉你身体精神都好，很是高兴。你所要的那些东西，到下月初我进城去买，这个月债清了，买这些东西并不紧张，下月五日先汇你十元，也决不影响我的生活。你寄来的二条短裤，我刚从五角场取回来了，这就解决了当前一个问题，同时，也谢谢黑牛媳妇的热心肠。近日学校小卖部有"等外品"的男二十五号泡沫凉鞋，价钱只有二·八二元，比正品便宜一元多钱，无啥大毛病，所以在内部卖，照顾职工，我已给黑牛买好一双，省一元多钱，他也高兴的。前信说，要给你买一个绿色皮夹子，昨天我去小店，老营业员说，这东西好看不禁用，他劝我买皮夹，多花钱合账，所以我替你买一个红色钱夹还买了一块药皂（凭卡），今天也买好了眼膏，只等下月初进城买好绸子及四双鞋，就一块寄出。公社那个同志要的塑料鞋，我想买成黑色，你问问她，如要别的颜色（黄、白、银）可来信早告我。六月份，想给你买衬衫或裤子，你可把尺寸寄来，你的汗背心和三角裤，如果需要，也把尺码说给我。

我的外穿裤先别忙做，首先要把你的生活照料好，把伙食搞好，尽可能多吃些肉类蛋类及豆制品，保持健康，这是我首先要求你的。村子装了电灯，应多注意学习，不时我再给你寄些学习材料，买了本月份的《学习与批判》，内容尚可，别人借去看，俟还来时，就寄你。

福海近有一信，要我给他在村里教学的亲戚找一本"语法"书，市上现在缺卖，我已托人找，先回了他一信。给阿公买绿豆，你可看情况办事，如所费不多，买些送他们也好。

我生活一切正常，不要挂念。

祝健！

芳

四月二十五日

可可粉及所寄的一卷学习材料，想早该收到了。

19760506

敏：

四月二十五日信早收到了。昨天给你汇去三十元，本来计划这个月给你多汇些钱，给我买布做衣服，但目前热天即到，要添些夏天用品花钱，所以买布做衣服还得推迟一下。因此，这三十元，你只管计划自己的生活，目前农村还是青黄不接时期，麦子还没有下来，我不知你的口粮以及副食如何？一定要注意生活上的改善，不可老啃窝窝，要以白面为主，不要把身体弄坏，我们年纪大了，比不得青年时代，生活上"凑合"一下没关系，你一定要在意我这些话，保持生活上的适当营养要求。

今天给你买了一双拖鞋，比照你的布鞋大小买的，我自己也买了一双，到这个礼拜天，再买些茶叶或别的一些什么，和布鞋一块寄你。你的汗背心不知需要否，来信提明。

家乡有地震警报，一定要在精神上注意，这种自然灾害，要在事先能预测到，人们在物质和精神上有了准备，是可以避免它的，切不可麻痹大意，但自然，也不可过于精神紧张，惊惶失措。

关于你来的问题，我的意思是来沪过国庆中秋，你既然准备十二月来也行，等福海回家过暑假，当给你带回油糖及日用杂物。

现在农事较闲，你可多看些书报，多作休息，就是收麦大忙季节，你在劳动上也要注意劳逸的恰当安排，要注意年纪和体质由于自然规律对人的限制。

我这些日子一切正常，身体及精神都很好。上海天气已开始呈热天的样子了，你现在食用蔬菜问题是否好转一些了？手上的病要注意治疗，这个礼拜日我再到药房打听一下，有什么好些的药膏，顺便给你买寄一些，总之，一定要注意治它，起码不使它再发展，到你回沪后，再设法彻底治好。

有所需要，来信提明。

祝好！

芳

五月六日

19760509

敏：

五月三日的信收到了。五日给你汇去十元；前几天又给你寄去《学习与批判》等学习材料，家里有了电灯，要多看点书。

今天礼拜，我去市区走了一次，刚才回来。你要的东西都买好，寄去了。你和黑牛媳妇的黑泡沫凉鞋，只有横滨桥一家鞋铺有，是等外品，价钱却便宜，每双一·九四（三十五号），卖鞋的中年营业员和你身型差不多，她穿着试了试很好，所以买了，很经济实惠，现穿着再说；三十七号的泡沫女凉鞋，没有黑的，买的黄的，价钱为二·五五元；黑女塑料鞋（三十五）亦为二·五五元。买好这些鞋，我去买素丝绸子，四川路及南京路几个大店（包括中国丝绸公司）都没有，最后在永安公司买到，枣红本色花，广东老店员说，六尺已够，还是照你信上说的，买了七尺，每尺一·〇四元，合计七·二八元，以上东西都把发票附寄。买好这些，我去云南路邮局寄出，花邮资一·三一元（附邮单）。我在小铺吃过饭，即往回走，又在四川路买了一双黑三十六号女塑料鞋（三十六），价二·七三元，在食品店看到新出的豆酥糖，大块的，给你买了五块，又买了二小块巧克力糖（二·八二元），回到学校连同早买好的黑牛的二十五号泡沫凉鞋，一块又去国权路寄出，邮资一·一八元。给你买的红钱夹及眼药膏，也都放在黑牛鞋的包纸内，本来还有一块卫生皂，怕邮局麻烦；所以临时抽出。本来还想给你买前要的枕巾和护膝，因为带的钱不够了，所以俟到下月再说吧。

今随信寄发票三张，邮单二张，你好和人家结算。黑牛鞋没发票，但包皮套上写着价目。

本来想给你买些香肠、腊肉、肉松之类，走了许多食品店都没有，麦乳精现在得有医生证明才好买，所以作罢。

我这些日子一切正常，不要惦记。还给你买了本新出的连环画《商鞅变法》，画得很好，过几天再寄。

你的生活一定要妥善安排，注意必要的营养，现在反"左"和反"右倾"翻案风斗争正在深入发展，必须抓紧学习，正确对待一切事物，求得认识上的进步。

你下月要买衫衣，要说明什么颜色，是白的，还是条条布的，大约九元，我今天看了看。

上海天气渐热，但早晚还凉，我还没有用蚊帐，最近学校普查了一次肝癌，如发现问题的，通知复查，我结果良好。

祝健！

芳

五月九日

19760513

敏：

五月七日的信前天收到。上回寄去一信并寄去邮包一个，想来都该收到了。

接到来信，知你身体上有些不舒服，很是惦记！你说胃上部和食道下部总感到堵塞，不舒服，经常有这种感觉，那就应当立刻去医院查，弄清情况，切不可马虎延搁，但也应沉着冷静地看待，不可为此增加精神上的负担才好！我想这也许是胃肠有些毛病，记得在一九五四—五五年之间，你也常这么说，有这种感觉。因此应即请教医生，相信科学力量。我为此很是不安，坐不住，要马上写信给你，促使你早去医院查一下，弄清楚情况，才能安心。我想下午（今天礼拜）去书店查看一下此类书，或许就买一本书寄你参考。另外，再请教校内医生问问。总之，目前我们应该把力量集中讨论这个问题上去。检查结果如何，立即写信告我！

身体既然如此，那就应当多休息，同时要注意饮食，为此给你寄去几本历史之类书，供你学习。买衣料的事，既然不是马上要用，那就慢些买也行。

我等着你的回信！

祝健！

芳

五月十三日

19760522

敏：

五月十六日的信收到了。知道一切都好，寄的东西也都收到了，很是高兴。你来信未提，放在黑牛鞋内的红色钱包，不知见到没有？你来沪时被上海瘪三把钱夹摸去了，所以给你买了一个。所说的外甥女及邮递员同志要的鞋及你的袜子下月再买，外甥女的不用收钱，算你送她的算了。

农村夏收恐怕还有一个时候，你粮食（细粮）是否接得上？甚念。关于换全国粮票，得托人，想托老秦，这些日子他未来，等他来，一定换好寄你。你手上的湿气不知好了没有？还要不要药膏？都甚念中。饮食上一定保持一定营养水平。

我一切都正常，本周内又叫写了我和赵化龙在北平被捕情况，说是他的单位写信问的，看样子赵化龙还未解放或者还在处理中。我的情况又有些小改变，本来车间打扫卫生这些年由我包办，从本月起，大家轮流值日，搬纸也是大家动手。这也是改革道路上的一个变化。所以现在我很少做重的劳动，但身体仍然很好，咳嗽还不算好，常吃些药水，关系也不大，医生透视过，内部没啥毛病。

上海已开始进入夏季，黄瓜早上市了，同时宿舍内也用了蚊帐。

给你及黑牛媳妇买的黑泡沫鞋不知如何，这是等外品，走了许多处，只有这家有黑色的女泡沫鞋，而且是等外品，价钱便宜，我请营业员阿姨试了试，她说满好，她也要买一双，想来总可以穿用一个时期。

祝健！

芳

五月二十二日

19760606

敏：

五月二十二日及五月二十九日的信都先后收到，短裤二条也已收到，这样，又解决了夏天的穿衣问题。昨天星期六，发工资，因为准备给你买裤子，所以昨天未去邮局汇款。今天礼拜我去市区，刚回来。给新娘买的涤棉衬衣，因为尺码太大，不合上海人体型，所以很难买，转了许多家都没有，最后才在新亚酒店附近找到粉红带花的，说只有这一件了，另外就是橘黄色的，所以买了这件粉红的，店员说，腰身量得不对，按身长及袖长，这个腰身不对，因此按所说的买了，不知合身否？价钱是八·九〇元，布票一·四尺。你的裤子，四川路跑遍了，没有这个尺码的，她们叫我去南京路问，我跑到南京路，你前次来买风雪大衣的那个胖子店员说，你去服装公司（即老先施公司）问问，那里没有，你也不必跑了，全上海都没有。我跑到服装公司，她们说没有，你自己可以定做。所以你的裤子没有买成，你说的涤棉灰色带条的女裤却不少，价钱在十一至十二元之间，要几寸专券，就是没有你那个尺码的，我本来想给你买成衬衫，却又没有尺码，所以甚为失望地回来，你算一下，是否下月买料子按这个尺码做，尺码我保存好。

外甥女的凉鞋也很难找到，原来给你买的那家没有了，后来找到一家也是等外品，是三十五至三十六之间，店员说，可以穿，把鞋带勒紧些就行，说三十五号的现在市上根本没有。价钱是二·四三元，比你们的贵些，可能质量好些，送给外甥女穿，不用收钱。男二十九号凉鞋（泡沫）也很难买到，大约天热了，供应紧张，最后找到一家，是二等品，每双三·二九元，买了二双，学校小店卖的等外品，早已被抢买一空。在四川中路那个大肉店，看到有福建肉松卖，去附近买了个塑料袋给你买了半斤，另外，还给你买了二块巧克力，夹在粉红衬衣中。你前借人家枕巾，也买了二条粉红的还人家，一块寄去，每条一元。眼药膏又买了一支，夹在外甥女的鞋包内，你取出用。

今天天气不好，说是将有雷阵雨，中午我在北京路四川中路附近那家小铺吃了四两水饺，价钱便宜，也不要排队，这是这家小店新增的品种。现在我在邮局（国权路）回来，邮包给你寄出，花邮资一·三七元。现将衬衣，男鞋发票及邮资单一块附信寄你。办好寄邮包手续后，又给你汇去十五元。你在农村还要还欠账，所以经济上你那里要多用一些，你一定要把伙食办好，保持一定的营养水平，才有健康可言。夏收在即，你年纪大了，要量力而行，万不可过于劳累，弄出病来，使我惦记。

小姑过八十，照你说的，到时送些钱，我再寄一盒蛋糕，她来你处小住，生活一定要尽量照应好，年纪大的人，能饮食上好一些，就是最大的精神安慰。

前日给你寄了一本小人书《商鞅变法》想该收到。这个月（六月）《红旗》有一篇文章是《切不可书生气十足》，是结合当前批邓批判胡风反革命集团的，你可买一本看看，从中受些教益。一九七一年十三期《红旗》也有北京市委的同样性质的一篇文章，你如还有该期《红旗》可以对照看看也好。

我这些日子身体精神都好，一切正常。前两天又打了一次预防针，也没什么反应。上海天气还不是太热，我晚上坐在房子里看书，往往还得穿上棉袄才行。茶叶是否还有？来信一提，以便买寄，天气热了，要多饮些茶了。

祝健！

芳

六月六日

19760620

敏：

六月十三日的信收到了。知悉一切都好，很是高兴。现在收麦大忙期中，你年纪大了，劳动半天就行了，这对于接受教育，锻炼自己，改造世界观都有好处，但决不可以整天干，这对你的身体无好处，正如你来沪时，我说的，现在我们生活上大致可以过得去，因此，你今年不要去拾麦，这是与人争利的行为，不是什么改造世界观了，因此，还是不要去，不要惹起群众反感。

乡下一时出现无菜现象，这是暂时的，你可多吃些菜，吃些鸡蛋之类，保持一定健康水平。茶叶下月给你买寄一些。看能买到什么菜也寄一些。所要的那些东西，到时买寄。你的裤子，看来只有买布定做了，我问过熟悉情况的人，都说市场上卖的女服，都是为小姑娘准备的，年纪大的妇女，身粗体肥，就不准备了。今天礼拜天，我顺便问五角场百货店服装部，也说要自己买布定做才行。所以决定下月给你买布定做。

你看了报上载的《红旗》文章很好，上海报纸《文汇报》本月九日有一版三篇文章，都是以这篇文章为准，发了三篇文章，对于学懂《红旗》文章很有启发，我已买了一张，下月寄东西时这东西寄给你，你可看看，还能理解《红旗》文章的意义，受到教益。总之，这是对胡风反革命集团的再批判，但更重要的是为了结合当前的批判斗争而发，这也就是历史的经验值得注意的意思。

我这些日子身体比前一个时候好，前一个时候吃饭很少，这些天又恢复了正常，还吃些咳嗽药水。这个月我留下的生活费足够了，你不必惦念。上海的生活条件无论如何比乡下好得多。

今天礼拜，这些日子上海进入黄梅季节，经常下雨，天色不好我没有外出，老焦上午在此坐了很久，午饭我吃了些酒，去五角场走一次，吃了三两阳春面（学校食堂现在不供应面条）。这个月白糖我已买了，想设法寄回，上月因同屋人生病，让给他买了。你还有何需要，来信提明。

总之，在此夏收期内，你劳动半天，休息半天，在家看些书报学习就行了，眼睛点药后是否好些了？甚念。牙膏是否能买到，否则寄一些去。

　　祝健！

芳

六月二十日

19760711

敏：

　　本周初寄一信，计该收到。今天礼拜日，我已托同屋人替你去淮海路一带买裤料，交给他十二元，二尺专券，一尺布票，多退少补。如今天买到，我即送五角场去做，估计本月二十五日可以寄你。上午我一早我跑市区，替你买要买的东西，花布也买了，我看颜色不错，〇·四七元一尺，买了七尺，花钱三·二九元，布票花了七寸。这是一截零头布，只二丈多，碰得巧，我买过这七尺，就被一个胖女人全买了，店员说，这很便宜。男凉鞋，我问过几家二十五码的没有货，前几天我在校建筑工地劳动时，放工路过国权路，碰上了有等外品二·七五元，本来我准备自己穿，可还未上脚，既然二十五码的没有就先把这双寄去，店员说，大小差不多，如果托买者嫌小，不合穿，你就留下给我寄回，我再替他买二十五码的，如果可以，就算了。女凉鞋（泡沫）供应不普遍，我先找到一家，卖的是正品，价钱三·二四元（有发票），买了一双，后来又找到一家，有等外品三十四至三十五码的，价钱是二·三一元，我又买了一双，正品的是三十六码的。你信上说想要二双，怕不好寄，现在趁我带的钱够，所以索性都买了，省得下月麻烦。花布，正品女凉鞋都有发票，附寄。男凉鞋，等外品女凉鞋没发票，鞋包上有价码。你接到这些鞋后，都打开鞋包看看，那里面有一支牙膏，一支三磺软膏，二块汗巾（其中各包一块巧克力糖），还有一支八宝眼药，我问药店治泪眼的好药，它介绍我去中药店买这种药，所以买了一支，可能有些效验。枕巾买了四条，每条一元，无发票。给你还寄去二两龙井，二两花茶。路过四川中路，那家大肉店排队买干虾，我排队买了一元钱的，半斤，说是淡的，难得有卖的。回来路过四川中路，一家南货店排队买虾皮，我也排上队，说是一斤一元，但轮到我时，卖光了，只剩下底子，卖给我，花了一毛半钱。我去时在四川中路那个菜场肉店门口看见排队买香肠和腊肉，我嫌人多，准备回来时再说，但到我十点多钟走回这里时，已经什么都没有了。上海买东西得碰巧，也得抓紧机会，否则不行。

今天朱德同志逝世，中央开追悼会，上海公园及影院均停止开放，饭铺也不卖酒。所以中午我在四川路的一家回回馆吃了四两麻酱拌面，花了三角钱。回家后，我去国权路邮局把邮包寄出，花了邮资一·八九元，邮单附寄，这里面有我们自己用的虾米，茶叶，牙膏等，所以我们也应出一部分。

这个月就买了这些东西，没给你汇钱，不知生活够用否？如需要，当再抽一些钱寄你。

这个礼拜，我在校建设工地劳动了两天，很好，跟市建公司的工人一起劳动，受益不小。这些日子，一切正常，我身体下部的疮病，涂了二次医生给的药，好像好了，所以我很高兴。

你还有何需要，来信一提。邮包布是我的枕套，因为没有这类布了，你收到后，有机会寄回上海，我还要用哩。

祝健！

芳

七月十一日

19760808

敏：

七月二十日的信早收到了，在这以前收到寄来的杏脯杏仁，杏脯吃起来味道很淳厚，有乡土味，吃过的人都赞美好，因为是你亲手炮制的，所以我吃起来很高兴，强烈地想到生育我的家乡土地以及在这里辛苦生活的你。枕套你洗得很干净，看起来洁白和舒适。

今天礼拜，我去了市内一次，照你信上说的，为乡亲代买寿衣材料，在四川路就买好了，古铜色的没有，一丈五尺的买成蓝色带本色花的，每尺〇·八八元，计十三·二〇元，黑色带本色花的，买了七尺五寸，每尺一·〇四元，计七·八〇元，共用去二十一元。正巧是一个老营业员接待，我给他说明用途，他说这蓝色最好，有花才好，素的就不好了，所以买了。我这时记起我在小孩时看见祖母穿的寿衣，就是这种颜色的花的。回来后在国权路寄出，邮资用去〇·九八元，今将发票及邮资单一块附信寄你。

前信要你寄一个你衬衣尺寸，没有见信，我在语录本内找出一个旧的尺寸单子，所以带了它和布票想为你买一件短袖涤棉衬衣，在四川路上找了许多家，都说没这种尺码的，说这尺寸又宽又短实在没有，要么我去买布他们代做，我因为这尺寸单时日过久，所以决定不贸然去照着做，现在通知你，你如想买，再寄现在的尺寸来。

我身上带了本月份的肉票，想为你买些肉类，但四川路上许多肉店食品店都没能买到香肠、腊肉、肉松之类，因为现在买肉放松了限制，（好猪头肉之类现在可以不用肉票，饭馆吃菜不要，职工食堂不要），所以这些东西又少了。我回到国权路，去合作社找，才找到了。花了四张肉票买了半斤。本来还想买些可可粉，和这二个月的糖一块寄你，但现在买不到可可粉，后来到国权路邮局寄包裹时，这里换了人，检查得很仔细，所以即或买到，也和糖寄不出去。

上海近来天气燥热，听说有三十七八度。所以我今天没有过苏州河去，在四川路跑，十时左右跑到国际电影院附近，有卖退票的，花了一角钱（原票钱是〇·一五），进去看了一场《阿夏河的秘密》，因为电影院有冷气设备，等于进去避了二个钟头暑。看完电影就在附近吃了一碗牛肉面。

回校后在国权路发出邮包，并同时给你汇去十元钱。天气太热，你应注意身体，劳动要有节制，要多休息，看些书。前给你寄出裤子时，同时也寄出一些学习材料。吃些蛋类，如有西瓜，多吃些瓜。上海西瓜凭住户菜卡供应，我是单身户口，所以不能吃西瓜。现在学校已放暑假，职工不放，但每日工作七小时，下午四时下班。

北京因唐山区发生地震，也曾波及，不知你收到大哥他们一家信否，可问问宜静，要她写信问问情况，我也很关心。前些日子，领导要我写材料，是北京西城区钟表修配厂来信，说是张锐要进党，问问我的情况及家属情况，我想这张锐总是宜端留的二个女儿中的一个，写了一些简单情况。

这个月还没收到你的信，亟念。有所需要，来信提明。你可就近问问医生，把你的老花眼镜深浅弄清，在上海重新配一副，以利于你的学习。

祝好！

芳

八月八日

19760816

敏:

　　八月一日的信今天早上才收到，路上走了十天，上一封信也走了十天，可能路途上有些耽误。知道裤子还合身，我也喜欢。本月十日给你汇去十元，并把代买的绸料寄去，现在想该收到。来信说下月代人买冬天的三合一之类，但写得不清楚，要什么颜色，数量多少，要来信告我，以便照买，如不用专券，就买成日本货也行。村里教师要订的《学习与批判》和《上海少年》，大约代订不成问题，《学习与批判》，实际上是复旦的学报。来信可把邮寄地址及代订人姓名开给我，订的份数，以及订期长短（半年或一年）也一并说明，由我们先垫上钱，订的人在村里再还你，较为省事。

　　小姑八十寿辰，你说送五元也很好，到时我再寄些吃的，天热，蛋糕恐怕路上要坏，想寄些上海红纸包的薄片膏。本地人过生日都时兴送这个，图吉利，给二哥寄十元，也很应该，天气稍凉快，你可约他到侯村住个时候，使他身体精神都舒畅一些。

　　前信曾说，唐山地震波及北京，我很为大哥一家关心，可着小留写封信问问情况，使我们安心。你手上的疮又发了，很可能由于缺乏油脂所致，因此生活上要注意营养，一定要尽可能吃些肉类，猪肉少，吃些羊肉，鸡蛋。上海的肉票我都保留着，有机会就给你买些油类制品。上回寄去的干虾，不知你吃完没有，学校伙房前些时候当菜卖，是用面粉糊过后再用油煎，也很好吃。如碰巧能买到，还要给你买些。我再去问药店买些治手疮的药寄你。

　　上海现在天气很热，我的身体精神都很健壮，饭量也增加了，昨天礼拜中午，我去五角场剃头，就在那里回回馆吃了四两烩饼回到学校就觉得饿了，又吃了些馒头。领导上现在一般不叫我做重活，这也是组织上的照顾，你不用担心。前信说，要你问问本地医生，问你的老花眼镜深度，以便去上海另配一副，不知问过没有？

　　天气热，多休息，看些书；我这里有一本《汉武帝》，过些时候寄你。

　　现在宿舍里基本是两个人住，那个老谈病了，回家去住了，所以还是很清静，我每晚点上蚊香看书。

有何需要，来信告我。

祝健！

芳

八月十六日

19760905

敏：

接到你八月六日的信后，曾去一信（这以前也有一信），想来都该收到。你寄来的床单，本月二日就收到，今天星期日，才去五角场取回来。看到钱包内的来信，知悉一切。家乡既然有地震警报，必须注意防范，不可粗心大意，伙食要弄好些，增进身体的抵抗能力，因为地震警报是一种沉重的精神负担，如果再跑来跑去，更费精神，所以必须伙食弄好，才能更好地应付这一切。总之，要机警沉着，不丧失警惕，但也不可庸人自扰，草木皆兵。要和乡亲们一块行动。

今日礼拜，我去五角场取邮包，顺便到布店看了一下，"三合一"不少，价钱由十五元至二十多元一公尺，但都要五寸专券，有凡立丁，不收券，亦是这个价钱，日本货"快吧"没有，所以只好在明天发工资后，下礼拜日进市内买，必要时，用上些专券也行。护膝一定要去市内买，五角场没有；钱包拿到上海修，否则即买一新的。缝纫机零件，我到市区去问，如有，方便时即买好一块寄出。

中秋在即，不知在乡下能买到月饼否？寄物时，①

---

① 此信后面遗失，日期需考。据其中提到"地震警报"，可知写于1976年。信中说"中秋在即"，1976年中秋节是9月8日。又说"本月二日就收到，今天星期日，才去五角场取回来"，9月2日至9月8日之间的星期天是9月5日。由此确定写信日期。

19760906

敏:

　　昨写好一信未发，今早接到九月一日的信，知道家乡雨止，地震情况有所缓和，甚慰。北京大哥处人口平安，我心里放心和高兴。既然地震警报尚未解除，还是小心为是，万一有情况，要随大伙一块行动。

　　今天上午给你汇去十元先用。来信说，家乡无月饼，我昨天信上还说寄物时给你买些广东月饼，但写信后我去五角场，各个食品店都无月饼供应，就连一般糕饼、饼干也没有；听说上海亦如此，买月饼，要一早去排队。我想，这和地震警报有关，可能有些人要买些食品储备，这种思想是可笑的。但也只能是暂时现象，过几天会恢复正常，所以这个礼拜天寄裤料等时，也还是要给你买些月饼，虽然你吃到时可能早过中秋了，但总是这么个过节的意思罢。

　　家乡现有羊肉，猪肉少，就多吃些羊肉，还有鸡蛋，一定要把身体养好，维持正常健康水平，我们年纪大了，必须如此，才行。

　　祝健!

芳
九月六日

　　家乡闹地震，应多来信，以免我挂念!

19760911

敏:

　　本月六日寄去一信并汇去十元，想来都该收到了。

　　本月九日下午中央广播电台播送了令人万分悲痛的消息：伟大领袖和导师毛主席在京病逝，这是我国人民和世界人民的不可估量的损失，是敬爱的毛主席对我们的批判、教育，使我们提高了认识，得到了改造，走向新的生活。让我们一块高呼：伟大领袖和导师毛主席永垂不朽!

　　在毛主席病逝消息传来后，整个上海浸沉在悲痛的哀悼气氛中，连日集会吊唁。由于这种情况，前信说准备在明日（即十二日）礼拜时，代人购买衫料及你的需要的各物，必须推迟才行。也就是说，要移到下个礼拜（十九日）去办，你可通知托买者一下。

你在农村，想必也在参加吊唁活动，必须抓紧学习报纸有关报道，接受教育，同时，也应在生产劳动中，积极用实际行动来完成生产任务。当然，也必须兼顾到年龄和体力。

家乡地震警报不知解除否？上海连日天气晴朗，正常，地震警报现象已经过去了，不必挂念。

我一切正常，关于你今年来沪，现在可开始做些准备，或者在春节前到沪，届时再看情况再定。

祝健！

芳
九月十一日夜

19761015

敏：

上月二十日给你寄去保价信一封，内有三十四斤粮票，和一个邮包，想来都该见到了。今天已到十月五日还未收到回信，我心里亟念！因为没有你的信，不知需要什么，所以今天给你先汇去了三十元，如果你需要什么来信再买。礼拜天，再给你寄去二本书，一是小人书《晁错削藩》，画得很好；一本是历史读物《汉武帝》，供你阅看学习。

第二季度过了，有的油票，想日内买成油，等你回沪时吃用。

我这些日子一切正常，国庆日当天加班一天，全校都未放假，用实际行动，哀悼伟大领袖毛主席的逝世。二日才休假。

关于你回沪事，现在可开始做些准备，我的意思是在阳历年前后来，你再斟量。

上海气候已成秋天，我饮食、生活、劳动、学习一切都很好。

等着你的来信！

祝健！

芳
十月十五日

19761017

敏：

上礼拜日写一信，礼拜一上班即收到你九月二十九日的信，知一切都好，很是高兴。前几天给你寄去一卷学习材料，内中有最近中央两报一刊①社论《亿万人民的共同心愿》，非常重要，你要好好学习。华国锋当选为中央主席和中央军委主席，中央十月八日宣布了两项重要决定，揪出"四人帮"反党集团，革命形势一派大好，你必须很好地学习报纸，跟上时代步伐前进。

你说的红梅要买"三合一"裤料，可以代买，花几寸专券也不要紧，我上礼拜日在市区看到成衣店有快吧女裤卖，大约十七元，如果穿的人身材一般，可以买成衣，这样还比较实惠，而上海的做工是有名的。你可和她商量办，如她不急需，索性等你春节前来沪时办，也行，早日买也行。

这个月寄你三十元，你以改善和支付生活为用，暂不必替我买布做上衣，因为上月被人挪用十元，还未还来，如还来，再用这笔钱买衣。上月除买物外，给你只寄了十元，恐怕你很紧，所以这个月一定不能用寄去的三十元给我买布，使你的生活过紧，我不安心。

上季度的油票，有一斤只限于本月十日前用，所以我买了一斤油，等你来用。所说买木耳或托二哥买杏仁、胡桃之类，等决定后给你寄钱再买。

我一切都正常，身体也很好。在目前反"四人帮"斗争的运动中，你应很好学习，接受教育，提高认识，农村阶级斗争复杂，必须善于分辨。家乡地震警报尚未解除，也必须继续提高警惕，不可疏忽大意。家乡人民深切悼念毛主席逝世，化悲痛为力量，用好好革命种田的实际行动怀念伟大领袖，抢种冬小麦，应该很好向贫下中农学习，你年纪较大，必须在劳动中注意生活饮食，正确安排劳逸，不可闹出病来，免我远念。

有何需要，来信提明，手上的疮是否好些了？一向来信未提，我甚念

---

① "文革"中流行的政治语言，"两报"指《人民日报》《解放军报》，"一刊"指《红旗》杂志。

中。确定何日返沪，也在来信中告我。

祝健！

芳

十月十七日

19761105

敏：

十月二十三日的信及邮包都早收到了。吃到家乡的粽子，我很高兴。鞋子我准备上个皮底，这就解决了一个问题。今天五号给你汇去二十六元；前信说，这个月准备买旅行袋，上礼拜我在五角场布店看到你要的那种"三合一"，所以决定先买它，恐怕后来脱销买不到，颜色和样式和上次买的一样，十六元一码，五寸专券，这个礼拜日就买好，如果是你做裤子，是否就照你上次开的尺寸送到成衣店去做，那你到上海，就可以穿了，来信说明，以便照办。

昨天晚上，我在看书，同屋人忽然问我什么时候生日，我说九月十三日（阴历），我朝桌上的报纸一看，正好是九月十三日，我问他现在几点钟，他看了表说，整八点，这恰好是我生的时辰。真是奇怪。他不问，我倒忘了。今天晚饭后，我去五角场买了二角钱猪头肉，打了二两土烧，又买了一瓶北京葡萄酒自己庆祝一番，但回到宿舍我只喝了一两多土烧，我把一瓶葡萄酒藏了起来，等你到沪一块吃。

你可积极做回沪准备，元旦前来也好，那时天气还不太冷，省得长途受苦。下月再给你把旅行袋寄去。

自从揪出"四人帮"这伙害人虫，真是人心大快，到处欢天喜地，上海很热闹，好像四九年解放初那样，人们觉得如释重负。我一切都好，身心都很健康，劳动和读书如常。上海新出关于《水浒传》的小人书很好，礼拜日我买到，和《李斯》一书一块寄你，还有最近的学习文件。《李斯》这本书，你应很好看一看，增加一些历史知识。过去给你的《刘邦》一书，不可丢掉，来沪时带来。这些都是"四人帮"控制下的产物，回头看看，很有教益。

你这些日子生活如何，是否吃白面？要吃白面。生活上绝不能过于刻苦，以致影响健康。油少，就多吃些蛋，一定要保持必要的营养水平，把身体搞好！

有何需要，来信告我。最近应很好学习报纸，提高认识。

祝健！

芳
十一月五日

19761107

敏：

五日写好信，未及寄出。今天礼拜，天气很好，上午我去市区走了一次，剃头，买了顶帽子，把你寄来的新鞋也打上掌子。你要的"三合一"裤料，也在虹口买好了，一米十六元，八寸专券，黑色，有隐条，比上次买的少二毛钱，上次买的那种无货，有二等品，要十五元多，所以买了这种，也不相上下。我看买的人很多，我问身旁一个胖老太婆，她做条裤子一米够否？她说，够了。店员也说，普通一米就够了。所以我想你穿也够了。这家店有成品，卖十七·五〇元，要三寸专券，价钱差不多（连手工），只是专券少些。如前信说，你如果等用，是否就照上次做裤子的尺寸送成衣店，那你来上海就可以穿上了，来信说明，以便照办。

上海满街都是控诉"四人帮"的大字报，看的人人山人海，店里买东西的倒稀少了。

我只在虹口走了走，未过苏州河，中午吃了三两面，所说的《水浒》小人书未买到，日内先把《李斯》和一些学习文件寄你。

祝健！

芳
十一月七日

1977 年

19770507

敏：

上礼拜六夜间写一信未发，现在再写几句一并寄出。今天发工钱，除借支扣十元，招待所扣房租又扣了十元，加上集体宿舍一·三〇元，共扣去二十一·三〇元，实余四十四·二〇元，所以，中午给你汇去二十元，这招待所房钱扣除不大合理，印刷厂有关人员已答应去房产科问问再说。给你汇去二十元，想来这个月够了，剩余我留下生活也很富裕了。不必挂念。

这几天上海天气很热了，晚上只能睡席子，上礼拜日天气好，我已把床上整理收拾了一下，把棉被晒好放起。大灶伙食办得不错，所以生活上并未感到什么不便，精神也很健旺。

《上海少年》六月份已买好，俟礼拜日再寄出。

故乡想也该热起来了，你要注意身体饮食，劳动不多，就看些书报学习。

祝健！

芳

五月七日

19770618

敏：

　　今天接到你在车上写的信，知道平安到县，在孟源换车时，行李也得到妥善照应，我放心又高兴。你走后，我一直担心你换车时行李照应问题，两个旅行袋都不轻，再加还有些零碎，你是提不了，也无法提的，现在知道列车员同志给你解决了这个大难题，我真的有说不出的感激和高兴。

　　你运气真好，你走后第二天上海就又开始下雨了，一连下了好几天，今天才放晴，据说明天礼拜日还要接着下，你来上海和离上海都是在雨季中碰上两个好天气，真正难得！

　　你走后这一礼拜，我的生活又恢复了老样子，宿舍中那个老的生病全休，小陈也不在这里住宿，所以基本上是我一个人在房，看些书很安静。大灶伙食比中灶办的好些，每天不花肉票也能吃些小荤，只是价钱比过去贵些了。我一直未出校门，昨天晚上才去五角场洗了一回澡。今天晚上在学校看了一场电影《苦菜花》，写得很好。这两天还有些冷，我身体精神、环境都很好，你不要挂念。

　　你这次来上海住了一段较长的时间，生活上虽然紧些，不够宽裕，但我们精神上是愉快的，充满了生气的，也可以说开始了我们这二十多年来生活上的新阶段，或者说是新的生活阶段的开始吧！

　　你到村后，可能要忙几天，带回些吃的，生活总暂时安定一些，多休息一个时候再去参加劳动，年纪有了，一定要尽力照应好生活和身体，这是根本。

　　明天我去五角场走走，如能买到《上海少年》，就给你买好寄出。

　　等着你回村后的来信。

　　祝健！

芳

六月十八日

19770620

敏：

今天接到你在县上写的信，知道一路顺风地回到了家乡，现在想来，你已经在村里住了几天，生活上安排好了。

你走后，我退好了房子，安排了生活，使生活恢复到旧的秩序，一切都很正常。

小卞那里我去过三次看小孩，这一对小夫妇很热情。小孩妈给他剃光了头，健康好玩。我和他们之间，也有些小小的赠送。学校里有中学考试书，文科的已出版（为此我加了一次夜班），我等到两本没花钱的，送了小卞和老王各一本，表示我们居住期间他们生活上多方照顾的一点心意。又买了四本，一本明天寄你，给老王买了二本，小卞买了一本，理科的印出后再说。

你走后，我在事务科碰到中灶的老张，他说去了我家四次都未见到，还是想请你买些胡桃红枣，我对他说，你来前再说。老焦说，你走前那个礼拜日他去过，没看到我们。他代买的咸肉，下月有钱我再还他。

去黄浦公园照的相，我们和小孩的几张，我已托小陈放大，待弄好后，再寄你。

你走后，接到侯村"琴"的信，她惦记你什么时候回来，想来现在已见到她了。今年家乡收成不知如何，她来信说，麦收已完，面已分下了。家乡既然落了雨，秋收可能要好一些。

昨天星期，我去五角场回回饭馆吃烩饼，并洗了一个澡——只有我一个洗，澡堂内空空洞洞。回来后，老王父女来坐了一会儿，为买书事。

我一切都好，不要挂念。你要把生活安排好后，如有需要或代买的东西，来信说明。

祝健！

芳

六月二十日

19770624

敏：

你在县里写的信收到后，曾复一信；现在已收到你顺利地回村的十九日的来信，很是高兴。知道你生活上已做好安排，我放了心。

你走后，我生活一切正常，在大灶吃饭，肉类供应有所改进，不要肉票，也可以吃到肉。最近请医生看了下部的湿痒毛病，说是湿毒，配了些药，有些效验。上海进入黄梅季节，多雨寒冷，比你走时，气温要低。

所说给红梅买衣物事，下月初（即下礼拜日）可买好寄出。

今天礼拜六，我吃晚饭后，去原住处看了看小孩，这小孩近来出水痘，有温度，他爹娘都请假在家里侍候他，这个小孩性格顽强，虽然有病，照常又跳又叫，毫不在乎，这个性格使人喜爱。

今寄去大学考试文科部分一本，理科印好后再寄。

不一。

祝健！

芳

六月二十四日

19770705

敏：

今天收到你六月三十日的来信和四十二元，同时又给你寄去十元。今天发了工钱，只扣了我的一·三〇元，是照例的，你住招待所的几天的房钱等一文未扣。等这个礼拜日，我去市区买你要的被面，上衣等物。

上上礼拜日给你寄去一本高考文科复习题，内附一信，想来收到，现在高考理科资料印好，又寄你一本，此信附入。前几天本来包好要寄，可巧招待所八号住的邻居来找我托买一本给他妹妹，所以我给了他，又设法找来一本，现在才寄出。老王、小卞也给他们人各一本，又请小陈老秦等人给老王弄了六本，满足了他的需要。

小卞的小孩出水痘，已在上周送到他祖母那里代养了，小卞上礼拜来找我，我正好去五角场洗澡，回来后看到留条去他家一次，他给我看了写给你的信并二张小孩照片，想来你信收到了。听他们说，老王摔了一跤（在大操场那道水泥围墙旁），颇重，这几天未见到他，想等你给小卞寄的豆子邮到，再去看他们。

上海今年热得突然，而且奇热，报上说在三十七至三十八度，实际不止此，每天要洗冷水，你及时回去，可说有先见之明。灶房现在吃肉敞开，蛋类上海也敞开供应，所以生活上比你在时，也大有改善。

你说看报不易，是否可以自己订一份山西或北京报纸？没有精神食粮不行。问问新华书店熟人，供应的书籍，如宣统皇帝的《我的前半生》之类，如可买到，设法买一本看看。

礼拜日寄衣物时，给你买些酸梅精寄出，农村既然可以买到糖，自己做些冷饮吃吃清暑。

天热，应多在家中休息，并尽可能注意必要的营养；你在沪说的约二哥来村过夏，不知已写信去约他否？甚念。

有何需要，来信告知。我一切都好，工作并不太累。

祝健！

芳
七月五日

19770709

敏：

收到五月三十日①信及四十二元后，汇去十元，后两日又附寄高考理科材料一本，想该收到。今天礼拜，我上午去四川路买物，天气炎热，（上海今年热得突然，高温有十天多了，都在三十七至三十八度），我看店里人头拥挤，气闷不过，到永安电影院看了一场早场《野猪林》（票随时可买），算是避暑，因为到散场后，正是中午，人都回家吃饭去了，店子里比较空闲一些。我出了电影院，店子里人果然很稀少了，我又返回头到

---

① 原信为"五月三十日"，据本年第五信及信后时间疑此处手误，应为"六月三十日"。

长春服装店，因为我来时，已在这里买了衬衣，你说的米黄绣花的没这么大尺码的，店员介绍我买了一件白色绣花的。我坐在电影院里想，我们地方习惯，白的恐怕不行，所以又去换了一件苹果绣花的，比白色的贵四角钱，多四寸布票，计九·三〇元，布一尺八寸。（发票在衫内）。被面买了七条，共三十九·四元。每条都在五元多，价钱不一，发票都放在每条被面内。纱巾天蓝色没有，买了一条米黄的，计一·五四元。袜一双，一·六八元。铜扣买了五只，四分一只，和泡人丹一块放在纱巾包内。天气热，寄三包人丹，供你消暑用，另外给你买了山楂晶及酸梅晶各半斤一袋。我办好这些事，没有再往前跑，在复兴中学隔壁吃了三两冷面，即坐车回校，接着跑到国权路付邮，共邮费二·五四元，邮单附寄你。东西面积较大，我没有买毛巾包，用我的枕袋包了，将来你再带来。买的衬衣等颜色如不合用，让给喜欢它的人，我再买寄。

今早我去市区前，把你寄的豆子送到原住处，小卞上班去了，小姑娘和老王在家，老王泡了一壶茶，坐了一会儿。我把一季度的肉票也送了小卞他们，照你的话，又给了他们二个月的油票。这个地方要住建筑工人，除老王外，房产科要其余的人搬家，搬在何处，还不知道。

这次给人家买东西，共计用去九十三元多，其中人家的四十二元，还剩一些（除过邮资），所以现在再寄给你五元，和人家清账。如要买别的再说。

因为天气过热，校内已调整了上班时间，我每天早上六点上班，中午十二时下班，共六小时，下午不上班。因天热，早上上班，小陈也回这里来睡。

老焦常看到，我还他咸肉钱，他不收，说送你的。他要我问候你，说你走前那个礼拜天他来过送你，没碰到，因为我们看蛇展去了。

山西天气不知如何，如闷热，要注意避暑降温，少外出跑，听说上海医院很忙，中暑的人不少。

祝健！

芳

七月九日

袜子没发票，价码写在商标纸上。

19770724

敏：

　　七月十二日及七月十五日的两信及邮包都先后收到了，知道一切都好，很高兴。今天礼拜上午，我去邮局取回邮包，吃过午饭，我把邮包送给曹家，他们全家都在，所以非常愉快地坐了一会儿，吃了西瓜。现在阿公患肺气肿，他们说，想托你马上在乡下买两只羊肺，买好后，放在干净的瓦片上放在火上烘，烘成粉末，说这是治这种病行之有效的单方。你接到信后，最好立即动手办这件事，注意的是只能放在瓦片上烘，不准用锅烘，说这是治病的必要要求。如果烘好，即刻付邮寄我。治病要紧。我把你借的油票，还了他们二个月的。这一家人家很忠厚善良，我告辞出来，他们全家送出，硬送给我二包好香烟，使人感激。关于邮包的邮资，就算了，算我们的吧，因为其中有你送他们的杏仁之类，收邮费不好。羊肺烘好后，因是粉末，你就装在一个干净布袋内寄我，如有效和需要再通知你继续买和烘。

　　你这两封信，十五日的信倒比十二日的信先一日到上海，想是路上耽误所致。

　　我这些日子身体精神都健壮，阿婆他们也说我身体比较好了，伙房有些荤菜可以不凭肉票，所以营养不成问题，你不必挂念。

　　乡间劳动活不多，你就多学习一些书报，今天买了一本书《评江青的女皇梦》，我看后即寄你，虽然都是些报纸文章，但看看也能获些教益。

　　前两个礼拜，我为了买凉鞋去市区跑了一天，泡沫凉鞋，大概今年没生产，一直没有买到，我把旧凉鞋花五毛钱修理了一下，又穿上脚，今年夏天就混过去了。上海市面比你走时有起色，一些供应都比较正常，这是中央抓纲治国战略的伟大初步成效。这两天学校和全市正在敲锣打鼓地欢庆中央三中全会的胜利闭幕和它的三项重大决议，想你在乡间也参加过庆祝和学习。

　　这几天因为台风影响，上海倒很凉快，不那么热得难过了。

　　《历史研究》今年一、二期可托人在临汾问问，三期我已托人在市内买好了。如一、二期能买到，即寄我。

下月初当给你寄些橘子粉和酸梅粉，供你做清凉饮料用。有何需要，来信提及。

祝健！

芳
七月二十四日

19770731

敏：

七月二十日的信早收到了，后来又收到汇来的二十元，一切尽悉。今天礼拜，我刚从市区回来，给你写信。远博孙女所要的衬衣我跑了许多地方，先到你常去的叫"创新"的那家，买到过去买过的绿色带花的，但尺寸有些出入，身长一·八五尺，腰围三尺有零，价七元，不知合身否？如不合身，让给别人，再另买。这家免券女衫，只有这个尺寸的，别的都卖光了。为了买粉红的，我一直走到南京路，连永安公司和服装公司都跑了，觉得女衫颜色都是很难看，古板，暗色，或古怪的条条，后来跑回四川路，才买到寄去的这种，粉红有小格的，价钱八元，尺寸合乎要求。现在一块寄去，邮单也一块寄你，寄来的余款不再买什么，下个礼拜五给你汇款时一块附寄退还。总之，衣服共用去了十五元，邮费在外。（发票附信寄去）。

上礼拜给你去了一信，说是给阿婆家买羊肺，并请你代他烤干成粉状，不知办了否？要想方设法替他们早日弄好，早日寄沪治病为妥！

上海天气这些日子不怎么热，有台风的影响。西瓜也多了，不要票随便买，我今天在四川路花四毛买了一个小瓜，因为不注意在公共汽车上摔破了，在手上捧了一路才回校。

本想给你买些橘子粉一块寄出，跑了许多食品店都没货，想来是做橘子水了。农村瓜果丰收，应该经常买些吃，对身体很好。

劳动不多，就多看书学习吧！

我身体一切都好，学校已放暑假，伙食供应有起色，精神也很健康。

祝健！

芳
七月三十一日

19770807

敏：

上礼拜日给你寄去一信，并把给远博孙女买好的二件女衫寄出，想来都该收到。本月五日给你汇去三十元，这当中你要拿出四·六〇元退给远博孙女，你实收二十五·四〇元。我们这个月还扣去借支十元，欠账就算清了。

今天又是礼拜，我一早去同济剃头，上礼拜在市区没给你买到橘子粉，所以剃好头，我又走到大连商店，这里却有卖橘子粉的。我给你买了半斤橘子粉，半斤山楂粉，都含糖，你可冲来当冷饮吃，也算是吃上海的东西过夏了。这二种粉颜色差不多，都是粉红色，你要各尝一杯，才能分辨出谁是谁。我拿出一小撮冲了一碗吃，也还不错，如不够甜，你再加些糖。

前几天，我接到南侯贾蛋娃一封信，使我非常感动。他说，你转去我问候他的讯息，使他高兴得几夜睡不着，并说了他后些情况。父母已故，小奴被日寇拉去一直没音讯，说他孤单一人，身子还好，说追想我们小时一块上学一块玩耍的情况，四十多年没见面了，信写得很好，显然是托人写的，使我连看了多少遍，感情久久不能平静。过几日再写回信。你如碰到他，说我收到他的信，高兴得不得了，如方便，你再送他一些吃的东西，使我心里安慰。

我看到五日上海报，知道何其芳其人也死了，前个时候我还看到他在《历史研究》上写的回忆朱总司令的文章，想不到转眼就已作古，终年才六十五岁。新闻说，他在历次文艺界的斗争中，都站在斗争前列，说他能执行党的知识分子政策和实事求是。这后两句话，对他说来，是一种溢美之辞。此人在"文化大革命"中，受到"四人帮"的一些迫害，"四人帮"一倒，他也就跟着倒下了，说明他实质上还是很脆弱，不堪一击的本质。在五五年，他确实是连吃奶的力气也用上了。当时他也算心满意足，俨然是个胜利者！

上海这些日子，热得不得了，气温在三十六至三十八度，超过了人的体温。好在学校已放假，吃饭不那么拥挤，伙食也有所改善，我每天白天上工，夜里看书，一切正常。今天托人去市里买七、八月份的《上海少年》，如买到，连同上海出的一本小书《评江青的女皇梦》一块寄你。茶叶是否还有喝的？劳动不多，要加紧学习，报纸要好好看，用知识充实自己，教育自己成为一个有教养的，头脑清醒的人。我们虽然年纪大了，但在思想上，精神上要把自己当个正在人生道路上前进的青年人。

祝健！

芳

八月七日

19770821

敏：

八月十日及八月十三日的信先后收到。知道一切都好，很高兴。寄去的橘子粉想来现在也该收到了。上礼拜寄去二本书，一本是八月份的《上海少年》，七月份的这个杂志没有买到，也托人在上海市内买，也没买到，转告托购者。乡下如有人去北京也托人在京代买今年一、二期的《历史研究》，这个杂志在上海紧张得很，一到就抢光，因为上海文痞多，都要看，而印数不多。还有托你问乡下的书店，如能买到《红楼梦》就请代买一套。

你十三日的信谈到何文官的死，把大哥也说在一块，这不对。何文官是兴风作浪，以打棍子为荣的文痞，其实也没改造好，在文艺思想上也是修正主义的，反马列主义、毛泽东思想的，因此，"文化大革命"中受到批判，冲击，吃了些亏，显露了真相，把他披的虎皮剥下了。大哥则不然，他本质是个学生，兢兢业业地为党工作，克己奉公，不敢少事，可决不多事，他受到冲击，是因为他只顾埋头拉车，执行了错误路线，他本身无过。他在批斗中恐惶，那是代人受过，也因为他一直没有在斗争的风浪中锻炼过，这是他生活道路一直比较平静、安分、单纯，这些历史社会原因造成的限制，他和何官人本质不同，不能一视同仁，不加区别。我们对大哥，应有个正确的认识，他还是党的好干部，他老实、忠诚，这个品质难能可贵。生活上也是艰苦朴实，是个革命者的本色。你没看到五日的报，我这里有了一张《文汇报》，下次寄书时一块寄你一阅。蛋娃来的信，我还没写回信，你就代我问候吧，如我前信所说，送些吃的东西看他一次，表示我对小孩时代的同伴的关心吧，也是对他的来信的答谢吧。

今天是礼拜日，十一大昨天发表公报，所以大上海沉浸在一片欢腾的海洋中，我写信的时候，耳旁是不绝的爆竹声和热烈的锣鼓声，我们的国家正在向新的历史前进。

上海这些日子多雨，阴冷，我每天还洗冷水澡，生活一切正常，学校正在放暑假，领导班子也换了，基本上是"文化大革命"前的人马，那个姓×的已早宣布离职审查去了。

你在乡间，要努力看书看报学习，生活上注意必要的营养，保持身体和精神的健康。房钱按月付人家很好。

祝健！

芳

八月二十一日

又：羊肺如能买到，请迅即动手如法炮制成灰装寄来，治病要紧！

19770909

敏：

八月二十五日的信及羊肺粉一包早已见到。昨天礼拜我早上从邮局取出即送到阿妹家，他们全家都很高兴，并煮了一碗面招待我。今天星期一，晚下班时又接到九月一日的信，知悉一切，后寄的羊肺粉大约日内也可收到，如收到再送阿妹家，我已给他们说过，如服用见效，当再为购办。现在不要再买了。至于购羊粉发票及邮单暂存我处，你来沪再和她们结算，因为她们在你回乡时带有钱，所以还是一块算好。下午我给你汇去三十元。所说的小孩鞋等物，等这个礼拜天我去市区一块买好寄你。这个人情应该走的。关于黑木耳我已问过阿妹家并要他们问问老谈，如需要，当再通知你买寄。同屋人处也问过，他问过家里再说。

上海这些日子天气很不正常，上月二十日上海连续两日暴雨，据报载，为近百年所未有；学校水深过膝，我两日上班吃饭都要蹚水，这几天又燥热了起来。我身体精神一切都健壮，生活正常。文教战线出现一些新气象，新论调，都是可喜的，但也还要看实际发展情况。"四人帮"歪曲列宁的语录，把知识分子说成"有学问的混蛋"，这种谬论，上海报纸一再驳斥，把知识分子"臭老九"的帽子摘了。这些也都是正确的，受人欢迎和鼓舞的。中国也许从此可以走向天下大治的光明前途。这对我们都是很好的教育和鼓舞。

你在农村，除过参加一些劳动外，要很好学习报纸文章，过几天我再把十一大文件一块寄你。

祝健！

芳

九月九日

这几天报纸上的南斯拉夫铁托访华新闻报道要很好学习。

19770910

敏：

本月五日汇去三十五元并一信想来都该收到。前几天接蛋娃一信，他感谢你送他月饼并寄来一公斤稷山枣，这种朴实的人情，我很感动。他说患有气管炎医疗不见效，想托我在沪弄些药。为此，今天我去市区走了一次，在四川路底长春中药店问讯，他们介绍我一种药叫"气管炎片"，我买了两包，现在和给你买的东西已一块寄出，你收到后送给他，如果有效，通知我再买些寄。他一个人孤苦，生活上想来也不宽裕，所以这药及以后要买的药都由我们负担，这是好事也是应该做的。代他写信的是高峰，小名叫"铁旦"的，也附来一信，他说起他父亲润生伯，我想起来了，他就是北京恒丰麻袋店的掌柜，和丰年伯同事，都和我家交情很深，写信问候我，我很高兴，当一块给他们写了复信。

我今天下午去市区，在四川中路一家小百货店看到有黑色女袜给你买了一双，另外买了半斤可可粉，一包姜粉连同上次买好的"菊花晶"一块寄你。上海市面近有起色。我吃了些面回到校内。在国权路邮局出来，我去打油碰到工地老师傅，在他那里坐了一会，他说牛鞭如果能买到多买一、二只顶好，你可代为办理，我对他说，钱你来时再算。阿公也下来坐了一会，他说你寄的"羊灰粉"他正在服用，不错，需要的话，再通知你代买。他送我一包阿婆做的五香豆要我下酒吃。这些劳动人民的真实感情，使人感动。老王还住在这里，我们那个旧居，现在工地占用，原来间壁住的几个看门人小孩也搬走了，房产科每月向他们收九元钱，要的比我们还多，所以搬回去了。

我这些日子身体精神都很好，一切正常，你在乡间一定要把伙食弄好，不可使身体因缺少营养受损，我国正处在新的历史发展时期，要注意学习报纸，使精神也很健康。

上海因前些日子暴风大雨，物资受潮，我看现在买的"可可粉"好像也有些影响，你一下喝不了要晒一下，"菊花晶"也如此。你可看看铁筒上的广告，如何晒也晒一下。

祝健！

芳

九月十日

19770911

敏：

本月五日寄一信并三十元，想来都该收到。那封信说，你要给邻居小孩买鞋子等物，这个礼拜日我去买，同时寄出。今天正是礼拜，从昨天起，上海受台风厉害影响，风雨交加，风力在十级上下，今早出门，学校园内的树木纷纷倒地。我为了去五角场邮局取你寄来的羊肺粉，撑伞冒雨出门，五角场一带，如一片汪洋，风刮得伞都撑不住。好不容易涉水到邮局，邮局一个女职员却说出入证不管用，要用工作证来领才行，所以邮包没取回，改日托人再取。我到百货店去看了一下，塑料匙、碗都有，小孩鞋却只有凉鞋，买不成，上楼看了看，想买一件童衣，却要布票，也没买成，只好再延迟一周，下礼拜日去市内买。味精亦如此。我现在浑身湿透，从五角场回来，洗了个冷水澡，又洗了衣服，坐下看书。上海今年天气不正，前日暴雨，为近百年没有，现在又台风猛烈袭来，近郊农作物损失不小，这些日子上海吃菜很紧张，就是上次暴雨为害的结果。前几天看《人民日报》转载《山西日报》社论，说我省今年受灾害面积颇大，号召

103

学习大寨人抗灾精神，不知我处情况如何，甚念中。

我这些日子，一切都好，精神很健旺。只要我们身体和精神壮健，心明眼亮，加强学习，前境总是光明的。你在乡间，除过做一些劳动，注意必要的饮食营养，要多学习，我国正走入一个新的历史时期，必须提高政治修养，认识能力，才能紧跟时代前进。

蛋娃不知看到否，如看到，送他一些吃食，如乡间的月饼之类，他给我写来一封信，使我很受感动，仿佛回到了童年和家乡。

祝健！

芳

九月十一日

19770920

敏：

今早上班接得你九月十二日的信，知悉一切。昨天礼拜，我早上把你二次寄来的羊肺粉送给阿妹家，去市区走了一次。所说的小女孩鞋也买了，店员说，这适合一岁至一岁半小孩穿，红色人造革；买了一把小匙，塑料碗店员说容易压碎，所以没有买，另外，买了一袋味精，还有一条手帕，下午已一块寄出。中秋快到了，上海买月饼很紧张，我排队给你买了二只广东月饼，但无法寄出，所以只好留下，你就买些土月饼吃吧，回到上海再补吃。

看到来信，知道家乡又闹虫灾，秋禾受到影响，我也为乡亲们忧心。年境如此，你必须先把日用口粮弄好，同时，也在生活上必须注意必要的营养，保持健康。上海因台风和水灾影响，吃菜也很紧张，好在我在伙房吃饭，还占些便宜。

《水浒》上海书店有卖，现在我们不需要买。日内当把《上海少年》和十一大文件一块寄你。

蛋娃送他些月饼很好，他孤寂一人，托人给我写一信不容易，我会给他回信的。

祝健！

芳

九月二十日

19771004

敏：

    国庆放假二天，今日上班，收到你九月三十日来信，读后很是高兴。过中秋送这几家人月饼，做得很好，多少年的残酷的生活教育，使我们渐次懂得了在中国做人的"规矩"，即所谓"人情"，还是一股不可小视的巨大力量。我们必须灵活地、有原则地处理它。这几天休假，天气晴朗，我把旅行袋内我们的那些衣服晒了一天，又包好了。你可早做计划，过了阳历年来沪那时天气冷了，需要什么衣服早日告我，以便及时寄出。这几天我正在看《东周列国志》。记得一九四三年，我们在陕西省朝邑县住在一个农民家里，那时我也在看借来的木板《列国志》，那时我们都是年轻人，这本是讲中国奴隶社会政治斗争的书，我看懂了一些，但不深刻，今天我年过六十，经过三十多年的残酷的生活历程，才完全正确地看懂了这本中国历史，同时，也使我不胜怀念我们年轻时的正直的生活。这三十年来我们经历的生活是极为严峻的，但也是对我们在政治上和思想上的成长起了巨大推动作用的，因此也是非常有意义的。所以虽然艰苦，我们却没有陷入悲观和颓唐的泥坑，我们走过来了！我们在精神上还保持着年轻人的气质和纯正。这些你一定是有所认识和体会的。

    看国庆时报纸，"四条汉子"周扬、夏衍都出席了中央的招待会，他们经历了十年多的风浪，大概也得到一些好的教育和教训，懂得了些做人的道理。

    明天发工钱，我给你汇三十五元，因为你离沪时，我们接受了一些邻居托买东西的钱，要替他们买些东西，不能因此影响你的饮食生活，我准备按我们现在的经济情况，在你明年初回沪前这几个月内都寄你这个数目。已买好的东西留着你来时带，不必托福海了，省得给人添加麻烦。上个月托人去市内给你买了一铁筒"菊花晶"，说是对眼睛有益的饮料，即中国的菊花加工而成，下个礼拜日当寄你。你说以后给我寄东西，不必写别人名字，寄我一样，出入证不能用，我请印刷厂打个公章也很方便。这次你寄来的"羊肺灰"，就是打公章取来的。小陈托我问你，是否还可以买到"驴皮膏"（即阿胶）？你可问问药店，如能买到来信提明。

国庆节伙房供应很好，我买了两只皮蛋，等你来吃吧。

祝好！

芳

十月四日

今日汇去三十五元。

十月五日，芳又及

19771010

敏：

自从接到你九月十二日的来信后，迄今二十多日未见来信，我日夜惦念。九月二十日寄去粮票和保价信并一邮包，十月五日又汇去三十元并一信，现在，想了想都该次第收到，未接回信，不悉何故，所以今日礼拜再写一信，并在此盼望着你的回信！

我这些日子，一切正常，身体亦很健壮。今天礼拜，天气很好，我去市区走了一次，从那次给你买物之后我还未去市区，所以今天散散心。只走到四马路买了二本书，在中央市场吃过午饭，即乘五十五路回来。下午老焦来此，和我聊了半天闲天，他问我你什么时候来，我说你准备春节前来，他说，他爱人也在那个时候来，并说，他此次回家，他爱人也问候到你。他希望你来时能为他代买一些枣子来。晚饭后，我去五角场洗个澡，回来给你写信。

你久不来信，家乡情况如何，我甚念！如果必要，你即随时来沪再说，不一定非到春节前。你可斟量行事。现如有所需要，亦即来信。

匆此数语，等看你的信来！

祝健！

芳

十月十日

19771105

敏：

　　十月十六日的来信，早收到了。因为等福海送东西，所以迟迟没有回信。直到上礼拜五，一个机械学院的同学来找我，我才收到托带的东西和信。据这个同学说，福海到沪后，只停了两天，就匆匆回京，所以才托他把东西送我，他因为忙，所以现在才送来。

　　你要做的罩衫我在上礼拜日已送给五角场的老裁缝，我按你信上说的要求和他说，他把来料量过后，说料子太少，只能按料子长短做（比蓝布裤稍大一点点），口袋布还没有，用布结扣边无材料，所以扣子只好用包扣，他要我送五寸口袋布来，我因为没有布票，所以在旅行袋内找了些碎布块，预备明天（礼拜日）送去，如果不行，行李袋内还有你一件旧灰上衣，用这个也行。要本月底才能做好。

　　给伙房老师傅带的胡桃肉，我上礼拜去中灶，他恰好休息，碰到女金师傅托她转去，想来不会有什么差错。日内我再去伙房一次，看到他再说情况。

　　枣和胡桃我和同屋的两个人大家分吃了，杏肉太酸，我吃了几个，礼拜日看到阿妹和她爹娘在校内挖野菜，我送给这个女孩吃去了。吃到家乡的东西我很高兴。可惜蛋娃信上说的寄来的二斤稷山枣一直未收到，怕是路途上出了差错。阿妹妈说，老谈托你给他买些驴肉，你看情况办事，能买到顶好。

　　今天发钱，中午给你汇去三十五元。我的布鞋不大行了，如能托人做一双最好。

　　这些日子，我身体精神一切都很好。昨日晚上和前二日晚上我连续加了三天夜班，身体也很好。大伙房这些日子办得不错，他们发挥了主观能动性，所以我饮食上并不受影响。每日总吃到一些肉类。

　　敏，今天是星期六晚上，我写好上面的几段搁下笔去学校去看电影《白求恩大夫》，因为事先没有买票，到场后碰到一个女医生退给我一张票，所以看了这场电影才回来又继续写信。这部根据周而复小说改的电影很好，有机会你也可一看。上海近映南斯拉夫电影，不知农村可看到否？
否则，等你来沪后我们一块儿去看。

祝健！

芳

十一月五日夜间

19771114

敏：

今天上班接到十日的来信，内情尽知。上礼拜日我去市区配了一副眼镜，过午回校，我去工地老师傅那里坐了坐，因为给阿妹买了一包杏干，又去她家坐了会，我和阿婆说起你的外衫，裁缝要口袋布，我要马上去五角场送布去，她马上找出二个口袋要我送去，我到了五角场，裁缝说衣服已做好了，口袋布不要了，所以我付了二元手工费把衣服取了回来，原来说是本月二十五日才能做好。这个裁缝真狡猾也真没办法。下月初，我当把它和你的大衣等一块寄回，扣子不合适，你来沪后再改做也行。

上礼拜日我和工地老师傅约好下礼拜日我买些酒肉找他喝两盅。所以昨天我去四平路花一斤肉票买了二只猪耳朵，又打了半斤土烧去找他，刚巧阿妹家借二个木匠做生活，约我和老师傅一块陪二个木匠吃饭，这样在她家吃了一顿晚饭。你给阿公炮制的羊肺粉，他说有效验，要你再为他如法炮制二个羊肺，俟你来沪时再带来。

同屋老张想托你买些胡桃，你来时带来，下月我给你汇钱时把钱一块汇去。你如手头能挪开替他买上五元的胡桃，为了路上好带把皮剥掉，弄成胡桃肉也行。买时也开个发票为好。

你说准备明年一月五、六日来沪，我看可以就这么办，下月底我再交涉房子。你要的旅行袋下月给你寄衣服时一块买好寄去。布鞋如已做好，可先寄来，因为眼下我穿的布鞋已经不行了。

你说的程述之还没落实，这问题和清除"四人帮"的党和流毒有关，斗争是复杂的，"四人帮"经营了十多年，那套流毒很深，彻底肃清是需要时间和过程的。

　　我这些日子一切正常，身体精神都很好，想到不久又可相聚，我有说不出的高兴。

　　祝健！

芳

十一月十四日

　　《少年文艺》这二个月都没买到，所以未寄。

　　又：如有黑木耳也替老张买上半斤，下月初一块寄钱去。

1978 年

19780311

敏：

今晨发一信，棉裤和鞋都收到了，很好，将来要买些东西向为我做衣服和鞋子的乡亲们道谢。

今天午饭后，我去五角场剃头洗澡，因为早听说小楼上的阿公生病，所以买了一盒点心去看他，阿婆她们请你照过去那样，为阿公买两副羊肺，烤成粉末带来，为阿公治病。现在天冷，羊肺当不至难买，希望能在动身前弄好带来。这家人很善良，他们希望你来时还住在小楼上，大家互相照应，小楼上现在有空房，我明天去交涉，早日把住房弄妥。他们给我下了一碗面，真是盛情可感！

给大哥的信，今早和你的信一块寄出。

祝健！

芳

三月十一日

阿婆她们也希望你代买些黑木耳带来，为阿公治病用。

19780715

敏：

今天礼拜六，上午收到你十二号的信，九日曾寄去邮包一个，钱五元，信一封，想来都该收到或即将收到。你说要买一双拖鞋，中午吃饭后，我去学校小店看，那个比较熟悉的营业员说，有一种出口女拖鞋，因有些脏，削价出售，只要一·七一元。我按你说的三十六号的买了一双，因无古铜色的，买成蓝色的，也满醒目。反正家常穿用，这样就很经济实惠了。如不合用，我再买也行。同时附寄信纸一刀。现在国权路先买一两花茶寄你。

你寄的衬绸还未收到，前些日子，有人送我三件半新不旧的短袖衬衣，目前够穿的了，我的意思是，这块衬绸给你做成短袖衬衣，你把尺码寄来，或则下个月给你买一件涤棉短袖衫也行，你先把尺码寄来。

上海天气炎热，为多年所未有，这二三天下了点猛雨，好了一些，我们仍上半天班。昨天晚饭后，小卞夫妇带了个西瓜来看我，正巧我去了五角场，小陈骑车把我找回来，一块吃了西瓜。据说上海买瓜要凭菜卡定量供应，所以不易吃到。他们又带来二只皮蛋要我下酒，真是盛意可感。他们在这里忙了好一会儿才回去。他们那里又住满了建筑工人，只有老王和他们二家人。老王也离开新闻系，新工作还未定，在家休息。小卞小孩还在他祖母家养着，小姑娘说，已经会坐了，一天大半时间自己坐着。

原住处八号的邻居，也常来我这里聊天，说些学问！这是个很勤奋学习的人。

报载，今年热潮，山西也在范围内，所以要注意避暑，农村瓜菜丰富，要多吃些西瓜等消夏食物，少在路上跑，注意饮食。

我一切正常。你没报纸看，是否和邮局商量，定一份北京《人民日报》或《山西日报》看，没报看不行。

祝健！

芳

七月十五日

邮包寄费〇·五四元，邮单附寄。

111

19780730

敏：

七月二十日及七月二十二日的信都收到，知道桂英到你处，我很高兴。应留她多住几天，把伙食办得好一点，正如你说，她如果要回去参加学习，那就等学习班结束了，再来住一个较长的时期，二哥能同来你处住最好。说要买的拖鞋及五张花布被面，在下月初都一块买好寄出。我原来的意思，想在下月给你买一件涤棉短袖衬衣，你夏天衣服不足，需要添置这么一件，因为下月（八日）我们还要继续归还借款十六元，我想是否给老乡们先买四条被面，腾出一些钱给你办衬衫，并请你把尺寸寄来，再寄回些上海布票（这里还有剩余的一些）。

这些日子，上海比前个时候不那么热得厉害了，这两天正在闹台风，报上云云，将有十二级强台风袭沪，一时显得紧张。但昨天风雨不大，看来也没啥。学校正在放暑假，印刷厂从今天起放假一礼拜，所以从今天起，我可以在宿舍休息七天，过一礼拜再上班，仍然是上半天班（上午六时至中午十一时半），一直要到八月二十二日开学时才恢复八小时工作制。这也很好，可以安心读一些书。

这些日子，我身体很好，你在沪时，我每天下午下腹疼痛，小陈送我些药吃，这种病象，早已成为过去了，这我就放下心。小卞夫妇前些日子来看过我，我送了他们些新上映的电影票。他们还和老王住在原处，不搬了。他们说，接到你的信并写了回信。老王要当图书馆长，尚未批示下来，现在不来上班了。前些天他托人带给我些好菜。上礼拜日，老谈带了一瓶名酒和些卤菜来此和我坐了半天。上礼拜内和小陈一块去五角场看了《屈原》，前天我又在校内看了《兵临城下》，这些电影都值一看，如乡下放映，要去看一看，否则，来沪时补看。

老焦爱人前些日子来校，带着小女儿，我在学校小店门口相遇，谈了半天家常，顺手给小姑娘买了半块冰砖吃。咸肉钱老焦硬不收，说是送你的，所以我准备发了钱，也送他爱人些什么，她们就住在校内，据说不多住就回去了。

我前些日在宿舍及附近照了几张相，如洗好，当寄你。天气热，注意饮食健康。如有所需，来信告知。老乡们如需代买什么，应该尽可能效劳。你在乡下住了这些年，离不开大家的爱护和帮助，代买些东西，这也是礼尚往来。

　　今天礼拜，我坐在宿舍看书，一切都很安静。不知你看报问题解决了否，甚念。

　　祝健！

芳
七月三十日

19780808

敏：

　　今天上班，收到你八月二日的来信，知道桂英已返汾阳，你在这件事上所取的处理办法，我很赞成和高兴。二哥为我们事件受牵累受苦，我每想到这事，心里就难受，我们必须在生活上和精神上关心和照顾他们，庶几可以报答多少年来他对我们的一切帮助和牺牲这种深厚的情谊于万一。将来我们问题处理时，是竭力争取桂英迁来上海，照顾我们的晚年，也使她可以有在大城市生活和学习的机会，为国家造成一个有用的人才。给她买的拖鞋，已托小陈在淮海路买好，没有红色，上海少女一般都穿红硬塑料拖鞋，这恐怕不合乡间习惯，所以买成有花色的宝蓝色软底拖鞋，较为适当。

　　上礼拜整整一周印刷厂放暑假，我在宿舍休息了七天，今天上班（仍是半天），才领到工资，过午我在大八寺布店买了五条被面，这个地方顾客较少，所以未去市区，这里大约是为了适应农村的购买力，这种不要票的花被面，有三四块钱一条的，但花色太土气，所以买了二条近五元的，三条五·四〇元的，其中二条是同一花色，共用去二十六元（欠二分），发票都放在每条内。另外买了半斤水果糖。给邻居小孩们吃。这些东西，我从大八寺回来后，已在国权路寄出，寄费一·八九元，邮单附信内，如还需要被面，等你寄来钱，再为代买。

前几天，上海说有十二级台风，一时显得紧张，但安然地过去了，台风在向上海来的海面上消失了。这几天又很闷热，所以我很少出外，下次买被面，如还这么热，我就让小陈礼拜日回家在淮海路代买。

上礼拜五，老谈来，约我去五角场淞沪饭店吃酒，我还是第一次进五角场这个大馆子，我打了一斤七宝大曲，老谈叫了几个菜，一斤酒几乎喝完，老谈又醉了，我送他回家，已在深夜十时，路过招待所，我和小卞夫妇和他们的阿姨坐了一会儿，小卞的小孩已接回来了，这个小孩已能坐在床上吃西瓜，非常好玩。出来后又和老王坐了一会儿。回到宿舍已快十一时，小陈等急了，骑上车去老谈家和五角场寻找，我为这个青年人对我的关心深受感动。

前两天老焦约我去他家吃饭，昨天又来相约，所以中午和他们一家人吃饭，天气热，我提议弄些面就行，不要包饺子。我给小姑娘买了一本《小朋友》和一斤好些的饼干，我也带了些菜去（在五角场买了些酒菜），吃得很高兴。老焦说，要我多看财务书，我感谢他对我们的关怀和期望。

家乡天气已凉，但也要注意饮食，你离沪后，这两个月我们因为还借款，所以汇你钱不多，因此，不可因为准备回沪时带的土产品，影响你目前的饮食生活，我们不年轻了，营养是一个使身体保持健康的首要条件，万万不可在饮食上"苛待"自己。

祝健！

芳

八月八日

19780813

敏：

接到五月八日来信并汇钱八十一元后，因你信中为黑牛爱人买衣料说的不明，所以曾复一信，要你把这事写清楚，以便买时不致误事。

今天礼拜，我上午九时到四川路去买被面，共买了八条，花钱四十一·六二元，因网线袋实在放不下，天气又热，所以剩下三条未买，索性等你来了信，和衣料一块儿买寄。我只在此四川路走了三家布店，在一家内买了这么八条，不知颜色合意否？价钱一般都是每条五·四〇元，只有一条我看花样好，索价不到四元，所以只买一条，另外，也有一二条在五·一八元。

看到杂货店有买干虾的给你买了半斤，据说，是淡的，放一年都不会变质；再往前走，又看到一家卖虾皮，但得搭紫菜，因为手里不好提，所以未买，下次寄布再说。也在广东人食品店给小卞小孩买了几块梅花蛋糕，预备晚间去看他们。

买好这些，我就在复兴中学间隔吃了三两冷面，坐车回来，现已在国权路邮局寄出，邮资用二·四一元，附寄。时间已是中午。

前天下午老谈带酒及海味来我处小酌，我在伙房买了些冷面和烧鱼，一块吃到夜间，他才辞去。

上海现在早晚较凉爽，但白天仍然炎热，所以我很少外出，只伏在屋内看书。

注意饮食身体为要！

祝健！

芳

八月十三日

19780829

敏：

八月十六日及八月二十日的信都已收到。这两个礼拜因为开学前后，所以已正式上班，很忙，前个礼拜日全日加班，不能外出，昨天礼拜日，我才托小陈代买的要的被面衣料，他去南京路和淮海路办妥了，被面买了三条，二条每条价五·五〇元，比前买的贵一角，但宽些，另一条只用去三·七八元，是三等品，所以便宜，但花色宜人。这三条被面的发票，都塞在各该条被面内。有样品的布买了六尺五寸，用去七·八一元（每尺一·二一元），发票就开在包皮上；给黑牛爱人买了一丈二尺花布，每尺〇·五七元，共六·八四元，这个花色不知中意否？如做棉衣不行，可做被面，再另行买寄。（发票也开在包皮上）上述这些东西共花了二十九·四三元。

115

前次买了八条被面，连邮费共用了四十三·六七元，两项合计用去七十三·一〇元，除过本次邮费外，大约还可以买一条被面，俟下月一块买寄清账。

因为没有上街，所以在学校小店给你买了一两龙井茶；没有包皮，包去一条新毛巾，是我们自己的，你洗洗用。明天中午去国权路邮局发出。

黑牛姐姐来了一信并汇来十五元，但信内未说明数量，昨已写一信，请她把需要买的数量告我，以便照办。下月初和你要的五条被面一块寄你，由你交她。

老谈常来我处闲坐，昨天晚上和我在宿舍共同吃酒。他说，请你不要买牛筋了，因为不好煮，最好买驴鞭，如来时能买些驴舌、驴心、驴肉也好。

听说，青核桃能治牛皮癣，如能买到，得机会寄十只左右，因为我也需用它。

昨天中午，老焦约我去吃饭，办了不少菜，坐了好久，他爱人已返山东，据他说，已办妥迁她及小孩来沪生活（迁入郊区），你今年来时总能见到她们。

我前几天和小陈一块去小房看望老王，他患足病，不良于行。我也和小卞夫妇坐了会儿。

上海气候早晚已凉，但白天还是热得厉害，每天都要洗冷水澡。我身体一切都好。

你要注意饮食保健。鸡蛋如能买到，应多吃些蛋才好。

祝健！

芳
八月二十九日，夜

邮包已寄出，邮资一·五七元，邮单附信内。

19780923

敏:

　　九月十八日的信已经收到了。昨天下午印刷厂开了大会。宣布我解放（摘掉反革命帽子，称同志），今天下午校组织部长李庆云同志（你也认识），找我谈话，决定我回中文系在资料室工作，工资调整，按十八级干部工资（九十二元），他声明，不是定十八级，而是按十八级干部拿工资，这就是说，级别还未定。据校保卫部长昨天上午和我谈话，胡风集团的人还未处理，我是头一个处理，这样看来，我们是前进了一步，这也是好的。你的情况，他们也问过我，我照实说了，我想，过一个时期再提出。组织部要我在下礼拜一（二十五日）去中文系找杜月邨报到，我到中文系情况如何，再写信告你。

　　现在我总算获得一个公民的身份，这在"四人帮"时代不可能，工资拿原工资的一半，这也是个规矩，老王现在亦如此。我们在前进的道路上又迈进了一步，想来你也是高兴和感激的。我们要感谢英明领袖华主席为首的党中央！

　　因此，我的意思，你在元旦前可以准备回沪，（你的路费可以全部报销，代替我的探亲旅费），朋友们劝我先回山西一次（因为往返不要花自己钱），我想这不必了，还是你来上海吧。

　　老王听到我解放的消息，昨天下午拄着拐杖来看我，小陈弄了点饭菜，在此一块吃晚饭谈了好久，也是庆贺的意思。今天下午老谈也闻讯带了酒和菜回来和我喝了几杯，表示高兴。朋友们的盛意可感。

　　我的生活又换一个环境，回到知识分子的队伍中了，这样暂不习惯，需要一个过程；二十多年来我在劳动中也荒废了业务，能在资料室工作一个时期，熟悉一下情况很好。

　　我们的经济情况又有些好转，比过去又提高了一些，到你回沪后，再作安排吧，在目前，每个月可寄你四十五元，从十月份就这样开始，你要的被面等物，到时候我请小陈买好后寄你，你从现在起就准备着回沪的事情，我的住处，一下还不会搬动，在我去中文系给你来信以前，你写信仍寄印刷厂，小陈会给我带来的。

黑牛姐姐给我来了一信，说花布收到了，还短欠她六毛多钱，你可就近还她，了此一事。小卞夫妇中秋时来看过我，带来一二只广东月饼，他们仍住原处。中秋前夕，我办了点酒菜，和老谈小陈一块过，很愉快。

桂英处我还顾不得写回信，你可写信告她，等我安定了，再回她信并寄她一些学习材料。

前信说，如有青的胡桃可寄几个来治牛皮癣，如能办到，就买，如已过期，那就作罢。

祝健！

芳
九月二十三日

又：领导上一再关照我，现在可以和应该和亲友通讯，除胡风集团的人，他们还未处理，并提出和哥哥通讯，你可考虑给大哥写一短讯，就说我已解放，回中文系资料室工作这些简单情况，等他给你回信后，我再写信，你看如何？

19781007

敏：

九月三十日的信看到了。我已到中文系资料室上班两个礼拜了。现在的具体工作，是编写中国现代作家研究资料，是个全国性的工作。一块搞的，还有几个年轻同志，从下礼拜起正式开始。过去两个礼拜，帮助管管图书，大部分时间自己看书。我的办公地方就在这个系图书室，这里只供教师用，学生不准入内，所以很清静。和我同坐在一块儿的，就是原来小楼上阿婆的邻居，工农兵学员小李，你也认识的，她对我态度很好，一反过去作风。

前两天，学校又派人来和我谈话，关于你的问题，是个女同志，谈话她都记录，是郑重其事的。她问你原来在哪里工作，工资多少，我把你从在工会夜校工作到五五年以后的情况对她说了一遍，说从六二年自然灾害以后，你响应国家号召，支援农业下放回乡（现在你是下放干部身份），等。她又问子女问题，我说这些年你在乡间由你侄女（即桂英）照应。我记得你在复旦夜校工资是五十多元，在科技出版社是六十多元，到青海后由于地区差价，有所增加。看样子，你的事也要解决。她也问了我的工资情况，五五年以前，六六年哪个月回校，生活费多少；什么时候加成现在的六十九元等。这位来问的女同志，是校保卫部的，因为我们的问题，经过公安机关，也可能是公安机关要他们问的。

这个月的工资，因学校办手续来不及，所以仍在印刷厂领原工资，有关人员对我说，新工资从九月份算起，以便补发。明天礼拜，我预备给你先买五条被面和棉裤料子，俟补发工资拿到，再补买几条被面。因为现在我的处境变化，手头需要多留几块钱，以备不时之需。你可酌量情况，先把过去欠的一条被面补上，先了此一条手续。

领导上问我你的情况，也许要派人去山西找你问情况，你应精神上有所准备，才好。这是我的估计。

前天是我的生日，小陈提醒，我约了老王、老谈，连我和小陈四个吃了一顿夜饭。我买了些酒和熟菜，老谈带来细面和生日蛋糕，小陈带来花生和蛇肉罐头，借了个火油炉煮面，大家过得很快乐。吃饭间，大家总说到你，使我心里又高兴又惆怅。你要也在上海，大家就过得更欢乐了。

上礼拜日小卞叫我去他家吃午饭，（这之前，我在老王处喝酒，他们夫妇也同坐），碰到阿婆约我明天吃晚饭，所以明天下午买些食品去看她们一家。今天给小卞夫妇送了二张《天仙配》的电影票。

我在中文系资料室碰到两个女同志，一个是从北京调来的，"文化大革命"中和大哥一块在五七干校劳动，大哥是她的班长，所以很熟悉，她说，她碰到我，已给北京友人写信，要她的朋友转告大哥，说看到我了。一个女同志在打倒"四人帮"后曾在襄汾搞运动一年，她在古城、常村、西王都住过，没去过侯村，说起来也很有意思。我二十多年未去过中文系，所以情况陌生，这许多年的教育，我们应吸取过去的历史教训。

随信附去我的近照二幅，是小陈在宿舍门口照的。

大哥如有回信，你先寄我一看再说。你以后来信就寄中文系资料室。

明天买好东西后，再继续写。

祝健！

芳
十月七日

19781008

敏：

前寄去的被面及衣料想早收到。今天礼拜日，上海在下小雨，午间我去北四川路的布店买了你所说的五条被面，每条五·四〇元，共用二十七元，另外给你买了半斤可可粉，赶回学校，已在国权路付邮，邮资用去一·七〇元，邮单附寄。本来打算多买一条，因带钱不够，所以买了五条，这样，乡亲们寄的钱，还剩下几元，你可酌情办理，如需再购物，就一块算，否则下月结清。

玉堂姐姐来信要买的大花布，今天已一块买办，给她寄了去，她寄来十五元，买的花布是〇·四五元一尺的，用去十三·五〇元，邮资〇·八五元，还剩下〇·六五元，你可就近还她，了此一事。

今天上午老谈带酒菜和我在宿舍小饮，到十一点我才去市区，买好布和可可粉就赶了回来，把二个邮包缝好寄去。

上礼拜日小卞抱着小孩来找我，到他家吃午饭，照你的意见，我把食糖送给小孩，还有小孩在我这里吃剩下的面包，又带了一瓶啤酒到他们家中。老谈来找我不遇，找到小卞家，我打了半斤白酒，和小卞夫妇老谈吃了顿午饭，和老王聊天，他因有事回家，不能一块吃饭，但拿出几个鸡蛋和一些木耳给小卞为我加菜，真是盛意可感！老王现已明令上任为图书馆第一副馆长，教授职称和工资也将恢复，这对他的老年也是一种安慰，想你听到也是高兴的。

我的事情，据闻也在动中，看发展如何再说，现在我的意思，你可预做准备，在元旦前后回沪。这是我的看法和打算。

上海市场比过去繁荣，供应充沛，一派大好形势。中秋在即，你就近买些月饼吃罢，不再邮寄了，到你来上海后再补吃吧。

这两天上海下雨，天气骤冷，我一切都很正常，不必挂念。

祝健！

芳

十月八日

19781009

敏：

　　昨天晚上写了信，今天上午我和小陈一块去虹口，由小陈做参谋，跑了几家布店，买了五条被面和你的裤料，被面都是五·四〇元一条的，发票都在每条被面内，另外，给你买了一斤上海的粽子糖，前些日子有人从杭州带来茶叶，我分了几两，除留下了一小部分外，也给你寄了去，比上海街上买的好些。我和小陈一块走到四川路新亚，在这里吃了些咖啡和广东包子，他上车回家，我沿着四川路走到车站，乘车回校，已缝好邮包，在国权路寄出，邮资二·〇二元，邮单附寄。

　　如昨夜写的，被面这次只能先买五条，因为我生活环境改换，需要手头多留几元，以备不时之需，如领到补发的几十元工资，再买三四条，如果当事人急需，由你先汇来钱也行，总之，要照顾我们的现状，也要把事情办好。

　　今天上午老焦在这里坐了一会，他刚从山东出差回来，他希望你早日来沪，我觉得还是按你的原计划来，这当中也许你的问题就解决了。（这大概也要经过市内批，还有些组织手续）。今晚我预备如约去阿婆家吃饭，在市内买了一盒蛋糕，送他们，也是应有的人情。

　　祝健！

芳

十月九日

　　又：桂英回信我还未写，因为忙乱，你可写信说明，我计划发下补发工资，给二哥寄一二十元，一块写信。

19781015

敏：

　　本礼拜三给你写过一信，想来收到。今天礼拜因小陈加班，我去四川路走了一次，买了四条被面都是五·四〇元一条的，大概花色都不错，是一个老店员替我精心挑选的。给你买了二条手帕，一包巧克力，一块钱买一条粉红枕巾，做好包布，不过十一点我就回来，在国权路付邮，邮资一·四四元，邮单附信一块寄你。

　　这样连上礼拜日共寄去九条被面，想来可以够了。老乡们寄钱买被面的账，应该早为结清。黑牛姐姐买花布有六角多钱也就应该早为清理，办妥，来信一提，使我放心。

　　今天给你寄去十元，可转汇给二哥给他零用，桂英的信也请转去。

　　我现在很忙，在年前要编出三本书来，需要翻看大量资料，因此，老乡们如需在上海买东西，如果不急，就等你来沪后替他们经办；如果急需的东西，就请小陈代为购买也行，他已答应了。

　　乡下布票如果方便，可给我些蓝布或灰布，做一个上衣，因为现在上衣没有洗换的，买好布在上海做也行。再托人给我做一双布鞋。

　　如还存有上海布票可适当寄些来，下月给你买一套棉毛衫裤，你的冬天里还穿的小衣服也实在破得不像话了。

　　你走后，我还未去过苏州河那边的南京路一带，但上海市面比你走时繁荣得多了。到你元旦前后来了，咱们再一块去南京路逛逛。

　　祝健！

芳
十月十五日

　　前信说，给和我现在一块工作的小李买胡桃，如买好，早日寄来，给她配药。

19781022

敏：

十月十四日的信早收到了。上礼拜寄你的信、十六元以及邮包，想来也该次第收见。就照你来信说的，下月份给你买五条被面和一件衣料，付给乡亲们。前信说，要多寄些上海布票，以便给你买一套棉毛裤（你穿九十公分的如可以，也说明），也希望早日寄来。

关于你上调的问题，还没音讯，有些关心的同志和我谈过，要我在适当时机主动提出，我想，你先按预定的时日（十二月底）回沪，如这个期间还不能解决，你来后，我再向系里提出解决，总之，这个问题一定要解决，是个时间问题。

我这些日子很忙，为了编三本书（关于现代中国作家的材料），整天伏在资料堆里，虽然有两个女同志帮助，也显得紧张忙乱，目前已编成一本，下礼拜可开始打印，俟油印本印好提请各高等院校讨论后，再修改定稿付印。这是一项全国性工作，复旦分配到编三个人的任务，这就是我目前工作的任务。由于长期脱离业务，所以就显得忙乱一些，过一时期，就渐渐习惯了这个新的生活方式了。

上次寄来的你和桂英和别的女孩照片及桂英的单照，我都早看到了，很是高兴，也是安慰。

今早吃饭碰上老焦，他托你买些胡桃，是别人托他配药用，你可酌情办好，开好发票。老焦昨晚在这里和我闲坐，他希望你带些柿饼出来，上海没有。柿饼如方便，多买一些，这些给我原来工作的车间女孩们。她们前些日子一块来看我，我请了两块钱的糖，答应她们你来时带些土产请她们吃。

小卞夫妇我昨晚去给他们送了二张今天的电影票，上个礼拜托老谈给他们带去，没有碰到。小姑娘说他们给你写过一信并寄去小孩一幅近照，没得到回信，很惦记。你应该写回信，如钱上能抽开，给小孩买上一包奶粉（不管什么地方出的都行，上海不好买），直接寄小卞，这对夫妇不错，常约我去吃饭，小卞早就说好，你来时去车站接你。

天气日冷，北方想更如此，你在上海的衣服，如需要穿用，来信一提，以便及时寄你。

祝健！

芳

十月二十二日

19781025

敏：

今天一下收到你二十日寄的两封信，和附来的布票。所说的我的棉裤（去掉棉花）及要的花茶都将在下月寄出。你说，下月先给你买衣服，不用给你寄钱。我的意思是我先买个衣料就行。如果你用了乡亲们的钱，我想还是先买一些被面寄回，用人家钱时间太久不好（影响），你看得买几条（还有一件衣料），快来信告我，以便照办。你的被面，那种衣料，五角场布店现在都有，不要去市区也行。我先买一件上衣穿换，先把乡亲们已付了你钱的东西买好寄出最好。你来信把情况说明。我等着你的信照办。

所说给小李在汾阳买胡桃肉，你可告二哥，买一公斤胡桃肉就行（她说配药用）。她估计买三元钱的就行。你告诉二哥，就买胡桃肉一公斤，直接寄她；用一张发票和邮资单寄给我，说明共用了多少钱（连同邮资），我和她算账。千万不要买的多，她的经济并不宽裕，你明白。我们无必要为她垫钱，这和我们对熟朋友不同。她说药用，我才答应替她代买，但手续一定要弄清楚，不能超过她所要的数目。你给二哥去信，只简单说买胡桃肉一公斤，或是买成胡桃（如无胡桃肉卖的话），估计可以敲一公斤胡桃肉的胡桃（不知几斤胡桃可以剥一公斤肉?）不妨帮她把胡桃敲成胡桃肉，再寄来。单寄给她的需要的数目，就行。你寄二哥给小李买胡桃的十元钱，除胡桃费和邮资外，如有剩余，二哥自己用了算了，决不要给我寄东西，以免混在一起，弄不清。

我这些日子一切正常，已编好一本书，再接编第二本。第三本过年再动手，所以不会那么紧张了。

上海市面比你离开时大为繁荣，但东西也贵了些，到你来时再看看上海的新气象吧。

祝健！

芳

十月二十五日

19781103

敏：

收到你二十七日信及附来的大哥来信，大哥给我的信也早收到，今天才给他写了回信。棉裤的邮单也收到了，今天礼拜，我一会儿就去五角场去取，上海天气冷了，我工作的地方，很冷，所以这条棉裤来得正是时候。

昨天上午王永生来看我，坐了一大会儿。他刚从北京回来，说是两次去文学研究所看大哥都未碰到。他又问到你的情况，以及房子问题等，盛情可感！你就按决定的时间来沪，行李就打成零件托运。不要自己背；路上能有个妥善的旅伴互相照应最好。同时，还是带一张路条来，报户口时用，有备无患。小卞夫妇前晚来看我，小姑娘已替我做好棉衣罩衫，到十七日小卞和我说好一块去车站接你（临时打个电报，以便买月台票），小陈也说，如小卞上夜班，他和我一块去接你。

老焦昨晚坐在这里，他说，他爱人和小孩调沪问题也渐次可能解决，他说他的小姑娘将来迁沪，请你代他教养，将来老了，小孩可以照料我们，朋友们的盛情真是可感！

如有需要，早日来信；我想到不久就可以见面，感到莫大的欣快！

祝健！

芳

十一月三日

125

19781107[1]

敏：

前两天发去二信。今天老焦来托你办一件救人性命的事。有个同志生癌病很危险，据医生称，胡桃树枝可以治这个病。因此请你接到信后，立即托人弄一把胡桃树枝，如需要花钱买也行，你就先垫上钱，为了争取治病时间，最好弄好即时付邮，否则，你带来也行，你可斟量情况办理，总之越快越好，救人性命是第一要务。

我今天开了整天的会，是各大学现代文学教材编务会。中文系领导同志对我说，要我准备教书（教中国现代文学或文艺理论），你来了我们再研究。

住处问题，已和房产科交涉过（小李去的），不在体教组小楼，就在八舍（要一个朝南房间），下礼拜一再最后决定。

你即妥善做好准备，按计划来沪，来时在县里打个电报，以便到车站接你。

祝健！

芳

十一月七日

19781107[2]

敏：

今天收到你一日的信，前信及邮包也已收到。今天星期二，七日这个礼拜天我就照你说的把你的大衣、棉帽及我的棉裤（取掉棉花）寄你。上礼拜日，我把你的大衣晒了晒，把棉裤也拆洗过了。我本来打算和寄你的大衣时一块寄上四条被面，一件衣料，以及代买的茶叶，今接来信，那就暂不买被面，等你来了再买，但一件衣料都准备一块寄出。你寄来的罩衫布我取回后，就做成罩衫，另外准备买一件布上装就行了，不必买的卡什么的，年纪老了，有件布衣，干干净净就行。另外，因为办公室冬天无火，又照不到阳光，坐在里面写字很苦，我和你商量，准备把那件草绿色皮大衣换个面子（蓝布），这事，等你来了再说吧。

126

你现在就照你的计划准备在下月中旬来沪，这个月底或下月初我和中文系谈谈，弄个房子，这大概没什么问题。你的上调事，如果这个期间还没讯急，那就等你来了再说吧。我碰到人，都关心地问你的情况。

这个月迫给你寄过东西和我买好上衣，能结余的钱，或许现在寄你，或许下月初一块寄你。你先在思想上做个准备，你来的路费，从家里到上海都可以报销，因此，汽车票、火车票都要保存好，以便来时报销。

桂英近有一信，我正托人给她买广播日语，买好寄书时回她信，她的调沪事，到处理你的调动时再提出。有些人想托你买些胡桃红枣之类，乡下如能买到，可买一些，到沪时再分给人。小李要的一公斤胡桃，如二哥寄来顶好，否则你来沪带来，她十二月底才配药用，不太急。

我这些日子一切正常，继续编教材，上海前几天冷了一阵，穿了几天棉裤，这几天又回暖些了。

你有何需要，早日来信，大哥如有回信，先寄我一阅。

祝健！

芳

十一月七日

19781110

敏：

上礼拜日写去一信及发出邮包一个，想来都次第收到。今天上午财务科算给我九、十两个月补发工资五十三元，所以前信说因我手头钱少，要你寄钱买需购的四条被面一事，已成过去，你千万不要再寄钱来，我在这个礼拜日再给你寄三条被面就行了。

前信说发了补发工资想给二哥寄一二十元，顺便给桂英写回信，因二哥汾阳门牌我记不清，所以想在礼拜日把钱和信都寄给你，由你把钱和信给转寄汾阳，这样比较保险一些。

生活上总算有所改进，这也算前进了一大步。到你在元旦前后来校时再做一些安排，在你未来前，就照每月四十九元寄你生活。

上礼拜日晚饭在阿婆家吃，她们准备得很丰盛，我带去一盒花色蛋糕，也是礼尚往来的意思。阿婆也说让你来时给她们代买一些胡桃和驴肉之类。和我同在一起工作的小李，因配药需要买些胡桃，她请你代买五斤胡桃敲成桃仁，价钱我在此和她算，你办好后就直接寄她："复旦大学中文系李玉珍"就行，发票附在给我的信内，我给她。有何需要来信说明。

祝健！

芳

十一月十日

19781117

敏：

你寄来的布鞋已取回，很合脚，如果可能，就再做一双也行。要替我谢谢巨昌的女儿。

上礼拜日给你写去一信并大衣等邮包一个，想来依次收到。本月十日学校组织部门同志找我询问你的地址，说是要通知你所在的地区，为你消除影响，也是对我落实政策的措施。这也是一件必须办理的手续，你听到一定很高兴。我想，这也是处理你的问题，一个应走的步骤。

还给你说一件事，近期北京出版的《中国青年报》登了一条新闻，说是老胡①的儿子张晓山已批准上大学，新闻说，晓山在北京高中毕业后，去内蒙古插队，表现良好，在农业技术上有贡献，被评为五好社员，当地群众几次推举他上大学，都未获准，这次才准了，已进入内蒙古师范学院，你听到这个消息，一定也很高兴，对我们说来，也是一种安慰。

上海天气渐冷，你捎来棉衣罩衫料子，五角场裁缝说要春节后才能做好，小卞爱人说，她替我做，所以准备明天礼拜日去市内买制服时路过他们住处，把我的棉裤送去，请她量一下尺寸去做。

我一切正常，编的教材，已完成二本，一本已打印，一本基本上编好。上海近来要吃百分之五十面粉，学校食堂伙食有所改善，所以饮食上也有所改进。

你就积极做好准备，在下月中旬到沪，下月初我就申请房子。十日校

---

① 老胡即胡风。

组织部门同志来问你地址，也问到你什么时候来校。

给小李寄的胡桃，她也收到了。我再和她结算。

有何需要，早日来信。

祝健！

芳

十一月十七日

又：今天上午我和小陈去市内买了一件涤卡上装（学生式），花了二尺四寸布票，十八·九〇元，穿上合身；中午我和小陈在三马路天津馆吃了些水饺，这就了却一宗事了。棉衣罩衫已请小卞爱人做了。

芳

十一月十八日

19781125

敏：

二十一日的信收到了。就照你的计划，下月十六日从家中动身来沪，到月初我就申请住房。昨日中文系有关人员对我说，已考虑我的房子问题，说这属王永生管，他是支部书记，现去京开会，回来解决。我现在先申请招待所，反正住一个月不出钱，这期间再正式解决房子问题。你来时车票等都要保存好，以便报销。

大哥昨日来了一信，说是接到你的来信，在给你回信的同时，也写我一信，说我又回到知识分子队伍，继续为人民工作，解决了多年未解决的问题，值得祝贺。希望我在工余之暇，仍从事译作。也问到结论是怎么做的，这也是他多年来关心的问题。我打算日内再写回信。我们和大哥多少年不通音讯，乍一写信，真不知从何说起。也很不习惯。但回信总是要写的。

桂英前来一信，我说给她买些学习的书（广播日语），但上海书店无货，所以迟迟不能写回信，俟买到书寄书时再写。

如你手头有乡亲们购物的钱，那就先垫上作路费，我下月不再寄钱，等你来了再说。路上要穿厚些，上海也已是初冬景气。饮食上要力求好一些，途中如有可靠的同伴，可互相照应。今天学校演电影，小卞来我处拿票去看。我已给他说知，下月十七日一块去车站接你。你来前要打一电报，以便凭它买月台票。

学校有关同志对我说，已去信你生活的地区为你消除影响，不知地方当局对你有何表示？昨日学校开大会，宣读中央五十五号文件，关于处理右派的政策办法，按那些条例规定，我虽不是右派，但比照情况，你的上调事，应在政策规定范围之内，因此等你来了再说。

祝健！

芳
十一月二十五日

1979 年

19791207

敏：

　　两信皆收到。来北京后曾寄一信，并附去星嫂悼词。出版局两位同志来信我看了，你写的材料不够完整，应补写这些内容：西安商业专科学校统计系（如果我记的错了，据实改正）肄业；一九四二年与贾植芳结婚，解放前未从事职业活动一直至解放后一九五二年前，除过家务外，帮助贾植芳抄写校对稿件；一九四七年秋，曾与贾植芳同时被国民党中统特务逮捕，监禁二月有余取保释放，出狱后，曾经中华职业教育社有个同志介绍至上海南京市某小学任教，旋因为是在押政治犯贾植芳家属，被校方辞退。一九五二年秋院系调整后，贾植芳调至复旦大学中文系工作，我开始到复旦工会职工夜校任行政秘书，……（下文照你写的）。这一段情况应清楚。

　　星嫂丧礼昨日上午在八宝山革命公墓举行，我与吉来陪大哥同车，参加葬礼，到的各有关方面负责人，各界人士及亲属等约六百人，现在干部安葬照级别待遇，星嫂是司级干部。今天《人民日报》已登出新闻。

　　昨天下午正式开会。由荒煤同志作报告，谈文代会情况，特别提到胡风问题，说有人在会上提出这个问题，有各种意见；说这个问题原由公安

131

部处理。说在中央处理前后开会讨论，必要时请胡参加。荒煤说，这个问题一二个月内可解决云。

昨天下午会散后，荒煤过来和我打了个招呼，客气一番。

牛汉昨天下午也来参加了这个会议，会后一块在这里吃了饭，谈了几个钟头，他现在负责人民文学出版社的《新文学史料》编辑工作，他说，中央准备今年解决四个大历史问题，刘少奇、瞿秋白、李立三、胡风，首先解决胡的问题。请你告诉老郑，写信给谷兄，要他保持冷静，不可感情用事，仍然书生气十足，因情况还复杂，须记取历史教训，注意方式方法为妥。

昨天绿原通过电话，今晨黎丁兄来访，因我正在开会，约定改日再谈，原约今天晚上去绿原家，因这个会的领导小组晚上有会，所以我没有去成。绿原现在搞德国文学编译工作。

这个会定十五日开完，每天很忙碌，本来昨晚或今晚去看大哥也没去成，中午只好打个电话，昨日下午碰见文研所一个负责同志，他和我谈起给大哥临时找个地方休养的事，我也通知吉来和他谈。我本想多找些时间陪陪他，时间实在挤不出。

北京天气并不冷，屋子整天有暖气，穿件毛衣就行，饮食还不错，你不要惦记，老苏同志处处照顾我，非常感谢。你要注意饮食，不可过于自苦。

匆此不一

祝好！

问候邻居们都好；中文系同志都好。

芳

七日夜

此信可给炳中兄一阅。信的内容你知道就行了，不应随意谈论。

19791208

敏：

今早寄一信。今天礼拜，下午休会，我去芳草地看路翎，这地方距我现住处很近，坐车两站就到。我在附近食品店买了一瓶二锅头，猪肝腊肠各半斤，又买了近半斤花生米，到处问人，才找到他们住处。路翎和余明英都在家里，他们说，早接到我的信，知我要进京，所以天天等我来。路翎神志不清楚，我问他，你认识我吗？他说，你是贾植芳。他们住的地方是标准的贫民窟，比我们住处不可同日而语。我和他一块吸烟，余明英和他们第二个女儿张罗做饭，出去买了不少菜。我和路翎共饮了三大杯酒，他们房间除过一张写字桌，一个书架（摆做饭用的瓶瓶罐罐），吃饭时，搬来一张矮桌。他讲话忽而清楚，忽而糊涂，头发已斑白，看到一个活生生的人被搞成这副呆相，我不禁热泪盈眶，不能自己。吃过饭，我和余明英谈话，他已鼾声如雷地睡去了。他们说，小三昨天来过，还打听我的住址，说光兄近患尿闭症，晓风已于昨夜午时乘车去成都看视。他们给我看了光兄的来信和寄来的全家照片，坐到九时，余明英送我出来，因为和我的住处不远，我就步行回来。

昨晚我去大哥家，晚上就住在那里。宜端的两个女儿来看我，坐到十时才去。小孩们（包括哥哥的一群孩子）都很朴实、正直，我看到很高兴。大哥和守敬都是北京市政协委员，守敬正在开会，她们说，她们父亲要来看我。大哥身体还好，我劝他易地疗养，他可能去桂林住一个时期。今天一早，我乘车赶回住处开会。

这个会十五日结束，我可能还在京住几天，办些公事，上述情况，你可告炳中兄们知道。

不一。

祝健！

请代候邻居们都好，中文系同志们都好。

以上为礼拜日（八日）写的，未发。

19791213

敏：

前信写好，未发，今天续写，这些就算我的旅京日记来看吧。

这几天，每天都忙于开会；我因为参加会议领导小组工作，有时晚上还得开会，白天开会时有时又得主持会议，比在上海还忙。北方气候干燥，我多少年在上海生活，气候上还不能适应，加以室内外温度悬殊，我把皮袄脱下来一天，因此患了感冒，吃了些药，今天（十三日）好些了。

昨天上午我们集体参观了人民大会堂，今天上午又瞻仰了毛主席纪念堂。文研所还安排了几场内部电影，上礼拜一次，我未去，趁机到哥哥家聊天去了。

吉来已于昨日回晋，前天我约他晚上来我这里坐坐，我晚上有会不便出去。他来了，在我开会期间，他去洗澡（这里整天供应热水，有洗澡设备）。中午我赶到附近小店买了两盒点心，托他带回，一盒送小姑，一盒送婶母。我同时买了一袋椰子糖，托他带给大哥在唐山工作的那个女儿（在延安农民家长大的）。这个姑娘很好，性格很开朗，她已有一个小女孩也定于昨日回唐山，这袋糖就带给她的女孩吃。

昨天下午唐弢同志来这里讲演，中间休息时相遇，他过来和我握手，互道寒暄，他说我和二十多年前没啥变化，他说自己身体不好，有冠心病云云，彼此客套一番。

昨天上午去人代会堂参观前，我和老苏同志一块去人民文学出版社看牛汉，他现在是人民文学出版社五四文学组负责人。席坦风（音写，就是四八年复旦新闻系毕业的那个晋北老乡）也闻讯赶来相晤。席现在《曲艺》做编辑，已结婚；绿原这两天未来上班，所以没碰到。在牛汉处我看到谷兄给雪峰同志打来的唁电原稿，他是打给楼适夷同志转追悼会的，电报来时追悼会已举行过了，所以未在追悼会上挂出。

这个会还有两天就结束，因为编写文学研究会材料，我们已和茅盾约好下礼拜一去访问他，然后再访叶圣陶、冰心等，再跑几个大学的图书馆，因此回沪定在二十二至二十三日之间了。

祝健！

芳
十二月十三日午

19791216

敏：

写了两回信，都未发，现在再写一些琐事，当我的滞京日记看吧。

昨天下午会议正式结束，下午为大哥开车的老杨同志送来你的信及小周、小庞来信及系内寄给茅盾的书籍。老杨同志说，大哥本来也想自己来看一下，因为开个会，来不及了。

十四日下午绿原兄来这里看我，稍坐了一会儿，谈了他的家属情况，小女儿结婚又离婚，发生精神分裂症；其余三个孩子都未结婚，一个在成都做工人，两个在北京街道工作，生神经病的女儿的小孩还要他养活，他深深感到对子女的株连所造成的恶果。他说，风云变化莫测，要小心为宜，他专搞外国文学，看到不少外人议论谷非兄事件的材料，说一本美国哈佛大学出版的中国小说史，把我和冀汸搞成一个人了。他托我回沪后问候朋友们都好，罗洛曾来京开会，他们碰过头，他说罗现在青海一个生物研究所工作，也改行了。

复旦毕业同学邓绍基同志前天下午来看我，他是文研所古典组负责人，正在参加编写多卷本中国文学史工作，他给我带来一些苹果，说是多年不见面了，所以送些吃食，我们一块在招待所里吃了晚餐。

老苏同志的老父亲从邯郸绕道北京来看老苏，前天下午，我提议一块去外面吃个小馆，和老苏父亲喝两盅。三个人挤公共汽车，到了东单下车，围巾被挤掉了，我要不是加倍小心，帽子、眼镜也能挤掉，北京街车秩序比上海还乱，出门很不方便；商业服务点很少，吃饭买东西都不方便，营业员（小女青年）态度恶劣非凡；那天和老苏父子在东单下车后，走了好久，饭馆都挤不进去，结果在一个街角小铺每人吃了碗馄饨、几个包子算数；昨天老苏掏空去公共汽车处问讯围巾下落，真如泥牛入海，音讯毫无，想到这条围巾是你多年着用的东西，被我在北京遗失，心里说不出是什么滋味……

王戎兄要的爱伦堡的那本书，我明天去人民文学出版社买，上海作协的魏老同志说，如买不到，他在上海设法代买到。

从明天起，我们将搬在一个旅馆居住，因为现在住所要让给别的单位开会；我和老苏要每天跑工作，住在哥哥家我想不方便，所以不如住在店里，晚上还可做些工作，大约二十二至二十三日可首途返沪，那时再写信给你。

祝健！

芳

十二月十六日上午

19791220

敏：

十五日的信昨天收到。你信上说，把耿信寄来了，并未收到，不知是你写马虎了还是怎么回事，俟我回沪再说。

这个会已于十五日结束，照相留念，荒煤同志一定要拉我坐在一块，我谦虚了一下，坐在隔两个座位，这样我想比较恰当些。

十六日起，我们搬在崇文门第二旅馆，因为原住处要被别人开会单位使用；搬家前一日，是礼拜天，下午我又去嗣兴处坐了一下午，带去二斤橘子，上次我买的那瓶酒还未喝光，又继续喝，还未喝完，余明英做了些菜，牛汉前两日来看过他们，送来他所藏的《朱桂花的故事》，还是谷兄所要的那一本，我已嘱明英寄成都。

十七日下午，我和老苏同志去看了茅盾，他住在北新桥附近，我顺便去看了崇实中学，那是我四十多年前念过书的地方，景物有些依旧，但情景全非。茅公给我看了他的作品的早期外文译本，由他儿子陪着，此公谈了他的生活状况，身体似很不佳。他说，他过去做小说，要考虑结构人物，今天觉得不可思议，他已无甚写作能力，谈到写序的事，他儿子说再和他商量，他自己说，他从来不愿为人作序，这点和鲁迅翁不同云。

十八日我们访问了文研所，查材料，那里的工作人员看到我，都觉得我和大哥一切相像，后来大哥说，我前脚刚走，他也去了文研所。文研所现负责人马同志说，我对他们帮助大云。我在他们那里查了卡片，找到一些老区的赵树理版本，他们在"中国作家目录"一栏中，在贾岛之后，也标出"贾植芳"，但收我的书也只有二册翻译。

同天上午，我们访问了萧军，他身体很好，我在时，他刚去北海锻炼去了，他的一个女儿招待我，他回来后，我见到他问他："老萧，你还认识我吗？"他笑着说："你是胡风分子贾植芳，怎么会忘了呢？"他谈了许多；他给我抽中华牌烟，自己吃雪茄烟，他的房子只有二间，原来一间还未还他。……

昨天我去北京大学查材料整天，晚上回来去大哥家，为了看大哥，我在门口水果店买了三斤苹果（北京橘子少），我掏出一张十块钱票子找，买好后，匆匆上车，今天早上老苏来接我，才发现找剩的八块多钱被小偷摸去了。北京这个地方，似乎比上海还没秩序，我来了十多天，先是被窃去围巾，后又被偷去八块多钱，不是老苏同志处处照料我，更不堪设想。

我昨夜住在大哥家，在京期间，大哥正在为北京出版社校订《李大钊文选》，其中有李先生用日文写的三篇文章，大哥原托周作人儿子周丰一译成汉文，大哥要我对正一遍，我已校好，昨夜送去。现在家中只剩下凯林、燕林两个姑娘（她们都未结婚），还有成林（在汽车厂当工人），森林头脑不大清楚，不能工作，我和大哥他们谈到一时许才睡。他一个人孤寂，拼命工作，我想设法给他一些精神安慰……

今天我们去师大查了一天材料，碰到一位朱老师（在开会时相识），他送给我一本他所珍藏的《人生赋》，他另有珍藏的我译的《论报告文学》，他要我题字赠他，我照办了。

明天我们还要去北大，下午在民族学院看冰心女士；后天再去北京图书馆和人民文学出版社，总之，工作非常忙碌，老苏今天晚上去问车票，我们决定二十三日首途返沪，工作很多，一下办不了，只好摸个底，来年老苏他们来京再说吧。

邓绍基同志来看过我，送来一些苹果，我和武汉师院的一个文姓老师去看了一次绿原；武汉师院这位老师和邹荻帆很熟，他说，下期《诗刊》将发出冀汸、鲁藜的诗，使他们"亮相"云。

扬州师院一位吉老师约我明春去扬州讲学，我辞谢了。

离开你十多天，非常怀念，回沪时，准备买些关东糖，六必居酱菜之类带回，今天中午我和老苏逛了师大附近的自由市场，山楂很多，也许买些山楂回来，北京满街头冰糖葫芦，如果好带，也带些回来。我前日给耿兄写过一信，不再另写了，回沪再说。

祝健！

问候阿公、阿婆、小赵夫妇，阿妹、小卞夫妇，小毛头，老黄及中文系同志们都好！

芳

十二月二十日

1980 年

19800529

敏:

　　午间车站别后,坐车到火车站,准时开车,车内并不拥挤,沿途风光明媚,一路上和小唐讲讲谈谈,很愉快地到了南京。江苏人民出版社的汤同志已在站外相接,乘他们的小车到了招待所,汤同志把我们安排好以后才辞去,这种真诚相见的态度,使人感动。

　　我住的是省委招待所,住的是单间,设备尚好,有套间洗澡设备。这个建筑雕梁画栋,古色古香,内部西式,大概是旧有的建筑。

　　明天上午我们去南京图书馆查材料,下午和老汤同志先谈,后天和出版社的领导见面正式谈出版事宜,他们还没看完早寄出的稿子,看来谈话并不会费太长的时间,或许在南京住个三四天后,就可长途返沪。

　　今天晚饭,因为到得迟了,招待所开饭时间已过,我们在附近的一个小馆吃面。粗看来,南京市面没上海那么闹猛,但人民比较质朴,是个内地城市的风格。听饭馆的同桌食客说,这里猪肉只有八毛多一斤,黄鱼一元一斤,但零吃并不便宜。

　　我走的前一天晚上,为了回忆青海那段生活的材料,我又对你犯了急

139

躁病，甚至是粗暴，车上想来，我非常内疚。你因我受了那么大的苦难，并无怨言，我还为了你的记忆力的衰退责备你，真是很不应该，还得请你原谅，正式向你请罪。

现在是夜里十时，我一个人坐在房间内，在台灯下写信，吸着烟，强烈地想到你，如果你能一齐来坐在这里，那多好啊。……

回沪时，我们准备在苏州住个半天，看看苏州图书馆和访问江苏师范学院，如果没什么事，那就不再写信，到回家再叙一切吧。匆此祝健！

请代候阿公、阿婆、小赵夫妇、老黄父女、小卞夫妇和阿妹，小毛头都好！

芳

二十九日夜南京

19800531

敏：

到南京之夜，写了些字未寄出，昨天忙了一天，也算在南京生活了一天，再写些字寄你，我打算下礼拜二或三日回沪，如工作太忙，就不再写了。俟回家后面谈吧。

昨天下午我们走访了南京图书馆和南京师范学院学报编辑部，下午和江苏人民出版社郭前会谈，晚上又接待南师的同志。我们在招待所吃饭，早饭二角，中、晚餐每次五角，吃得尚可。这个城市到处都是郁郁葱葱的树木，像个花园城市，不像上海那么喧闹，住家读书都是个好地方。

今天上午继续和南京江苏人民出版社的负责同志会谈，江苏人民出版社的汤同志约我们今晚到他家"喝两杯水酒"，盛情可感，我们当带些礼物去。

给老苏同志写了一信，他来时请交给他。碰到资料室和有关同志，请替我问候。

芳

三十一日，晨

1981 年

19811106

敏：

离芜湖前曾发一信；我于五日晨乘车到黄山，坐了一整天汽车，还不觉得劳累，此地有温泉，两毛钱一洗，到后先洗了一个澡。我们全体开会人员被安排在黄山疗养院，我和小唐同居一室，一切都好，饮食亦不错。

今天开始开会，上午我在小组做了发言；下午开大会，我应邀做了发言，多年不做这样的表演了，效果还好。在此结识不少专家、教师，增加知识不少，此行大有收获。

我们开会议程共八天，大约十四日可以启程回沪，我们准备在苏州下车，去苏南师院看看，查阅香港版中国新文学大系第二集和有关资料，到南京还预计停一下，和江苏人民出版社编辑部商谈出版事，他们派有同志参加这个会议。

你要注意身体，饮食不可过于自苦；多和小毛头玩玩。此问好！并候邻居们都好！

芳

十一月六日夜

19811107

敏：

　　到黄山后，写好一信，因为发信地方要爬山，所以没有及时寄出。今天（七日），开会的人都爬山去了，因为山路难行，坡高而陡，我想了想，还是不爬为好。所以留下未去。

　　开会正进入紧张时期，晚上也要开会讨论，今天他们爬山走了，我伏在桌上审看上图和师大编的郭先生著作目录和他们编印的《近代丛书目录》。前两种都是原稿本，堆在桌上有一尺多高，他们希望我会后提些意见，他们花了很大力气编书，内容极为丰富。我看得很仔细，从中学到不少东西，也看出一些编辑上的问题，都用小纸条一一注出。但环境清幽，阳光宜人，很适于工作。

　　如前信所说，会议将于十三日结束，十四日即可动身返沪，路过苏州、南京都要停一下，办些公事，也许少有耽误，才能到家。

　　祝健！

芳
七日上午

1982 年

19820901

敏：

离开上海后，我们在第二天准时到了济南，谁知一打听，到下午五点多才有到太原的车，我们在费了许多周折办完了转车手续以后，我去看了春琳一家，和他们全家一起吃了午饭，春琳又陪我游了半圈大明湖，我们才上车离开济南。

春琳的母亲很好，很热情，她们的房子总算收回来了，但森炎又来和她吵了三次架，想从中分利。她是能顶住的。

我们到太原时正是第二天（今天）天亮，山大两位见过我的同志来站相接，就住在迎泽宾馆，见了许多熟人，也认识了不少新友。这个会议明天开一天就结束了，去游五台山和大同，时间很紧迫，我在太原只能住两天，二哥未见来，我今天中午特地去晋阳饭店找桂英表姐的儿媳玉芝，她可巧休假，又由山大郜老师找到她家，她说二哥未见来，她去学礼那里问，如来了，她陪他来，否则，她自己来一趟。晚上皇甫说来，我又托他给学礼打电话，看样子，实在没时间去汾阳，我明天上午发言，下午再开半天会，后天早上就要离开太原，如实在见不到二哥，我就将带的东西托玉芝转他，这真是使人遗憾的事。

我们预备在大同少住一天，五日乘车去北京，这里住两三天就飞回上海，这次出门真太辛苦了。

昨天晚上信写到这里，有客来访，因此中止，今天上午开会，我头一个被邀请发言（大会开全体会两天，昨天是第一天，前几天是小组会，昨晨第一个发言的是北大王瑶）；发言完，山大一个教师（襄汾人）和来过上海的小钟同志陪我和唐老师坐山西作协车子去找学礼，天下雨，路又挺远，终于找到了，他不在，他的爱人在厨房工作，我约他们下午来宾馆，就把给二哥的东西托他们转交，同时给二哥去了一信，表示遗憾。

明天去五台山，从这里就到北京了。

你这两天感冒，如果还不好，要去看医生，千万不能大意，我们吃了多年苦，好容易熬出来了，一定要特别珍惜自己。

桂英要多照应家里生活，抓紧学习。

问好！并候相熟的同志们好！

芳
九月一日

又：信写好，玉兰夫妻和小女孩，学礼夫妇和一个男孩相继来我这里，大家见面了。现在情况又有变化，只去五台山，不去大同了；四日由五台山再回太原，我却去汾阳见二哥嫂，五日即去北京，就这么定了。

芳
九月一日

19820903

敏：

　　写好上信，又来不及发，就再写几句，这就算我在太原的简单日记。

　　今晨我讲过话后，坐车去看了学孔家，又去看了我的母校成成中学，完全不认识了。

　　下午玉兰夫妇和他们的四岁小女儿，学礼夫妇和他们的一个儿子都来宾馆看我，玉兰夫妇带来了礼品，我送给小女孩一包大白兔糖。晚上聚餐，和这里的文艺界的首脑人物联欢，到来的还有陈登科，柯蓝，以及赵树理夫人，女儿，儿子。赵老太太和她的女儿广建和我们很亲切，广建怕唐老师受寒，还特地送来外衣，可惜没时间去他家里看看。

　　晚上看了你们家乡的戏，是为我们这些人专门演出的，是青年演员，这个剧团团长也很好。

　　我回来了，这里的人很热情亲切，他们要我多回来，不要忘了家乡。这又使我很感动，到底是家乡人。

　　明晨去五台山。

　　　　　　　　　　　　　　　　　　　　芳

　　　　　　　　　　　　　　　　　三日晚

19820909

敏：

　　到太原后曾写去一信，说了些生活情况，该信托山大的小钟同志发出。我在这里开了两天会，被安排发了一次言（发言时要录音和照相），正式会议在四日结束，一日下午聚餐，和山西的文化界人士相互敬酒，（我喝的竹叶青，有小唐从旁照顾，我喝得很节制），可谓尽欢而散。我多年离开，山西这些人对我完全陌生，现在总算知道我是山西人，和什么"分子"，其他情况，他们并无所知，但总算照教授规格来接待了我，使他们知道我受了多年苦，却仍然活着，而且活得挺不错，这个回晋的目的总算完成了。

会议议程，九月二日动身去五台山，在这里游了近三日，四日晚上回到太原，会议算正式结束了。我到太原时，冬生在宾馆候我，原来我去五台前，《山西日报》的皇甫姜曾打电话给该报驻汾阳记者，要他通知二哥，我准备四日或五日去汾阳，他因此闻讯赶来的。当夜他即和我同宿宾馆，第二天（五日）清晨，我们因等不及山西作协派来的车子（当晚他们特为此道歉，车来迟了）。即搭长途汽车去了汾阳，上午十时到达，学礼的孩子，冬生的孩子都在站相接，到家后，才知道二哥也去了车站。这时，桂芙和她二嫂正包饺子，一家子人大大小小都见到了。二哥闻讯赶回来，他苍老许多了，我几乎不能相识，吃饭时，他频频落泪，我从他一家的生活现象，才知道这些年他们过下来真不容易，也进一步地体会到你在襄汾的十八年那种地狱般的日子，我心情无比激动。我本来打算约二哥他们一家去饭馆吃一顿，二哥坚持在家吃，可惜只有一个来钟头的时间，我们得在下午一时动身回太原，我给二哥留下三十元，冬生、桂芙、学思和小孩们一起送我去站，我又匆匆走上归途。我总算到你的家乡去了一次，虽然时间短些，但是了却了一宗心愿，这也是此次太原之行的一大收获，可谓不虚此一行。我离你家时，同院的各位邻居出来相送，看到这些忠厚而又贫困的人们，我心里实在难过。我们多年来为国奔走，为民请命，但是他们的生活并无多少改善，思之令人痛心，如万箭穿心也。

昨日我们搭上午九时车离太原来京，山西省文联派李国涛（《山西文学》主编）和董大中来送，我们在太原二天多，连游市区的时间也没有，我在汾阳买了些你们地方的枣子，又在五台山买了些当地特产"台磨"（比上海便宜许多）。在太原买了些"朱饼"，除送给胡家和大哥一些外，就带回上海，作为此行的纪念。

昨日下午六时我到京，雇出租汽车到演乐胡同，在门口碰到小燕，她们都在，大哥在新疆还未归来（据说日内可到）。她们给我们又做了些饭菜，还有些葡萄酒，我和唐老师吃过饭，看到李辉留信，他已去济南出差，希望我乘车回沪途中能在济南车站见一面。他留下胡家电话，我当即打了个电话，梅志要我今天去吃中饭，我和小唐即住在大哥的房间里，现在刚早上五时，天还未亮，我睡不着，起来给你写这封长信。

今天上午我们先找牛汉和文研所，请他们帮忙买九日上午的飞机票，我希望能在九日上午到家。这次来京匆匆，我不及走访那许多友人，只去胡家，碰碰牛汉，黎丁就算了。明天和小唐在街上走走，如果文研所有事，再去找他们谈公事。今天先通个电话。

这封信到家，大概我也就到家了。

问好！并代候众相知好！

如果坐飞机回来，就不打电报了。如果坐火车，我再打电报，着桂英站接。

芳
九月九日早上

147

1983 年

19830702

敏：

　　到广州后的第二天曾航寄一信，我于一日乘车和大家一起来到肇庆，即住在松涛宾馆，这里位置在两个山峰之间，对面是有名的星湖（湖岸就在窗下），风景绝佳，有似桂林；广东生活虽贵，但这里伙食却极好，每顿有活鱼吃，看到王瑶带着太太来了，我真后悔你没有来。

　　会议今天开始，由荒煤同志主持；晚上看了两部内部电影，明天去附近旅游，后天继续开会；我应邀将于后天下午到这里的肇庆师专讲课（上午由荒煤同志主讲），这也是酬答主人的雅意，因为我们能到此开会，受到上等招待，都是师专同志的热情支持和努力的结果。

　　会议要开到六日下午结束，七日上午回广州，仍住流花宾馆，我准备八日下午去中山大学，在那里讲讲，九日应留日同学之邀，和大家茶酒相叙，下午到街上走走，即住中山大学，已登记十日返机票，如没有什么变故（指购票顺利不耽误），当日可返沪。等到飞机时间定了，再给你电报，并请你着桂英去通知邓老师爱人，我们一路住在一室，邓老师虽然自己身体也并不好，但对我多方照顾关心，十分感谢。但你们不必来机场接，路

148

途太远，交通又不便，我们下机后即雇车直接回家。

那么，就家里见了。问候各位相熟的同志好！

桂英同此。

祝健好！

芳

七月二日夜

又：不知你给宜静写了信没有？如未写，先写上一封，就说我外出开会，房子事已托人在办，如办不成，我再回去办。

19830707

敏：

在肇庆曾发了一封航信，今天是七号，我又坐在广州的流花宾馆给你写信了。我们已买好十日回上海的机票（票尚未拿到，等知道了班次，抵沪时间，当给你打电报），因此十日夜间就可团聚。

我将和中山大学相约，或许九日去那里讲学，请他们来接，明天预备能出席留日同学的茶会，并看看广州市容，在街上走走（牛汉同道），今日下午和陈家相聚。

等你接到电报后，桂英如无空闲，就转告陈思和到陕西南路民航办事处接我，并请他事先要好小车子等我，比如飞机晚七时到沪，那么六时半以后他就可去那里相等，并进行雇小汽车活动。（雇出租汽车，不要雇民航车子，太贵了。）

我在外忙碌了这么几天，所幸身体还好，几乎没有喝酒，昨天下午聚餐，喝了一杯啤酒，也是礼貌而已。

广州吃喝贵，好在我食量有限，也就不觉得是负担了。

好，在家里见。关于去民航办事处接我的时间，以电报为准。

问好，桂英同此。

芳

七月七日，广州午十二时

1985 年

19850901

敏：

我和小谢①于当日近十时平安到港，李达三②、袁鹤翔③先生和康华④同志都来机场相接，我们即住在中文大学的"大学宾馆"。此地环境清幽，如世外桃源，确是一个读书的好所在。今天已开会，我作为"评论人"，对一组（三人）论文进行评论，有一个陕西同学在此读研究生的作翻译，因为我的语言他能懂，他妈妈是山西人。这里吃西餐，今午文学院长招待是中餐，生活我还习惯；香港人衣着随便，今天上午开幕式我穿了整套西服，一般只穿衬衣就行了，习惯如此。

---

① 小谢，即谢天振，时为上海外语学院（今上海外国语大学）讲师，现为上海外国语大学教授。

② 李达三，即 John Deeney，美国学者，时任香港中文大学外文系教授。

③ 袁鹤翔，美籍华人学者，时任香港中文大学英语系教授。

④ 卢康华，黑龙江大学俄语系教授，时在香港中文大学作为访问学者居留。卢倩即其女儿，时在上海外院学习，现居留美国。

这地方原属九龙的新界，处在山的怀抱中，一面面海。离香港较远，过两天会议组织旅游香港去半天，下午我们当可到香港市街走走。

今天开会，碰见香港大学的一位先生，他和《良友》的古剑先生相熟，他说当代为通知。卢玮銮女士今日来信，先约我电话一谈，她不知道我住在什么地方，因此地尚未开学，她不来校。

会议完毕后，我们想再停留三五日，再去正式访问中文大学图书馆（王馆长今天来信，约电话先谈），有时间，再去香港大学图书馆访问。听康华说，我未来前，此间报纸有对我的报道。景尧①四日才能到港，也可能由此先去广西，否则我们即取道广州返沪。此地较繁华，但对我这样的老年人，实在乏味。

主人招待很好，很热情，生活上还方便，此地西方化，日常喝冷饮（啤酒，橘子水，可口可乐之类），和我们的生活习惯不同，袁鹤翔先生照顾，特地给我们准备了热水。我身体一切正常，饭量反而大些了。总之，你们放心，小谢同志多方照顾，多亏有他的帮助照应，使我在生活上处处感到很大的方便，真是不知该怎么感谢他了。

离港时，我再写信，我想很快我就可以到家了。

问好！小周、桂英、小丁好。

问候相熟的同志们好。

芳

九月一日

---

① 孙景尧，复旦大学一九六九届毕业生，时在广西大学任教，现为上海师范大学教授。

贾植芳、任敏
致胡风、梅志、路翎等信件选
（1979 — 1981）

1979 年

19791007

路翎兄：

　　二十多年不通音向。彼此都处逆境中，心境相同，前月曾卓兄来沪，才知道你的一些情况，今天我们和耿庸兄在一块喝酒，看到你的来信，知道你健康有所恢复，我们都很喜悦，前听人说，光人兄在蜀中听到你的悲惨遭遇，曾为之落泪不止，我们也深受感动。

　　我在 66 年"文化大革命"前夕被放出，押回原单位劳动，去年秋间，才又回到中文系工作（编写教材）。多少年不接触此道，干起活来真有隔世之感。任敏这些年在我的家乡种地，现居上海，户口尚在交涉中。

　　明英兄是否还在工作，孩子们情况如何，我们都在念中。

　　希望你为民珍摄，早日完全恢复健康，继续拿起笔来。匆此不一，即颂近安，并候阖府清吉！

　　耿庸兄和任敏都附笔问候。

贾植芳

10 月 7 日夜

来信寄上海复旦大学中文系即可。

请代候绿原、牛汉诸兄

又及

19791029

光人兄：

今晨上班收读 25 日的航信，知道你们健康地生活在这个世界，我们感到无限的欣慰。多年来我的耳边听到过关于你的情况的各种传说，甚至半年前吧，我偶然间看到日本翻译出版的毛选五卷有关注文（日本译者加写的），那里也记载了一些传闻，真是使人如坠五里雾中，这使我想起你在 40 年代初期用易卜生的剧名做题目写的一篇文章，历史仿佛又退回到 40 年代，甚至走得更远。但这个日译者对你的介绍，是比较客观的。正如我新近看到的一本美国出版的关于中国文学著作中对你的介绍是实事求是一样，可见历史自有公论。

我在 66 年 4 月出了蚕室，回到原单位印刷厂当"工人"，中间又在五七干校种了二年地，去年九月间才回到中文系参加编教材工作。任敏 58 年底被送到青海一个少数民族地区工作，62 年下放到我的家乡种地，一种十六年，目前已回到上海，我们多年靠力气生活，身体倒比过去还结实一些了。

上个礼拜，炳中，满子，王戎在我们这里，看到何兄妻妹夫妇看过你们以后的来信，大家都多喝了几盅。王戎新从新疆回来，他在那里过了二十年，目前和杭行兄住在出版系统的招待所候差。杭行我还没见过面，据说他一家大小在宁夏落户多年了。罗洛听说58年就去青海扎根了，谁也再没见过他（据说在青海日报编副刊）。炳中妻子王皓57年投水而死（近已平反）。史华66年和炳中同时出蚕室后即自经而死，他的妻儿早已被人"接管"，任敏67年首次来沪探望我曾在街上碰到过史的妻子，才得知他的死讯，他的妻子说起这些情况，泣不成声。俞鸿模兄在"文化大革命"中自杀身亡，今年三月间，和孔另境一块开的骨灰安放仪式会。我们得到通知，送了一个花圈。前数月我在炳中处碰到王戎前妻张某（名字不记，他们早离婚了），她说彭柏山"文化大革命"中在河南被殴打而死（彭在那里一个农业学校教书），他的妻子在上海制片厂工作，继续在为彭的昭雪问题四出奔走。梅林已瘫痪，退休多年，他的儿子顶替了他的空缺，我们还未见过他。张中晓早已病故。朱声下落不明。陈性忠听说还活着，具体情况不知。王思翔近去浙江找他写稿（王上月来过上海，他现在安徽编《清明》，也是今年夏天才恢复工作），等他从浙江回来后，当可明了朱、陈情况。顾征南在上海电影制片厂，我们都未见到过他。王元化是在百科全书出版社工作（"文革"前在上海文学研究所），他托人带过口讯来过，没有见过面，他比较忙碌，最近听说作为北京的特邀代表去北京开文代会去了，他的妻子住在医院里。满涛于去年病殒。曾卓兄于七月间自武汉绕道北京来上海出差，他去北京去看过一些朋友。徐嗣兴兄给炳中信中说，身体已渐恢复正常，但精神仍然不济，连看稿子都觉得吃力，我也给他写过一信。据曾说，黄若海早已身死，守梅、芦甸、吕荧这些年也先后辞世。……

你和梅志兄看到这些情况，千万不要难过，绿原信上说过，他现在碰到人就劝人家读中国历史，那么就请你们用"中国历史"的观点，看待这一切吧！

我日内将去安徽黄山开一个教材会议，下月中旬将去北京参加文学研究所召集的现代文学史研究资料会议（参加的有三十所大学中文系人员），在京当有半个月的停留，回来再给你们写信。

我们请求你们千万保重身体，千万！千万！

匆此

祝健！

芳

10 月 29 日夜

任敏附笔问候晓谷晓风晓山都好！

信写好未及寄出，今晚我们去了炳中那里（他和第三个孩子一起生活），何兄也到了，他们看了你的信，都好生喜欢。曾卓兄来信称，已得到陈性忠信（因为曾兄在《诗刊》发表了几首诗），陈现在浙江海宁一个中学工作，算是找到他的下落了。曾信说，绿原也出席了这次文代会。何兄单身住在上海，他的爱人小吴这些年也饱经辛酸，现住浙江杭州和女儿女婿一道生活。

芳又及 次夜

编者注：先生 1979 年 10 月 29 日日记："今晨上班接光人兄航信一，知道了他们的近况，不胜快慰。晚当函告炳中诸兄。"1979 年 10 月 30 日："晚……写成都张公一信及赵景深一信，明日发出。"（《解冻时节》第 164 页）。这封信是劫难后第一次与胡风的通信，当时 29 日开始写，30 日最后完成。

信中提到人名中，陈性忠即冀汸，王思翔即张禹，（陈）守梅即阿垅，朱声即方然，徐嗣兴即路翎，杭行即罗飞，（许）史华为泥土社老板，俞鸿模为海燕书店老板。

19791116

路翎兄嫂：

接读来信，知道你的健康有所进展，我们都很高兴。近得谷兄信并看到他的近照，使人非常快慰。

我去黄山开了近半个月的会，昨天回来，下月初我将去北京参加文研所召开的一个会议（属于高教系统的会），4 日前后可以到京，届时我将带些酒菜去你们那里喝两盅叙叙。

得耿庸信，知道陈性忠兄仍然健在，朱声兄却已故去。既然生活在这个世界上，那就还得做些事，希望兄拿起笔来写东西，张禹兄现在安徽编《清明》，他一定欢迎你为他们写些东西。

请你们继续注意健康，保重身体。

祝好！任敏附候

贾植芳
11 月 16 日

编者注：先生 1979 年 11 月 16 日日记："（从黄山参加学术会议）抵家后，得耿兄寄来的胡公近照一帧，是他和长孙游峨眉的照片，样子很健壮，不像'屈原'的样子。看路翎信，他的处境像是很寂寞。"（《解冻时节》第 166 页）。

19791123

光兄：

我 15 日从黄山回来，从炳中满子二兄处得读来信，备悉一切，尤其是何兄妻妹夫妇的来信，他们叙过了你们这些年的生活，际遇，其情其境，简直超过诗人但丁的想象力，使人恍如置身于中世纪。我们这些人，这些年也都是背着沉重的枷锁，这么活过来的，因为我们相信历史和人民才是真正的权威。

我在黄山近十天，碰到不少中年教师，他们一般都对 55 年事件反感，认为是莫须有。江苏一个同志说，他们准备写文评你的文艺思想，正在读你的主要著作（附带一说，你的书在我们这个学校的"教师阅览室"现在已经开放了），也有一个四川大学的女教师陆某，她特地找我了解你的情况，我因对她不了解，只能含糊应之，她说回成都后要去看你。现在人心莫测，不可不慎，也或许是我神经过敏，总之，你如碰到这样的人，应冷静对之为佳。"山中方一日，世上已千年"，这二十多年世情变化之光怪陆离是书上没有记载过的。

看牛汉兄来信，得悉北京下月可能举行一个 200 人出席的"专业"会议，如属事实，北京可能有人找你商谈，我们认为这是一个鸿门宴式的

159

会，我们希望你第一应争取一些朋友出席这个会，造成声势，如，何兄这样的朋友，他 55 年无辜受累，被扣上帽子，列为同类，57 年却又以反什么集团的案攻击文艺领导罪名，戴上第二顶帽子被撵到边疆，又继续被关押，他的爱人也同时受累，吃尽苦头。这样的朋友，应该能与会才好。第二，我们都希望你参加这个会，千万不可感情激动，应取冷处理办法，以高姿态出现，这只会转到同情和尊敬（从这次文代会的情况看，这大概是一种人同此心的现象，因为这些年来，吃过"梨子"尝过味道的人太多了，他们也从实践中有所领悟和认识），周这帮人，经过"文化大革命"前后的冲击，他们之间也积累了不少的个人恩怨和矛盾，应该珍惜这个变化的形势，因势利导，我说得可能不清楚，总之，应吸取历史教训，避免激动，分清主次，把大是大非弄清楚。我们这些人，如果出席的话，也会有话要说，你少说后说，我们先说，多说，这个想法，不知你以为如何？

我准备下月二日动身去京，因为规定 4 日报到，这是社科院文学研究所召开的一个现代文学史资料会，据通知说，住在日坛总工会招待所，会期十天。绿原兄昨信说，他也极希望我到京后一叙，路翎兄前亦有信来，我都会去看他们喝两盅，你们如到京，即可向绿原之处问我情况，我得信后会去看你们，面叙一切。

我也托何兄关照他妻妹这一对贤伉俪，要求他们能在生活上多照料你们，如抄文稿，跑资料之类，你年纪大了，从照片看，我们为你的健壮体魄高兴，但也极希望你们多注意保健，为国珍摄，如前信所说，我新近看到一个俄国女人叫 Olga Lang 写的一本书叫《巴金和他的著作》（美国哈佛大学出版社 1965 年版）这里有一个注，对你做了公正的历史介绍，我已做了记录，近又见到日本的一个书目，日本一个叫"东洋文化研究纪要"的杂志，在 75 期（1978 年 3 月版）上有一个叫近藤龙哉的人写了一篇研究论文，题目是"胡风研究，ノート（一）"，我已托人去找原杂志，这些事例，说明历史自有公论，任何权势只能逞威于一时，谁也玩弄不了历史和人民，这些年来（我回到社会上，即是说，"文化大革命"以来），我收集了有关文章的报刊材料，随我流转，除有少数失散外，一般都保存了下来，也许你不可能看到这些，如需要，我可一块寄你查阅。

任敏已来沪一年，学校说，她的事情已报上海统战部处理，我们现在都住在学校招待所里，何兄妻子近已调回上海工作，但房子还没有，寄住在朋友家里。此次在黄山，碰到上海作协一个人，他说，王元化55年以后去作协资料室工作，虽未戴帽，但甚受歧视，他曾三次发狂，近已改正，恢复党籍，所以出席了文代会云。王元化上半年托人带讯给我说，刘雪苇这些年在河北定县一个文化馆做事，已去京得到改正之。

附信寄去何兄和耳耶旧诗数首，他是抄给我看的，我不懂老诗，但意思还理解一些，对耳耶和他的诗，甚为欣赏，寄去供你一阅，可或稍除客中寂寞也。寄去的照片还是1967年春任敏初来沪探望我时照的，现在比这个样子又老了许多。

我到京后，当再写信

梅志兄一同

握手！　任敏附候

芳

十一月二十三日夜

又：《安徽大学学报》近期（1979年3期）有某君写的《论真实》一文，你可找来一阅，看看民间舆论。

还说一件事：我在黄山听四川大学的一个王姓同志说，他们编曹禺材料（著作目录索引）曹禺嘱咐再三地对他们说，他55年写的反胡，57年写的反右文章都是领导叫写的，不是由衷之言，要求把这类文章从他的著作目录中挖掉。我上述的找我问你的川大那个陆某在大会发言时，只提曹禺，不愿保留他写的反右文章，不提反胡文章。因此，我对此人有所看法，请你对这类人保持警惕。

又据学校有些人士说55年问题正在复查，也许会有人来找我问些什么，前两天上海出版局来过两个干部，找任敏谈情况，也说上海有这么个小组，专门处理这个问题。

芳

又及24日午

编者注：先生1979年11月23日日记："晚，写张公一信，附寄相片一张及耳耶何兄所作旧诗数首，供他客中消除寂寞。""昨日得何兄一邮袋，见赠古典新出版的《鉴真和尚东渡记》一本；附有他的妻妹一信，谈

161

胡公夫妇多年生活遭遇。何兄说，比较起来，但丁想象力不免相形见绌，因为他们的遭遇，比但丁写的'炼狱'情况还可怕，使人读后，真如何兄所说，有'人间何世'之感。"11月24日日记："给胡公信，上午发出。"（《解冻时节》第170、171、174页）。信中人名：耳耶即聂绀弩。

19791128

光人兄：

来信收读。24日发出一信，想当收到。今晚晤炳中兄，可惜因时间关系，来不及找何兄，他今天信说，你托他亲戚寄来的诗作已到沪，约礼拜五见面时交我，我已买好去京车票，礼拜日（2日）就要动身进京，因此等回沪后再说。

你要的刊在《人民文学》上的诗，已找到，由任敏抄好，随信寄去，"起点"一时找不到，已托炳中兄在"辞海"找，如找不到，俟我回来后，在学校旧报刊仓库找，总之，一定会找到给你抄去。

上信说《安徽大学学报》和11月份《雨花》都有些有关文章，我今天在市内跑了几处报刊门市部都没有卖的，炳中兄处有一份出版局印的《报刊动态》，有节录《雨花》文章的报道，所以一块寄你作为参考。美国哈佛大学1967年印的关于巴金研究的书，有一条介绍你的注文，我随手译出抄寄你。

有一本武汉师范学院印的《关于当代文艺问题的内部讲话选编》，已嘱任敏挂号寄你。

说，上海社会科学约他们写有关你的文艺思想文章（来人说，北京已打印出你的一份文章材料在内部传阅，不久可公开发表），我建议就从现实传统说起，他们已动笔，因约定7月10日前交稿也。

我到京后，当面晤李何林先生，以及在京诸友，情况如何，当会写信给你。

匆此

祝健！任敏附候

芳

11月28日记

《报刊动态》诗抄附在书卷内。

编者注：先生 1979 年 11 月 28 日日记："上午去上图抄目录，下午听文代会传达，四平八稳，绝口不提谷非及会议上对周扬的意见……晚去炳中处喝酒；归来后，寄谷兄及何兄各一信，明天发出。"（《解冻时节》第175 页）。

19791230

谷兄：

我于 24 日返沪，在京住了二十多天，回沪后，在炳中处看到梅志兄信，知道你因病住院开刀，身体虚弱，我们都很挂念，健康情况关系重大，望你善自珍摄，早日复康出院，是所祷祝。

我到京后，参加了嫂子丧仪后，即参加了文研所召开的现代文学资料会，我还被抬举参加了领导小组工作。这个会议由荒煤主持，他报告了文代会精神，特别提到文代会上关于你的事件的反响内容，说是这个事件原由公安部办理，现在中共还未做出决定，说一二月内可解决，在解决前后要开一个会，必要时请你参加云。这个会议要编选 30 个专题，你的专题由广西大学负责，讨论时，议论纷纷，经过这些年的锻炼人们的头脑清醒了，认为这是一个文学流派，这个事件是历史一大公案，应精选两方有关文章，并编印出《七月》《希望》及各丛书的全部细目，以恢复历史真相。关于两个口号的问题，亦有争论，总之，公道自在人心，历史不容歪曲，胜利的是群众，不是权势者。

牛汉代表人民文学出版社头一天也来参加了会议，绿原也来看过我，他们说还比较复杂，因此我曾要炳中写信告诉你，切不可书生气十足，感情用事，应因势利导，争取首先在政治上解决问题，其他有关历史上的争论，人事纠纷等，留待以后解决，若把这些都混在一块儿，反而使问题复杂化。以至为人可乘，总之，必须冷静处理，有步骤地解决这些问题，个人恩怨暂不宜计较，不知你以为然否？

我开会时，住在日坛路总工会招待所，打听以后，才知道嗣兴住处，离这儿很近，因此，我到京后头一个礼拜天下午，买了些酒菜，带了上海

163

香烟去看他们，他们的住处是贫民窟，我到时，嗣兴和明英都在家，嗣兴还认识我，他们说，接到我从上海来的信，知道我将来进京，他们没敢出门，盼我来。说晓山礼拜六来过，说谷兄生了病，晓风已于前一日晚车去了成都等等。嗣兴头发已灰白，神志还算清醒，但还不正常。明英说，前些时候，他还时常怪叫，现在好些了，我们大口吃烟，喝酒，明英和他们的第二个女儿张罗着弄些菜。我看到原来这么生龙活虎的一个人被折磨成这副样子，不禁老泪纵横，不能自已，真有人间何世之感。他给我看了你的来信和你们全家照片，你叫晓山送他的药酒，他说每天喝一杯。明英说，他的机关领导前些日子来看过嗣兴，表示了关怀，他们送来过两个剧本给他看（牛汉说，他看过的剧本，都密密麻麻地写了好多意见，像杂文），后来不送来了，他不想去向他们要，我劝他，好好休养，他们不送你就不看，送来就看，写些简单话说就行了，不必过于劳累，可写的东西太多了，不写对不起子孙万代，明英问他，你有这个信心吗，他听了笑了起来，我心里很安慰，我们吃过饭，他就靠在床头鼾声大作地睡去了，我坐到九时许，等他醒来才告辞，他家已新买几只果盘和茶杯，比绿原去时的光景有所改善了。明英说，他还不能读书，每天去附近日坛公园走走，还能帮助家里去附近菜场买菜。

在第二个礼拜日，即16日，我的会开完了，我即将搬家，到崇文门旅馆。去住前，我又一次去了他们家，给他带了些橘子。他说上次买的酒还没喝完，又和我喝了一回酒——结果一瓶酒还是没有吃完，因为我们到底老了，不能纵饮了。去此以前，牛汉对我说，在我去过芳草地后，他也去了一次看望他们，牛汉并把自己保存的路翎几本小说——《朱桂花的故事》等送还给他。他这一次比上次我去看时又有了些进步，明英也说，朋友们能多多去看看他很好。我说，大家要努力把他的魂招回来，但他的神志还不是很正常，当我对他说，绿原对我说，美国哈佛大学出版的一本中国小说史对他的作品做了分析研究。他反复问我说，美国人说这是不是内部矛盾，他女儿在旁说，你看，他又咬住这个问题了。我听了觉得很伤心，他的精神受的政治伤害太深了，这天我在他家又坐到九时多才告辞出来。我临行前去天坛家中看绿原，我说，希望大家能常去看看他才好，大家努力把他抢救过来。绿原说看情况，最好是在问题彻底解决后能使他到一个地方休养一年，改换一下环境才行，接着我们又叹息了起来……

我开毕会，住到崇文门旅馆后，曾写给李何林先生一信，请他认为方便的时候约定一个时间我去看他。他接信后，打过两次电话，又自己跑来旅馆一次，都没找到我。我晚上回旅馆才看到他的条子，如约第二天晚上去他家吃晚饭。他谈了北京文坛的一些情况，也谈到你的病况，他说吴奚如的文章，他们的鲁迅研究资料下期刊出，约明年2月间可出版云。

我也去后海看了一次萧军，他身体很好，他说，他到东北跑了一大圈，做过一些讲演：当人们问起你的情况时，他如实地介绍了你的这些年的苦难遭遇，他也谈了他在文代会的两次发言情况。

在我们开会期间，文研所的一个理论组的同志做了一次发言，题目是"解放思想与中国现代文学研究"，也特别谈到你的评介问题，做了历史回顾。他认为20年代的"左"的东西从未具体研究过，总结十七年很有意义，这与30年代问题未解决很有关系。这位先生说"胡这些人的政治问题，这是公检法组织部的事，但他们的文艺思想对还是错"？"经过了几十年，我们当时对他们的批判是否恰如其分"？"作家如果没有主观激情，主观战斗精神，他们的作品如何能感动人"？"这些都是要研究突破，文学研究工作才能前进"云云，这些都反映了市面的行情。

我回沪后，南大一位同学来看我，据说南京正在开展对你的文艺思想的讨论，南京前些日子开过一个现实主义讨论会，周扬先生也到会参加并做了发言，也被问到你的问题云云。我在京时还听说，文研所一位同志专门研究你的文艺思想已有数年，还写出十多万字了。

炳中云，他已被通知，出版系统给他们（包括任敏）最近要解决问题，学校组织部我回来后找过我，说是正在复查，但又提出一个怪问题，要我自己解答。是否判我为"骨干"够不够格。我觉得这很滑稽，因为这是他们定的，怎么他们反而这么问起我来了。看看再说吧。

王戎已做了处理，被委派编一个叫"大世界"的群众文艺刊物，明年二月创刊云。

我们希望你目前把这一切都放开，专心治病，养身，这是第一要务，前些时传说的那个会议，消息毫无，可能还有一些周折和过程。但不管怎样，我们信任党中央和群众，问题迟早总会得到正确处理的。

梅志兄一同。

祝你早日复康

芳上

12月30夜

任敏附笔问候。

编者注：该信在先生日记里未提到。但在1979年12月25日日记里有
一段与信中内容的记载："早上上班……于敏同志要我去组织部找一女同
志谈话。这个女同志我在干校见过，据说是原新闻系副书记，现为党委监
委，管落实政策。她对我说：55年处理你，由于两个问题，一系历史，一
系胡风问题。关于历史问题，你在革大说过了，去公安局说的具体些，现
在不说了；关于胡风问题，我们也查阅了材料，你解放前和他来往较多，
重要的是解放后是否参加'阴谋活动'，因为现在还没否定反革命集团；
因此，关于你和胡的交往，特别是解放后，是要再写一下，实事求是，就
是说，是不是够个骨干。你是教授，会写的；这还牵连一些学生云云。"
(《解冻时节》第178页)

1980 年

19800605

梅志兄：

久不写信，你们到京后的来信，我从炳中兄处都看到了，知道光人兄初到京时，情绪很佳，但不久又以神经失常见闻，非常惦记，也非常焦心，想来是由于他长期脱离社会，进京后由于接触到各色人等，听到各种人与事的变化，以至精神上不胜负荷之故。因之，要求你在生活饮食上对他多加照顾的同时，要在精神上对他多加安慰，使他能早日完全健康，是我们的最大希望。

我最近因公事到南京住了六天，昨天才回来，在南京接触到一些高等院校的教师，一致反映，对夏衍先生在文学评论上的那篇宏文印象不佳。听说安徽文艺本期计划发两篇为光人兄文艺思想辩护的文章，因接到中央指示，说是此问题中央将有统一口径的文字，地方不宜在中共前发表自己的文章，因此文章被抽出云。我在南京临时借到美国人夏志清写的一本中国现代小说史的香港译本，其中对光人兄的历史情况和 55 年事件的分析都有详尽的材料和论述，此书在国外评价甚高（我去年在京时曾和绿原兄谈过此书，他那里当有英文本），凡此情况都可以和光人兄谈谈，帮助他在思想上开朗起来，同类性质的文案，如鲁迅研究出的"鲁迅研究动态"上楼适夷等三文和吴奚如在"武汉师院汉口分部校刊"上的文章《漫谈左联史事》等文，都可以为光人兄谈谈，这些都是社会舆论，经过多年的苦难磨炼，人们的眼睛睁开了，对人对事都能用实践来检验和看待，对于某些妄想继续假借名义、愚弄群众的人，人民和历史是不会饶恕他们的。夏衍公的缺点，就在于他脱离现实，把70年代看成50年代。

上海的遗留问题，55年被株连的人，已开始宣布改正。在我去南京前一日，上海公安局来人宣布了给任敏的平反决定，她被定为所谓"影响分子"，说经过复查证明是错的，予以平反，恢复政治名誉与原工资级别。她在58年底，即从牢中释放近三年时，被流放到青海一个少数民族地区，在一个山沟里教小学一年多，又以翻案不满等罪名被捕关押二年，被捕时她的生活品全部被籍没，关了二年后，被放出，说是原判刑十年，因大赦放出后派在了一个工厂劳动，每月给28元生活费，自然灾害期间，她又被下放到我的家乡种地，分文无有。何满子也宣布平反，我的学生二十多人，也被定为"影响分子"，也已纷纷平反，我因这几天不在上海，还不知道炳中兄的情况。对于我，公安局来人说，要由法院出面办理，因为我被定为所谓"骨干分子"被上海法院判刑有期徒刑十二年，实际上服刑了二十四年。

路翎兄近况如何在念。去年在京曾和他喝过两回酒，如问题得到处理，经济上宽裕一些，到什么地方休养一个时期，他是完全可以恢复写作的。

匆此

祝健！并请您注意身体，乐观地面向生活。

问晓山晓风都好！

任敏附笔

芳

5 日

编者注：先生1980年6月8日日记："今天是6月8日；4日下午从南京回来，在那里住了6天，为巴集出版事忙碌，同时也概观地看了南京。"（《解冻时节》第210页）。

168

19800722

北京近日有信否，思念，今天接到我哥哥信，内云："你的落实政策问题，将会是解决得很彻底的，不必悬念，胡风一案肯定是个错案。历史情况确甚复杂，只要完全平反便好。"这样看来，胡案像已定好调子，是个错案，与反右派的调子不同。吾人且拭目以待，看什么时候宣布以及如何宣布。

专此奉闻，即候

暑安！问卓越好。

任敏附笔

芳

7 月 22 夜

编者注：先生 1980 年 7 月 22 日日记载有相似内容："大哥信内谈的是小燕婚事，信末说：'你的落实政策问题，将会解决得很彻底的，不必悬念。胡风一案肯定是个错案，历史情况甚为复杂，只要完全平反便好。'看样子，胡案已定了调子。"（《解冻时节》第 228 页）。这封信（或是便条）没有称呼，估计是给耿庸的，当时似乎胡风等北京来信主要是寄给耿庸何满子。1980 年 7 月 23 日日记有"寄炳中一信"，这封信也可能后来由耿庸等转寄给胡风。

19800724

光人兄：

前几天在炳中处看到你口授，由梅志兄写的信。知道你已痊愈出院并能阅读和写作，我们和上海的友人们都很高兴。柏山同志已开过追悼会，事前由炳中给治丧办公室写了信，请他们代你和梅志兄以及我们夫妇和炳中都送个花圈。但未见答复，事后听说，发讣文的名单受到严格控制，不能由家属做主。但我们的心意算到了。上海两报都发有纪事新闻，以及一些军政人物的追念文章，现在把收到的材料（不全）寄你们一阅。

169

55 年案上海大都处理了，上海公安局来人说，我得由法院处理，因为我是在 66 年 4 月间由上海法院判处有期徒刑十二年才释放的，所以得由法院办理云。半年前，复旦大学党委监察委员会的领导人对我说，我的复查由法院委托他们复查，他们已把复查结果送交法院了。那时他们还说，当时受我牵连的复旦同学有二十多人，被定为所谓"影响分子"，和任敏的罪名一样，这些被牵连的同学，此次也和任敏他们同时平反了，这样我就不着急了，恭候处理吧。

任敏正在办理退休和户口。她 60 年代在青海流放时期被关押时，被没收了一切生活用品，上海公安局已派人去青海追查此事，还无下文。

我在这里的工作是帮助青中年教师编教材，杂事太多，现在已放暑假，才得空自己读些书。近年借到一本名叫 M.Goldman 写的《中国持不同政见者文学》，是美国哈佛大学 1967 年出版，其中论述了由 30 年代到"文化大革命"前的中国文艺界的论争情况，颇有参阅价值，我们打算择要译出，如能成为事实，当寄你一阅，我出来工作一年多，接触到不少这方面的国外材料，希望能加以收集整理，想来也有点意思的。

看来信，知道你在写红楼梦文章，我看这类文章还是留给那些愿意弄的人去搞吧，把有用的时间还是留着写些回忆性的文章，或许更有意义一些。

听说北京天气今年很热，望保重身体，注意饮食休息。

祝健　并候

梅志兄和晓风们好！

芳

7 月 24 日

任敏附候

编者注：先生 1980 年 7 月 25 日日记："下午睡后，写信三封，一致光人兄，……"（《解冻时节》第 229 页）。

170

19801012

梅志兄：

带去的灵芝草是黄山特产，可泡在酒内服用，或用冰糖、红枣煮成汤，像茶那样地吃。这种东西容易生虫，需要在日光下晒干，它对脑部气管，心肺都有好处。

一切由牛汉和你们面谈，灵芝草对光兄的身体恢复健康，是会有所补益的。

祝你们好！

芳 敏

10 月 12 日

编者注：先生 1980 年 10 月 13 日日记："昨日礼拜，上午 9 时偕小姚去炳中处，不久王戎、小顾夫妇皆来。由小叶爱人办厨，小叶去接牛汉。12 时许牛来，在此午餐。饭前敏陪王戎上街给胡公买了些食品和我们带来的福寿酒、灵芝等一块托牛汉带京。"（《解冻时节》第 258 页）。

1981 年

19810303

梅志兄：

久不定信，祝你们春节过得愉快，合家在新居里过个团圆年，风兄在温暖的家庭中生活，想来健康上会得到长足的进步的，这也是我们的祝愿。

我们春节里也人来客往地忙了一阵子。我还因此生了场小病，所幸现在好了，加上在学校工作杂事太多，把应该写的信一直这么摆着。我们的搬家问题，学校要我们在春节前搬好，但分配的房屋离得太远，生活不便，我们谢绝了，要求归还原来的房子（指定的新居是新盖的楼房），还未见下文，好在我们苦了这么些年，也不在乎迟搬早搬。炳中、满子、王戎诸兄都已搬进了新房，但搬的南辕北辙，相距都很远，他们又要上班，见一次面倒很吃力。

安徽有个文艺理论杂志叫《艺谭》，去年创刊（季刊），已出了几期，想你会看到的。他们的一个负责人叫李平的，就是 1947 年我们住在义丰里的邻居小青年（现在都是 50 多岁的人了），那年我们在义丰里被捕后，就是他冲出特务的监视，给《时代日报》打电话登上新闻的，他就此也就离开上海去了安徽的游击部队，55 年大案发生后，他也为此受过冲击，去年他来上海组稿，我们才又见了面。他近日来信说，他们的刊物想在本年第2期出个纪念鲁迅诞辰百周年的特刊，他们极希望风兄能为他们写点纪念文章，长短不拘，就是一首诗也好，并希望能在本月前见稿。希望你能帮着风兄给写点什么，不使他们失望才好。稿直接寄他们（"合肥市安徽省语言学艺术研究所《艺谭》编辑部李平收"）或寄我转他们也行。李何林先生已给他们寄去了一篇了。

这里有一位青年友人写了篇文章，《舆论岂能一律》，原来准备在《解放日报》刊用，终于只能作为"未定文稿"的《解放日报》的内部刊物《新论》上刊出，并且被删得一塌糊涂，他送来一本，嘱呈风兄一阅。随信寄去。

满子昨日有信，说是守梅、芦甸二兄的追悼会将在津举行，我们都不能北去，只好打个电报和送花圈，表示深切的哀悼。看到绿原在《大地》上的文章《记阿垅》很好，把许多污蔑之词都公开地澄清了，这就是对守梅的最好纪念。

我每日坐在家里，又回到了教研组，也正式恢复了职称，只有礼拜五下午政治学习，才去一次，具体工作是带青年教师。接受历史的教训，我婉言谢绝了上课教书。今年三月以后，武汉有个会，我和任敏准备乘机去游一回武汉三镇，坐坐长江轮船，也是一生一乐也。

匆此。

祝健！风兄一同，问候晓谷兄妹们好！

任敏附候。

芳
1981 年 3 月 3 日夜

19810326

梅志兄：

信和风兄的诗稿均收读。诗稿已挂号寄《艺谭》。听说风兄进院的消息。我们十分惦念。想到你的狼狈的处境，我们更是焦虑不安。风兄的病情，想与心情寥寂有关，他多年流入在外，乍然回到京师，环境恐怕不易适应，除注意他的饮食和睡眠外，应设法使他精神安静，看些消遣性的读物，如唐诗宋词之类，把精神力分散，或许可以好些。总之，要多劝慰他，设法保持精神上的安泰，精神上的病痛必须精神上的治疗。我们每想到他的精神状况，真是万箭穿心似的难过。

我们本打算去武汉一游，看看朋友们，学校因经费关系，只规定外出开会，只准一个人，加上家里积累的事情多如牛毛，我决定不去，请一个中年教师前去。我这些年外出开会，都要带一个中年教师作助手料理事务。同时，我接到北京文研所公函，约我在四月下旬进京开会（中国现代文学讨论会，还要我做个报告），函中云"请不要见拒"，我已复信说："如无其他临时事项，一定前去聆教。"他们说，路费和住宿等费都由他们负担，这样，下月中旬以后，我大概要进京一次。任敏说，如果成行，她也愿意跟上跑跑，主要是去看看你们。情况如何，到时再写信告你。

昨得炳中信，说何兄接到鲁藜信，说关于守梅、芦甸二兄的追悼会似有变化，我们本打算如果下月进京，能趁机去天津参加这个追悼会，了一心愿，那只看当时的情况了。

我们的房子还没有搬，本来年前分好了，学校借口我们人口少，只能按职称等规定分一套的二大间（新建的楼房），我们嫌地方太远，已谢绝了，要求收回原来的住房，所以就这么摆着。因为原来的房子现在住两家人，也一时腾不出来。我们本想把房子搬定了，请你们来上海小住，散散心。去年年底，我们一次走到你们文安坊旧居附近，忽然心情一动，我们进了这个弄堂看了看，虽然满眼都是陌生的人，但我们的心情感到亲切，激动不已。

听说小三结婚了，我们听到很高兴，任敏还买了些礼品，想给新夫妇一些纪念，算是祝贺。如果我们进京会带去。

炳中满嘴齿都拔光了，饮食很不便，只能吃些流汁性的食物。任敏在青海退休已批准，1959年青海捉她时没收的财物，已由那里的法院折价赔了些钱了事，虽然是象征性的数目，但也就很不容易了，我们觉得高兴。

勿此

祝健！

任敏附笔。

芳

1981 年 3 月 26 日

174

19810406

梅志兄：

来字悉。关于风兄移沪治疗，沪上诸友莫不欢迎。我们也认为这是个好办法，换个环境本身，这就是一种治疗。炳中今日来讯，他说，龙华精神病院有单人房间，家属也可以陪夜。他说元化说，重要的是要通过文化部和这里的卫生部门打个招呼，我看，这也是个必要手续，希望能早为进行。总之，希望能早日到沪。越早越好。炳中也转来柏山夫人的意见，她说，您可住她处，您们移沪一事，她也愿从旁协助。在谈到您的近讯前，王戎也屡次和我谈起，我们现在都有了房子，（我们也即可解决，恢复我们原来住处，想不久可以腾出搬进）希望您们能来沪住一个时期，大家可以照顾，轮流服侍风兄，王戎、任敏现在都是"闲人"，可以充任看护工作，我虽然工作负担较重，但不坐班，整日坐在家里，时间还是充分的。现在风兄能移沪治疗，那就正合大家的心愿与期望。

我们担心的是来沪路上的问题，坐飞机恐怕不合适，最好坐软卧火车，那里一房四人，可以自由关闭门，要防止风兄乱跑，为了更放心起见，必须晓山也陪，否则，您和晓风二人恐怕万一有失，力不从心，路上问题，一定要想得周到些。如行期决定，可先给我们电报，以便去车站相接。

我可能在本月底进京开会，但尚未接到最后通知，任敏原来准备偕行，主要也是想借机看看您们。如果您们来沪，她就决定不去了，好留在上海照顾风兄您们。

匆此不尽，一切面叙，我们等着您的来讯和电报。

祝健！

1. 风兄一同，晓风姐妹们都好！

2. 如来沪时，晓山空不出来，可来讯，再请王戎进京去接。

芳

1981 年 4 月 6 日

19810428

梅志兄：

　　刊物和信早收到了。风兄到沪养病事不知进行如何，实在惦念，我们都巴望着您们早日到沪。

　　我本来准备在二十号以后进京开会（是文研所召集的），实际是想利用这个机会去看看您们，因为路费食宿都由他们负责，他们先后来了电报和公函要我二十三日到京报到，现在您们既然要来上海，加上这里手头工作又多，我决定不去，并已向他们请了假，就在上海候您们。

　　南京师范学院有个内部刊物，《文教资料简报》是个定期出版物，在文教界发行，他们在今年第 1 期上登了关于风兄情况的报道，他们来讯说，希望能刊登风兄这些年在囚禁中所写的那些旧体诗（他们登过吴祖光的这类诗词），兹寄去该刊一册，请您和风兄商量，如果愿意叫他们刊登的话，请选抄一些，由我转寄他们刊载。

　　匆此不一，即祝
近好！

芳　敏

1981 年 4 月 28 日

19810610

梅志兄：

　　前后两信都收到了，我们非常希望您们到复旦来，这个礼拜六来最好，我们在家相候，如果您们这个礼拜六不得空，下礼拜六也行，由您决定后告我。

　　听说风兄到沪疗养后，大有进步，我们很高兴，等我们见面后，再约定我们去医院看他的时间。

　　您们来复旦，如果从静安寺一带来，可坐 21 路无轨电车到底（虹口公园），在此换坐 93 路公共汽车直到复旦大门口，如果从外滩来，坐 55 路公共汽车到国权路口下车，顺着国权路往北走，约十分钟就可以到我们住的复旦家属招待所。这是一座红色的二层小楼。我们住在楼上（门牌是国年路 275 弄 51 号），它的紧邻是复旦托儿所或菜场就能找到。这地方变化很大，已非你们印象中的复旦了。

您们最好上午就来，在此玩一天，傍晚回城。这个礼拜六能来，就不要再通知我。如果定在下个礼拜以后，那再把具体时日告我。我们亟希望您们这个礼拜六上午就来。匆此，顺候，近安！风兄兹请代候，并问晓风好！

任敏附笔。

弟 芳

1981 年 6 月 10 日

19810711

梅志兄：

天气炎热，好久未见面，不悉风兄近来体况如何，至为惦念。我因忙于为研究生出试题，也久未去过市区。日内任敏拟去建国饭店晓风处看看，能见到您更好，明日想先行打个电话联系一下再作决定。

我们暂在住处楼下多借了一间屋子，作为我的工作室，较宽敞，您如来校，也可作休息之用。上周公安局催报任敏户口，已请学校连同桂英的户口报上了，就等批复了。夏日多疬，望注意保重身体。风兄请代候，并问晓风好。

芳 敏

1981 年 7 月 11 日

今日早上给晓风打电话，饭店人员说："屋子没有人"，是否由您或晓风定个时间，通知我们为好，又及。

19810717

梅志兄：

近得晓风一信，知她将回家一行，一个月后再来，不知她已走了否？为念，晓谷是否已到沪，也在念中，如果他来了，请他来我们这里玩玩，快三十年没见过面了。

王戎昨晚在此，他近中去医院探视过凤兄，据说，病情好转，神志清楚，大家听了都很高兴。天气稍凉快一些，任敏和桂英想再去医院看看您们，我忙于为研究生出试题，忙得头昏脑胀，不可开交。

顷接上海作协魏绍昌同志来讯说，上海有一些人编了一种《红楼梦丛刊》的杂志，第一辑由天津人民出版，第二辑在集稿中，正缺少压轴之作，他从报上看到（大约是《文学报》那则刊头报道了）凤兄写有这类文章，他们亟想得到，以光篇幅云云。此君多年在上海作协搞资料工作，出版过几种晚清小说家研究资料书，近几年因工作关系，与我有些来往，他说，只在 1947 年与凤兄有一面之缘，未便冒昧以求，为此重托我代求，情辞殊为恳切。希兄见信后考虑，如手头有这类文章，不妨请他们刊出，也是对广大读者的一种安慰也。文章由我转他即可。

匆此
祝健！

任敏附候

弟 植芳
1981 年 7 月 17 日

编者注：先生 1981 年 7 月 18 日日记："今日收到大哥来信，魏绍昌来信……写信三封，致梅志，受魏绍昌之托向她索胡公论红学的文章，……"（《解冻时节》第 373 页）。这封信应该是 7 月 18 日写的。

19810721

晓谷：

　　快三十年没见过面了，接到你母亲来信，才知道你已到沪，我们很想早日和你见面。你母亲信上说，准备在本周内来，我 22 日和 25 日有事，请你们就在 23 日或 24 日来，最好早上就来，天气凉快些，路上少受罪，在这里玩一天，晚上凉快再回去。

　　前两天我给你母亲写去一信，上海有些人办一个红楼梦研究杂志，他们从报上看到你父亲写有这类文章，亟想得到，这也是盛情可感之事，也是和广大读者多一次见面的机会，如这类文章在手头，届时请你们带来，我再转寄他们刊出。

　　听说你父亲这几天腹胀不适，我们很是惦念，请精心护理，使他早日得到恢复，是可至盼。

　　23 或 24 日我们等你们来！

　　匆此

　　祝好！

　　请代我们向你双亲问好！

贾植芳 任敏

1981 年 7 月 21 日中午

19810806

路翎兄：

　　好久没有给你写信，这年多以来，凡是有来往京沪之间的朋友相遇时，我们总是要打听你们的情况，有时感到安慰，有时又觉得说不出的悲怅。你们迁入新居，去德州旅行，我们对这类喜事分外高兴，但听到明英兄的病情，我们都非常挂念，近来听说她的病情有所恢复，你的生活和精神也更正常了，我们稍觉安心些了。明英兄多年来为你操心，受累受辱，历尽千辛万苦，好容易熬出头了，她却不幸病倒。这真使人伤心，希望她精心治疗，好好休养，你们现在的处境比我们 79 年在京中相遇时总算有所改变和改善，这是最要紧的条件，她禀性坚强能抗过这二十多年的长期灾难，也一定能战胜病魔的侵扰，但愿你好好照料她了，使她早日脱离病苦，回到正常的生活中来。我们即将迁回旧居，那地方较目下住的招待所宽敞一些，我们切望在明英兄病体痊愈后，你们贤夫妇能到上海重游一番，我这个寒舍足可下榻。

张公夫妇，晓风都在上海，晓风不久前返京，晓谷现在沪，张公到沪后，病情大有进步，只是还不稳定，时有反复。所幸上海执事诸公对他较为关怀，我看病院环境、医疗措施以及护理人员都比较使人满意，相信有半年时间，病情总可得到根本治愈的要求了。

我在学校工作，杂事多如牛毛，5月间曾有去北京开会的机会，也因为事忙拖住了没有去成，为此失去了一次相聚的时机，真是大大的憾事。

任敏已在青海退休，目前正办理迁回上海户口手续，大概总还有个时候才能解决。知注并闻。

此候

双安！问孩子们好！

任敏附候

贾植芳

1981 年 8 月 6 日

19810814

梅志兄：

多日不见，不知风兄近来病况如何，在念。我们忙了几天搬好了家，在复旦第六宿舍 51 号，电话 480863。地方比过去住得宽了些，大小三个房间，我们希望你来这里小住。

朱声兄的大儿子前来过这里，他说冀汸要他来看望你和风兄，我已把你们地址电话（建国旅馆）抄给他，要他事先和你通个气。他是杭州大学历史系的三年级学生，谈吐风格近似乃父，朱兄不幸故去，能看到他的儿子健康的长成，实在是一种安慰。

安徽《艺谭》来信，柏山同志的那篇论《秋夜》的文章，他们已在第三期（即下期）付排，并请转告朱微明同志。

上海编的《红楼梦丛刊》向风兄索有关红学稿件，请能早日准备好，以便能在该刊本期（第 2 期）刊出。如来不及整理，先发表几个片段也行。由您加上几句按语（在文前或文后都行）。

　　晓谷不知还在沪否，他说离去前还来这里一次，最好短日内你们母子一块来，先打个电话或写信约定时间为好。

　　匆此，顺候。
夏好！并候风兄痊安！
　　任敏、桂英附候

贾植芳
1981 年 8 月 14 日

信即直接寄到我们住处：复旦大学第六宿舍 51 号

19811108

梅志兄：

　　您们回京后，寄来的书刊和附笔早已收到了，因为找《十日谈》迟迟未写回信，现已找到一册，随信奉去。

　　得悉谷非兄加京后，情况正常。我们都很安心，但他是久病之人，加以天气日寒，仍须加意防护，才能日趋稳定，并达到完全恢复正常。您说的北京的那个会，不知是什么性质的，大家一直很关心，听说文艺领导有更动，或许与此事有关吧，他们虽然利害上有争噪，但"大方向"都是一致的，因此，也还是谨慎当事为上策。

　　魏绍昌（上海作协）来信说，风兄那几首有关红楼梦人物的旧体诗，他们决定采用，并对您的寄稿深表谢意。他们那个刊物，是个季刊。因此，恐怕要在明年了。您托他复制的《海燕》《工作与学习丛刊》（四本），他说他自己有，答应代您复制。

　　我整日忙于学校杂事，深以为苦，简直没有时间和情绪坐下写东西，过个半年，或许可以安静一些吧。今日下午我们和炳中、王戎兄约杨友梅在"文艺会堂"茶叙。听说罗洛调沪，还在努力中，弄好了，本月即可到上海了。

匆此

祝您们全家好！并候家中诸友好！

任敏　附候

贾植芳

1981 年 11 月 8 日

您前次寄书误写成"第五宿舍"实际上我们住的第六宿舍。因前次写信快，书收到就迟了。

19811113

晓风：

收读来信，得悉你们回京后情况。前几天给你们寄去一本《十日谈》也曾附去一信，你们要买的录音机和冰箱，正巧我的大侄女在沪出差，他们夫妇都在七机部工作，都熟悉这方面的情况。我和她说及你们的需要。她很乐意帮忙。她要我先问问你，这两件东西，是要国货还是外国货，录音机要几个喇叭的，说是有一种台湾产的两个喇叭的可自录的录音机，质量较好，价钱约为六百六十元，电冰箱不知你们需要多大的。你们考虑后把情况告我。她再给她爱人去信，在北京办理，她在上海还工作一个时候也就回去了。他们夫妇都很忠厚，干的也是这类专业，又熟悉这方面的人事，总可办得比较称心的。

罗洛夫人杨友梅已到沪，上回我们几个人约她一起在文艺会堂吃茶，她说罗洛调沪还有些麻烦，当地不放，弄得好，这个月或可调来。

你父亲出文集事，应加紧和有关当局交涉，希望能早日定下来，家中既然请了一个女保姆，家务安定了，你可帮助你母亲开始着手整理，你父亲早期一些散见报刊的文章，我在上海利用工作上的方便，可以搜集一些，前些日子我在上图查阅二十年代的《民国日报》"觉悟"，已找到了他 1923 年发表在这个副刊上的一篇小说《两个分工会的代表》，（日本人写的那本研究资料中曾对这篇小说做过分析），得便再带桂英去抄，抄好再寄你，现寄上一份日本有关研究文章目录，比较齐全，也是桂英抄的，晓山能看日文，将来按图索骥，可托日本友人代为复制一份，也是必要的。

我依然非常忙碌，转了一个比较文学专业招生的招牌，招惹来的四面八方各等学校学生的来信和毕业论文络绎不绝，真是啼笑皆非，穷于应付。

北方天气严寒，你父亲久病新愈，应在他的生活上细心照料，首先要先使他的情绪稳定下来，心情愉快，体质自然会日益进步的，也很快会完全恢复正常的。外面不时有些斜风细雨，也在所难免，这倒是历史前进中的应有过程，不足为异。

炳中在休假，他生活上孤单，缺乏照料。我们将约他在近中来此小憩一个时期。

匆此不一

问好！问候你父亲母亲、晓山以及你的爱人和两个小孩好！

贾植芳
1981 年 11 月 13 日

任敏附候，桂英向你父母亲请安并问候你和全家人好！

19811118

梅志兄：

接到晓风来信后，曾随《十日谈》寄去一封信，想已收到了。南京师范学院今日寄来两册该院出刊的《文教资料简报》，风兄的那几首诗登出来了。我已写信给他们，要他们给您寄书，他们不知有稿酬否，如有这个制度，他们会寄上的，现在随信先寄您一册，以便早睹为快。

浙江人民出版社的伍隼（夏钦翰）现来上海治病，他是那里管外国文学的副总编，想您们当能记得他。

又接到晓风信后，我又写去一信，并附有照片。寄《十日谈》是以前的事了，我的记性不行了。任敏这么提出来的。

又及

刊物本已和信封在一起，桂英送邮时被邮局查出来了。

刊物即另行发出。

匆此

祝健！并候风兄健安，全家都好！

任敏、贾英附候

芳

1981 年 11 月 18 日

19811204

梅志兄：

接到来信后没有几天，绿原兄就来了。我们几个人就在你们离沪前吃饭的那个饭店相聚了一次。他带来的照片，酱菜和香烟也都收到了。看到谷非兄回京后那两张相，神态比在沪时大有改变，显得更正常些了，大家看了，都很喜欢。我们正在托人翻拍，连同大家在上海的照相，想多印一些，除过此间留存一些外，再寄给你们并送京中诸友好。谢谢你带的酱菜，好多年没吃到北京六必居的酱菜了。那是我们山西老乡开的，是从明朝就开始营业的一家驰名老店，它的招牌还是大奸臣又是大书法家严嵩写的哩。你信劝我少吸烟，却又带了一条烟来，任敏笑道，这等于鼓励。前些天我在军医大学对身体彻底检验了一次，照了超声波，透视了胸部，瞧了四张 X 光片，医生说，一切正常，无异状，只是有肺气肿（慢性气管炎）毛病，他说："那是花钱买的病——吸烟所致。"现在香烟大幅度涨价，一般吃烟的都受到威胁了，这本来是个强迫性的戒烟机会，但我本性难移，一下子恐怕改不了，非常缺乏"改造"的信心，虽然做了一些努力的尝试，但效果不大，只有慢慢地改了，——由少吃到戒绝，以保性命，留得多饱眼福的机会。

前几天我带桂英到上海图书馆抄了两篇胡公早年的文章（连同上次寄你的那篇，共三篇），兹随函寄去，这些材料较为难得，出《文集》时可考虑收入。日本人近藤龙哉写的有关胡风研究文章，就是晓风拿给我看的那一篇，我已托日本一友人代为复制了一份，他还同时寄给我另外一篇文章的复制本：阪口直树 1956 年发表在《大阪教育大学纪要》第 25 卷第一部 17 节 3 号上的《建立中国社会现实主义体制——胡风批判的一侧面》就是列举民国日报觉悟上的那篇小说《两个分工会的代表》作为研究胡公早期思想的材料，并用以反驳 55 年那些对他的历史信口雌黄的胡说的。

谷非兄新补为政协委员，我在报上也看到了，这虽然是"民主橱窗"

中的一种样品式的东西，但总算从侧面表示平反的又一次表现，我们表示感激和欢迎。这就有助于改善命运，因此《文集》出版事，还要趁热打铁，加紧进行交涉，一面也应全力以赴地进行编选准备工作，谷非兄身体已然有所进步，他总可以作为顾问，多加指导的。如果出版当局坚持先出诗集，那也行，先抓住现实，出一本是一本，但对出"文集"的事不能退让，诗集要出，"文集"也要出。

近得南师《文教资料简报》编者来信，他们说已给你寄去书和一些稿酬，他们还想为路翎编些材料，但我这里什么也没有，你那里是否可以找点什么？能有机会出头露面就得找机会出头露面，因为广大读者是很关心这些人的。这期《文教资料简报》，除刊出胡公五首诗外，他们组织人写的那篇文章《胡风〈鲁迅注释〉补注》，写得很好，它客观地钩到一些现成材料，很能突出问题。这个刊物，虽然是内部的，但在高教界很有市场。

托魏绍昌君复制的那几种杂志，我当写信给他请他早为办理。《现实文学》，我们学校可能有，待我查后再说。不知是复制书还是复制有关文章。

我的侄女正在上海出差，就住在家里，她已写信给在北京的爱人，照你信上要求的那样规格（冰箱和录音机）托他办理，如果有了眉目，他就给晓风去信接洽，你们的住址也通知了他。

卢鸿基兄近在沪，住在家里，他来复旦查阅他在重庆两个报纸——《新蜀报》和《国民公报》写的文章，已得数十篇之多，因为只有复旦有这两份报。他还要查那时的刊物，还得几天。他孤身一人，形单影只，在杭地生活也是够苦的了。

我陷在学校工作堆里，恐怕再有一年才能把目前这些工作结束，眼下时间就这么流水般地过去，实在不胜恐惶。为此，任敏常和我吵嘴，也于事无补，只能求其在我了。

后天我们约绿原来此小叙，也约了杨友梅来，她独自住在作协，罗洛调沪事仍无消息。

匆此

祝健！并问候你们全家好！

任敏　桂英附候

力

1981 年 12 月 4 日

19811212

梅志兄：

　　前寄一信并附去谷非兄早期作品二份，想该收到。绿原兄到沪，上回来复旦大学相聚了一天。现在大概回京了。兹有一事和你商量，此间有一个毕业同学（新闻系）茅廉涛现在南京市的《南京时代》工作，负点责任，他那里想出个《我和南京》的特刊，想约请在南京生活过的各方名人写出感想或回忆的东西，他们知道胡公青年时期在那里的东南大学附中念过书，想请他写点什么，来找我商量，希望我帮忙。我想，谷非兄现在健康情况，恐怕写东西还不行，是否由您或晓风代笔写点什么寄给他们，在群众中多留些影响总是好的，尤其是经历了二十多年的大风大浪之后，更需要拨乱反正了。他们有一份打印的《我和哈尔滨》题目稿，兹随信寄上。写《我和南京》就照这个格式办理，此件的题目可供参考。

　　关于买录音机、冰箱事，女婿来信说，现在国外货禁止入口（指这类外国货），但有用进口原件配装的东西。晓林（我的侄女）日内回京，我已嘱她回京后帮忙办理，他们夫妇懂这些东西，他们弄得有了眉目后，我要他们通知晓风接头，你们的住处我已写给他们了。

　　学生要毕业，我忙于看毕业论文，还有许多想不到的杂事，真的忙得颠三倒四了。

　　看电视天气预报，北京这几日好像不算冷，家里有暖气设备，这些对风兄的健康总是有帮助的，政协委员是个平反方式，很引人注目。他的精神状态也会因此有所改变的，我们但愿如此，祝愿如此，匆此。

　　祝健！问候你们全家好！

　　任敏　桂英附候

芳

1981 年 12 月 12 日

贾植芳、任敏
致胡风、梅志、
晓风、晓山信件选
（1982 — 2005）

1982 年

19820115

梅志兄：

　　同学李辉现派《北京日报》工作，他是湖北人，和我们相处得很熟，您在上海时也碰过面。他年轻热情，也能勤学苦练，他到京工作后，您如有什么杂活，可托他跑跑腿，他是这届中文系文学专业毕业生，也常写点译点什么。也请您对他多加指导和照应。

　　匆此

祝健！并问候全家好！

贾植芳

1982 年 1 月 15 日上海

19820225

梅志兄：

　　今天收到来信，因为公务忙乱，好久没有写信，收到李辉去看过您们后的来信，得悉风兄已能提笔写信，我们很为高兴。为此，耿庸约我们到他家痛饮了三杯，以示祝贺。我在他家看了风兄的亲笔信和您的两封信，风兄文笔仍健，足见思路清楚，精神正常，可喜可祝。

您说，胡先生文集已决定印行，这不能不说是我们的文艺事业的一大进步现象，也是顺人心的一种表现。好在风兄已恢复正常，就请他亲自过问，因自选目到定稿，都要郑重进行。他能自己写个序文最好不过了。因为通过它可以向社会和人民说明许多内容，多年来的反面宣传，流毒还是有待肃清的。如果他精力不够，也应写个概括性的后记才好；应该趁文集出版机会，尽多收录一些篇目。文集所收各文，最好都加个"题解"或必要的注文，由您代行为上。这有利于中外读者，尤其我国的中青年两代。对于胡先生的文艺思想和事业贡献，他们多年来都被蒙在鼓里，闭目塞听，这种人工造成的不正常的历史现象，令人可气可笑。因此，多加注文，也是一种拨乱反正的需要和措施。

所需抄录的三篇文章（《文艺笔谈》《文学》《解放日报》），我日内从系内借出，由桂英抄好寄上。这里还有一册《文学与生活》(生活书店出版，属于《青年自学丛书》)，自三十年代出版后，好像并未重印过；《文集》内如收录，可以在此间复制寄去。《申报·自由谈》复印本，我们这里也有，我已让桂英查胡先生文章，顺便也叫她抄下来。如还要查抄其他报刊文章，也请示知。

前几天，我们这里的陈鸣树同志（他是李何林先生的研究生，近期提升为副教授）来访，说是上海文艺出版社委托他和他那里的一个党员编辑（叫沈仍福，我也相识），编个《胡风著译系年》，我认为这事很有意义和必要。先由第三者编这份材料印行，作为将来编《胡风年谱》的一种准备工作；而且按目前形势，先由别人出面才好。我说了，我可以帮助他们进行，必要时我再介绍陈和您通讯联系。此君为李何林得意门生，我 1978 年进京看见何林同志时，他特为我提及，人颇老实，"文革"前他和王元化同过事。他此次提升副教授，学校叫我给他写个鉴定，我把他吹捧了一通。

在《文集》最后一卷，可编个《胡风著译书目》附后（还应附有胡先生近照，生活照、字迹、签名、著译初版封面等）。

您托上海作协魏绍昌复制的那批材料，我因为好久没碰到过他，不知进行如何。如仍需请他复制，我再托他。他此前来信说，那些杂志，都是他个人的存书。我与他有些工作上的交往，王戎也与他相熟，他总是乐意帮忙的。他此前来信说，交给他的那几首胡先生的有关红楼梦人物的诗，已交付于天津出的《红楼梦学刊》，本年春季当可印出。届时，他会给您把书寄来。

我本学期招了三名比较文学研究生（两名出国），还有两个进修生。这是一门新课，需要花时间看书查资料，加上各样的杂事，所以非常忙乱，整天应接不暇，没有自己的时间，实在苦恼，这也是好久没有给您写信的原因。

这个期间有些变化：

一、上海公安局为中央文件加给我的那个尾巴，在年前来家为我平反。是张竹均等二位同志来的，他交给我一张上海公安局的决定书。先说了一大堆话，说关于这个问题，中央宣传部、文化部、公安部、文联，还有周扬、夏衍同志以及上海的领导都很关心；他为此也跑了两次，才算解决。但这个决定书也写得吞吞吐吐，并不真正的实事求是，而且只字不提中央文件，由上海公安局承担责任。因此，我还有自己的看法，预备还要给胡耀邦主席写信说明情况。另外，北京语言学院编的《中国文学家辞典》，为我写了个材料（我已看过校样），关于这段历史情况，我在那里做了一些说明，他们已付印。这也是自己为自己平反的一个方式（公安局的决定书附寄一份给您）。

中国作家协会前月来信通知我，说是第六次主席团会议决定恢复我的会籍。最近又来信，要我填写文学活动计划。我填了这个表，说起我的书籍文稿55年被查抄一空，希望他们帮忙解决。

桂英的户口已在年前由上海市委夏征农同志批准了。说是"情况特殊，应予照顾"（上次批的是"按政策办"）。现在就等宝山县通知办理，这事好不容易，全是学校的鼎力支持，才算办妥了。桂英现在跟政治系学生上日文课，户口办妥了，再请学校给她找个小事做，就算大致就绪了。

李辉同学到京工作，我要他去看过您们。他是湖北人，为人聪慧，好学，也写过些文章。他首次进京，人还干练年轻，如有要跑腿的事情，就着他相帮，也希望您和胡先生对他多加教育帮助，他也还上进好学。

信写到这里停了笔，我到学校走一趟，已找到《文学》上那篇《秋田雨雀访问记》①，晚上由桂英抄好。我找着了1950年9—10月份《解放日

① 当指胡风的文章《秋田雨雀印象记》（参见收入本书的贾植芳致梅志信，19820227、19840705）。该文最初发表于《文学》1卷2期，1933年；后收入《胡风全集》(2)，湖北人民出版社1999年。

报》，未发现您说的那篇写劳模的报告文学，想或记错了时间，再查找看看。只找到另一篇文章，题名为《用文化的力量粉碎侵略战争的阴谋》（《解放日报》，1950 年 10 月 8 号第 6 版）。

附寄去六张照片，有胡先生的四张放大照，上海的那些照片我此间托新闻系的一个研究生代洗。他因忙于写毕业论文，耽搁了下来，俟洗出后，当再寄上。另两张照片，一张是去年暑假方然儿子钱家栋来沪时合照的。他现在杭州大学历史系学习，与我有通讯关系，也正在赶写毕业论文。一张是我的侄女贾晓林夫妇春节来沪和我们一家人在虹口公园鲁迅像前照的。这个姑娘就是 50 年代跟我们一起过活的那个小女孩，今年已经 37 岁了才结婚。现在北京经济学院做助教，教英文。

我过年前在军医大学做了一次彻底的身体检查，据医生说，内脏一切正常，无异状，只是有气管炎毛病，说是"花钱买下的病"——吸烟所致，他劝我戒烟，但是工作这么繁杂，没烟这个旅伴实在不行，听说路翎兄烟酒戒绝，非常敬佩，愿意努力向他看齐才好。

匆此不一，即颂
健安！问候风兄及全家好！京中诸友并请致意。

任敏、桂英附笔问候。

芳

1982 年 2 月 25 日夜中

19820227

梅志兄：

大前日寄来一信，并附去《秋田雨雀印象记》一文抄件。想该收阅，现在又寄去录自《文艺笔谈》初版本的《从〈田园交响乐〉看纪德》一文抄件，请鉴收。胡先生此文写于 1935 年 10 月。那时正是纪德出版了《拥护文化》[①]宣

---

①1935 年 6 月 21—25 日，纪德在第一届国际保卫文化大会上致开幕词并主持会议（参见《安德烈·纪德年表》，收入《纪德文集》，徐和瑾、马振骋等译，译林出版社 2001 年）。其讲话的中译本曾以《拥护文化》为题发表于《时事类编》第 3 卷第 17 期，1935 年 10 月，译者署名高璘度。胡风在《从〈田园交响乐〉看纪德》中提到了《拥护文化》，胡风的这篇文章已收入《胡风全集》(2)，湖北人民出版社 1999 年。

告了自己新方向，转向社会主义，赞美苏联。因而被世界进步文化界所颂扬的时候。但这之后，就在翌年，他访问了苏联，在从那里回国后，却出版了《苏联归来》这本反苏作品，又被资产阶级阵营大肆宣扬，中国的反动文人也竞译这本书，作为反苏反共的工具，他又被世界的反动派弘扬了一番。而在希特勒侵占法国后，听说他又不像罗曼·罗兰那样的坚贞不屈，甚至很不名誉。——这些都是我记忆中的东西，属于印象一类，说的或不很确切。但《文集》收胡先生此文，拟需要由他自己或您作为编者，在文后新写个《附记》或加条注文说明一下情况较好，以免坏人趁机生事。如果认为有此必要，可就近托绿原兄。他们在京查一下新近出版的《外国作家人名辞典》之类的工具书有关 Andre Gide 条目，弄清真实情况才好。

耿庸兄处转来路翎兄的《战争，为了和平》中的第九章，他拟了一个题目《巍峨的感情》，我已转到南京的《钟山》。那里的负责人叫丁芒，是个解放军的诗人，与我尚友善，希望能在这个刊物上刊出。翎兄久不在南京生活，那里的知识界会关怀他。如果能刊出，也是一个有意义的事情，情况如何，容得到他的复信后再告。

您们要置的冰箱和录音机，我已写信给我大侄女贾晓林夫妇代办（他们都是七机部的工程师），不知时行如何，在念。我叫他们有眉目后，去看您或晓风商洽，不知去了没有？如还未去，我再写信，他们也很忙，常常到外地出差，办起事来可能有些拖沓。

昨日陈鸣树同志又来看我，他和上海文艺出版社那个编辑合编的《胡风著译系年目录》已正式动手。必要时，我再函介陈和您通讯，他说待他们定稿后，当寄一份，请胡先生和您审阅。

匆此

祝健！并问候一家人好！

任敏、桂英附笔问候。

植芳
1982 年 2 月 27 日

19820228

梅志兄：

近日已发二挂号信，并各附有风兄的文章抄件，想当次第收到。

曹白的《呼吸》，前天桂英从上海图书馆借回，那是 1943 年 3 月桂林星原书屋初版本。现由桂英抄出胡先生所写的《新序》，经我校对后，随函奉上此文，如能收入《文集》才好。

接到前信后，我也写过一信给曹白，今日得到他的回信。他说，"此书再版，我是觉得没意义的，但老胡极力主张再版，为了友情，我只得同意了。"这是他的谦虚，也是对友情的怀念和感激之词。我大略翻阅了一遍，觉得从各方面说——无论政治的历史的，现实的或更是从艺术和文学水平上说，此书都应该再版，甚至争取两版，人民文学既然愿意承印，那真是阿弥陀佛，再好不过了。

这本印本是土纸本，复制困难，而且属于海内孤本之例，图书馆也不答应用它复制。我想有空去看看他或请他来复旦一叙，把书交给他找人抄写。

匆此

祝健！并问候风兄及全家好！

任敏、桂英附笔问候。

贾植芳

1982 年 2 月 28 日

19820313

梅志兄：

今晨收到您和晓风的信，以及《儿童文学》，得悉风兄病体大有进步，可以和朋友聊天。我们都有欣慰。现趁王戎兄进京之便，给您们带去一些上海吃食，尤其风兄喜欢吃的上海酥糖。

曹白兄已来过两次，《呼吸》他还来了，说是先请支部书记看了三天。书记说，这写的是过去的事了，出版没有啥意思。我认为这种官话毫无意义，还是劝他整理整理出版，并且最好采集一些抗战前的旧作，能加些新作更好，使内容更丰盛一些。他答应了我的要求，但是他又说，现在写不出什么东西来了，除非老胡编杂志，才写云云。那天任敏为顾征南女儿的婚事出去奔走去了，我们两个喝了两盅酒。他说，没有人抄，要我找人。第二天，我着桂英找学校图书馆管复制的同志想办法，他仍已答应代为复制。这个土纸本恐怕复制得不会清楚。我想等复制好了再交给他，由他去修改和增补不清楚的地方。这样，虽然花了几个钱，却是省事省时。

你们买录音机的事，不知进行如何。我已写信给李辉，要他去找晓林进行。李辉年轻好学，也能写写译译，请您和胡先生对他多加教育帮助，有些难事，就请他跑跑腿。

我近接北京文研所通知，上海三个单位编的郭沫若材料，由我和他们的两个干部组成责任编委，在上海审稿。所以又要为这些额外负担忙一阵子。时间就这样七搭八搭地过去了，实在没有法子。

陈鸣树等两同志的著译系年已在动手，晓风信上说，上海师院也有人编，就叫他们各编各的吧。能多出几种最好。

匆此

祝健！

我们全家三口问候胡先生和晓风姊妹好！

力
1982 年 3 月 13 日夜

附去我和卢鸿基兄全照一张

又《解放日报》文，既然记得是 51 年 3、4 月的事，那在此查了再说。这里只是举手之劳，省得在京辗转，去找麻烦。

19820410

梅志兄：

刊物"丑小鸭"①及来信均收阅。王戎回沪，绿原兄又来沪，畅叙之下，得悉您们全家近况，不胜欣快。尤其是风兄健康情况比在沪上时大有进步，可以正常地工作和生活。这情况真使人喜出望外，视为一大胜利。只是他已上了年纪，已是久病之后，万不可过于劳累，工作时间切不可过长，要适可而止，注意休息和营养。您和晓风姊妹要多加劝阻、多加照护。

风兄为青年诗人改文和写评论的事②，早有所闻（他在成都写信时也提过），现在才看到文章，令人十分感动。而那青年诗人为此而写的那篇文章，也是一篇难得的好文，真是情文并茂。只可惜编者对风兄原信做了些删节，是美中不足，令人不快。

曹白兄我们碰过几次头，我在上图借到一本43年桂林版《呼吸》，已代为复制好了，他也做了校改。经过炳中兄的努力，上海出版当局已批准由文艺出版社印行，并将编辑任务交给该社编辑王聿祥负责。王是我的学生（54年毕业，55年受到冲击，被定为所谓"影响分子"），他奉命后已找过曹白，并由他找到一本38年上海海燕版，我请他再细校一遍。初版内有一篇文章（说是记述谭震林的），桂林版未收，他已征得曹白同意，代为抄录收入。这样，这本书就更加恢复了旧观了。曹白兄说，《呼吸》要保持原状印出，他战前写的那些文章（我已代他找到《中流》上的几篇），

① 当指中国社会科学院《自学》杂志社主办、青年文学月刊《丑小鸭》，1982年1月创刊于北京，严文井任名誉主编。

② 1979年夏天，诗人雷抒雁写了一首悼念张志新烈士的诗作《小草在歌唱》，发表于《诗刊》8月号，旋即引起轰动。胡风在读到诗作后，非常激动，化名"宴敖"给《诗刊》及雷抒雁去信（两年后雷抒雁才读到此信），表示赞赏，并提供了一些修改意见。在致雷抒雁的信中，胡风这样说："把这些感应寄给编辑部和你，决不是修改什么缺点，而是请你看看在一个读者的感情上引起些什么反映。如有一两点可供参考，那写信者就可以大减轻狂妄的责任了。"参见胡风：《读雷抒雁诗〈小草在歌唱〉随感》，最初发表于《丑小鸭》1982年第2期，后收入《胡风全集》(7)；及雷抒雁：《感谢胡风同志帮我改诗歌》，收入《雷抒雁散文随笔》，作家出版社2002年。

想再写出新的，拟在 1985 年再印一本。这个使《呼吸》原封不动地印出的意思，使我很受感动。我和他虽然结交不多，但他实在是个真实的人，他第一次在我家和我喝酒（他也能喝几杯），我劝他还要多写，他却说："胡风编杂志我就写。"他是很珍惜友情的，也是尊敬历史的，这在世风浇漓的今日，更是难能可贵。王聿祥说，争取能在年内发排，但出书恐怕到明年了。

上海新华社为对外宣传，写了我的一份采访稿。他们发出后我才看到稿子，文字上有些出入，由桂英抄了一份，寄您们一阅。

孙钿兄处收有我和炳中的那两本书，希望能寄来，我不知道他的住处，无法写信。不过他说的什么历史书，我却记不得是什么书了，反正我过去的书已无存余，找到一本也好。

上海师院的吴晓明同志，也就是晓风信上说的那位在编"胡风著译系年"的青年人，前曾给我来过一信，预备把稿子送来。他也听说上海另有人编这类书的事（他听说我在主持，其实是李何林先生的高足陈鸣树，受文艺出版社之托和那里的一个编辑合编，陈在这里教鲁迅研究，最近才提升为副教授，出过些有关鲁迅研究的书和文章），想合伙来编。我看还是各编各的，各有千秋，扩大些影响为好。我已函复他，请他来一晤。陈鸣树编的那本，已在动手，我把日本人的一些资料提供给他作为参考。又据日本资料所载，风兄的那位去年来过信的旧友本多秋五先生，曾在日本《读卖新闻》的昭和三十三年（即 1958 年）一月一日这一天，发表过一篇题为《周扬氏与胡风问题》的文章，如果他还继续有通讯关系，不妨请他复印一份寄来参阅。

路翎兄的长篇小说第九章，炳中起了个题名，我前寄南京《钟山》，他们说，他们以发表中篇为主，不登长篇选载。我又寄到贵州的一个大型刊物《创作》，那里有一个同学管事，想来有些希望。

我整天都忙忙碌碌，一天下来，又觉得十分空虚。但总还想挣扎一下，写点回忆之类的东西留在世上，不辜负在这个人间白白辛苦一生。

绿原兄回京时，托他带去您们去年来沪照片数张（放大的）。又带了些小号的，分送京中牛汉、路翎诸兄，想该都收到了。李辉来过几封信，他工作定了。我就放心了。请风兄和您对他多加教诲。

匆此

祝健！问候风兄和全家好。

任敏、桂英附笔问候。

芳
1982 年 4 月 10 日

19820520

梅志兄：

　　来信收悉。看到风兄的近照，照得很好。这不只是新华社记者技术高明，而是他的精神状态，比去年在上海或初回北京时期大不一样了，更正常了。这从他面部的神态可以更清晰地看出来。昨晚在炳中兄处，看到您寄他的那一张，尤其逼真、真实，更可以看出他已完全恢复正常的身体状况。我们家里人和在沪的朋友都为他的健康转向常态，额手相庆。

　　您要的那些报刊材料，当设法一一找到。《工作与学习丛刊》共四本，上图有收藏，只是您说的香港《光明日报》，似为《华商报》之误。据我的记忆，因为《光明日报》，似乎在解放后才在北京创刊，香港当时并无这个名称的报纸，只有查后再说。这个时期的香港报刊，上海查之不易，因为 40 年代时期，上海是日寇占领区，而在 48 年以后，因为迫近解放，香港进步报纸进入上海不易。如果上海查不出，我再托广州中山大学查，那里或可查出。

　　茅盾在香港编的《笔谈》共出 7 期，上海书店有复制本。今天已着桂英去中文系取回。他抄录一份胡先生在该报各期所发表的文章题名，现随函奉上。请晓风查对一下，凡是没有收入过他的文集的文章，请把目录寄回，再着桂英抄录。另外，我们这里的工作同志，在她们查阅旧报刊的工作中，也随手记下一些所见到的胡先生文章题名。由任敏专册记录下来，现也由桂英随手抄出。凡是不见于他过去所印各种文集的题目，也请抄出寄回，再按图索骥地查抄原文。

　　我们希望这次出他的文集，内容务必要全一些，多一些，还应包括他早期的一些文章。日本人（如近藤龙哉①）写的研究他、为他辩护的文章，很注意

---

　　①近藤龙哉，日本女子大学文学部教授，主要著述有《胡风研究札记》《〈文学杂志〉与〈文艺月报〉》《"文艺讲话"在重庆的传播与胡风》《胡风与矢崎弹——以中日战争爆发前夕的杂志〈星座〉的尝试为主》。

198

这个历史的材料(文章)。除去年任敏她们抄给您的那两篇外,我近来又发现1922年他在《北京晨报》副刊写的一篇题名为《杂感三则》的杂文(用本名张光人),当着桂英得便去上图抄回。

炳中、满子二人今日将离沪南行。昨晚在炳中家,大家喝了一通酒。炳中本来约曹白来,他儿子电话说,他父亲滞京未归,所以不能来。他们夫妇去京我事先不知道。前好些日子,约我们全家和炳中兄在他家便饭,这以后再未谋面。昨听炳中说,文艺出版的头目竟然要把风兄为《呼吸》写的《小引》或《序文》抽出去,实在令人愤怒。真是岂有此理,这事必经力争,不能由他胡作非为。曹白兄为《呼吸》新版写的序文或后记,如能在北京见报才好。这也是给丁某之类的人一点颜色。《人民日报》如有困难,就先《光明》刊出也好。记得50年代,新文艺出版社把风兄为《生死场》写的《后记》砍掉,现在新印的《生死场》不是恢复了吗?这样可悲可笑的历史趣剧,还是不要再演了。我们俱愿当政诸公开明些,不要再和中央的英明措施横生枝节了。

王元化兄前周曾来复旦中文系为师生做过一次讲演。这是二十多年来他第一次来我家做客。去年冬天我们曾应邀去他家喝酒,大家又不时有所接触,费明君家属的善后落实政策事,他曾大力帮了忙,我很感激他。您家买录音机事,我已函李辉具体办理,取货交款,就请他和阎绪德办理接洽,他在学校时就认识绪德和晓林。

匆此。

祝全家好!

任敏、桂英附笔。

芳

1982年5月20日

又,路翎兄那本长篇之一章。我已送贵州大学刊物《创作》,他们已决定在第三期刊出,4月发稿。那一个管事的是复旦的一个同学。

19820826

梅志兄：

　　来字及稿子均早收读，风兄的文章我已转寄《艺谭》，请他们排在今年的第四期内。杂志比文学报流通的范围要广些，而且这个文学报的名声不好，世人称之为"棍子报"，以少沾惹为佳。

　　我近接山西作协请柬，那里要我去开赵树理讨论会，这是我的职业要求，同时也想回老家看看，所以决定日内动身去太原。在那大约有一个礼拜的停留。在返沪途中，我拟再路经北京，借此去看您们和京中的朋友，那时再面叙一切。

　　祝健！

并问候风兄和全家好！

　　任敏附笔

力

1982 年 8 月 26 日

19820910

梅志兄：

　　我已于昨日（9 日）上午乘机安吉返沪，离京前一日，本拟再去您们那里走走，终因杂事所累不果，我已嘱凯林（就是那天引我去您家的我那个侄女）代为电告，这次在京逗留时间短促。但总算看了您们的新居，尤其是看到风兄身体健朗，精神完全恢复，真是令人高兴之至。我回来后和任敏说及，她也非常兴奋，看成一件大喜事。

　　回来后看《艺谭》的李平来信。他对风兄《悼萧红》文中，提出两点疑问，第一点"悄吟"，想是抄错了；第二点，我还不能记清楚，兹随信附上他的原信，请您阅后把情况告我。我再转告他，或由您直接答复他，争取这篇文章在本年四季度能和读者见面。

　　学校已开学，事情堆了许多，看样子还得忙上年把，我才能腾出来自己做些该做的事。今日下午王戎在我这里喝酒，我们准备下礼拜内进市看看曹白、耿庸他们。据任敏说，在我离沪期间，《呼吸》的责任编辑王聿祥曾来过家里，他说该书稿已上达到丁景唐那里，还无消息。看样子，还待打通关节，才能得到早点发排和出书的可能。对这些"出版官"，真奈何他们不得，还得讲些"斗争哲学"才成。匆此不一

　　并祝
健好！问候风兄及全家好！任敏、贾英附笔请安。

芳
1982 年 9 月 10 日夜

19821112

梅志兄：
　　回沪后曾写一信。曾卓兄前不久来沪。我们大家欢聚了两天，也从他那得悉您们的一些近况。前几天，老耿来信说，您给西海有信并附来风兄一文，听了很高兴。他可以连续做文，说明身体和精神都有进步。曹白兄前两周约我们去他家里吃饭，我又碰到《呼吸》的责任编辑（我的一个学生）。据说，稿将发排，保留了风的序文。他接受了我的意见，在书前加入了一张曹白照相和一页手迹，他们那里已经通过了，但出书恐怕要到明年了。守梅的那本《第一击》，福建出版社已来信催稿，只等老耿的序了。原书早已复制好（其中请人抄了一部分）。今天接到南京江苏人民出版社来讯，要路翎兄的地址，我已抄去了。前一个月他们来了两个编辑，问讯"嘉陵江传奇"的出处？因为 6 月间我在厦门曾和该社负责人谈过，建议他们出版这个未印行过的中篇小说，看来他们有了意思，但愿也能如愿出版，是人民和时代公正的评价。这些朋友的劳绩，把颠倒了的历史再颠倒过来。我想这也是我们身临暮年的一种责任。翎兄那篇小说，贵州的《创作》本年第三期已登了，题目是老耿加的。文前的那段文章原是老耿写的，现在用编者名义印出。不知您们见到书否？
　　我这里有三个研究生，一个进修生，再加一些杂事。总是忙来忙去，静不下来，也就写不出来。前年住在小楼上，写了两篇触景生情的小文。《羊城晚报》的驻沪记者要去，据说登出一篇（一篇未登的题目为《屋檐下的花》），我着桂英到学校找了两张，现寄上一张，请您们一阅。那本旧

译《契诃夫手记》，已在浙江出书，日内当寄上几本，送至您们和京中的朋友们，也算个纪念。卢鸿基上周来沪看画展，留下赠您们的海南岛大海螺一只，等有便人进京，再带去。

我本来选好在十二月去广西大学讲课，因为近得信明年 3 月要去桂林开会，就准备那时再去，先到桂林后去南宁，日下就不去了。

我们这里的一位教师（李何林先生的研究生），前些日子送我一部《胡风著译系年目录》（编者是上海鲁迅纪念馆的两个老工作人员），虽然也收集了不少条目，但仍然很不够。甚至解放后的报刊文章都未收全，二十年代的更未见收，还有不少是登在《时事类编》上的、有关日本政治经济论文的译文条目，我过去未注意及此，不知是否是风兄译的？不能确定。我想必要时，还是请他们把稿子寄到北京。好在风兄精神好了，可请晓风和晓山和他核对一下，这样的书，应该十分郑重才好。

任敏前些日子发现右臂发麻。经医生诊视，发现是高血压所致，检查眼睛的结果，也发现一般性的动脉硬化的现象。经过两周的服药治疗和生活饮食上的改革，血压算降下去了。我们两个人从来不生病（除过头脑热、伤风咳嗽），是些医盲，发现了这些病况，不免有些手忙脚乱，庸人自扰。但这种精神状态现在成为过去了，但由此使我想到，我们到底老了，身体饮食和休息不能漫不经心了。同时还要赶紧做点事才行，而在过去的二十五年里，我们都处在冬眠状态，在噩梦中度过了。我这里带的研究生，一个已在八月份赴美，年底还走一个，明年再走一个。因此，我就可以有些时间做些事了。

王戎兄因为家庭纠纷（和他同住的一对侄儿媳），现住在南通，大概要住一个时期，那里清闲，或许可以写点什么出来。桂英的工作，学校答应在学校范围内考虑，但要落实，可能还要下功夫。

祝您们阖家安吉！

并问候北京的友人们好！

芳 敏

1982 年 11 月 12 日

19821126

梅志兄：

前信发出后，得到来信，昨又接路翎兄信。得悉本月 16 日是风兄八十大庆，京诸友曾欢聚相庆，可惜我们身处外地，不能亲逢其间，实在遗憾。在此，遥祝风兄健康长寿！

路兄连续来了两信，情绪不佳，陷于悲观，我们感到很难过。这样一个生龙活虎的人，给践踏成这副样子，真是令人发指！他说，很少出门，弄不清公共汽车号码，越是独处，越会感到世界狭小，旧的创伤越会时时侵扰。我们希望他能出来走走，换换环境。您们可以劝劝他，是否能来上海少住一些时候？也希望京中诸友能多照看他一些，时常去他那里走走，或把他在那个洞穴一样的地方拖出来玩玩，这样对他精神上的恢复健康当大有裨益。如愿来上海，请能结伴同行。我们在车站或机杨相接，就住在我们这里，倒也安静。我们上海这几个人，倒常常在一块相聚，所以精神上不寂寞。大家劫后余生，倍感到生命和友情的可贵。翎兄信说，江苏人民出版社已去信和他联系，愿意出他的小说集，望他能加紧编一下，收的不妨多一些。他力气不够，是否请牛汉兄和晓风帮帮忙，早日编出。我上次和耿庸兄谈起，上海北京我们出版发表都关卡林立，应该"上山下乡"，在别处找立脚之地，能印出来就行。翎兄的书先去外地印印，这并不妨碍再在北京上海出版。现在编文集成风，大家都讲"实惠"和"现实主义"。这个风，不妨赶一赶，能印就印。

我的旧译《契诃夫手记》已在浙江印出，我又据英文本做了些改动，再由一个研究生用俄文补译了一些材料，又弄成一本新书。现寄上七册，请晓风、晓山便中分送京中诸难兄：路翎、牛汉、绿原、谢韬、徐放、鲁煤诸兄，后三位我虽然素昧平生，但我都以故交相看。大家都是九死一生的幸存者，本是同根生。

风兄那篇读后记，我已给南京《江海学刊》的负责人姚君打过招呼，他表示欢迎，请把稿子直接寄他们：南京市虎踞关 21 号，《江海学刊》编辑部曹明（他是责任编辑，也与耿庸相知）。

我上次进京拿回来的 4 篇日语研究风兄论文现随函奉上，其中两篇

203

（中屋敷宏的《胡风文艺理论的形成过程》和森田正已的《关于胡风的初期作品》），我想先教学生译出一篇，请风兄便中能瞄一下，看选哪篇合适？我这里结合研究生教学，在编辑一本《国外论中国现代文学与作家》，已收集了些稿子，拟交福建人民出版社，想收一篇研究风兄的外国论文，但苦于材料得来不易。虽然付了些外汇，但原文书进出口图书公司卡得太紧，我去年开了些书目（教学用），现在还无下文。

任敏前些日子发高血压症状和动脉硬化情况，我们忙乱了一阵子。现在经过服药治疗，血压已下降近乎正常。她多年在乡间一人生活，在孤寂中，跟农村夫妇学会剪纸花，来打发劳动之余的光阴。她捡出几幅剪纸寿字，随函附上，为风兄祝寿，其中有些是新剪的。

孙钿兄前两个月来过上海，只可惜他那天来我家里，我们适在学校里，家里没人。他留下一个纸条走了，也没留下住处。我们托上海各方四处打听，都没结果。相会失之交臂，真是遗憾。后来得来讯，才知道他翌日就走了。他正在为彭燕郊主编的外国诗歌丛书译一本日本现代诗集，我这里替他借了些材料寄出，他说寒假可能来沪小游，我们就等这一天了。

祝健！并问候风兄和全家好！

任敏、桂英附笔，桂英工作，学校正在安排，就在学校内。

芳

1982 年 11 月 26 日

19821202

梅志兄：

前寄一信并附去《契诃夫手记》数本和日文论胡公的四篇复制文，想已收到。昨日接耿兄信，他要我通知您，说是《文汇月刊》来通知，欢迎刊登胡公那篇读后记的文章。他认为这个刊物比《江海学刊》影响大些，那是个专门性的学术刊物，印数只有八千份（这是一般学术理论性刊物的一般发行量）。因此，如果稿子还没有寄给《江海学刊》，那就寄给我们，转给《文汇月刊》。它们每月一本，出的比这《江海》快些，那是双月刊。

我这些日子挺忙，要为招考研究生出试题，还要写标准答案，每年都有这个过程。任敏的血压已有下降，吃些药，在生活饮食上注意一些，也就行了。每想到岁月不饶人，就觉得可做的事情太多了。

又，您们的高邻冯牧同志本年十月在武汉教育部召开的当代文学会议上有一个讲话稿，内容十分"丰富"，尤其关于风兄，有大段文章，待耿兄做了摘录后，就您们"立此存照"。

又，您们寓所室门牌号数是 24 楼 2 门 5 号，还是 24 楼 205 号，上次寄书是照您来信，信皮上写的是（205 号）。

问候全家好！

芳

1982 年 12 月 2 日

19821217

梅志兄：

前挂号寄上一信，及我译的《契诃夫手记》数册，想该收到，久未得来信，在念。

我们这里的一些中年教师编印一套《中国现代文论选》，已出版一册，那上面选用了风兄的数篇文章，也有一些释解，他们送来二册。兹寄上一册，给您们翻翻。现在高等院校文科都在编这类书，以适应文科教材建设的需要，这里良莠不一，却挺热闹。

安徽《艺谭》前几天来人，据李平同志说，风兄那篇文章已编在明年第一期上（该刊从明年起改为双月刊），说是其中关于称香港为殖民地一语，他们按照现状有些改动，并说已去函和您直接商量。南京《江海学刊》又来信催问风兄那篇文章，庸兄说，此间《文汇月刊》也欢迎刊用。记得为此曾去信商量，不知如何决定。我看，如能发表，还是尽先发表为好，社会自有公论。

我仍然挺忙乱，任敏的高血压经过服药治疗（现仍在继续服用天麻片）和生活上的调剂，已然降下去了，不必远念。

祝健！并问候风兄和全家安康！

任敏贾英附候。

芳

1982 年 12 月 17 日

19821222

梅志兄：

十二月十七日来信收到，这之前写给您一信，并附寄去这里编的一本《中国现代文论选》（第一册），今天又收到寄来的《鲁迅研究动态》。这本杂志，他们按期寄我，但这期还未到。我随手翻读了风兄这篇文章①，觉得写得很好，是一件必须举证的史实的铁证。用事实朴素画出了某人的嘴脸和人品，也是对现在倡导的"精神文明"的一个贡献。记得1977年此公也在《人民日报》上写过同类性质的文章（题目是《鲁迅研究浅见》载1977年10月19日第三版），那是专为教育青年人写的，内容就更加"丰富"，《人民日报》比《新文学史料》，影响不可相比。此文当时也引起国外注意和反响。因此我认为，风兄这篇文章没提这一篇妙文（或"宏论"）未免可惜，或能在您们的帮助下再写一篇更好。又，文中提到的《工作与学习丛刊》第四本，题名应该是《黎明》，不是《街景》，上海图书馆有收藏。

前两天，我接到北京语言学研究所通知，要我下月中旬到京开会，要连开两个会。一个是中国现代文学思潮和流派讨论会，一个是为吉林大学编的一部书，开定稿会。我想趁机进京走走也好。任敏有二十多年没去过北京，也可一起去走走。看看您们和京中友人，反正她多花几个路费就行了。如果去京，下月14日左右可成行，会议是从17日开始，大概牛汉兄也会参加这个会，到时会碰头的。

转给耿兄的杂志明日交他，满子兄昨有一通知，约我们明天下午到他家圣诞节喝酒。我们上海滩的几个人，常常在一块相玩，破除彼此的寂寞，使彼此的生活在多些人间的温暖和慰藉。

那么，就是京中见面了。

祝健！并问候风兄和全家安吉

　　任敏附笔问好！

芳

1982年12月22日

---

① 当指胡风文章《若干更正和说明》，初刊于《鲁迅研究动态》1982年第6期，后收入《胡风晚年作品选》及《胡风全集》(7)。

1983 年

19830115

梅志兄:

　　来信收到。我们本来决定十五日进京。因文研所事前告知十七日开会，但一直未接到他们的正式通知，所以迟迟不能动身。也许会期有了变动。那就只有什么时候来通知，什么时候再走了。如果我们进京，晓风不必接站，文研所会派人接，我那个侄女也会来站相接。

　　卢鸿基兄年前从他的故乡来沪，留下一个海螺，赠送您们以为纪念。现趁李辉返京之便，托他带给您们。

　　问候

全家都好!

芳

1983 年 1 月 15 日

19830116

梅志兄：

　　前信写就，趁李辉还未走，再说两句。友人送来的一些糯米粉，是做汤团用的，北京恐怕很少这类东西，寻思顺便给您们带上一包，弄点汤团吃，也算是一种对上海生活的怀念吧。

　　您们的高邻冯牧同志在武汉华中师院的那次有名的讲话（给高等学校编写中国当代文学史教材的教师讲的），那里寄来两份，也随手带上一份。请您们看看。冯先生这次定调性的讲话，有其重要性，因此，值得一阅。

　　我们如果近期不去北京，准备本月23日赴杭参加朱声①兄的追悼会，耿兄、满兄同行，追悼会定在25日举行，杭州两报都不愿发消息，《江南》或可出一专辑。

　　此信写好，接到了文研所报，我正在办手续，不日即可到京。

祝好！

芳

1983 年 1 月 16 日

19830223

梅志兄：

　　新年虽然过去了，还是向您们拜个晚年吧。我们于七日离京，八日安全返沪。在京时因水土不服，生了小病，回来后，过了两天也就自然痊愈了。大年夜，我们约上海诸友来家吃年夜饭，除把您们带给耿兄诸人的北京土特产给他们外，您们赠的烤鸭、名酒、洋烟等，大家共享了一番，也算您们参加了我们上海的欢聚了。席间我们举杯共祝您和风兄健康长寿，祝您们合家吉祥如意，新春欢乐！

　　在京所嘱各事，已一一照办。翎兄的那几篇稿子（即长篇的几章），

---

①　朱声（1919—1966），诗人，曾任《呼吸》主编，后曾在浙江省委统战部工作，笔名方然。

据耿兄说，是牛汉交给上海《萌芽》的某某的，这是一个造反起家的小白相人，也是个追名逐利之徒，不是个东西。我要耿兄不要再轻信他的花言巧语，还是早日把稿子追回来，实在不见效，再给他的上司哈华打交道。我们因为轻信人，吃了好大亏了，不能再重蹈覆辙了。

回沪后得悉朱声兄追悼会的详况，所有追悼会的唁电唁诗，以及黄源悼词的材料，已由朱声、冀汸两兄的一个学生高文塚带回（现在上海《世界经济导报》做记者，我赴京前请他早日去杭，帮助方然儿子料理一切，他不负所托）。今着桂英将黄源悼词和诸方挽联抄寄一份，随函附上，请您们及京诸友一阅，并留念。

晓山翻译的那本《美国农业概况》，内容提要我已给贵州人民出版社写信推荐，并请他们直接和晓山联系。如那里不行，我再向福建、江苏、浙江或我们山西的人民出版社联系。前述的那位高文塚同志颇想请晓山给他们的《世界经济导报》写些有关国外农业经济的介绍文章，我已请他和晓山联系，他们是同代人，会有共同语言的。

李正廉兄的通讯地址，他的前妻张德玉去年来信时留的，如下："四川省自贡市邓关四川化工学院基础部外语研究室"，最好先去信联系一下，得到回信后，再寄稿子，这么比较保险。据他的前妻说，他在那里也很不适合，他靠英语吃饭也很吃力，颇想调动调动，找个比较对口的职业。但因为他的工资在地方上显得过高，接受单位一时找不到，那地方愿意出这个数目工资的单位不多，甚至罕有故也。

王戎兄没回来过年。元化已先我回沪，正月初一，我们应邀到尚丁家吃饭，曾和他相遇，据说他将出任上海宣传部副部长和上海文联第一把手，要搬房子了。梅林我去拜过年。（我们很少走到那一带），我们每年都给他去拜年，今年他的健康大有起色，口齿也较去年清楚，这使我们感到高兴。他知我新从北京回来，很关心地问到您们近况，也很喜悦。

风兄的那篇稿子，我已交给耿兄，听说《人民日报》已经发表了。但我没见到，我的意思，如果文后的那首诗没发表，就请他转给梅兄，加个题目把诗发一下。他说，要和您直接写信，想已写去了。守梅兄的《第一击》稿子已整理好了，耿兄上次给我看了他写的后记，我的意思，请他打印几份多请朋友们看看提些意见，关于守梅兄的历史的叙述措词一定要合宜，使之无懈可击（我看他写得可以）。据说，承印的福建人民出版社已在催稿，希望能早日出书。

我们回来后，忙于过年，加上学校的一些杂事，所以顾不上写信。等过几天清闲一些，我想约曹白兄来我们这里喝两盅，并约耿兄作陪，他怕生人，只有熟人才不觉拘束。据他的《呼吸》的责任编辑王聿祥来拜年时说，稿子已交付印刷厂，预计本季度可看初校，第三季度可见书，这个出版周期，在上海就算快的了。

学校已开学，鹿地亘1956年写的那篇登在《新日本文学》上的文章，近接日本东京都大学的一位日本友人来信说，该杂志从战后发刊以来，内部纷争重重，有所谓"党派"与"非党派"的争论。50年代后，编辑部主流派跟共产党分手另组一派，把自己当作"自主独立派"活动开了。因此，1956年以后，该杂志发行陷于混乱，很多图书馆拿不到这份杂志。他找了四个大学的图书馆都未找到，现在寄希望于广岛大学的一位教授，此人曾是《新日本文学》编辑，俟找到后再寄来。

我们这里去年购得一本美国印第安娜大学出版社发行的《中华人民共和国文学》，那里面有一篇关于风兄的传记介绍，还附有一篇论文（《现实主义在今天》）的译文，我已着人复制了一份，兹随信寄上。晓山懂英文，应请注意收集这方面的材料，注意国外的舆论。

上海近日严寒，我们生了个小木炭火盆，坐在家里取暖，听着外面的风声，也颇有意思。

祝健！并问候全家好！

问候晓风公婆爱人孩子好！

芳 敏
1983年2月23日

19830224

梅志兄：

昨寄一挂号信，我们这里编《闻捷专集》的出版社，适送来几本样书，现寄上一本。这是我恢复工作以后，带领中年教师编的（内收有彭柏山的文章）。大学教书，得编教材，我已编过好几本，也出版过一些了。因书价过贵，出版社送的又少，所以都没送朋友们，好在这是我的职业性工作，也无啥意思。但巴金专集第二册，收了些"文革"中的大批判材料（选择性的），颇值一观，已着人函出版社寄几本来，书到后当寄您们一册。

西海今天来我这里玩了半天，晚上才回去。本礼拜六，我们约好曹白兄夫妇和庸兄来家补吃年饭。

又，这本《闻捷》属于《中国当代文学研究资料》，我去年建议编委会编个《路翎专集》，并由复旦接受下来了（规划甘肃人民出版社出版）。广西大学编"七月派研究资料"的负责人许敏岐同志近有信来，说他们的两位人员前去京中见了胡先生和牛汉兄，得到帮助不少，不久将派人来上海看我。这个许同志79年在京见过我，人很好。今年五月间，我将去广西大学，当看到他们的全班人马。

祝健！并候全家好！

植芳

1983 年 2 月 24 日

19830324

梅志兄：

收到信和本期的《人民文学》已经好些日子了，因为事情忙，顾不上写信。胡先生在《人民日报》发的文章①，我接到您的信后，着桂英去学校找回一册，与周扬的文章同登，恐怕不是巧合，而是一种安排，还是一个会引人注目的现象。北京电台转播后，也就事出有因了。文章既已全文刊载，我带回来的那篇抄件，托庸兄寄回，不要再在上海发了。本期的《书林》我也收到了，刊登了胡先生的照片和文章，这都是健康现象。我一个学生给我寄来一张香港文汇的剪报，那上面刊登了胡先生与沙汀的合照，兹寄去。请您们留念，恐怕您那里没有这份港报。胡先生文集，不知印行如何，近日北京文学研究所有人来家看我，他们正在组编《周扬文集》。听说共有五卷，已着手工作了。

北京八个朋友上书中央请调工资级别事，我们上海三个人（何、耿）

---

①当指胡风的文章《悼念江丰同志》，发表于《人民日报》1983 年 2 月 7 日。同天该报上还刊登了周扬《怀念立波》一文。

联合给上海市委写了封信，要求照此办理。由王元化转至，他满口答应（是他去看满子时顺便谈到这事的。他说这是光明正大的事，应据理而争云云）。且看结果如何，我们学校也正在调工资（普通加一级），我也给校领导写了个申请。说明情况，他们答应研究，我们并不是争这几个钱。因为55年一案并未公开平反，如果调资还没有我们这些人的份，社会上还认为我们还有案在身哩。其实，这些年的苦日子我们都安之若素地过下来了，现在也不短吃缺穿，自己除本职工作之外，再胡乱编编写写、弄点零钱贴补，也就很知足了。我们一贯对物质生活没有什么野心和过高要求。我们一般出身于剥削家庭，如果从小计较个人享受，也不会走上这条充满苦难的人生道路了。这次向领导提出，为了加级（即俗语所谓升官发财），实在有些得不偿失之感。问题的焦点，还是名声问题，我们戴了二十多年的政治帽子，被社会视为"半鬼"或"不齿于人类的狗屎堆"什么的，一般人看事物从现象上着眼，加级加薪，在我国这个政治标准第一的国家说来，是一宗既有经济现实意义，又有最重的政治内容的大事。为此，我们才勇于开口的。

江苏人民出版社负责同志前来讯，有意为我出个小说集，我前半生胡乱写过些像小说的东西。本来早就过去了，那些存书和旧的剪报，55年已抄得一干二净，片纸无存。55年的报上又把我说得不像个人（有一个报纸说，我根本没写过小说，是冒牌的），胡兄去年不仅亲笔给我写信与给曹白写信关心，我那出过的两本小说，这次去京他又提到这事，使我不胜激动。既然有朋友的关怀，又有过报纸上的"揭发"，这些种种因素加起来，现在又有好心的出版者愿意考虑，所以我决心，试一试，先编出来再说。这些日子我们全家出动，忙于复制、抄写（要跑到徐家汇藏书楼），现在总算弄好了，把稿交上去了，那就看结果如何了。现在，无论什么机关都是个复杂的机体，有各种背景和来历的人物，做一件事很不简单。文章登出来了，或书籍上市场了，这才能放下心来，吸一口气。

晓山那本论美国农场的内容介绍，我已分寄贵州和江苏两地的出版社，向他们做了推荐，那就等他们的回音再说。

四月下旬我将去桂林开会（当代文学编辑出版会），任敏也将偕行，其实是借此去逛逛。如情况许可，我们还准备顺路去广州一行，看看多年未遇的老朋友。大家都老了，见一回是一回了。今年秋间（大约在九月），北京将即开中美比较文学讨论会，中方和美方各出席十人，如无其他事故，我届时又要进京一行，又可去看您们。前日我接到通知，要去天津开会。因为家里事杂，兼从北京回来不久，我回绝了。秋天如果能成行，我一定前往。

又，关于调资事，顾征南因 80 年加过一级（此次按规定又可进一级），所以未列名，王戎已退休，退休人员有条例，所以也未列名。

前信说，给您们寄这里编的《巴金》，因出版社未寄书来，俟书到后再寄。

还有一事，我们这里受上海辞书出版社之约，在着手编一本《中国现代文学辞典》，出版社方面，老耿是主持人之一；我们这里由中青年教师编写，我们一些朋友的条目，由这里的一位青年教师沈永宝同志负责。他托我要下列各人的材料：阿垅、路翎、梅志、绿原、方然、李离、冀汸、曾卓、柏山（这个名单，是他们和辞书出版社定的）以便动手编写。阿垅我叫他找老耿。他刚为《第一击》写过序，手头有些材料，这只是一个辞书条目，不要太长，我已给冀汸、曾卓写信，请他们把包括方然的材料寄来，至于您和绿原、路翎的材料，请也能简单地写些给我，以便转交他编写。彭柏山的，他已找过朱微明了。

我年前给《中国当代文学研究资料》编委会提议，要他们编个《路翎专集》（北京文研所编的那本属《现代文学研究资料丛书》），并由复旦接下来，这里已安排好由这位沈永宝负责编写。他为此事将于今秋进京找材料，届时我再介绍他去看路翎兄。这个时候，这类书能编一本是一本，都有些国内影响。

广西大学也来过人，在上海住了一个时候去南京了，这是位刚毕业的青年同志，人还好。他们编七月派资料，据说在京时见晓风，牛汉兄也大力帮过忙，他来上海我让他去看过老耿，他也在老耿那里看到王戎。这个编写组的负责人许敏岐，我早认识，人还正派。等他们把全书目录定下来，我再寄您一册。

又：年节内，我们约曹白兄夫妇来家便饭。由耿庸和《呼吸》的责任编辑王聿祥同学作陪，这本书本季度可看校样，加进了曹白的照片和手迹，封面也设计好了，本年可出书，文艺出版社对这本倒重视，丁景唐昨天还来过家里。又及。

祝全家好！

任敏、桂英附候

芳

1983 年 3 月 24 日

19830416

梅志兄：

　　来字早悉，得知胡兄又住院看病，我们十分挂念。他吃了这么多年的苦头，再加有了岁数了，身体上总这里那里有些病痛，希望能趁住院期间，全面检查一下，以便防患于未然。如果没什么，那就更放心了。总之，年龄大了，在生活中发现什么不适，总要及时采取医疗措施，不能像青壮年时代那么不在乎。现在有些当老爷的，无病小养，小病大养，我们这条命也应该是值钱的，含糊不得，您自己也应该服服老。我们在京看到您那么操劳，真替您担心，应该"垂拱而治"，家里有事就交晓风、晓山他们管。您只从旁指导就行了，像您一贯那样里里外外都操心，大事小事都操劳，那不是长久之计的。既然发现心脏不适意，更应该多事休息，并认真全面检查一下，才算放心。

　　我近接文研所信，夏间我又将进京开会，希望那时看到您和胡先生身体更健好！

　　南京师院出的文教资料，他们已寄来了，关于七月流派文章近乎一个特辑，很好。现在就是缺少这类材料，听说上海图书馆收藏的老先生的书都借光了，"群众的眼睛是雪亮的"，这句话极端正确的。昨天又收到上海出版的《出版史料》又看到您代胡先生写的有关"七月派"的文章，这个刊物也和我有联系。我建议他们发些有关"泥土社"方面的介绍，为此，我请老耿约张禹先写，大家再继续写点。我去年在京时，张禹来过家里，他现在仍在安徽合肥，还弄了个"省政协委员"的头衔，也算在那里多年劳改的一点补偿。

　　关于请您写个小传的那本《现代中国文学辞典》的人的名单，是我们这里的一位中年教师和上海辞书出版社合拟的，不想竟未列入牛汉和罗洛，我得便和他们提提意见。您就早动手先写好，这不必过谦，这些中年

214

同志列上您的名字，就是一种正确的评价。您写好后先寄我，我转给他们，他们编好后交稿，有老耿在那里把关，万无一失。

路翎兄已有信，他已迁入新居，这下可以定下心了。在京时听说香港印了他几本书而无表示，令人警异。我有个50年代的学生，"子承父业"在那里从商，这位同学55年也因我受到株连，也在《人民文学》上做过小说，他每年都回沪探亲，我已托他的同学写信给他。要他先打听一下书店（出路翎书的）情况。路兄的那四篇文章，那个叶某一直避而不答。据老耿说，写了几封信都无下文，看样子，得另外找个关系，向他讨回。这家伙造反派起家，也是个骗子，我们原来认错人了。

又，老耿说，路兄的一篇，福建的《海峡》准备用，他已去催问了。

我们后天（十七日）启程去桂林，是一个当代文学编辑出版会议，大约半月后就回来了。

桂英工作已有眉目，决定安排在学校，先以时工的方式在图书馆工作，这地方在学习上有些益处。我那个"小说选"已编好付印，满子兄写了个小序，热闹一下。

祝全家安康！

芳

1983 年 4 月 16 日

19830504

梅志兄：

我们已于上月底从桂林回来，这里是您们游憩过的地方，所以虽然对我们是一个陌生的城市，但我们对那里的山水却时时有一种怀旧之感，想到您们在那里度过的那些艰辛的岁月。

大概是年纪关系，我在那里住到七八天后，又发生了去年底在北京时的情况，食欲不振，胃部不适。因此又赶忙跑回来，本来预计还要去南宁（那里广西大学已派了一个同志来接我们去），只得取消了。

听耿兄说，风兄已病愈出院，我们才放下心来。他年岁大了，又久经折磨，希望您们全家在生活上饮食上对他时时多加照料，我们要争取更长时间的生活下去，以补偿过去蹉跎而去的岁月。您操劳太多，这么下去是要影响健康的，万万不可再这么"集权"了，细水才能长流嘛。我们在广西买了瓶"龟苓膏"，从广告上看，它可能对您的保健康有些裨益，现托耿兄带去。另外还有一瓶同样性质的补酒，您可一天喝那么几杯，又是生活中的一种乐趣。

任敏初到桂林，当天发高烧，牙又痛，把我吓得不得了；幸亏她体质好，经广西师范医生悉心治疗，过了两天就全好了，跟上大家游山玩水，这也是她首次到华南来。我们在那里十多天过得很好，颇值得纪念。

我回来后，学校又给我部署了好几项新任务：第一个日本副教授进修中国现代文学；准备招考博士和硕士比较文学研究生；主编一个现当代文学研究杂志；等等。诸如此类，看样子，学校这碗饭还得长期吃下去，杂事这么多，也只有老牛破车地拖下去了。

江苏师院寄来最近的有关"七月派"诗专辑的"文教资料"，上海出版局也寄来新出的《出版史料》，那些文章我都看了。多几个机会介绍介绍，很有必要，这样，可以从中青年一代身上，抹去过去涂在我们身上的那些污垢，我编印的"小说选"，也是这个意思。

晓山译的那本《论美国农场》的书，据贵州人民出版社的总编老刘同志说（一位50年代留苏学生），他们已直接给晓山写过信，说是今年排不上，要到明年。江苏人民出版社又把它转介到福建人民出版社，那就稍等一下再说。在中国办事得有耐性，否则一事无成。

桂英的工作，学校已答应安排在图书馆，我所在的中文系也打算把她安排在留学生办公室，还没个结果。想不久可见分晓了。这样户口、职业解决了，再找个对象，"三部曲"就算完篇了。

六月间天津有一个会，我婉谢了。九月间北京可能开会（要看那时的中美关系），如果成行，我们又可相见，我们年纪老了，对人生懂得更多一些了！

祝健！并问候全家好！

芳敏
1983年5月4日

19830626

梅志兄：

　　前月的信早收到了。我从桂林回来后，身体一直不算好，加上事多又杂，所以许久没有写回信。近来又检查了身体，才发现是十二指肠溃疡（经过新式 X 光检验），毛病不算大，但医生却不准喝酒。禁绝了酒，饮食结构发生了改变，人很不适宜，整日又有点昏昏沉沉，像是魂不附体，没有力气。——大约过了一个时期，可以渐次平复的。

　　庸兄在进京开政协前，曾匆匆回沪一次，大家小聚了一下，从他那得悉风兄出院讯息和您们全家近况，我们听了，放心又高兴。他现在还在京，"有朋友自远方来"，可以给您们生活多添一点热闹，多一些快乐。

　　前接江苏人民出版社负责人章品镇同志信，他说风兄的《时间开始了》诗集，有个友人找到一册（这位友人的父亲是你们的朋友，不知是什么人），他们准备出版，我回信表示拥护。我想，为了肃清余毒，应该四面八方地多出书，多一种版本，就是多一影响，多多益善也。不悉他们和您们打交道了否？章品镇同志人品极好，我们相友善，我那个《小说选》就是他提议印的，排得很快，不到一个月就看了校样，国庆节前后即可出书。还请人画了七幅插图，弄得倒挺闲情的。

　　我看过上海出版局印的《出版史料》，您那篇文章很适时，这刊物和我也有来往。我建议他们为"泥土社"组织些文章，我腾出手来，也要写篇史华①的回忆，他的遭遇太惨，不能忘却。您能写点，那就更好。

　　我结合专业教学，参与了专业杂志《中国比较文学》的编委工作，这是一个全国性刊物，具体管事的由上海外国语学院的外国文学研究所经手。我建议他们特开二栏《中国作家与外国文学》和《国外论中国文学》，我想第一期请风兄写一篇《我与外国文学》，他如力气不足以写出长文，就请他口述，您或晓风、晓山帮上写。这个杂志明年创刊，好在时间还多

----

　　① 许史华（？—1966），原名许定梅，曾在 1950 年参与创建私营出版社泥土社，后来卷入胡风事件被捕入狱，释放后无家可归，自杀。

（当然，文章能快些交稿才好），另外，请晓山在胡先生指导下，选一篇外国评价胡先生文艺思想和生平的文章译出，作为第二栏目材料，两类文章能一齐交稿，就都摆在创刊号，才好。介绍点国外的议论，等于打开一个新的窗口，让人们吸点新鲜空气，也是打扫卫生之一法。

鹿地亘60年代写的那篇文章，我托日本友人找了好久，最近信上说，那时由于日共分裂，刊载此文的《新日本文学》出版发行很不正常，这位日本朋友为此特地到广岛大学找了当时的《新日本文学》编辑长，现任广岛大学教授的桧山，连此人也不存这期的读刊。看来，找到它还得别想办法，慢慢来。

上次接见一位日本法政大学教授，文艺理论家小田切秀雄。他说，他的文艺思想和本多秋五一样，记得这位本多和胡先生是朋友（62年曾访问中国，见过周扬，曾写过一篇题名《周扬氏与胡风问题》的文章），刊登在昭和三十三年（1958年）一月一日的日本《读卖新闻》上。不悉认识这位小田否？（此人现在60余岁，比我小些）。我也是"多经一事多长一智"，和外国人接触，我有了些经验，有所分寸，不会放言无忌的。今年秋天，学校叫我带一叫铃木的副教授进修，我也照章办事。——介绍些市面上的书刊给他自己看就行了。李芸贞女士去年来华，曾和我谈起复旦进修问题，我只漫应之，这事得通过学校外事部门。她如果真来，学校会考虑的，当然以别人带她较好，我一定记住您的嘱咐，不能孟浪从事。

本月29日我将去广州肇庆参加文研所召开的一个会，同时应邀去中山大学讲课，那里天气热，任敏就不去了，由一个中年教师陪我去，买来回飞机票，下月9日即可回沪。

桂英工作已决定在学校新成立的"中国古籍整理研究所"，管复印机兼做些资料工作。这个所的负责人是我的一个学生，把她交给他管，我们也省些心了。

先写到这里，广州回来再写。

又，晓山那本书，江苏人民转到福建人民，他们最近已去函相催了。祝健！并祝阖家均吉。

芳敏
1983年6月26日

附寄照片二张，一张是我们在漓江船上照片（洗成后变样子），一张是和胡天风与四川的木斧（杨莆）在漓江上拍摄的，他们二位 55 年也蒙过难①。

又，去岁在京时，晓山照的那四张合影底片请寄来，在上海加洗放大，这里质量高些。

19830818

梅志兄：

来信收读，我七月中旬，从广州回来，旋接到江苏人民出版社章品镇同志自大连来信，知道您也在大连，参加了中国作协的休养活动，心里十分高兴。又有冀汸在那里，当更会感到旅中的欢快。您多年心系家事，也可说是脱离了广阔的生活现实，出来走走，吸吸新鲜空气，这是对身心有益的措施，同时，也可借此澄清那些多年前泼在我们身上的污血。章品镇同志来信上就说："梅志同志，亦参加此次活动，人极亲切，与我得自几批材料中的印象大异，真是有趣的事。"就是一个例证，趁现在健康情况还许可，以后应多出来走走，参加这类公众性的活动，它有益于延年益寿，能动员胡先生一块儿参加，那更是我们日夕所祷祝的。

茅盾那篇诬蔑性文章，我最近才从《新华文摘》上读了一遍，他依然老调又弹，临死还在咬人，实在可恶，有背为人之道。古人说，人之将死其言也善，这家伙却言也恶。这真是是可忍孰不可忍。对于他蓄意散布的这种恶毒谎言，必须予以澄清，予以还击。否则，听任这种谬说流传，只能起混淆视听的反面作用，我们不加理睬，就是缺乏历史责任感的表现。胡先生在成都为这类问题写的十七万言，如果留有底子，不妨节选一段，或者您动手写一点。我已给牛汉写信，希望他能鼎力相助，如认为正式作为文章发表有所不便，那就改换个形式，用《来函照登》的形式发表（等于报纸上的"启事"），再把文章找个地方（如安徽之《艺谭》、南京师院的《文史资料》之类地方）刊了。只求有个地方刊登，它会不胫而走地流传开

---

① 胡天风与木斧（杨莆），参见贾先生日记（1983 年 4 月 29 日），《早春三年日记》第 155 页，大象出版社 2005 年。

来，农村是可以包围城市的。希望能越快动手越好，完成此一任务。

我前次信上说过，上海联合北京，就我现在的专业比较文学办一个全国性期刊《中国比较文学》，其中有一个栏目是《中国作家与外国文学》。我希望您或晓山执笔，由胡风兄口述，写一篇回忆性的《我与外国文学》这类文章。这个刊物在本月份开始集稿（84年发刊，由浙江文艺出版社发行），如能赶上创刊号最好。

我前次信上还说，江苏人民出版社印胡兄的诗集，此次在广州听牛汉兄说，您也和他谈及此事，不知您此次和章品镇同志（在大连）会晤时正式谈过没有？我的意思，能有机会印就多印一个版本，地方上出版周期快些，是一个有利条件。先在地方上印一本，再在北京另出，都不妨事。现在有个风气，虽值不得提倡，但对多年来不能出书的人们，却可资利用。这也是满足国内外读者的一种方式。如您已和章品镇同志直接谈过最好，他回南京后来信邀我们俟秋凉后去宁小游，届时我再和他具体落实也行。

此次去广州，我一人独行（有个中年教师相陪），因为天热，任敏又不敢坐飞机，所以没去，去了十来天，形同旅游爱好者。有牛汉兄同吃同住同游，是一大快乐。

上海今年奇热，只能在屋子里苟延残喘地度日，实行保命哲学。据说上海流行一种进口的"肠胃感冒病"，医院里人满为患。

我从广州回来后，学校当局又派我兼任本校图书馆馆长，力辞不许，只有作一个时候再说。这样，这个学期以后又更忙乱了，学校工作就是这样。

寄上《赵树理纪念文集》一本，我去年9月山西就开的这个会，山西作协寄来几册，寄您们一册玩玩。另有照片二张，是我们四月桂林之行照的，也算个纪念。

我本拟九月份去京开中美比较文学会，因会议时间有变动，提前在本学期，我事先毫无准备，上礼拜六学校要我这个礼拜初即去北京，来得实在措手不及，我只好推辞，请外文系的别位去了，但去京的机会还会不断地有（文研所今年11、12月还有会），今年内我想我们还会在北京见面的。祝健！并候风兄乃全家好！

任敏附笔问候，桂英工作已定，只等上海劳动局批。

芳

1983 年 8 月 18 日

19830914

梅志兄：

收到来信，知道您们一切都好，我们十分高兴。关于回答茅盾那篇文章的措施，很是得体。我前此也给牛汉兄写一信，希望他在此事上"破门而出"，主持正义，时代到底前进了，有些事情可以有机会和可能澄清了。因此事不宜迟，虽不必过分小心，该说的就说，为了发表的顾忌，文笔不妨委婉一些，但以无损事情的本身为原则，更不要过于害怕得罪人，有些人您对他赔小心也没用。这正如上海人说的，他们是属蜡烛的，不点不亮，这就叫"斗争哲学"。8月间北京召开中美比较文学研究会，事先学校办事人员把请柬弄得不见了。到了开会前夕，北京来讯催促，他们才临时找我要马上动身，我事先毫无准备，家里又摆了一大堆事，不能匆匆上路，只好作罢了。但今年也可能还有机会，我又兼了个图书馆的差事（教学体制改革，我还挂了个教研室负责人头衔），出差的机会就更多了，只是添了这些差事，事情平白地增添了许多，比如开会之类，只好这样凑合一个时期，再找机会下台，如此还能争取些时间写点什么出来。

附寄上两张上海报纸，《文汇报》上有我为一个去世的学生写的纪念文章，他也受到55年之狱的株连。《文学报》上有一篇专访，那第二版上的另一篇有关复旦教师的专访，那个对象也是受到55年的株连，曾被开除出党。您没事时翻翻。

晓风要的夏志清《中国现代小说史》中的有关篇章，我已着桂英去复制，印好寄上。此人今年夏天曾回国访问，他到复旦访问时，我接待过他。最近《文艺报》上有人写文批判他的这本书，也是马后炮的意思，它在国内并不流行，批判了反而增加了它的流通量，这实在是无必要。

曹白兄的《呼吸》已印出，他前日送来两本，正巧我去学校开会不遇。胡先生那篇序文总算保存了，书的责任编辑是我的一个学生，他也给我送来两本，并说本书稿酬单他已开好了。因为是重印书，正文只能提高到九元千字，胡先生序文则10元。为了扩大一些影响，他写了篇介绍文章，在《书林》下期可登出。前些日子我们进城时曾去看过曹白兄，他正忙于修房子搬家。他在前几个月写了篇回忆孙冶方的文章，我介绍在上海的《世界经济导报》上登了，我们倒常有往来。他精神上总有些不正常，他不愿多写，真是很可惜的事。

王元化兄，我们还是今年春节时在尚丁家吃饭见过面，暑假期内他来复旦办的一个学习班讲话，桂英曾去找他来家吃饭，他说忙得不可开交，马上要回去开会，说是有许多事要和我谈，希望我进城时和他碰碰头，但我又很少进城，所以一直没碰面。听说本月20日，他去访日本，我的一个学生将陪他同行。上海地方复杂，他做了这个官，我看日子不好过。前次朱微明来说，罗洛调回上海事，元化已在帮忙，不成什么问题，罗洛女儿也由王的关系，到什么单位当英文翻译了。如此看来，他还没有一阔脸就变。

先就写到这里。

祝健！并候阖家安乐！

任敏、桂英附笔问候。

芳

1983 年 9 月 14 日

孙钿兄月初过沪，在我们家里坐了半日，彼此虽系初会，但实同旧交。他小我一岁，体质之好，出乎我的想象。他由此去武汉，俟彼时会再来上海。耿庸兄前周去厦门开会，不日可回沪。

19830921

晓风：

看到你给我们的信十分高兴，腊月底离开京返沪，时间过得真快，转眼就是 9 个月了，回沪后我们经常惦念着在北京的你们。近日你的二位老人及二个孩子都好吧！四月份你叔叔去桂林开当代文学会，我也跟他去桂林旅游，在漓江游艇上拍一幅照寄给你，同付印①的书一节、一本书、还有二张报纸，一并寄上。你需要上海的什么，请来信。我和你叔叔身体、

---

① 付印，疑为"复印"。

精神都很好。一个酷热的夏天我们没有生病、愉快地度过来了。虽然我们比你大，比起你的父亲来，我们就年轻了。你在双亲身边，把他们二位老人照顾好，使他们身材、精神好，是你们的幸福！也是我们的幸福！我们祝他们健康、长寿！

最近你叔叔担任学校图书馆馆长及系教研室主任，是比以前忙，开会多，差不多天天有应酬，所以没有多的时间做自己的事情，写封信还是要抽工夫才能完成，好在他的精神还好！

祝全家好！

敏
1983 年 9 月 21 日

19831101

梅志兄：

前信收到，现趁王聿祥同志去京之便，托他带上我们对您们全家的问候，并介绍您们和聿祥同志相识。

聿祥是复旦五十年代毕业的同学，在新文艺工作多年，也是 55 年受害者，我们的近况，他会转告您们，并祈请您们对他热情以待。

我们全家人不日将去南京苏州一行，也是借开会出去逛逛，大概在外将有一周停留。

专此并候

健好！问候风兄和孩子们好！

贾植芳 任敏
1983 年 11 月 1 日上海

19831115

晓风：

来信收读。你要的材料，我已嘱桂英找图书馆的有关同志注意搜集，找到后复制寄你。另外，任敏也就力所及，抄了些你父亲的文章目录，暇中当寄给你。这是件很重要的事情，务必全力以赴地编全编好！我们这里有条件支持。司马长风的书，我手头没有，但不难找到，俟到手后再将有关章节复制寄你。夏志清其人本年 5 月下旬曾来华访问，他到上海访问复旦时，学校派我接见过他。他在美国哥伦比亚大学任教，该大学出版社 1981 年出版他和另外两个假鬼子（李欧梵、刘若愚）编辑的一本《中国现代中短篇小说选》，其中有一篇路翎小传，已被我们这里编《路翎研究资料》的同志收入。另外，我手头还有一部捷克普实克编的《东方文学辞典》，其中第一卷收有你父亲条目，也将复制一份寄你，再请小山译出（英文）。这个普实克是所谓中国现代文学的捷克学派创始人，是马克思主义者，捷克科学院负责人之一。在国际上有权威性，不比夏志清之类的。

广西大学的许敏岐同志与我有往还，这是个很不错的同志，务请你多支持他编好那本书，也可以相应地给他些材料。这类资料性的东西，不怕重复印出，附在文集内，与附在专门的研究资料集内，意义不同，多一个普及的渠道罢了。

得悉你母亲近来患腰痛，我们十分惦记。我们这些人苦惯了，对身体的保健向来不在意，但今非昔比，到底年龄不饶人，人上了岁数，如发现疾痛以至某些部位感到不适，必须分外重视，及早认真检查治疗，不可疏忽。在这方面，不要我们多说，相信你和晓山夫妇会全心全意地照顾好老人的。如需要什么药物，北京一时办不到的，及时告我们，以便在上海托人设法。更要注意两位老人的饮食起居，万不可过事劳累才好。我们年前要搬家，很希望有个机会，你和你的爱人与小孩能来上海住上几天，游玩游玩，散散心。

问好！并请代候你的翁婆二位老人以及你的爱人和孩子好！

芳敏

1983 年 11 月 15 日

又，我这里还有一本林曼叔、海枫等合著的《中国当代文学史稿》（巴黎第七大学东亚出版中心，1978 年版），也是一本海外华人著作，其中有一个专门章节，你处如未见到，我可复制有关章节寄你存查。

19831115

梅志兄：

　　收读上月 22 日来信，我们全家在前些日子去南京、苏州游玩了六天。我算办公事，她们游玩，也算"及时行乐"的意思。这两个地方都有些熟人，也算好吃好喝好住，快活了几天。我们在南京，见到了江苏出版社的同志。我们这次去南京，就是应章品镇同志邀请的，您在大连见过他，此君颇有古君子风。风兄的诗集，他们准备明年发排，去您那里拿稿子的顾关崇同志我也相识，那里有一个女同志是何封的女儿。她的父亲听说与您们相熟，但我不识这个女同志，看来没啥问题，可以期发排。此次搞清除精神污染，一些出版社、报刊编辑部都乱套了。"历史的经验值得注意"，这也难免，但像风兄的诗集，是历史性的作品，与这次运动当不会搭界，请您们安心。目前上海还平静，我们学校也如此，我现在还挂了个现代及当代教研室负责人名义，我们这里要批上海那本《人啊，人!》小说（何满子兄早在《文汇报》批过了），……①另外，我们这里哲学系的几个研究生在外开会，发表了一篇论文，闹到中央。为此我们带研究生的教师都两次开会。80 年代的青年思想较为复杂，这也是时代教训，所幸我的研究生还没闹出麻烦。只有我一名在美国的研究生，出国后在《青春》上写了一篇小说《挑战》，受到《中国青年报》的批判（在七月份），但他人在国外，想来关系不大。我带研究生，又不是当托儿所阿姨，只要不是我签字发的，没啥关系。报上载《江南》停刊检查，冀汸兄恐怕惹些麻烦。但我们都老了，鉴于过去的历史教训，想来事情也不会闹到哪里，请您们放心。元化近日听说住院，上海有批"三王"（王若水、王元化、王若望）之说。《解放日报》提出的，但听说已作罢，我们相信三中全会的路线政策，总不至像过去那样"无限上纲"，节节深入吧。

　　读信得悉您患腰痛，十分惦念，务必请医生及时检查，妥为治疗。任敏说，如在上海需要什么药物，早日告诉我们，以便能托人弄到手，不误治病。多少年的苦难，我们都挺过来了，对疾病一要认真对待，不可疏忽

———————————
　　① 此处省去原信中若干内容。

225

大意，但更要注意饮食起居，语云"药补不如食补"，就是这个意思。首先要精神开朗、乐观。我们好容易在覆盆之下重见了天日，更应重视生命之可贵，因为我们做的事情很多，这是历史的责任，而身体又是我们的唯一恒产。

前些日子我的一个学生王聿祥同志进京公干，曾嘱他去看望您们，想已看到。他在文艺出版社工作，曹白及柏山的书就由他做责任编辑，风兄的报告文学也可能还是由他任责任编辑。这个同学很真诚，可以相待以诚。

曹白兄近忙于搬家，中秋节我们在他家相聚喝酒；朱微明同志也常来往，我支持编一本柏山研究集，加进《中国当代文学研究资料》丛书内，由他编辑，再加上一个复旦中青年教师的名义合编，湖南人民出版社已列入明年出版计划。我们虽和柏山同志不熟，没有来往，但我们敬重他的劳绩，同情他的遭遇，要尽力之所及，为纪念他做些事情。

我仍然很忙碌，多了些会议和行政事务，但一切健好，年前要搬家，现住处学校已分配给别人了，新搬的地方宽一些，高等一些，孙钿兄前个时期来上海，和我们盘桓了半天，一见如故，他的身段精神都好，生气勃勃，已译好了现代日本诗选，还自己写东西。

桂英工作已弄好了，上海劳动局总算批下来了，就分配在学校的外国留学生办公室工作（教务员之类），也属于中文系，这样好照应一些。

匆此。

祝健！并候风兄及全家好！

芳 敏

1983 年 11 月 15 日

又本月份的《山西文学》我们家乡作协的刊物，发了我的一篇小说，已请他们寄几本来，如到手当寄上一册，请看看是否有"污染"情况。这篇小说已收入即将出书的小说集内了。

19831225

晓风：

你托王聿祥带来的信收到了，从他的嘴里和你的信里，我们得知你父亲身体正常，一切安好，十分高兴。你父亲在政协报上的发文，我们也看到了，如此很好，他能在不影响健康的情况下出外走走，参加一些社会性的活动，也有益于身心。但绝不能过于劳累和兴奋，适可而止，这就全靠你们掌握了。

你父亲为北京社科院写的有关中国文化交流的文章，希望能赶快复制一份来，以便赶排在《中国比较文学》第 2 期上。那里有一个栏目，是"中国作家与外国文学"，这篇文章符合这个专栏的要求。这个刊物是一个比较文学专业性刊物，是由我们这里、上海外国语学院、华东师范大学、北京大学、中国社科院外国文学研究所几个单位合办的，编辑人员多在高教界，是一个学术性刊物，由浙江文艺出版社承印，第 1 期已付排。

我查了 40 年代初在香港出版的《大众生活》全部影印集，那里只有你父亲一篇文章，题目如下：

"如果他现在还活着……"刊该杂志新 23 号：1941（民国三十年）10月 18 日出版。是一篇纪念鲁迅先生的文章，如果需要复制可告知。

关于《二三事》《原野》两本丛刊，已查明上海图书馆有收藏，我已请他们代为复制，他们说机器出了故障，所以要等一下，才能工作。《时事类编》上你父亲的译文篇目，需要我自己抽空查询，因为年轻的学生弄不清。现在学校给我配了助手，但关于旧社会的情况，他所知甚少。随信寄上复印好的两份材料，一份是"现代"上登的，一份是"文艺"上登的，还有一份外文材料，是从 1947 年英国伦敦出版的《东方文学辞典》上复制的。该书编者普实克，是现代国外研究中国文学的，所谓"捷克学派"的创始人，也算马克思主义者。

我还从别的地方发现你父亲早期的一些论文，我已着人在上图等处查阅过，希望能一一复制，但上海无这些刊物（因为这些文章凭我的记忆，似乎未收进他的集子内），现将目录抄出，希望能在北京查查，实在不行，再托日本人在日本复制（我这里带一个日本横滨大学进修的副教授）。

《关于主题的积极性及与之相关问题》

《综合》创刊号（1934.5）

《现阶段上的文艺批评之几个紧要问题》

《现代文化》第 1 期（1933.1）

任敏也随手记录了一些材料，不久会抄一份给你。

湖北要印的你父亲文集，我们上海友人研究过那些拟定的篇目，我看 20 万字太少，版面不够，最好和你父母商量，编个 35~40 万字的篇幅，和出版社要坚持这一点。

我们学校编了个《现代文学作品选》，是教育部审批的大学教科书，已选了你父亲的 4 首诗（《野花与箭》中二首，《为祖国而歌》中二首），文前有篇简要的评介文章，由中年同志动笔，我就算全书的主编，就由本校出版社承印。但书的出版，要在 84 年内了。

我们好久走不到四马路，如去时当代买一份复印出版的《海燕》（只有那条街的上海书店服务部出售）。

先就写到这里。

祝好！问候你两个家中人都好！

芳

1983 年 12 月 25 日

19831225[1]

梅志兄：

王聿祥从京中归来，带来晓风夫妇信和北京吃食，后来又收到你的来讯，我们全家上个月去南京苏州游逛了几天，加上学校事忙，会议和杂事太多了，所以迟迟不能写信。

从聿祥的嘴里和晓风信里，我们得知您们身体健好，一切如常，很是高兴。总之"年龄不饶人"，加上多少年波折重重的生活，我们更应该认识到健康之可贵，日常生活中稍感不适，即就应延医诊治，不可等闲视之，更不能兴奋和激动；要严格控制自己，多逸少劳，更不能"革命加革命"了。入冬以后，我这几天右腿有些不便，上楼感到吃力，为此，我连忙贴膏药护膝，注意多跑路，这么一注意就好了一半。任敏天天按时吃药，血压没有大的升降，过去在乡下得的气喘病，今冬倒好了许多。桂英工作以后，我们省心了很多，家里请了一个钟点女工，做些杂务，一切比较正常了。后天，我去杭州开会，任敏同行，也是借题外出走走，看看那里的朋友，三五天就回来了。

罗洛已调沪，我们已在上海政协开的饭馆、和我们家相聚喝酒三次，他回到上海工作，就增添了许多热闹，大家喜欢，目前他们夫妇已去兰州搬家，春节前归来。

元化日本回来后，住在广慈医院，上半月我们去看望了他，他住在医院，人倒发胖了。上海前一阵子，有批三王之说（王若水、王若望、王元化），现在像已过去。我们学校里倒安稳，教学生活秩序正常，不像过去运动中，那么大起大哄了。

过几天我们这里两个同志（一名沈永宝、中文系讲师；一名乔长森，校图书馆工作人员，大专学生，英文还行）将进京，为编路翎资料走访路翎及有关人士，以及查阅资料。他们编的这本书资料，属于当代文学范畴（文研所编的"现代文学"范畴），我也给他们写了一个介绍信，要他们去看望您们，希望能给他们工作一些帮助，您就在题目范围内和他们谈谈。他们是我的同事，和上次去的那个王聿祥不同。

《和新人物在一起》，据王聿社说，他们出版社还未最后决定，为此我也给丁景唐写了封信，请他出些力气。他现在和我有些往还，……路翎的长篇中的两章，被《萌芽》的那个某某抓住不放，久无信讯，庸兄找他多次不得结果，这家伙总是推三阻四。路兄讯上说，文联出版社要印此书，缺这章又无从补救，实在气坏人，我为此也给《萌芽》负责人哈华写了封严正的信，请他能干涉此事，如还无结果，我和耿兄商量，在上海报上揭穿这个造反起家的小骗子。

一年又尽了，来年总可能有机会去京看望您们。学校要我们搬家，但那里还没有装修好，看样子要在来春才行，上海今年虽然天气还比北京暖和，但是我们实在不耐冷，新近装了一个煤炉，屋子有些暖气了。

随信寄上《创作》《山西文学》各一本，那上面有我前几年写的些东西，我那本在南京印的小说，出版社预定在下一月份出书。但还未寄到样书，想来也快了，届时当再寄去。

余事已见晓风信中。

祝健！并候风兄和全家新年好！

　　桂英附笔请安。附去我们此次在南京的照片一张。

芳　敏
1983 年 12 月 25 日

19831225²

梅志兄：

　　我们这里的沈永宝、乔长森二位同志，因编写《路翎研究资料》一书，现去北京出差，查阅资料和走访路翎兄和有关人士，兹介绍他们二位去看望您和胡先生，并托他们带上我的问候，请多给予指导，帮助。

　　沈同志是中文系讲师，乔同志是图书馆工作人员，都是我的老同事。

　　匆此　拜并颂

健好！

贾植芳
1983 年 12 月 25 日

1984 年

19840109

梅志兄：

　　您和晓风的信都收到了，现趁孙乃修同学返京度假之便，给您们带上松糕一盒，酥糖一盒，就算我们向您们全家贺年。

　　孙乃修同学是我的研究生，他是北京人，今年毕业，望予以接待、指导。

　　上月底我们去杭州住了几天，又去绍兴走了一天，见到了冀汸，并喝了两回酒，他一切正常，正忙于布置新居。

　　匆此，并祝

健好！问候阖家好！

贾植芳 任敏

1984 年 1 月 9 日

19840118

梅志兄：

来信收读。我们这里编路翎兄资料的两位同志，回沪后来家，得悉您们身体安好，一切正常，我们听到高兴。他们说，从风兄和您那里得到很大帮助和教益，对他们这本"资料集"质量的提高极有价值。翎兄那些信，他们用过后再交我转给您。

从您的前信，得悉风兄写作情绪很好，我们上海朋友听了，都额手相庆，但他到底年纪大了，拼不起了。总希望您对他多加"干预"，务必劳逸相趁，必要时要多逸少劳，千万千万！

关于翎兄那两章稿子事，上周我在上海作协开会时碰到《萌芽》负责人哈华同志，前此我曾为此事给写过信。他对我说，他绝对负责到底，说是一章已找到了，另一章，某某说，介绍到福建或什么地方去了（恐怕这都是支吾之辞）。哈华说，准备要某某亲自去那些他所说的地方把稿子要回。哈华说这些话时，耿庸兄也在场，他的态度比较诚恳，不像敷衍其事的样子。因此，我和耿兄商量您为这两篇稿子写的呼吁文章先压一压再说。我们现在不再和某某打交道，只唯哈华是问了，他自己表示愿意承担责任，总算不错。

我前些也给丁景唐写过信，要他在下台前催催，《和新人物在一起》的出版事宜，（因为业务关系，丁和我现在有来往，他曾两次登门看我），他托人带口讯说，书里写的那些"新人物"不知后来政治历史情况如何，需要做些调查，说是已组织力量审稿云云，看口气，还颇有考虑。我想，因为这些年还未印过风兄的书，所以他在观风色，不愿为天下先，只要北京人文，或湖北人民、江苏人民的书出来了。那时他就会抢印了，这就海派本色，怪他不得。

上月（83年12月）底我们俩在杭州住了四天，我去开会，任敏旅游，并借机包了个车子到绍兴走了一天，看了鲁迅先生的故居，并在"咸亨酒店"喝了绍酒和吃了茴香豆，又买回一些酒，给您们留了一瓶。不知您们去过绍兴没有，极希望春暖花开以后，您和风兄能南来小住一时，大家结伴同游绍兴一次，也是人生之一幸事。

在杭州两次见到冀汸，正值大雪之天，他来旅舍接我们到他的新居喝酒。房子很宽，像我们大家一样，在暮年总算有个"窝"了。他的精神健好，反精神污染后，他参与编务的《江南》与他无损。其实，这是一场夺权斗争，原来的主编57年被打成右派，把他打成右派的那些分子不甘心失败，趁机（正确说，是借题发挥）反攻倒算，把权夺回来就万事大吉了。这次污染，正像历次运动一样，一些学术渣滓趁机泛起，兴风作浪，各地都有此现象，不足为怪。上海还好，比较平稳，我们学校也相安无事，没有哄起来，教学秩序正常。

风兄在《解放日报》上的文章我们也看到了，也存有一张。这么写法很得体，合乎世道人心，也有益于世道人心。

现寄上《二三事》及《原野》的复制件，只复制了目录及我认为需要复制的一些内容。如果有的文章尚需复制，来信告我，以便复制。《海燕》复印本，同时寄上。

我的小说选，出版社来讯说，样书已寄出，所以这信等两天再寄，希望能和小说选同寄。在浙江印的《契诃夫手记》，又重印了一次，做了些译文校正，加了个"年谱"，本已印好，因为发现有的页码排乱了，又返工装订，书到手后当同时寄出。

朱微明同志到京后来了几封信，并寄来给风兄信的复印件。此次杭州开会，我向编委会正式提出编印柏山研究资料，前此已和湖南人民出版社说要承印，当获编委会通过，已由编委会正式通知朱微明同志和湖南出版社。我虽和柏山夫妇素昧平生，但他们作为您们的朋友，我同情柏山同志的不幸遭遇，应该向人民和社会宣传他。朱微明同志为此很努力，这种对爱情的忠贞态度，我也很敬重。她离京前交给些有关人士写的纪念文章，我捡了四篇介绍到《艺谭》，她也同意。但前几天《艺谭》来了两个编辑说，他们已把这些纪念文章挤进今年的第一期（还是把别的文章抽下来排上的），并已排好，但突然朱微明的信，说是要在《文学报》发表，不要他们登了，这就弄得大家尴尬，《艺谭》为此不免遭受一些经济上的损失（排工）以至延误了出版时间。这事，等她回沪后我想和她当面说说，下不为例，因为"人无信不立"，不能出尔反尔，把好事变成不好的事。

上海今日大雪，家里就留下了我们两个人，桂英从前天起到武汉出差去了。她安排在学校的古籍研究所搞复制，这次是和学校科研处的干部一块去武汉华中工学院学习国外复制技术的，也算她的运气。工作尚属理想（另外还兼留学生办公室的教务员工作）。如此，家里也减少许多麻烦，我们日子过得太平些了。

全国作协代表大会代表，上周上海作协开会选举，我和耿庸、王元化都被入选。上海除作协理事外，共选三十余人，这只是民选，还得由上海市委审批，如无什么意外，我们又可借此去京相见了。

祝健！并候全家安吉。

芳 敏
1984 年 1 月 18 日

又，今天收到小说选样书，现寄去五本，您们留两本，剩下的三本，请晓风分别送给路翎、牛汉、绿原三兄。

19840201

风兄：

信及稿子都收到了，想不到您写了这么长，这对社会和人民都有益的，但对您的健康却实在有损。我们很不安心，希望您一定少劳多逸，永葆健康。

文章我看了两遍，过节后，我即送《中国比较文学》编辑部（设在上海外语学院），争取能在第 2 期刊出，或限于篇幅分两期刊出（以俄国苏联文学部分为一期内容，以欧洲、东方文学等为另一期内容）。另外，广西大学还办一个向外发行、用英文出版的《比较文学研究》，我当建议他们译成英文，在该杂志刊用，向外发行，以广流传。

上次我们这里两个同志，为编辑《路翎研究资料》，曾去看过您和梅志兄，他们回来对我说，您们身体精神都很好。我们听了很高兴。路翎历年给您写的那些信，正像柏山写给您的那些信（朱微明同志给我寄来一份复制件），我希望他们能择要选用一些，它们很有历史文献意义。这两种研究资料，该丛书编委会已委托我为审稿人，柏山资料由湖南人民出版社印行，路翎资料由甘肃人民出版社印行，希望年内能见书。

今天是大年夜，现在已是岁年夜，任敏在看电视，我一个人喝酒，遥想到在京的您们，不禁怀念之情，祝您和梅志兄健康长寿，孩子们幸福进步！

又，寄上任敏作品纸剪的"鱼"和"蝙蝠"各一张，表示对您和梅志兄的祝福，这都是她那些年在我的家乡劳动时剪的，这是农村的传统作品"吉庆有余""健康长寿"。

握手！桂英附笔请安。

桂英已将原稿复制了一份，现随信寄上。

芳敏

1984 年 2 月 1 日夜　上海

19840324

风、梅志二兄：

罗洛兄自京归来，除过收到他带回来的您们捎给我的北方吃食和虎骨酒。我们更从他获悉风兄身体精神都健好。可以正常写作和与朋友们聊天。梅志兄起居也很正常，这时我们真是最大的高兴。不过，我们到底有年纪了，不能再像壮年时代那么"革命加拼命"了，更应该注意劳逸之间的调节，多逸少劳，才是长久之计，千万千万！

我已于旬日前出院，这真是一场无妄之灾，好在开刀情况良好，加我的体质还好，并不觉得太大的痛苦。但这是一种"硬病"，到底年纪大了，要骨折的处所完全见复，医生说，要在半年以后，目前还只能在床上活动，要在开刀两个半月后才可以在人的搀扶下在室内学步，要离开室内外出，至少还得半年，那也就只好这么对待生活了。所幸经过治疗，食量有所增加，体力恢复还正常。而且有近两月不吃烟了，也算是收获吧。

回来以后虽然不能外出，也不能上楼（我回家是学校派担架抬回来的），但可以看些书报了，也处理一些工作上的事情，精神倒也开朗。

风兄那篇论外国文学的长文，我已交给《中国比较文学》编辑部同志（设在上海外语学院），经研究，准备从第 2 期起分两期刊出，（上部关于俄国苏联文学，下部关于欧洲和东方文学），并插入风兄近照，文前并对作者做一简要介绍，我同意这么办，不知您们以为可行否？另外，

235

我又复制了一份，托广西大学来人带回，建议他们译成英文，登在他们出版的《比较文学研究》（英文版）上，这个刊物已出了一期，下次我会寄上一本。这篇文章在交出以前，我和庸兄都细细看了，顺手改了一些类似笔误之外，与本意无涉。风兄后一封信提到的那一处失误之处，（关于唐吉诃德），我细查了原稿，并未发现，想是记错了，等看清样时再查对一遍。

路翎兄在京时交给我们这里两位同志的那一包旧信。我已着桂英先取回来了。如此省心，他们编资料如来要用，选几封有文学意义的复制，也可商量。这些信件，如有熟人进京（如耿兄进京开政协之类）就带回。

南京诗稿问题，我已问过江苏出版社可靠朋友，据信上回答说，并无啥背景，只是因出版社内部人事更动，带来麻烦而已。章品镇同志日内来沪，我再当面询问情况，他已离开这里。另在其他单位工作，照您信上说的那种只印其中部分的提法，当然无从商量，无法接受，此事当另行打算。您们不必为此介意。经过十年动乱，这类莫名其妙的事在生活中比比皆是，不足为怪。这也就是中央要狠抓整党的动因，肃清这类有碍四化前进的歪风邪念，首先应是那些借权营私舞弊的宵小。

晓风信上问的那个孙乃修，他在开学时就回来了。他说，临行前本来打算再次去看您们，但为他事所扰不果。

我今年还招两位硕士研究生，（一名出国预备生），初试已过，准备复试，因我卧病，这一切看考卷之类的事只好请人代理。另外，带在我名下的一名日本高级进修人员也将期满回国，另外新带一名关西大学（大阪）来的这类进修中国文学的人员，加上其他行政工作等等，负担还是很重，听说教授可以退休了（70岁上），那明年我就到期了，要争取点多的剩余时间，自己可以写点东西，以不负此生。

元化夫妇，已去广东休养，一下大约不会回来，年前我们去广慈医院看过他，经过疗养，他反而看起来胖了。

罗洛已到职视事，家也安好了，如此上海又多了一家朋友，大家都高兴。风兄身体健好，我们极希望在春暖花开之后。您们能翩然南来，重游洋场，大家多热闹热闹。我被人强加给这种骨科病，看样子，最早到今年第三季度以后才能外出。

又，信上说的我那本《小说选》的《后记》里提到《工作与学习丛刊》编辑人事不实之外，当在再版时更正。《文汇报》说要登它，我已函他们先更正。

匆此顺候

双安！并问候合家好！桂英附笔请安

芳敏
1984 年 3 月 24 日

19840504

梅志兄：

先后收到您们的信，得悉您将参加作协参观西安、成都等地的旅游活动，我们十分赞成。古人秉烛夜游，是苦于人生之短促，我们这些人平白无故地受了二十多年罪，一晃就进入暮年，趁现在还能走动，应该不失机会地四处跑跑，开广眼界，换换空气。您还应该积极怂恿风兄一块出动。他年纪这么大了，还寸阴必惜地埋头干活，实在太辛苦了。更应该出外走走，松散下才行。任敏说，很希望您们能绕到上海，大家欢聚几天，但愿我们能如愿以偿。

我的腿还不行，还不能下地，现在只能像托儿所的小孩似的从床上被弄到沙发上坐坐，多少办些必经办的事，夜间更不能做什么，就这样生活，医生检查的结果，说是钉在右股骨的不锈钢钉子位置移动了，弄不好这只腿会缩短，又严厉要求，只准继续躺在床上，过两个月再去照片子，再看情况，这是个"硬病"，只有慢慢使伤口自行愈合，实在叫人苦恼。但我又算幸运了，在这个半年内，学校先后有三个被自行车撞了的人，我算第二名，先我一名的是一个三十岁的讲师当场死亡，后我的一个是一个五十多岁的副教授，送到医院抢救无效，六天死亡。人们议论说，还是我这个老头子命大，死不了。任敏说，我真算是一个打不死的蛇，人们向我庆贺，我也颇感自豪，您们听了，也一定高兴一场。

风兄的那篇《我与外国文学》，《中国比较文学》预备从第 2 期刊登，文前加照片和简短介绍，广西大学办的英文《中国比较文学》，是我的一个学生主事，我建议他们组织力量译出，在这个刊物上登登，来信说，已译了一大半，预备登在第二期上，他们译成后，我请他们选寄个打印稿子请风兄过目。这个刊物出了第一期，我已嘱人们补寄给您们，据说，第一期在国外反响还好，颇受注视云。

您上次信上说的西北师大编的那本《新中国诗歌研究专集》4月初在扬州开了个编审会，我不是腿坏也去了，据说，这只是本资料书，不收原文，只收一些评论文章及目录，"时间开始了"已列入选目，这本书由福建人民出版社印行。我建议他们承印，本待得到回信再说。江苏事，我着专人去南京问过，据说没什么背景，一般出版社内部复杂，派系林立，往往一部稿子一派赞成一派反对。江苏退稿，我看是由于出版社内部人事变动所致，不必介意。这类事在现在是家常便饭，时有所闻，还有一些人为了保住纱帽和饭碗，专看风色行事，只要风兄文集出来了，哪怕先出一本，别的地方就会松动许多，但另一方面，为了争取与读者见面，有些事不妨先写得隐晦一些，尽可能不要触动某些人过敏的神经，正像晓风说的，先印出来，过个时期再行恢复原状，或另行补充，"文革"时造反派说"有权不用，过期作废"，他们很明白权力的时间性的。历史地说来，权力总是短命的东西，不足为惧的。

风兄的回忆录，要尽力支持他写下去，现在能发表多少是多少，争取尽快地发表，万不时①为一时一事的外界来的不舒服憩手，否则，正中了某些人的下怀，反之，有些不舒服，倒是一种动力作用。但是，他到底有年纪了，更应该注意他的饮食起居，还有您自己，万不可过于劳累，有妨健康，必须多逸少劳，起码要劳逸相等。

李辉寄来登他写的风兄近况文章和风兄写萧军文章的《北京晚报》，还寄来两张风兄近照，我们看到他的体质和神态都比在京时看到的有了起色，大家很高兴。

寄来的《新华日报》文章，复印件将转给沈同志等，请他们用在路翎的资料集内，至于他们从翎兄处拿回的那些旧信，我请耿庸兄捡几封有关文艺论述的复印下来，等他进京时将原信全部带给您。

---

① 原信此处为"时"，疑为"能"之手误。

我今年招两个研究生，初试结果，成绩一般都偏差，我本来想叫李辉应考，因为其中一名是出国研究生，他还年轻，又还没娶亲，应该去外头走走，现在情况如此，只好再看下次机会了。我因为腿坏了，初试工作也不能参加，有两名准许复试的考生，看初试成绩，也难望录取，这样我倒少些事。

孙乃修已回沪，他今年毕业，因为家庭关系不能留校工作，已说妥去北京的社科院文研所工作，还有三名研究生已先后送到美国读博士，如果今年招不到，我倒可以多些时间自己弄点什么了。但愿能如此。

风兄在《光明日报》和《文汇报》上的文章，我们都看了。朱微明来信说，《文汇报》文章反映很好，我还不知道这是她的访问记改写的，这位老太太为丈夫的事席不暇暖地奔走南北，这点令人钦佩。这类文章先在报上登登，多些社会影响最好。

到今年秋冬时，那时我的腿总该可以好了，如得借口，我们一定进京去看望您们。

匆此，祝

健好！问候风兄及全家好，桂英附笔请安

芳敏

1984 年 5 月 4 日夜

19840601

风兄及梅志兄：

前接来信，得悉梅志兄将于五月下旬，随作家团去陕川各地访问。想已成行，耿庸兄去京开会，尚未归来，我们很惦记您们的情况。

今日接到上海书店经理毕青同志（生活书店出身，想您们或许相识）来电，他们想翻印出过四本的《工作与学习丛刊》，他问到编辑负责人，我答以风兄和雪峰。为此，他想请风兄为复印书写个序文，介绍和说明这个丛刊的情况。他还说，这个丛刊的四本他们都有收藏，如写序文需要参看，他们可以寄去。上海书店这几年专门翻印旧的书刊，这位负责人毕青同志和我还有些交往，《工作与学习丛刊》如能因他们的翻印，得到广泛流传，也是一件好事。希望风兄答应他们的请求，提笔写上一篇，好在这是个介绍性的文章，又属于回忆性的。写来不会太费事。文章写成后寄我，我这里再送交他们，如需要先看一下这四本丛刊，告知，当嘱他们直接寄去。

我们这里一位中年教师，陈鸣树副教授（系李何林同志在南开大学执教时的研究生）编了本《鲁迅与胡风》的资料书，将由河南人民出版社印行，李何林也为这些书写过序言（文章发表在天津出版的社会科学刊物上）。陈君来说，需要风兄的一张照片，印在书前，我们这里有一张李辉前些日子寄来的风兄放大的近照（在书房内，全身），不知适用否？或另外寄一张来，也请告知。

晓风寄我的风兄谈"与日本文化的关系"的文章。我寄到南京的《江海学刊》（江苏社会科学院机关刊物，综合性的），该刊负责人日前来信说，已排入该刊第四期（七月出版），要我写信时转告，他们就不另外写信了。

风兄的那篇《我与外国文学》，已排入《中国比较文学》第二期内，编辑说已来函告知。它的英译文，广西大学同志来信说，已译好大半，我要他们译完后先打印一份寄您们审阅，也可望在用在该报刊版的英文本《中国比较文学研究》第二期内，年内可望出版。这个外文刊物，第一期出版后，在国外颇有影响，英法一些刊物都有评价，风兄应该多找机会，在国际间"亮相"，也算以正视听的一个方面。

我的腿伤，经过三个多月的卧床疗养，已大为好转，这几天由人扶着，我再拄上拐杖，可以在短距离内行走，看样子，再过两个月就可以扶杖走路了。现在车祸频仍，这个时期内，我们单位已有两个同志，为此死于非命，我算一个幸运者了。

我虽然不能出门，但学校事务仍很多，最近由我出面邀请了一位日本大阪外国语大学教授相浦杲来学校讲学，我又忙了一阵子。王元化兄去年赴日时在这人家里吃喝过，为此也来复旦拜望这个日本人，也到我们这里来过，他身体好多了。但上海地面复杂，他这个部长当得似乎并不顺当，这也是苦恼事，看来"学而优则仕"的传统观念还是应该彻底批判、批臭才好。

祝健好！

问候晓风他们好！贾英附笔请安。

芳敏

1984 年 6 月 1 日夜

19840705

梅志兄：

收到您和晓风信，知您已外出游历了一圈，平安回京，我们本来等着您能间道来沪小憩几天，这样就只好期之来日了，实在遗憾了。

我的腿伤经过四个多月的卧床疗养，已日见起色，日前已能挂上拐杖走短距离的路了，算是又冲过生活的一大难关。这半年来，复旦中文系连我就有三个人受到自行车的车祸，在我之前遇车祸的一个青年教师，当场毙命；在我之后遇车祸的一个中年教师，也在医院抢救了六天终告身亡。说起来，就算我命大，只损失了四个多月的时间，而且经过较长期的休息，身体反而有所进步，更算是因祸得福了。

学校已开始放暑假，我们不准备外出，只着桂英回山西去看望父母。今年秋冬之间，如有机会，我就去北京一行，去看望您们。

今日收到上海书店来讯，他们重印《工作与学习丛刊》的工作，已整理就绪，专等风兄的序文寄来，即可付印。他们要我催问一下。晓风信上说，只要从风兄的回忆录中录取一段就行，希望晓风或晓山抓紧一把，赶快抄好寄来。

据上海外语学院来人称，刊登风兄文章的《中国比较文学》第二期已向出版社交稿，文刊用了风兄的一幅近照和他们写的简要介绍。但按现在通行的出版周期，恐怕到明年春间才能见书了。多年形成的"吃大锅饭"的体制不改变，很难谈到效率问题。

三十年代《文学》上刊登的《秋田雨雀印象记》，连同《我的五十年》，桂英已复印好了，现在随信寄上。

上海这几天已入大暑，听说北京今年热得比上海还早，望您和风兄多逸少劳地过热天，多注意身体的保健！

匆此，顺颂

安好！并问候全家好！桂英附笔请安。

芳敏

1984 年 7 月 5 日

19840718

梅志兄：

信及风兄序文和后来寄的评论集都先后收到了。上海书店在此之前曾来函催问序的事情。因为他们已经安排好了《工作与学习丛刊》的复印手续，专等序一到就印。所以这个序寄得很及时，北京天气这么热，风兄又在吃药中，他冒着汗写作，使我们心里很不安，要劝他好好服药，好好休息，万不可激动和劳累，我另外再给他写信。

这个序文，内容上关于茅盾和生活书店的那两段，我特地把耿庸兄，以及何满子兄找来研究了半天，我觉得书店约请写序，在他们的意思是尊重编者，对我们说来，也好借此把这个杂志的事情说说，因为它久已被湮没无闻。上海书店原来也闹不清编者是谁，打电话来问我，我想借此应把事情说说。孔子曰"必也正名乎"，就是这个意思。但关于茅盾和生活书店的那两段，我们研究后十分踌躇，商人怕事，他们看到这么写法，一定怕出娄子，甚至闹到上头去，反而不妥。前半年，《新文学论丛》的编者杨桂欣曾来上海看我。谈到风兄的"评论集"的《后记》中的一些类似的问题，弄得那里的韦某扣住不放，要送至中宣部。我看，在目前情况下，为了争取与社会见面，这些事情，凡是易惹出纠纷、授人以口舌的东西，写出应该暂时隐晦些；只要在不伤害自己又不歪曲事实的前提下，要讲究笔法，直白的写法，留到风兄写回忆录时写进去。为此，我们商量后，将这两段做了一些删改，关于茅盾只写他被列为基本作者之一，挂个编辑名义（这点是参照晓风在《新文学史料》上发的自传和前次给我的信中的写法）。对于冯雪峰，只简单地写"他是领导人，我只能服从"就行了。关于生活书店，只说第四本排好后，得到书店通知说前三本禁了，这一本虽已排成，不能出了，只好拆版，直到四十年代后，看到上海复印本，才知道这本还是出了的，不过改名为《黎明》，就行了。至于当时的思想斗争和生活书店的纠纷内容，这里虽略而未详，但细心的读者，从这些简要的字里行间也能摸出点东西，留有思考的余地。这样也不叫出版者作难，不至弄得大家不欢而散。现在虽然大家"咸与维新"了，但暗里还有潜流，还有王熙凤式"暗里使绊子"的人物。我看评论集上中卷印数，就使人奇怪。上卷印 3500，中卷却印 2000，这个印数少得不像话不说，两本印数又不同，读者很难配套，全国这么大，这个印数，真是杯水车薪。也许有地方只卖上卷，有的地方只卖中卷（我在学校的新华书店只看到中卷），使你啼笑不得。也许我神经过敏，是否有人在暗里做文章，目的是尽量缩小读者范围，影响越小越好呢？凡此均值得吾人深思。鉴于这类事例，我就大胆把风兄的序文做了上述那些删改。他真要生气就骂我，我绝不见怪。他身体不好，我这封信只写给您，您看他情绪暂时瞒着，等书出了，他就不至于生气了，不知您意下如何，这叫作"先斩后奏"。

《中国比较文学》第二期要发风兄那篇长文，文前我要他们除加照片，加点简要介绍，他们参考英文本捷克人普实克编的《东方文学辞典》的条目，语焉不说地写了百把字，太简单了。为此我们已动手写了一个，只写了些主要经历和英译书目，现复制一份寄上，请您们阅后告我。我的意思也是借此向中青年一代介绍一下风兄情况，以正视听。

关于风兄的这篇序文的后记，我要上海书店查一下他们复印的《海燕》所根据的版本版次，及出版年月与出版社名称。现在主编人提出异议，应严肃对待，做一必要声明。旧社会情况复杂，他们据以复制的，可能如您所猜测的，是再版本，但绝不会是他们添上去的，因为无此必要。这些广告内容所介绍的东西，现在早不存在了。我估计，如果原本是翻印的话，可能当时出于这些情况，或许这诸种情况加在一起所致。书商到底是买卖人，出革命刊物担风险，登些不三不四的广告，一为赚些广告费，多收入几文，一为起些掩盖作用，减少些危险，保住身家性命。说得好，或许用这类广告引诱那些落后读者，等等不一而足。总之情况是复杂的。正像这几年的一些文艺刊物常登些美女照片、各种广告一样。比如上海出的《文学报》，常登些补肾壮阳的广告，这些人倒是不愁吃穿的"官商"，尚且如此，何况旧社会那些以卖书为生的资本家呢。

前几天庸兄在家里和我们说起，说是上海文艺出版社，仍借口《和新人物在一起》里写的那些劳模和战斗英雄，现在无从查对他们以后的政治面目，仍然把稿子退了。他说，现在出版社既然愿意承印散文集，那索性把《和新人物在一起》也收进去，倒也是一个办法，我们同意他这种考虑。您如认为可行，可劝劝风兄，取得他的同意，他年纪大了，多年不接触社会，不知道经受多少年的运动，人心变得多么"现实"，多么尔虞我诈，视信义为高档奢侈品，真是"人心不古，世风日下"，恰如古语所云。他又容易激动，这类情况还是少让他知道，省得伤神，鼓励他把回忆录如实地写下去、写出来。这将是一笔巨大的历史财富，将造福于我们的子孙万代。写出来，能现在发表的尽量发表，以广流传，以正视听；但必要的地方，文笔先改得隐晦一些；我相信，历史和人民都是前进的，总有可见天日之日。上海这几天酷热，我的腿虽然基本好了，除过学校开必要的会外，绝少外出，要处理这近半年来积压的工作。学校虽然已放假，但事情仍不少，所幸我们两个身体都好，桂英现在工作了，工作性质和环境还属理想，又忙于补考高中文凭，也安分了。我们也四处托人给她物色对象，"女大当嫁"嘛。先写到这里，祝！

健好！并问候全家好！桂英附笔请安。

芳 敏

1984 年 7 月 18 日

19840718

晓风：

收到前信后没顾上回信，你说编你父亲的著译年表，苦于在京中查阅旧报刊困难，我十分了解这个情况。我看这么办，你把要查的书刊给我开个单子（书刊名，文章题目，出版年月等），桂英没时间，我请助手和研究生帮忙。上海实在没有的，再在北京找，这样可以减少在北京查书的困难，也有利于工作的进度。

你父亲评论集收到了，印制装潢都精美，在现在的出版物中，简直是鹤立鸡群，真是一大喜事。但那印数实在太脱离实际（这是往好处说），而且两本印数不一，据说上海现在只看到中册。中国地盘这么大，这个印数，不仅难满足整个社会需要，甚至也难满足专业工作者的需要，它印数不等，你也无法买齐，这些先生也可谓用心良苦了。为此，我托你一事。我的助手陈思和，也就是李辉的同学（他们两个会写文章），他为了研究业务，急需这部书。你就做主在京找一套寄出，也算对我的工作的一个帮助。

天气太热，你和晓山要好好把两位老人照顾好，使他们饮食如意，精神安定。你们自己也是渐次进入"人到中年"的历史阶段，也应在工作中注意生活和身体，万不可再"革命加拼命"，身体健朗，就是最大的幸福和骄傲。我这快半年把腿弄坏了，在床上躺了三个多月，觉得和坐监牢同样的苦不堪言，因此给你们说这句话，也算经验之谈。

问好！问候你的公婆、爱人和小孩好！

问候你们全家好，桂英附笔问好！

贾植芳 任敏
1984 年 7 月 18 日

19841117 [①]

风兄、梅志兄：

收到来信，得悉风兄住院治病，并且已见痊好，我们感到高兴，那里的居住医疗条件既然较为理想，那就多住一个时候，权当疗养，不必急于回家，只是晓风晓山辛苦一些，我们相信他们会乐此不疲的。梅兄您也应十分注意营养和保健，万不可过于劳累，到底上了岁数了，就应该竭力少辛苦一些，我们这些人毕生不懂什么叫"享福"，但是应该注意保健，尤其是经过了那么长久的苦难岁月的磨难，更应该对我们的生命有高度的价值观念。老那么"革命加拼命"到底不行了，我们应该争取长寿，多看看这个世界，看它的那些五光十色，也是一种高尚的享受。

鸿基兄病笃，据冀汸信上说，是肝癌一类，但还瞒着他，目前已不能进食，使人心焦，我这里事情堆积得太多，出不了门，今天一早任敏和王戎去了杭州，也算代表我们朋友们前去看望，给他一些精神上的治疗。他也是个苦命人，劳碌终生，尚孑然一身，很有点像《儒林外史》里那个浪迹杭州的牛布衣。下个月，杭州大学一个硕士研究生学位论文答辩时，我将去杭，那时将再去看望他。上海的满子、耿庸诸兄也是离不开，干着急也没办法。我们这些人当了多少年的"牛鬼"，现在到了暮年，仍然甘心为人民做牛做马，让那些往我们身上泼脏水的残渣们见他们的鬼

---

① 此信年代失记，据信内容推测，当在 1984 年。

去罢。

南京大学有一位留学生万同林，不知和您们有通讯关系否？他一连给我写了几封信，现随信将他最近一封的复印寄您，也可请风兄一阅。他在信中对一些问题的看法所达到的高度，国内还是望尘莫及。可惜我们目前还没能力给予他的研究工作以大的多的帮助。上次给您们寄了一份新出的《复旦学报》，那上面有一篇论这些年文艺运动的文章，其中对55年一案的论点，多少还有些开放，也说明人们的认识正不断挣脱"左"的枷锁，得到前进。

杭行兄尚未到沪，所以这封信仍然付邮，同时附寄新出的《山西师院学报》一册，那上面登了我的一篇小传，是我们山西老乡抬举我，来信索取的。这也是聊以"正名"的意思。

牛汉兄如能来沪一行也好，路翎的那些信件还放在我这里，总是找不到合适的人带进京。牛兄如到，当托他带回，我们这里一些同志编的《路翎资料》已基本竣工，经我过目后，当可寄出版社。

年内如果作家大会能在京开成，我可能去京，准备能在京多待几天，大家热闹一阵子。

我们准备迁居，目前正在装修，在第九宿舍，有四大间住房，有地板，大概这么的搬一次，就暂时不会动了。大概要到下月才完成。这个月底，我还要进医院"受二茬罪，吃二遍苦"——开刀取钉子。

问候全家好！

芳敏

1984 年 11 月 17 日

又，前信约风兄为特创刊的《外国纪实文学》，写点旅日回忆，不知在本月内可否先写出一篇应景，在他的健康允许的情况下，或由他口述记录也行。该志 12 月内要发稿（明年 4 月出版，最好在该刊号上发上一篇）。

1985 年

19850128

梅志兄：

华东师大的同学陈金荣同志有志于研究风兄的文艺思想和活动，他为此特去京专诚拜访，望能予以接见并大力支持他的工作是念。

我回沪后，患了感冒，目下仍卧床治疗中，想不久可望痊好。

我们已迁居新址是：上海复旦大学第九宿舍 13 号，住处较前宽敞，您如到沪可作为憩足之所。

匆此即颂！

健好！风兄同此

问候全家好！

贾植芳

1985 年 1 月 28 日上海

19850217

梅志兄：

回沪后还不及给您们写信。我又生了病，发高烧，上吐下泻，胃痛，不思饮食，为此住院治疗，经过胃镜检查，断定是胃炎，目前还在服药，但已出院，和常人差不多了。这次进京，接受上次在京生病教训，我小心谨慎。但是回沪后，仍要"补课"，也说明我这个北方人在南方住久，已然"异化"，不能适应北方的气温了。

耿庸兄回沪后又赴广州治病，还未归来。罗洛来信说，他才由京归来，约好正月初二在他家聚会，说是化铁那天到沪，那么趁春节机会，大家又可热闹一阵子。

学校已在假中，但我仍然忙碌不堪，这次生病也与劳累有关，我在学校担负一些行政事务，真是凭空多了许多事，只能做个过渡打算，争取早日摆脱，多些自己时间，做些应该做的事。

回来后我们已迁居，新址是"复旦大学第九宿舍13号"，较原址宽敞，有四个房间，住房周围有大片空地，可以植花种菜，您们如到沪，可权作下榻之所。

春节将到，现在先向您们拜个早年。此次在京，虽然匆匆两面，但我总觉得风兄精神有些委顿，希望您们要细心照料他的饮食起居之外，多在精神上给他一些鼓舞和慰藉。天气暖和了，鼓动他出来走走，因为老是蹲在家里，精神上是有很大的局限性的，我们极欢迎您们在春节间来沪上小住一时，换换环境，散散心，那对风兄的身心健康，将是大有助益的，我们盼望这一天早日来临！

我们一切都好，请了一个小保姆，任敏可以少些操劳，家庭生活秩序也得到安定。您也日见年迈，应万分注意劳逸，家中事务尽量下放给孩子们，越少劳累越少操心才好。

草此不尽，并候

健好！问候兄及晓风晓山全家好！

桂英附笔请安

芳敏

1985 年 2 月 17 日

19850317

风兄、梅志兄:

来信和本期的《新文学史料》《小说导报》都收到了,在此先向您们拜个晚年,祝您们健康长寿,新春多福!

风兄的回忆录我到手后即读过了,这样直抒胸臆,让历史说话顶好,这样不仅有助于澄清这些年来由于"人工降雨"所积有的灰尘,也有益于真正的中国现代文学史实的研究,有其重要的文献价值,只是在五十页上把日本作家佐藤春夫的名字误植为"伊藤春夫",应更正一下。

梅志兄七十的人了,还能用这么细致的笔触绘声绘色地描述童年的生活,实在难得,像这样的题材,可以多写一点,积成一本,它又不触动什么人的现实既得利益,是允许存在的。李辉最近寄来路翎兄发表散文《收费》的《北京晚报》,我惊喜他已恢复了写作能力,而且笔调仍然清晰流畅,但这篇似不如我在京开会时看到的那篇,文末有些"套话",抻了个尾巴,我看这是多年精神创伤的印记,又不觉怅怅然,望文叹息。

我从北京回来后,又去医院住了十天,照胃镜,医生说,是幽门充血,是胃炎病,并结论,"绝不会病变为癌症,请放心"。我说,"您这句话真是一句顶一万句,字字闪金光。"但仍在服药中,过几天,还得去再照一次,看看吃药的效果,但目前一切如常,没有病态。

春节时,化铁到沪,在罗洛和我们这里都住过,经过多年的苦难,难得的是他精神状态很正常,思路言辞都很正常,令人高兴。正好春节,我们在他居留期间,饮酒作乐,大家快活了几天。他才六十岁,还可大有所为,我将写信给章品镇同志(他现在是江苏作协党组的负责人),希望能先解决他的作协会籍问题,作为"出土人物"在社会上"亮相"。

晓谷在昆山开会,也在会前后来家住了一宿,他已是"人到中年",这代人最辛苦,工作负担最重,累不堪言,我们劝他在沪多住几天,聊为休息,他还是按时回宁了。实在遗憾,他的责任心和事业心,又使我们高兴。

晓山不知已外出否?梅志兄如到浙江一带,无论如何到上海一行,借机小休一个时候才好。

贵州《创作》来信说,风兄评论集后记,他们将发。当嘱他们把刊物直接寄您们。我们一切正常，我仍然为学校杂事所苦，也实在没有法子。

问好！问候全家好！

植芳 任敏

1985 年 3 月 17 日

又，新近看到一本台湾出版物，是一个叫刘心皇的人编的一厚本《现代中国文学史话》（正中书局版新华出版物），那上面作为序言的是胡适1958 年的一篇讲演，内中包括胡适评鲁迅、胡风（55 年事件）的一些说话，晓谷也看了，不知您们看到过没有，如没有见，我将有关部分复印一份。晓风可以注意收罗这方面的材料，它们有其史料价值。

又及

19850510

梅志兄：

前信收到，得悉风兄患病住院，我们上海朋友听到后，真是五内如焚，好在这是早期病症。只要治疗护理得宜，起码总可以控制住。我们应有这个信心，经过漫长的苦难岁月，我们都熬过来了。这个病痛，应该一如既往地以乐观态度对待，万不可丧失信心和自己的力量，否则真是庸人自扰，徒苦恼耳。一定要保持乐观，冷静态度，尽我们最大的努力来照料他，同时在精神上给他以鼓舞，我相信，只要我们善于努力，总可安然度过这一关的，经过多年的苦难锻炼，我们相信您有这个信心和力量。现由王戎兄到京探望，对风兄也是一种精神上的支持，我们要群心群力的和一切困难（包括疾病）斗争，鉴往而知来，困难总是可以克服的，取得胜利的。

同时托戎兄带上人参一支，乐口福一筒，您更应该保重。这些年来，正是您的全力支持，风兄才更顺利地克服了一个一个的困难，获得我们的胜利的。您千万要保重，多多保重！

风兄那篇《我与外国文学》广西大学出版的英文本《中国比较文学研究》（刊名《文贝》）已译出，登在不久出版的第二期上，不知他们已直接寄去否？如未收到，我嘱他们寄去，这杂志出过一期，在国外很有些影响。至于中文本《中国比较》第二期（风兄文章刊此），校样早已校过，

250

只是出版社拖延，还未出书，大约也不要多久了。

那篇"评论集后记"，贵州出版的《创作》（现更名为《新时代人》）已发出（本月9日《光明日报》有广告），不知看到否？书出后，他们会直接寄去的。

桂英已结婚，她感谢您给她带的贺仪，我们也算完成一个任务了。

草此 祝

健好！问候全家好！

桂英附笔请安

贾植芳 任敏

1985 年 5 月 10 日

19850517

梅志兄：

前托王戎兄带上一信，想已收到。今日接王戎信，又陈思和从北京开会回来，碰到李辉，也谈了一些情况，我们非常惦记，王元化兄今天下午来我这里，也谈起您给他来信的情况。总之，要沉着冷静地对待，重要的是生活的护理和精神上的激励，是否找个有名气的中医，中西医结合治疗，或许更有效益，而且中药缓和，少有副作用。这里有的同志，就用这种办法，收效显著。

寄上广西《文贝》一册，风兄那篇文章刊在这里。我看了一下，有些错译，因为英译者是年轻人，学外国文学的，对中国现代文学陌生。但能较迅速地把它译出发表，也有些好处，因为这个刊物从已发行的一期看来，颇为西方学术界注目，纷纷有人著文评论。给风兄一阅，也是一些精神上的慰藉。

我这些日子忙极，心里实在想上北京去看看您们，六月份可能空些，争取能到北京一行，望您多保重。

匆此， 祝

健好！并候全家好！桂英附笔请。

芳 敏

1985 年 5 月 17 日

19850613

梅志兄：

罗洛兄回沪后，获悉风兄病逝后关于有关历史遗留问题和现实问题、您及京中诸友的意见，这几件事：一、对 80 年文件的错误更正问题；二、悼词；三、治丧会组成；四、风兄遗愿，（党籍）都是最基本的，一定要按规定意见坚持，不能草率地开追悼会，千万，千万！

还有其他一些问题，也是趁机提出，请求中央：一、风兄病逝后，关于家属物质待遇及补偿问题（包括房屋、晓风工作、抚恤金之类），及 55 年抄去的财物（主要指信件、日记、文稿、书籍之类），与这二十多年来我们欠发的工资补发问题，因"文革"中受害者，都在平反落实政策时，分文不差地补偿了。我们不是眼红这几文钱，这是个是非问题，也是是否"在法律面前人人平等"的真实性问题。我们完全体谅国家经过前些年的破坏，经济财政上的困难，但作为平反后的一个内容，我们如不提出，反容易使社会上的人误认我们的平反，只是新形势下的"宽大处理"，我们自己理屈的软弱表现。这等于我们自取其辱，不能坚持真理，不知兄等以为如何？

我本拟即该起程进京吊唁，因罗洛兄谈了京中情况，追悼会一时还不能开，加上我这里规定的工作太多，所以先由王戎任敏进京，等追悼会日期有了眉目，我即来京。

那天接晓风兄妹来电后，我即约上海友人来家，开了个小型的风兄追悼会，会上大家交换了意见，由满子执笔，写了个悼词，聊表我们的一点意思，现由任敏带上，我们希望能在追悼会上宣读。

您一定要节哀顺变，我们要做的事情很多，一定得有一个坚强的身体来支撑，俗可谓化悲痛为力量，其义深远，晓风兄妹也应在悲痛忙碌的革命意志和战斗精神中前进，这就是对他最好的悼念，也是义不容辞的职责。

问好！晓风兄妹好！

芳

1985 年 6 月 13 日上午

19850629

梅志兄：

任敏及王戎兄归来，借悉京中一切，得知您的身心正常，家中生活仍然安定，我很安慰。前此也收到晓风信，此事应据理力争，万不可草率，从容拖个时间不妨，一定要彻底干净地把一切问题弄清楚、说明确，这就是对风兄最好的悼念，我们对死者的责任。听任敏说，您每日仍坚持锻炼，对我也是鞭策，一定要保持健康，我们要做的事情还很多很多，要争这口气。

风兄逝去后，上海报上除转发新华社电讯外，倒无大动静，只是本期的《报刊文摘》上摘登了山西出版的《晋阳学刊》文章，《胡风传》中的一节，本周的《文学报》刊登了风兄为《工作与学习丛刊》所写的序文。编者附信说，这是对胡风同志的纪念。《新民晚报》前几天登了中新社记者所写的一篇文章，在上海引人注目。据朋友说，报馆接到不少悼念文字，难以处理。这就是说，群众眼睛雪亮，隐瞒压制的老作风就更显得可悲了，只能自欺欺人，逞一时弄权之快耳。《工作与学习丛刊》复印本已出书，已嘱上海书店寄出，不知收到否？风兄不得亲见，实在使人悲痛，现寄去复旦今年80校庆时印发给来宾的一本介绍性复旦大学概况，校史中提到风兄，可留作纪念。

告别式有期举行，望电告我即北上。

我九月初去香港开会，已获教育部批准。除会期四天外，另给假六天，发了一笔制装费，任敏正在忙于做准备。今日接香港中文大学图书馆来信，邀请我在会后多留一周，参观该校图书馆，并作讲演。香港《良友》报来信，约我为该报写有关风兄文，想多登些照片，望捡寄一些各个时期风兄及全家照片，以备欢迎云。

托罗洛兄带来的评论集下册及新文学史料已收到。希望您继续执笔，把胡公的回忆录写下去，这是庄严的历史责任，历史将证明，这是一个大的历史事件。未来的中外史学界将像研究中国历史上东汉的党锢之祸和明末的东林党事件那样，研究当代史上这一大的文字狱案，它将是博士论文的题目。

祝

健好！问候晓风姊妹好！

芳敏

1985 年 6 月 29 日夜

19851004

梅志兄：

我已于 15 日从香港归来，在那里住了十二天，又在广州住了三天，我有四十五年未去过这个地方，今日在那里生活，恍如置身异域，它已西方化，我们过封闭性的生活久了，一时颇难适应。

风兄追悼会不知有讯息否？那里（香港）对此事颇为敏感，我在留港期间，看到当地刊物《镜报》对此有所评论。据说，这个杂志也是我们办的，兹复印了该刊物两篇有关文章，随信奉上，此可见一斑。50 年代有关材料亦不少，我因时间短促，不及译查，已托有关同志代为查找看看当时的议论，作为历史资料，也是必要的。

如果追悼会一时还开不成，我们希望您能先来上海小住一时，换换环境，我们这里环境清幽，也适于生活和工作。何日动身先告知，以便到站相迎。

我去港前，曾给晓风一信，我们山西作协办的《批评家》杂志负责人来讯，愿意刊登风兄的有关"五把刀子"的遗作，前信请晓风先寄去，不知寄去否？在念。我的意思，这篇内容关系重大的文章，如能发表，对于澄清是非，很有必要。又接《艺谭》来讯，说是晓风曾给他们有讯，谈刊登她编的风兄年谱事，说未见稿子寄来，他们很惦记。望晓风能先复一信，他们又来信，愿意出个纪念性特辑，您最好也能寄点文章。我为《良友》写的一篇，在港曾晤编者。他们删去了文中的有关政治性词名，并希望多写些，谈些这些年风兄的生活际遇，说是海外对此很关心云。我拟就《晋阳学刊》那篇文章有关内容范围稍作补充。照片供给他们二十一幅，他们觉得很珍贵，但刊出要到明年初了。

刊载风兄那篇文章的《新时代人》已出版了，不知他们把刊物及稿费寄去否？又《中国比较文学》第二期已出版，已嘱出版社寄上二十册，也不知他们践约了否，念念。

我在香港碰到去巴黎开国际比较文学年会的我的一个学生，他就是英文杂志《文贝》的编辑人，他说他此次去巴黎，带了《文贝》第二期一百册，分发与会各国代表，影响颇大。东欧一些国家代表，甚至闻讯向他索取，我听后颇觉安慰。

我这个月不拟出门，盼望您能早日来沪，现在秋高气爽，也是上海四时最好的季节。

我们等着您的来信！　祝

健好！　问候全家好。

芳敏

1985 年 10 月 4 日

19851026

晓风：

今日收到 10 月 6 日的信，在此之前，我九月中旬从香港归来后，约在同月下旬给你母亲写过一封较长的信。信内附寄去我从香港带回来的《镜报》上的两篇与你父亲有关的文章复印件，谈了我的香港之行的一些情况。主要的是，我约你母亲，如果追悼会还遥遥无期，请她先来上海我们这里住一个时期再说。今接来信，说一直没收到过我的信（这封信是作为挂号寄的），这恐怕是邮局之过，现在如上海报上说，邮局管理混乱，上海本市的信件有延期至八天的奇怪情况。外地给我的邮件也常常有迟误，或收不到的情况。如果还未收到，有顺人去京时，我再把这两期《镜报》原件带你（邮局怕失误）。另外，这期《争鸣》也有一篇长文，我再从图书馆找来复印，我从香港大学图书馆找到一本 1956 年的香港出版的一本书，托他们复印了一本，有顺便的人，也一并带你收存。我因行色匆促，不及细查，已托专人有系统地详细查复制有关材料，包括国外材料，到手后再转给你。

我那篇文章，已和《良友》编者见面谈过，他们要用，排在明春，但要求补充一些近时的材料，说国外很关怀胡先生晚期情况，我会酌情补入，照片，从你处拿来的我已全部复印，原件在我处，也将在有顺人进京时，带你面交。

今接来信，知此事已由中组部办理，前此接牛汉信，他已向我述及（因为尚未接到你们的信，我们很惦记，中秋后，李辉来了一信，说过节时看过你们，说一切正常，你母亲精神都好，我们才觉安心），但愿能早日圆满处理。此事已成为众望所在，因为这关系到党的实事求是政策的落实问题，是一个政治性问题。我们相信现在的党中央。如事情近期可解决，可速即告我；如一下尚不能解决，我们希望你母亲能先到上海小住一时，换个地方休养一下。我们新屋还宽敞，会给她收拾出一个房间，安静地生活和工作。我们还关心你的工作问题，不知是否已办好。

《新时代人》杂志（贵州出版），不知把书和稿费寄去否？还有登载你父亲文章（《我与外国文学》）的《中国比较文学》第二期近已出版，已嘱该刊编辑部办事同志转告浙江文艺出版社的负责人伍隼寄去二十本书和稿费，不知已办了否？我去港前曾给你一信，你父亲那篇关于"五把刀子"的说明文章，山西出版的《批评家》负责人董大中同志说，愿意考虑登载，不知已寄去否？这些事情，都盼告我。

我们一切正常，只是学校事务仍然很多、很杂，本月底深圳有个会，下月香港有个会（关于图书馆学讨论的国际会议），我都不能去参加，只好派代表参加，因为学校图书资料系统的三百多个人员要评职称，我被任命为负责人。我又想找出时间住院开刀，拔出股中的钉子，这些事都凑在一起了。

随信寄去我此次去香港时，当地我们办的《文汇报》介绍我的文章。现寄出一张复印件和香港会议的当地有关新闻报道复印件，这里也从一个侧面反映了一些情况。

就先写到这里。

祝好！问候你母亲和全家好，她如来沪有期，请先电告，以便去接。

芳 敏

1985 年 10 月 26 日

19851118

梅志兄：

　　前信及晓风信收到后，我即去苏州开会（任敏同行）；今天又收到来信，得悉胡先生追悼会开会有望，稍觉安慰，但愿能早日举行。据香港友人信称，自我离港后，该地报纸关于胡先生追悼会问题，报道文章甚多，甚至是内幕性质的文章，这说明国外对此事也很注目，因为这是关乎落实政策、创作自由、解决知识分子问题这些大题目，世人不能不关心。因为人们都是举一反三地看问题，以个别看全局。如会期有定，我能摆脱手头事务，一定前来参加。

　　今天王聿祥同学来寓。他去京看过你们，想当记得。他在上海文艺出版社工作，该社出版一种丛刊式的杂志《纪实文学》，他也在其中管些事。他要我向您约稿，写胡先生在"文革"中的生活遭遇，因写"文革"前有些不便，写"文革"批四人帮，是合法合情合理，也是借此使世人明了胡先生及您们一家那段苦难日子的内容，很有实际意义。文章长短不拘，几万字也可，您如健康情况许可，就着手每天写一些，就用纪事体，如写好可告我。聿祥自己去京取稿，文字上您可和他当面斟量，他是我的一个老学生，55、57 年都受委屈，人极直爽，也是一个有经验和阅历的老编辑了。

　　今天此间上海社科院研究所的包子衍同志来电话，说雪峰纪念会和学术讨论会明年一月在京举行，北京文学所要他通知我（我前此已接到邀请信），要我就雪峰文艺思想讲一讲，写篇文章并能准期赴会，并说本期《新文学史料》出了个雪峰特辑，有胡先生逝世前写的一篇回忆文章，由您整理定稿，并说此稿也将收明年四月出版的《回忆雪峰》一书（由胡耀邦同志题字）。讨论会后将出一纪念文集，撰稿人（即讨论会发言人）已安排好，讨论会也已布置好，由阳翰笙主持，丁玲致辞等等，李何林、唐弢、王元化等都约定学术性文字并参加会议等等，规格似乎较大云云。如到时非去不行，我也乐得走走，借机多一次去京看您们的机会，如那时胡先生追悼会已开会，您即和我同车来沪，小憩一时。

　　我这里事情仍很忙碌，但身体还好，上月间我七十岁生日，50 年代在上海地区工作的同学二十余人集资办我祝寿，热闹了一天，下次我当寄您一些照片为念。

　　晓风要的材料，我会一一复制。聿祥如进京或开追悼会我自己进京，当可带去。现在邮路阻塞，邮寄很不保险，现只随信寄上香港《争鸣》的报道一则，请您们存查。

　　匆复　祝
健好！问候全家好。

芳　敏
1985 年 11 月 18 日

1986 年

19860103

梅志兄：

收到前信后，昨天又收到晓山信，今天我们上海几个朋友在我家便饭，谈到此事，我们认为事情总算有了个眉目，但总希望所有遗留问题，最好在追悼会前完全明确解决，其中包括您们的住房问题。否则会开过后，再动手解决，恐怕就更拖延时间了。总之，希望在追悼会前能把应该解决的问题（即您们提出来的）解决了才好。务请沉静处理。我正拟给您另回信，接到庸兄电话，说刚收到晓风信，追悼会决定本月 15 日举行，我们九个人（我们两个、庸兄与满子兄）决定本月 12 日共同赴京，车票买妥后当电告，希望晓风能到站相接，先把住处确定下来，其余的就到京时再详谈，好在 13 日我们即到京。

晓山信上提到发讣文的事，我们拟了一个名单，随信奉上，请参照。总之，希望范围广泛一些，影响尽可能扩大才好。

王戎患心脏病，恐不能来，罗洛明日赴京，庸兄电话上说，已托他把这里情况转告，元化有事大约也不能来。

前寄的陈辽同志发表在《中国》上的文章，我读过了。它有其特点，超过过去这几年的评价水平（如关于"精神奴役创伤"的理解等，就颇有新意），当然也有不足之处。这位同志，我在外面开会时常碰到，也算有些交情，希望能多读到第三者或中青年一代这类文章才好。他们头脑比较干净，看问题比较客观，因此多一些科学性和学术性，更接近历史的真实。这就是青年一代可爱可贵之处。

追悼会在即，您们里里外外地忙碌，紧张情况可知，但仍应十分注意正常的饮食起居。不可过于劳累，因为身体就是吾人的最大资本，我这几年，才深深地认识到这一点，因为要做的事情还有好多，好多哩！万望珍摄，保重！

今天我也给朱微明大姐打了个电话。她在家卧病不便行动，说是小莲10日左右进京参加追悼会，我也约她能写些悼念性文章和挽联，小莲进京时带去。

一切见面详谈，祝

健好！并问候晓风兄妹全家好！

芳 敏

1986 年 1 月 3 日晚

19860105

晓山：

李涛同志是摄影工作者，即李芸贞女士的侄儿，他和你相识，他希望你父亲追悼会举行时能拍些照片，和参加追悼会，特为介绍，请你们相谈是荷。

问好！

贾植芳

1986 年 1 月 5 日上海

19860119

晓风：

　　我们四人一行已按时到沪，现随信寄回四张，以便报销。

　　事情总算大致告一段落。但遗留的诸问题（如发文件之类）也还需要紧追办理，早日见之实际。因为多年的生活实际告诉人们，这些官僚们讲话，往往不记在心里，患有健忘症，你不催他找他，他绝不会主动送上门也。把这些应该处理的事情早日办妥，你就可安心地整理你父亲的遗著，应该写点东西了。

　　这次追悼会开得总算差强人意，我感到首都文艺界人士大致都到了，这里可以看见人心所在；我们的一些天南地北的朋友也得以借此一叙，也是一大快事；上海的三个报纸，也都登了消息；我还想和《艺谭》商量一下，是否请他们把追悼会上的挽联，由你选录一些登登，我觉得如此很有意义，并可以告慰于逝者，上海文艺出版社准备出版《传记文学》一类的大型刊物，王聿祥也算关系人之一，他早就说要请你母亲写一篇你父亲的传记。此次在京时，我和你母亲商定，她写回忆录，传记就由你写，现在你就构思、动笔、字数二至三万，写好后即请寄交王聿祥（或由我转）。他如认为有需要商量的情况，他会去北京当面和你谈的，好在你也认识他，这事好办。

　　天气暖和了，你陪你母亲来上海走走，住一个时候，你的工作问题，也请和他们早日商定，早日落实，早放心也。

　　草此顺问

近好！问候你母亲和全家好！

贾植芳

1986 年 1 月 19 日晨

　　任敏附笔问候。

19860307

梅志兄：

前信收到，我们先向您和全家拜个晚年！我迟迟未回信，是因为准备在本月份趁参加雪峰纪念会时去看您们，但现在事情有改变。我家里的事情太多，一时脱不开身，所以北京之行只能作罢。现在趁我校沈永宝同志进京参加雪峰学术讨论会的机会，托他带上我们的问候和信函。沈同志他们编过《路翎研究资料》，前几年曾去看过您们，想还记得。

我们上海几个朋友过节很热闹，从前，我们在各家或酒楼一块大吃大喝了好几次。因为都进入暮年，这样的日子不太多了。王元化兄不做官了，今年又每次参加吃喝，而第一次相聚就在他家。

得悉您们近况都好，我们高兴，天气暖和起来了，您是否就把南来的计划列入议程，早日动身来沪，来看看80年代的上海。如时间定了，写个信或打个电报，我们去车站或机场相接，就住在我们家，这里比市区安静，便于休养，要查些书，也较便利。

得在港工作的同学来信，我为《良友》写的那篇关于风兄的文章，已在近期刊出，但未接到该画报来信和该期画刊。最近有人去港大访问，我当托他去看该画报编者，弄几本回来，大家分分。香港友人寄来一些有关报纸剪报，现随信附去，请晓风存查，这些材料，左右派的都有，借此可略悉海外议论之一般。

晓风写的有关他父亲的传记，不知进度如何？王圭祥春节来拜年时，我曾和他述及稿子写好后，晓风可直接寄他，直接联系，必要时圭祥可进京面洽。

现请沈同志带上上海人参蜂皇浆二盒，作您的食补，另一盒巧克力给家里那位小同志。

问好！全家好！

芳 敏

1986 年 3 月 7 日

又：文化部文化艺术研究院那位黎辛同志忽然给我写来一封信，现寄您一阅，也有点讯息意义。

又及

19860411

梅志兄：

来信收读。沈永宝同志以及高文塚同志先后从京中归来，得悉您们的情况，十分安心。从来信中得知您和晓风将于本月20日来沪，我们更觉高兴，我们希望您们能多住一个时候。我们这里环境很清静，查资料写作都很方便，您们好几年没来上海了，多住一个时候，到处走走，也是忙中一快。我们都老了，这样的日子不多了，趁现在还能走动，就多走走、看看，清除多年来历史加给我们精神上和生活上那些重压。

如定好行期，先打个电报，以便到车站或机场相接，上海这个商业城市，交通拥塞，没有人接，绝对不行。

就等着您的电报。

我们一切正常，一切见面再说。

祝健好！问候全家好！

芳敏
1986 年 4 月 11 日

19860708

梅志兄：

前后两信皆收读，近寄的《鲁迅研究动态》已遵嘱分交各方朋友，自您们离沪后，我因忙于为本科学生上课，招考新研究生，为图书馆新馆开馆典礼忙碌，再加上这期间又住了一次医院动手术（取出腿内的钉子）所以疏于写信。

得此次来信，得悉您也经过医生检查身体，如有什么不适，千万马虎不得，还要多请教医生，最好找个高明些的医生彻底检查一下，如此没病放心，有病及时治疗才好。我们上了年纪，新陈代谢能力在衰退，不比壮年时期，加上这多年的折磨，更应重视生命的价值和意义，何况我们还有许多事情等着要做，健康问题实在是生活中的首要问题。

我年已过七十，按现在新规定，教授七十可以退休，只有两种人不能退休，一种是中央和省市担任重大职称的人（如我们这里的周谷城那样的角色）；一种是带博士研究生的人，为此学校向国务院学术委员会提出并获批准，授予我有授予博士之权，即带博士研究生（中国现代文学，因为目前招比较文学博士生没有考生来源）。这样，一下子离不了职，那只能做这样的打算，手头的几个硕士研究生，毕业后不再招，几年内招一次博士生（每次一人），如此腾出些自己的时间来写点东西，目前的情况只有做这样的打算了。

九月间山西建立赵树理纪念馆并开会，我想趁此回晋一行（任敏同行），回久违的故乡看看。到我家乡附近的临汾山西师大讲课，由他们出一切费用。途中经过北京一定逗留几天，去看望你们。

偶然看到《日本文学》（吉林出版）某期上有人写的一篇论胡风与日本文学的文章，写得不错，有些质量，已着桂英复印了一份，随信寄上，请晓风存档。

八月中旬，我们将去连云港，趁那里召开《镜花缘》会议的机会，去住个十天半月，借以小休。

您回忆胡先生文章在《文汇月刊》发表后，反映很好，引起人们关注，但愿继续写下去，把它写成一本书，这是一件庄严的历史任务。但现在首先是找医生把病查清楚，保持身体的健康！
祝

健好！并候全家好！晓山出国想不久可以成行了。

我开刀后伤口已愈合，今天可以开始洗澡了。又及。

芳

1986 年 7 月 8 日

264

19860725

梅志兄：

信收到，所寄的《文汇月刊》和《新文学史料》也先后收读。从信中得悉，您经过检查，无什么大毛病，他们才放心。虽然如此，即或小毛病，也不可掉以轻心，除服用必要的药物外，首先应从生活上着眼，要节劳，注意必要的营养和休息，因为到了我们这样的年纪，尤是人事精神劳动，除平常的饮食外，还应吃些补品，我们这里上了年纪的高寿老知识分子，都有这个经验之谈，我以前还不理解，甚至当成"资产阶级生产方式"来否定，这几年我才从实际中懂得了。我们这里有一二十位八九十岁的老头子老太太，都是以此获得健康和长寿。这点应该向他们学习，何况我们要做的事还只是开头呢？

昨天《文汇报》将您在它们月刊上发表的《胡风传》，以节要形式，整版登了两天，报纸并声明，为便利读者，加印了零售数。我看这是一个好的讯息，因为这个案子已由文艺界走向社会，走向群众，纸里包不住火，时间无情，靠权势来捂，究非长远之计。当然，这也反映了近来在文化界出现的"宽松"气氛。约前两个月，胡启立同志来沪，找一些人谈了话，我也应邀出场。他在会议上说："王实味、胡风以至廖沫沙，他们的三家村事件都说明党在领导文艺上的失误。"后来上海市委负责人在一个文艺界会议上也传达了这句话，传达胡启立同志在那个座谈会上提出的制造文艺界"宽松"气氛的意见。

现在随信附去这两天的《文汇报》各两张，供您存念。文章反映是强烈的，我们和许多读者一样希望您继续写下去，这是一件有极大历史价值的工作，它远远超过文学的意义。

近来因为放假前后，我又忙了一阵子，参加外校研究生论文答辩，为提级的外校教师写学术鉴定，加上图书馆的开馆典礼等等，月底总算大体过去了。今年国务院学委会批准我带博士研究生，因此一下还不能退休（教授规定 70 岁退休，我已过了），我想既然如此，等手里的七个研究生（硕士）毕业，就不再招硕士了，明年招个博士研究生就算了，为此可以腾出自己的时间。像现在忙忙碌碌，心境不能平静，除过写些零碎的应景文章，是无法有计划性的写作时间和心情的。同时，也如您信上所说，留在这个职位上，也多一些和青年接触的机会，以吸收些新鲜的生活气息。

下月中旬，我们将同时去连云港，在那里开过会，再一块转到宜兴。参加一个出版社的订稿会议，十天。这是江苏教育出版社组织的一本书，我挂个主编的名义，书名是《中国现代文学社团流派评述》。关于七月派的稿子，是由北京文研所的吴子敏拟笔的，他为人民文学出版社编过（《〈七月〉、〈希望〉作品选》），是复旦55年毕业学生，也为此受过株连，任该书副主编的两位同志，也是他的同班同学，也都为此戴过"影响分子"的帽子，吃过苦头。

晓山出国前如有机会来上海，就到我家里住个几天，在上海逛逛，他大约该有三十多年没有到过他的生身之地的上海了。

随信寄上《复旦》小报一张，是介绍图书馆情况的特刊。

匆此 祝

健好！

问候全家好！

芳敏

1986 年 7 月 25 日

19860924

梅志兄：

好久没有给您们写信，现趁小高同志进京之便。托他带上我们的问候和这封信。

前些日子，我们去过耿兄那里，他刚从京中开会回来，得悉您们一切如常，您身心健好，十分高兴。从报纸广告上看到《文汇月刊》四月份起，停止刊载了您的文章，我想这大约是形势使然，我们也是历经沧海之人，见怪不怪，只希望您继续写下去，该写的都要写，为历史留下一个鉴证，这就是"风物长宜放眼量"，这句话很对。

前些日子牛汉来南方组稿，在我们这里闲聊了半天。这期间，因为一个研究生毕业，要到《人民日报》海外版工作，我也和徐放兄通过两次长途电话，这些机遇，都使我们得知京中朋友们的近况，也都是安慰。

香港新亚书院邀请我们两个一年内去港做学术访问半个月，已得到国家教委的批准，因为任敏的档案材料在青海，因此现在正请她的青海单位把档案材料复印件寄来，办理去港手续（香港目前还照出国手续办事），我们准备明年二月内成行。

此间友人们都好，王戎兄已结婚，罗洛出国，满子兄十八日去了天津，说是还要去京中住几天，一定会去您那里，我们一切如常，今天有三个研究生毕业，目前正忙于他们的学位论文答辩工作，其余一切，小高同志会和您面谈。

那本台北版瞿志成的书，因为被熟人借阅，尚未还来，这次带不上，不久，陈思和要去北京，再请他带去。

先就写到这里，祝
健好！并问候全家好！

贾植芳 任敏
1986 年 9 月 24 日

19861219

梅志兄：

好久没有动笔给您去信了，这期间我从山西回来后，接着与任敏又先后去烟台和苏州，多日不在家里。回到家里，这期间学校忙于评审教师职称（学衔），和图书资料系统的技术人员评审职称，我都参加这两个系统的系、校两级的学术委员会工作，因此整天泡在会议里，简直成了一个开会"专业户"，为此荒废了正务，现在这一工作虽然告一段落，但未结束，趁这个间歇时间，我才握笔定信。

前接信，得悉您去桂林，想已回京，前些时晓谷来沪讲学时谈起，您还未归京，但这又是好些日子以前的事了。

从晓山、晓谷处得悉胡先生的遗著出版事宜，均大致都有了着落，

（包括那个成为重要历史文献的"三十万言"），我们听了感到很大的安慰，额手相庆。因为他的全部著译的出版，对中外研究者是一个最大的帮助，从您的《往事如烟》以及后来巴金的《回忆胡风同志》①发表后，已基本上扭转了社会的视听。我相信，对胡先生的研究工作，将会从此出现热潮，因此必须对他遗著的一一出版，加紧进行。

晓风信上说，胡先生三十年代译的《洋鬼》也在考虑重印，我认为也应积极进行。我们这里我查了一下，只藏有泥土社解放初的版本。题目是《美国鬼子在苏联》，记得当时曾有一些改动（如托洛斯基、布哈林之类的人名）。因此，我认为重版时最好根据早期昆仑书店的初版本《洋鬼》，至于解放初改掉的那些人名也应该保留。前年我在徐州参加瞿秋白学术会议，听他女儿说：《瞿秋白文集》在 50 年代出版时，为了照顾苏联的意见，将《饿乡纪程》《赤都心史》中有关托洛斯基、布哈林、季诺维耶夫等人的名字涂掉，现在新版的《瞿秋白文集》都要恢复原状。《洋鬼》一书也可照此办理，如北京找不到初版本，可着晓风告我，我在上海找到复印寄您。

晓风信上说，台北近年出版了一本专论 55 年事件的书，我得信后，已函告在香港的友人代买，他回信说，接到我信的当天，他就打电话给香港有关书店询问，书店回答说，还有存书。这个朋友年前回沪，当会带回。

年前，陈思和同志将进京开会，届时我当托他去看望您和全家。

元旦将到，祝您和全家身体健好，新春多福！

祝

　　健好！

芳　敏

1986 年 12 月 19 日

---

　　① 巴金：《怀念胡风》，收入《随想录》，人民文学出版社 1986 年。

19861224

梅志兄：

前奉一函计达左右，现趁陈思和同志进京开会之便，托他带上我们的问候，并一些上海食品。

我这些天仍然忙忙碌碌，因此，上次谢韬兄来沪时，匆匆见了一面。久暇相聚，深以为喜，见到时请代为致意。

上海诸兄彼此都忙，只在公共会议场合才相聚。年节已到，当可有机共聚一堂了。

《洋鬼》一书不知是否要在上海复制，请晓风告我。

北京想已太冷，望多珍摄，并祝您和全家新春愉快，大家健康。

匆此，并候

健好！

芳 敏

1986 年 12 月 24 日

随信附上照片四张为念。

1987 年

19870219

梅志兄：

　　陈思和带来的信和食物收到后，忙于过年，未能及时回信，晚上收到信及《文汇月刊》，得悉晓谷一家到京，您们全家过了个欢欢乐乐的新年，十分高兴，我们两个在这里向您全家拜个晚年，祝合家安好，一切顺利！

　　年间，又是寒假期间，会议少些，加上人来客往，我们过得也很热闹，上海的朋友们，年前年后都在上海的饭店大吃大喝了一次，可惜都算上了年纪了，都不如前几年能吃能喝，但精神都很欢快，一如既往。王戎最近办了亲事，为此晚年有人照料，也使大家放心。谢韬兄上次来沪，也曾为耿兄作伐，但耿兄（……）①不就，好在他跟前有老二夫妇照料，生活上总算还有人照应。他和满子兄年初五联手去杭，月后回来，再在我们这里欢聚。

　　眼下刮的这股风，不免影响了大家的情绪，社会上也议论纷纷，时代到底和"文革"与"文革"前不一样了，人都变得聪明了，反正我们该做什么做什么，看样子也刮不到哪里去。看到一月份《文汇》又继续登了您的回忆，十分欣悦，要抓紧时间，一直写下去。这类文字，看样子，不至于受到干扰，即或万一有干扰，写下摆一摆再说。

---

　　①此处两字原信无法辨认。

现趁李辉的一个同事返京之便，托他带上此信和一些上海食品，晓风要的《美国鬼子在苏联》一书，也一块带去。此书复印困难，请晓风与昆仑书店版相对照，即或用这种版本，书名还是用《洋鬼》二字为好。瞿志成的那本书，我这里已买到，下次有便人去京再带上。随信还附去从港刊上复印的有关文章一篇，请晓风存查。

我的教学负担仍很重，今年有三个研究生毕业，外加一个也要毕业，除此之外，还有四个在学研究生，两个外国高教进修人员（一美籍教授，一西德博士），所幸身体还可，可勉励应付。

请多保重身体，今年天暖花开，希望再能来上海走走，小住一个时候，年前接到美国邀请，五月份去美开会（约近一个月），现在还没下定决心。因为人年纪大了，难于适应西方的生活习惯和节奏，因此考虑再三，还不能定夺，到时候再说吧。

祝

健好！并候全家好！

贾植芳 任敏
1987 年 2 月 19 日

19870929

梅志兄：

好久不给您写信了，您先后来信和寄来的胡先生的新书，也都如期收到。这半年多来，我忙于参加教师和图书馆人员的职称评审工作，加上三个研究生毕业，实在弄得团团转，前个月和本月，我和任敏又先后去西安和广州，现在总算暂时放松了一下。

所谓反自由化，我们担心友人们的命运，也担心自己的命运，所幸这个运动反应冷落，这里虽然也有一小组人鼓噪，但已兴风作浪乏术。人们的认识经过浩劫，总算提高了，开放了。目前，总算暂时过去了。看到《文汇月刊》又刊载了您回忆胡先生的文章，又看到诗集的出版，我感到一种慰藉。不管客观情况如何，您还是照直往下写。社会越前进，人们越关心这类历史事件，总希望看到关于这类事件的真实记载，最近听说上海一家杂志刊载了关于皖南事变的小说，刊物已经一下售尽，是一个明证。

近两年规定，教授七十岁办理退休，我已七十有二，去年未办，今年也办了。但仍不能离开岗位，用回聘的方式继续工作（主要带研究生），我想把手头的两届研究生送到毕业，无论如何洗手不干了，因为时间未多了，总得留点自己写东西的时间，以免落个千古遗恨的结局，那就得不偿失了。

　　我今年已感到体质衰退，前一个时期去西安，接着去广州（连带去了深圳和珠海特区），回来后就疲劳不堪，不舒服，而下月下旬又将有美国之行（订好 24 日机票），因此我和任敏都担一把心思，因为在美国将有二十七日的时间，而且每日活动安排得很紧，要走好几个地方，在三个大学开会，要到十月中旬才能回来。目前一切出国手续正在办理，实在身体不行，只能把论文寄去，了此一事。但国家教委和学校总希望我去。真是个难事。

　　我今年有两个毕业的研究生在北京工作，一个叫廖天亮，在《人民日报》海外版，湖北人；一个叫吕胜，在文化部对外文化联络局做翻译工作。已嘱他们去看望您，他们年轻，如去看您，希望多加教导，有什么事情可请他们跑腿。

　　上海的友人一般如常，王戎已结婚，生活有了着落；耿庸现回福建去了。因为大家年纪大了，上海交通拥挤，所以不能常常相聚。今年上半年，牛汉、曾卓，都曾来过，冀汸也有信来。

　　接晓谷信，得悉晓山九月间回来，现在已月底，想该回来了，我们年纪一年年老了，千万注意身体，注意必要的休息，争取多活多看看这个变化着的世界，也做些应该做的事。

　　祝

　　健好！并问全家好！

芳 敏

1987 年 9 月 29 日夜

19871021

梅志兄：

　　前函收到，上海《文汇报》现拟扩大副刊的《笔会》篇幅，该栏编辑陈志强（复旦毕业，同学，山西同乡）来寓相商，他希望近期能刊载一些胡先生书信，以利读者，这主要是由于您给胡先生写的回忆文章，使他们的《文汇月刊》大获读者赞赏，因而生意兴隆的缘故。为此，我就商于您，如果能在即将出版的《胡风书信选》内选几封出来，我看，这对于在社会上引起更广泛的注意，冲破那些习惯势力，在这个事件上的禁锢观念，倒是一件好事。如果选材，以不牵涉政治和当前人事的为准，最好是一些近几年给外国学者作家的回信（我记得去年《鲁迅研究动态》上，曾刊载了几封给日本釜屋修教授的复信，此人与我有所交往并相识），如此最为理想。我这里也存有几封胡先生来信，但多涉及一些文坛事件，人事关系，在目前这样动荡的气候中，以暂缓发表为上。您如认为此事可行。可拣选几封出来，着晓风抄出来寄我，或还寄上海《文汇报》的《笔会》编辑部陈志强收，他是我的学生，也是该报的一个老编辑。

我从广州回来后，经医生检查，发现有冠心病，因此医生建议，除非外出开会时带有随身医务人员，否则恐不适宜，因为此行是应邀开会，每天议程行程排得满满的，为期有二十七天要去三个大学几个地方，因此，经考虑再三，还是以中止此行保险。虽然已订好本24日的机票并已办妥了签证。也只能中途放弃，此事已获得学校同意。因此这里已有此先例——前几年有两位七十多岁的教授出国开会讲学，一名在美国病故，一名回来几天身亡。我已经给邀请者——美国全国科学院主持此次会议者，普林斯顿大学的迈纳尔教授（此人与我相识）写信说明了情况，并寄出论文，算是书面发言，同时我也给北京的国家教委写信说明情况。

目前，放慢了生活节奏，除服药外，多加休息，并决定今年内不再外出。这大约也是由于八月至九月间连续奔波于西安广州劳累有关。我们到底年纪大了，为细水长流计，目前还是以多逸少劳为工作守则才好。

晓山想已回来，前几天晓谷托他的南航同事的女儿（在上海科学院做研究生）给我带一封信，和他在京中买到的没有尼古丁的香烟，知道他一切正常。听这位研究生说，他的教授职称也解决了，为此感到很高兴，他们在人生的道路上总算迈着坚定的步伐前进着。

随信附寄我们在珠海的一张照片，因为我们有一年多没见面了。

祝

健好！合家好！

芳 敏

1987 年 10 月 21 日上海

273

1988 年

19880330

晓风：

我们因即将去香港，前天中午约来上海的朋友，何满子夫妇、王戎夫妇、王元化夫妇、罗洛夫妇、顾征南来寓相叙，也因为春节时上海流行肝炎，大家不便外出吃饭。现在肝炎基本稳定，因此借我们即将外出的机会，聚会一番。吃饭时，听满子兄说起，并看了你给他们的来信，得悉你母亲将回湖北老家一行，现在不知已起程否？在念。我们规定于四月三日先去广州，在中山大学休息几天，八日去香港，此次作为学术访问，在香港中文大学住半个月即归来。

前此日子有一位应光彩先生来访，今日下午他又来访，他已七十岁，是上海水产大学教授，能源专家，但他喜爱文艺，在重庆时曾去过你家相访，他写些诗寄你父亲，也由你父亲分别介绍到各刊物刊登，但他不在文艺界，现在年纪老了，很想收集一下自己青年时代的作品。他说他的第一次发表的作品，就是由你父亲介绍到桂林出版的《文学》上登的，是三首诗，其后发表在《中原》及《抗战文艺》等报刊上的作品，也是由你父亲介绍的。他写了一个字条托我转你，如果你存有上列杂志，希望能代为一查，或复印。你如果无法查到，我再找学生在上海查。

上次接到你母亲信后，我才知道写《胡风传》马蹄疾其人的一些情况，为此，我已写信给他，婉谢了他要我为他的书写序的要求。这类名利之徒，还是少惹为好。

我们四月底回来，到时再另写信。

问好！问候全家好！

贾植芳
1988 年 3 月 30 日

19880701

梅志兄：

好久没顾上给您写信，因为本学期将结束，我又忙于研究生的毕业论文答辩和新生的招考工作。桂英从北京出差回来后，得悉您精神身体都好，十分安慰。她带回来的您回忆胡先生的文集和《胡风杂文集》也都收到了，并转给了各友人们。后来又收到您的来信。关于我在这里的处境和落实政策问题，现在简略地向您谈谈。我 1950 年以教授身份进入大学，1956 年教授评定级别时，我正在坐监狱，无从参加，1980 年平反，恢复了原职称和工资。进入改革时期以来，中国又恢复了学衔制，而现在评的教授，却取消了以级别分待遇，所以我依然如故，工资上略有调整。在 50 年代，大约受了苏联影响，教授相当于部级干部，而现在虽然报纸上一直叫喊要重视知识和人才，但现在评的教授，却只等于厅局级干部，实际上比过去还降低了。实际上在某些掌权人心里，知识分子仍然属于异类，不过不批不斗不抄家，就算得了便宜了。这多年我也耳闻目睹不少"一贯正确"的人，为了争名争利，撕破面皮，吵吵闹闹。我一个剥削阶级的子弟，在过去受苦受难，原不是为了寻求自己的安乐和享受，所以实在不愿学这些"同志"的样子。这大约也由于我还不能摆脱旧士大夫的"清高"，爱惜自己的人格这种思想的支配。但现在是一个时兴"斗争哲学"的时代，接到您信后，惹起我们的深思，我打算忙过这一阵，给学校的领导写封信，要求解决我的级别待遇问题，如果他们不能做主，就请转至他们的上级。

近年政策规定，教授到七十岁一律退休，但由于我是博士生导师，又是两个学科的带头人，所以原规定不能退休。去年政策又有变化，博士导师也得按规定退休，但只办一个手续（这个手续他们人事干部早代你办了），仍得以回聘方式继续工作，我本想趁此彻底摆脱，求得解放，定下心来自己写点应该写的东西，但又因为我具有两种硕士学位授予权，一个博士学位授予权，如果我退休不干，这三个学位点就会取消，尤其是比较文学这个学位点，因此学校还不让离去。只能再混一个时期，再见机行事。我现在手头仍有三个在学的硕士研究生，两个博士生，负担较之一般中青年教授都重。这就是苦恼。我现在除研究生教学工作，经常忙于为全国各高校教师升教授或副教授，科研单位评研究员，副研究员写学术鉴定，或为各地出国留学生写推荐信，只能掏空写些短文，如序文之类，实际上是文学应酬工作。

您的语重心长的来信，惹起我的思想激动，所以写了这一片"吐苦水"的话，这也是一个中国知识分子的精神和心理负担。有人评中国知识分子，说是"价廉物美，经久耐用"，大约就是概括这种生活现实。

我和任敏由陈思和同志陪同，四月份应邀到香港进行为期半个月的学术访问和讲学。我们于四月下旬离开香港回来，前后都在广州中山大学休息了几天。陈思和仍留在那里，以访问学者的名义，由中文系、英文系提供住宿和生活费，在港地进行学术研究四个月。现在寄上我们在香港生活的照片几张留念。本期《上海文学》发表了陈思和的一篇长文，文中对胡先生的文艺思想做了一些新的评价。本日（7月1日）《文汇报》，对该文摘要发表，现寄去这篇短文的简报，由晓风存查。日前有一个日本京都大学的博士拜访我，说是日本研究胡风的人多起来了，我托他收集这类材料，前几天我接到香港《良友》画报编者来信，他说，台北的《联合报》副刊主编痖弦（就是三十年代的现代派诗人路易士）[1]来信，并开了一个约大陆作家为该刊写稿的名单，对被邀的每个人都拟定了题目，上海有许杰、施蛰存、柯灵、王西彦、王辛笛、师陀，北京的萧军、端木蕻良、萧乾、艾芜等，他给我出的题目是，"一：我所认识的胡风，二：我们参加的文艺社团"。这位台湾诗人信上说，"如果诸公

---

① 路易士名纪弦，著名现代派诗人，曾在1950年代台湾提倡现代诗。痖弦是台湾创世纪社诗人，台湾《联合报》副刊主编。贾先生误以为一人了。

不愿意回忆过去，写点文学创作，尤其欢迎。"您此次信上说，漓江出版社愿意印我们这一案的个人回忆文章，我想就趁此写一篇，但往台北《联合报》发表，又当小心从事，虽然蒋介石父子死了，海峡两岸形势有所松动，便仍需小心谨慎为好。

李辉今天来写，说是他写的有关这一集团案件的报告文学已经写就，想请您近期审阅一下，今年先在报刊上发表，明年出书。您对他的文章，请多加指正，他下笔比较勤快，也为写本书查资料花了不少力气，如果能顺利出版，也算填了一个空白点。

近接上海作协通知，要我和任敏八月下旬到北戴河休息一个礼拜，说是中国作协的名额。如果届时可以成行，途经北京时，我们一定前去看您和全家。

匆此，顺颂。
健好！问候晓风，晓山夫妇及小孩好！

贾植芳
1988 年 7 月 1 日

19881113

梅志兄：

收到来信，回来后一直没给您写成信，一方面是连续为学校事务干扰，又生了两次病，上礼拜去看满子兄，在他那里多喝了几杯，回来就不好过；隔了一天，有人请客，主人从江西带来那里的名酒"四特酒"，我没喝过，为此贪杯，当夜就卧床，胃痛复发，昨天去市内医院检查，服用了药物，今天才恢复元气，可以看书写字了。

从来信得悉，胡先生的学术讨论会，明年四月能在武汉举行，实在算是一件空前盛举。至于中国作协那种恶劣作风：一方面给你彻底平反，但内心又有所不甘，无中生有地在所谓"级别"上刁难，实在气人，也更令人警惕和清醒。前些日子，刘再复在《文汇报》发表了为李辉的那本书所写的序，其中说，中国一直有些人认为自己一贯正确，正是说到点子上。听说北京近来为了一部电视片《河殇》又闹一场，有些权势人物又气势汹汹，想［帮］①权重演。因此，我们也不必为此生气，只要会议能顺利进行，就是最大的安慰。上海这《书林》最近出了一期批《序言和按语》的专辑，不知您看到否，朱微明写了一篇三万多字的长文，该刊将分期刊登，此稿事先朱微明同志将原稿寄我看过，我只改动一些对我们不实记载（如说我第一次判刑后放出，又第二次提出判刑之类，其实我是 1966 年 3 月下旬以"骨干"罪名判刑十二年释放回原单位"监督劳动"后不久，我又收到宝山人民法院判处剥夺选举权的判决书）。《书林》也找过我，他们要连续出两次专辑，我一下腾不出手，未能动笔。《上海文论》从前期起，由陈思和、王晓明（王西彦的儿子）发起，组成一个"重新评价中国现代文学"的专栏。对这些年流行的中国现代史上的一些扭歪变形的人物和作品、理论和论争重新审视评价，下一期将刊出陈思和对胡先生的评述专文。明年 4 月的武汉之会，我们一定前往，我已向陈思和说过，他先准备一篇论文，届时与我们同行，他也满口答应。重庆出版社的编辑卢季野也来看过我，他们已将《胡风与我》一书列入明年出版计划，我也一定写篇回忆，因为我有二十五年的苦水要吐。这篇文章，我略加压缩，同时准备发表在新加坡出版的华文刊物《开放》上（是上海《文汇报》和新加坡的《联合早报》合办的，该刊编者找过我）。因为外国学术界也关心这个问题。我从北京回到上海的第二天，接见一个六人组成的日本教授代表团，其中一位大阪大学的片山智行教授对我说，55 年中国批判胡风，政治多、文学少，为此他当时写了一篇《胡风批判的批判》，他说"胡风是一位优秀的文艺批评家"。我将托去香港的朋友，在那里收集些最近海外对胡风第三次平反后的反响和论文，因为国外一直注意这一问题，作为了解中国现实政治的一个视角，也是研究中国现代文学的一个重大课题。

关于我的级别问题，我回来后已给学校的党政领导写了封信，他们表示重视和关注，派来人问讯了详情，答应予以转请市委处理，认为应该解决。我又提出发还我 55 年被抄去的两部译稿（一部是《尼采传》），他们说，已托在上海开会的一位公安部局长（参加过 55 年案件的处理并且知道我）带回北京查询。这就拭目以待了。因为正如学校所说，我现

---

① 原文如此。

在还在工作。罗洛兄说，先让他在市委宣传部长前提出，两条线同时进行。其实现在上海宣传部的正副部长都是复旦出身的，主管文艺的一位副部长与我很熟悉，他原来是上海文学所所长，还聘我为该所的特约研究员。他现在去北京开文代会，回来后先和他说说（他仍住在复旦），必要时再找罗洛兄帮忙。

我们这里一切正常，王戎离我不算远，常来坐坐，顾征南现在还上班，我去京前来过一次。您给他的信，我也转寄给他了。满子兄伤势比我轻，还可勉强下地，不误写文章，我就因如前头说的，在他家喝了一顿酒，回来第二天又多喝了几盅，为此卧床近一个礼拜，今天才算恢复了元气，可以正常生活了。

已写很多了，下次再谈。

祝

健好！ 问候全家好！

植芳 任敏附笔问好

1988 年 11 月 13 日

又，您 12 月去深圳，归途请能到沪小住为盼。

19881224

梅志兄：

收到寄《新文学史料》并已分发给王戎、陈思和。本期《上海文论》的"重评现代文学史"专栏，发表了陈思和写的论胡风文艺思想文章，现给您寄上一册存查。去年人民文学出版社约我负责为高等学校教材编一部中国新文学史，主要由陈思和执笔。

朱微明同志为上海《书林》及《传记文学》写了三万多字的回忆胡风和柏山的文章，原稿寄我看过，她写了一些与此案有关人员情况，多属传闻之辞，我写信就所知情况告她，但《传记文学》并未照她的更改处改过来，她来信表示气愤。她一次电话上对我说：上海下台的宣传部长陈某，面斥《文汇报》一位副总编，说是"《胡风传》登下去没有意思，可以中止了"等语。说明了一些极"左"干部的心理状态，仍然以"一贯正确"自居，但这些走向，却值得警惕。

关于我的级别问题，据学校有关负责人说，学校已报请上海市委，最后还得由国家教委审批云。好在我们现在的生活还不至于像农民祈求老天爷下雨那样地祈求那点恩赐的几个有限的钱，否则真是要望梅止渴了。我们还是能比较"平安"地生活着。

我有一个学生孙小琪（女）为上海妇联负责编一个雅俗共赏的社会性读物《现代家庭》，销数有十万份，她要我向您约稿，给她们刊物写点文章（关于家庭生活一类），您如果得便写点，请直接寄她。她要我向您寄一张名片，有她的地址，这个学生还实在。

我前一个时期，胃病复发，病了一个时期，经过治疗，现在算全好了，所以从北京回来后，未离开过上海。计划明年二月到厦门一行，三月到金华住一个时期。

我前接瑞典科学院诺贝尔奖金委员会来函，要我在明年二月份前向他们推选一位中国现代作家，并说明被推选的理由，我从侧面听说，该会有意推选现代诗人北岛，但受到中国官方的抵制，权衡之下，我打算推选巴金，因为他的《随想录》也还为老百姓说了些话，经过"文革"后恢复了人的良知。

您的深圳之行，不知去了没有，听说北京气温已经很冷了，请多保重，明年春暖花开，希望能来上海散散心。这地方离官场远些，空气还比较干净。

匆此　祝

健好！并候新年好！问候全家好！

芳敏

1988 年 12 月 24 日

又，上海社科院文学所编写了一部《三十年代在上海的"左联"作家》上下二册，已出版，当中收有胡先生条目，包子衍是编辑负责之一，不知道送您书了没有？如未到，我再托顺人带上一部存念。

又及

1989 年

19890109

梅志兄：

前奉一函，计达左右。现趁侄孙女小彤回京之便，托她带去我们的问候，并一些上海食品，祝愿您及全家大小春节快乐，身体健好！

这期刊载李辉文章的《百花洲》想已收读，我觉得他基本上反映了这个惨剧的历史真实，尤其把它放在整个历史背景下来写，更激起人们的深思。当然，要把这宗冤案写得全面而完整，那还得花更大的时间与功夫。请您多向他提些应该提的意见，以便他在印书时能改正过来。

我已接到湖北大学开胡先生学术讨论会的通知，那天碰到罗洛，他说开会人数比原来定的减少。请您通知负责筹备会议的同志，能给陈思和发一通知，因为他尚未收到。他现在已被破格提升为副教授。正在对胡先生的文艺思想进行系统性的研究工作。

我们一切正常，春节后我将去厦门参加一个与香港学术界合开的会议，四月份再去成都，任敏或将同行，跟上看看玩玩。

上海这些天很冷，大约也算冬天最寒冷的时候了。北京气温更低，望多注意饮食起居，多逸少劳才好。

给您送信的我的侄孙女，是复旦外文系学生，已经是三年级了。

匆此，顺祝

年禧！并祝阖府欢乐！

芳 敏

1989 年 1 月 19 日上海

19890123

梅志兄：

收到您回京后的来信，得悉您在深圳生活了一个月，并且很有收获，十分高兴。前年九月间，我们两个和陈思和也去那里住了一夜（在华侨大厦），并参观了市容和深圳大学，翌日下午才由蛇口乘船去了珠海，又住了几天才回广州。

您开始就《胡风传》写下记忆中的素材，这个办法很好，因为我们年纪大了，反应迟钝，记忆力衰退，能先把回忆材料写出，然后经过整理正式执笔，如此内容比较扎实，丰满。我想，就以回忆为主干，写成一部胡先生的生活传记，那样比较真实生动而亲切，他的文艺思想发展方面，就以记忆所及来写（如日常谈语，以及和来访者的谈话，以至一切解放前后文艺论争时他的心情，言谈和写作等），不必过于加工。他的文艺思想或学术传记，自有中外研究家、学者，根据他的著作来写的。而您就生活记忆所提供的内容，却是第一手的丰富材料，研究家只有依赖它，而不能自行"创造"的（除非是别有用心的坏种），这就是历史财富。

张光年他们要跳，这不奇怪，更不可怕，"他们人还在，心不死"嘛！因为在开放的形势下，过去那种封闭性政治环境下，所造成的愚昧、麻木、迷信心理，现在已经逐渐在消散了，人们发现了自我的存在价值。历来任何变革，必然要触动那些既得权益者的痛处，尤其在他们还握有一定权力的时候，必然要跳、要闹、要叫，这就叫历史的噪音。

登载李辉文章的《百花洲》已寄来了（出版社寄的），我正在细读，拟为上海的《书林》写一读后感（陈思和也写一篇，这是他提出来的），一来做个广告，二来也补充一些材料。王戎来说，他已收到该期《百花洲》了。其他"分子"不知收到否，出版社的负责编辑洪宜宾（也是复旦生）来信说，是李辉要他们寄的，陈思和也收到一册，如朋友们尚未收到，您可就近告李辉一声，叫他自己寄或托出版社寄（开一名单）。他来讯说，他们夫妇春节后来上海。文章也有些必须在印书前改的地方（如把我和任敏相识写成1937年，又在徐州郝鹏举处当过"副议长"，我1948年在上海吃国民党官司之类）。但我认为他在本书里已基本上把这一历史悲剧的主要情节、线索勾勒出来了。尤其把它放在大的历史背景下来写，更能衬托出它的实际意义和悲剧性质，也更引人深思。我在粗略看过一遍后，给他写了一些意见，也希望您和朋友们多提意见。他在《后记》中也说到，要把这个冤案写得完整深入、细致，那得五年十年之功。但希望大家提出修正补充意见后，他在再版时，可以更进一步，充实内容，使它更丰满许多。

四月武汉之会，我和陈思和同去。前次在一次会议上碰到罗洛，他说王元化和他都去。要写的回忆胡先生文章，我一定努力写出，开会时的发言我也做了些准备。

上海社科院文学所编的①（共上下二册）我已托该所同志找几套来，是包子衍他们牵头写的，我应该所所长徐俊西之约（复旦同学，现在为上海宣传部副部长），我写了一篇。包子衍现在因病住院，所以书迟迟未送来。书中关于胡先生的一篇，是一个叫徐霖恩的写的，此人我不认识，不知事先访问过您否？看样子，他还看了不少有关史料。书如送来，当寄您一套。

我为瑞典科学院推荐诺贝尔奖金人选，已将材料及信寄去了，我推选巴金，听说官方推荐艾青，又听说，瑞典方面原有意于北岛（朦胧派诗人），中国作协党组不同意，并派人专程前往斯德哥尔摩游说。现附信②寄去我致瑞典科学学院原件影印本一份，您看看玩玩，英文原信，晓山可译给您听。

我们侄孙女小彤，复旦外文系学生，目前回沪度假，她给您们带去一些上海食品，想她送到。

我最近忙于为上海作协的专业中年青年作家评审组工作，大概也因为我身在学校，与创作界无利害直接关系，所以他们要我这类人出头。

巴金与徐开垒（《文汇报》编辑）谈话，上海《文汇报》也登了，随

---

① 此处疑缺书名《三十年代在上海的"左联"作家》，该书由上海科学院文学研究所编，上海社会科学院出版社1988年出版，贾先生为该书撰序。

② 此信收入本卷"其他书信"中。

信附去一张。

我今年开学后，将接受一位美国妇女来读现代文学博士研究生学位。她来自耶鲁大学，付外汇学费，也算中国招收的第一位外国博士研究生，也算为国家"创收"点外汇了。一笑。

问好！问候全家好！

芳敏
1989 年 1 月 23 日上海

19890215

梅志兄：

过年好！

我日前接到现在上海书店工作的范泉同志一信，他为《新文学史料》重新刊载胡先生的三十万言，此次发表时，未对胡先生原件中对他的政治身份的误传加以说明，十分难过和气愤；他希望您在编辑出版三十万单行本时，能有所更正。我不了解这件事情的经过，现在将范泉给《新文学史料》的原件复印稿及他给我的信附上，请您审阅存查。当时在新中国成立初期，政治情况复杂，胡先生一时相信流言，也是人之常情，如果事实说明是误传，我认为在单行本上做必要的证明就可以了。范泉件上的那种标题说法，不必照录为妥。

前接李辉信，已回乡。他信上说，单行本月二中旬可出书，我给他信上那类事实上的失误（如我和任敏 1937 年相识，我当过郝鹏举的"副议长"以及我 1948 年在上海被捕之类），他说来不及更正了，但他计划听取各方反映和意见后，准备再写一本补编，以纠正和补充原书之出入和不足。但总的看来，这本书的写法和具体内容，还是基本可取而可信的，也因此，惹起社会上的注目。上海《新民晚报》上就曾先后有两篇文章对之评价很高，香港的朋友也写信问我找它，说是那里的报刊已作为新闻传开了。

我们已购好本月 23 日去厦门的车票，预备在那里停留一周后，回上海时路过金华下车，到那里的浙江师范大学住几天再回沪。

顾征南的爱人小方年前去世。我们——包括王戎、罗洛、何满子夫妇都去参加了追悼会，我并代表友人讲了话。她也是辛苦劳碌一生，才六十三岁就与世长辞了，实在令人悲痛！

你前信说，有一些人还想在四月间胡先生学术讨论会上"发难"，并不奇怪。现在中国局势不算稳定，他们人还在，心不死，是很不甘心服输的。但现在是一个开放性的文化环境，人们不是"文革"前的那种精神状态了，"形势比人强"，他们是不会有什么作为的，我们都经历了炼狱式的二十多年磨难，这关风浪实在算不上什么了，现在唯一的"任务"，首先把身体保养好，争取健康长寿，但应该写的东西写出来，完成人生的责任。

草此，顺颂。

健好！并候阖家好！

芳 敏
1989 年 2 月 15 日上海

19890313

梅志兄：

今趁伍蠡甫先生的小姐尚中同志回京之便，托她带上我们对您全家的问候。并托她捎去一些上海食品。

我们两人从二月底离沪在外游荡了近半个月，先到厦门大学开会，住了几天，又去了金华，到浙江师范大学访问和讲学，住了几天，由此到富阳郁达夫先生家乡，住了一夜；游了富春江，又去桐庐，参观了严子陵钓鱼台；由此到杭州，休息了几个钟头。见到冀汸，一块和浙江社科院同志吃了一顿饭，乘晚车回到上海。冀汸身体瘦了，大不好前，但精神仍健好。我们约好，四月武汉之会见面，届时两人和陈思和同志同行，由他照料我们，并参加讨论会。

因为在金华住了几天，托尚中同志给您们带去金华火腿一方，香肠一包，另外有两盒蜂王浆，一盒阿胶，还有一盒上海饼干，是送给张本同志的。

在外面流浪了半个月，生活秩序打乱了，回来了，感到十分疲倦，才深深感到年龄不饶人，年纪一大，身体就日见退步了。这才更感到时间的紧迫，该做的事必须赶快做才行。

前个月，学校党委负责人来家，正式通知我说上海市委已给我补定了教授级别，按 56 年定级要求，定为三级（即现时级标准的一级），他们说，我解放后才从事教学的，而陈子展先生任教多年，资历比我深，56 年评为三级，赵景深才评为四级。这几位学校领导态度十分恭敬而谦虚，因此，我也没和他们多话。三级工资基本为二百六十多元，比原来总有些改善了。中国知识分子政治、社会、经济地位在世界上倒数第二，现在比之毛泽东时代，不批、不斗、不抄家、不坐班房了，有一个比较清静的环境，这就算历史的进步了。

李辉来信说，他那本《文坛悲歌》已出单行本，此书在上海知识界反映强烈，前天《文汇报》专电报道了北京开座谈会的情况。听说《光明日报》有较长的报道。香港友人前月来信说，港报也有报道，有反响。总之，这本书虽然下笔仓促，事后又没有将材料核对，存在一些不足之处，但它基本上写出了它的历史面貌，驳斥了 55 年那些"欲加之罪何患无词"的胡言乱语，以正天下视听，以助人们进行深层的历史反思，起到了它应起的历史作用。李辉说，他预备听取各方意见，再编写一本补编，以求完整。我赞同他这个设想，四月武汉之会，他也将来参加。

我手头仍然杂事很多，应接不暇，也只能量力而行了。

上海仍然天寒，我们仍未脱冬装，想来北京也仍然在寒冷中，望您多加保重，注意饮食起居，是祈。

顺候！

健好！并问全家好！

芳 敏

1989 年 3 月 13 日上海

19890319

梅志兄：

写好前信后又想起了两件事：

一：《现代家庭》编辑负责人孙小琪同志（我这里毕业的女同学），一再来信要求您能为她们的杂志写些家庭生活之类的文章。这是个社会性读物，雅俗共赏。希望您能给她们随便写点什么寄去。

二：我们这里有两位青年教师主编一部《世界童话鉴赏辞典》，邀请名人作编委，您是童话作家，他们希望您能挂名。这也是现代出版界的通病，一些工具式辞典著作，请一群名人作编委或顾问，几乎成为一条不成文的规定。希望您能答应他们的邀请。

三：前信说的上海社科院文学所编写的《三十年代在上海的"左联"作家》一书，本已装订好。可以寄您一套，但发现书内页码装订混乱，无从阅读，现由出版社与印刷厂交涉好，拆去重新装订，俟装订完毕，再寄您一套。

植芳

1989 年 3 月 19 日

19891103

梅志兄：

前寄一函，想已收到。现趁宁波师院戴光中同志进京之便，托他带上我们的问候，并介绍您们相识和相谈。小戴同志是华东师大早期研究生，和我们很熟悉。他多年研究中国当代文学，尤其是对赵树理的研究（他在北京十月文艺出版社出版过《赵树理传》一书），很招来一些正统人物的不满。这也显示了他治学上的谨严和开放性态度。他现在受华东师范大学出版社委托，想动手为胡先生立传，他还想去胡先生家乡进行访问，也请您们为他介绍一些关系；至于在北京的朋友，您认为应该接触的，请能给他一些指示和介绍，以利于他的工作顺利进行。

我们一切正常，我近来忙于延医治疗皮肤病，不时要去医院打针诊视，也弄了许多麻烦。还顺便托小戴给您带去白参一支，和送晓山小孩的两盒糖食。

冬天将届，望多珍重！

匆此，顺颂！

健好！并候全家好！

贾植芳 任敏

1989 年 11 月 3 日 上海

19891223

梅志兄：

现趁孙乃修同志回京之便，托他给您带上我们的问候和一包东西，其中有晓谷给您买的血糯一包，任敏给张本同志买的上海饼干等物，还有任敏给您的一件鸭绒背心裤一条和鞋子等，另外有两套书，一套是我编的《中国现代文学社团流派》，一套是上海文学所编的《三十年代在上海的"左联"作家》，此书有我写的序文，本来去年就说送您一套。因为装订错页，漏页太多，到现在才找到一套印刷完整的送您，这两套书都与胡先生有关。晓谷在这里住了几天，他初到时，我们在苏州，我们回来几天后，我又到青浦参加巴金学术讨论会。因为这个讨论会，我请来我的老乡，北大教授王瑶来开会，不巧他到上海后就病倒了，抢救近二十天，终于故去。我为此忙乱了一阵子，才告一段落。好在上海对他的治疗条件以至故去后的事办理情况，都比较像个样子，使我稍觉宽心，也聊以告慰死者及家属方。

这些日子，又适逢各校研究论文答辩，我又得忙一阵子才可告轻松。所幸我们两个身体还好，所以一切正常。

新年将到，我们先给您和全家拜个早年，祝您及全家身体健好，一切大吉大利！

李辉夫妇前些日子来开会，也住了几天，早已回来了。

又，装东西的那个袋是任敏送给您用的，不要再带回上海了。

匆此，顺颂！

健好！

芳 敏

1989 年 12 月 23 日上海

1990 年

19900531

梅志兄：

　　好久没写信了，您的前后两信和晓风信，都及时收到了，昨晚田南帆来，说您的那篇《旧事难忘》所以等到今天才刊出，一为迎接六一儿童节，二为纪念胡先生逝世五周年，他要我将他们的用意转告您。今天看了报纸，它被刊在头条，但在今日时势下看这篇文章，真又使人感慨万端，因为这类民族悲剧，并未因此绝迹，老派人物纷纷出笼，上台、旧的口语、语言、理论又甚嚣尘上，文坛上一片大张挞伐的风潮，正方兴未艾。我们都是经过大风大浪的过来人，这类怪事早已见怪不怪了，只是感到遗憾罢了。

　　我因为学校杂务（招考研究生，评审职称，研究生毕业论文答辩等），很忙了一阵子。所幸我们两个身体都健好，生活正常，这当中又去了一次苏州和浙江海盐，也算忙里偷闲，换换生活情境，寄情于山水和友情。

　　本来受经济的冲击，文化出版事业已陷于低谷，目前这股"整顿的风"一刮，出像样的书就更难了。上海的《文汇月刊》《书林》《文学角》等都奉命停刊。晓风信上说的那本胡先生与路翎的通信集和《我与胡风》，我再问问地方出版社，但我想它们总有见天日的机会和日子。晓风目前不妨定下心来，为胡先生编一部大型的《年谱》，从他的生活和文学道路中，反映八十年来的一个历史时代的内容，包括中外大的历史事件、文坛风云、政治文化斗争等等。总之，从一个人的生涯看一个动荡的年代，一定很有意义和价值。目前时势下，我们除过更注意保养自己的身体（这是本钱），清醒地观察一切外，只有埋头耕耘，做自己应该做的事，是为上策。

我也正在集中力量弄回忆录，学生替我整理后，我再加工完工。《上海滩》那篇文章，就是我加工整理的（你信上指出的那三点，将来成书时改正），现在又应上海的《语文学习》写了一篇（随信寄上）也属于这类性质。任敏也忙于用札记的形式，一点一滴地写她的生活、遭遇与见闻，都朝这个方向努力。您的《往事如烟》，我将托在外面的朋友弄一本台北版，以为留念。同时，我也给日本、美国的朋友学生写信，建议他们如能找到合适的出版商，能将它译出出版。因为这是当年轰动国际的一件大事，我们有权利和义务使世人了明真相。也给研究中国现代史文学史的学者，提供一些权威性的史料。

前几天谢韬兄忽然来访，他是到南京公干顺便来沪访友的。他说，在京中看到您，身体情绪都好，我们得到了很大安慰。只是由于他坐的车子是借来的，不能久留，未请他喝上一杯，我们感到遗憾。

本月九日上海市委宣传组织我们上海文化界年纪大的一些人出游，参观金山的化工厂，海盐的核电站，我们两个与王元化夫妇，罗洛（小杨未来，她在家里看外孙）一起快活了几天，现在大家年纪都大了，平时很少见面。我除公务外，绝少进市区。老耿、满子，也久未相见，王戎间或来玩玩。他现在生活稳定，来大学做气功，自在快乐。小顾还在上班，也很少见到，我们又走到静安寺那一带，只是有时想起来不免觉到怅惘，这真是人上了年纪，身不由己了。

牛汉、路翎等兄，久未通讯，想来一切好，《文汇报》我那个学生一再嘱咐，希望您们几位给这个报纸写点文章，散文顶好！

我今年又招了两名博士生，五名硕士生（三女二男），有陈思和相帮带领他们，我也省了不少力气，可以空闲一些了。

晓山想已康复，念念，我们非常希望您能在秋天来沪上小住几天，休息休息，相对说来，上海环境较宽松一些。

匆此

握手！并候全家好！

芳 敏

1990 年 5 月 31 日夜

19900601

梅志兄：

信写好，又记起一事，前年我曾应英语剑桥国际传记人物中心之约，建议将您及牛汉兄列入该中心所编《澳洲东西名人录》辞典，并附您的通讯处（由中国作协转）写信告诉他们，不知您和牛汉兄接到该中心的来函否？近又接他们来函，要我推荐中国当代名人，以便将其传记编成条目，列入该辞典 1991 年新版中，如您和牛汉兄已和该中心接上头，就算了；如果因前通讯处（您由中国作协转，牛汉兄则写成人民文学出版社编辑部）周转有误，未能接到该中心来函（我那次推荐上海朋友都接到了），请将您的简历由晓山译成英文（再将您的主要著作内容分别做个英文简介）寄我处，以便由我汇同寄去（您的通讯处，改成现寓所较保险）。并请告知牛汉兄。

匆此 又及

芳

1990 年 6 月 1 日

19900721

梅志兄：

前后两信和托田南帆带来的酒，及《往事如烟》台北版都收到了。听小田说，您身体精神都好，我们听了，比喝桂花酒还高兴。

这里的一个世界经济系同学王伟同学回京过中秋，因为他走得仓促，所以先托他带上上海月饼一盒，聊祝以中秋悦快。

我们去日本的一切准备工作，包括护照和讲稿以及送日本朋友的礼品，都准备得差不多了，可望如期成行。

现这么匆匆写几句，余容复叙。匆此，顺颂。

秋安！并问全家好！

芳 敏

1990 年 7 月 21 日上海

19900818

梅志兄：

七月间，接到来信后，我们就外出开会，先到贵阳后又到了昆明，八月八日才倦游归来。

看了您寄来的单身照，身体精神健好，我们十分高兴。处在目前风云动荡的环境中，我们本来担心您的健康和心情，看到照片，我们放下心了。

光阴真快，胡先生逝去快五年了！这五年来，世局仍然在震荡中，从去夏以来，风云突变，历史回潮，北京报刊上又不时出现他的名字，虽然毁誉参半，但它反映了历史前进的艰辛和曲折。胡先生地下有知，亦当为之愤然！

古人说："不管风吹浪打，胜似闲庭信步。"我们只能尽其所能地做一些应该做、于中国社会有益的事，尽到一个中国知识分子应尽的社会责任，无愧于前贤和后代！

我前信提议，晓风除过编《我与胡风》的纪念之集外，不妨定下心来，着手搜集材料，编一部有学术性的《胡风年谱》。目前这类有关中国现代作家的年谱已出了好几种，不妨找来参照。

我们这次去贵阳参加中国比较文学第三届年会暨国际学术讨论会，有陈思和与四个研究生同行，路上和生活上因此都有照应，住当地的"侨谊大酒店"，来了近二百人。邀请的外国学者，西方人一个未到，只来了日本、南朝鲜和台湾的两个教授，真是大煞风景，比三年前在西安开会的盛况差远了。会议期间进行了学会领导班子的重选，我和季羡林、叶水夫选为"名誉会长"。实际工作由中青年担当，也是"年轻化"的意思。这是一个多民族地区，会议期间，观看了苗族歌舞表演，也游了黄果树，天星桥，但我和任敏都只能坐在茶室里远望，上高爬低地跑，我们已力不从心了（寄您照片一张就是在黄果树摄的）。在贵阳住了一周多，我们又坐到昆明旅游，因为我们没来过西南昆明玩玩，住在民族学院招待所里（由当地友人安排），游了石林和吴三桂修建的"金殿"，学生们又去了大理和西双版纳，我们就不去了。寄您们的另一张照片，就是在昆明滇池旁照的，昆明气候温和，有"春城"之称，物价便宜，民风纯朴，也没有上海那样的拥挤现象，却是一个住家的好地方。因为上海今年天气奇热，报上说，这百多年所未有，因此我们到云贵一带开会旅游，实际上也是逃难，但回到上海后，仍得受热气煎熬，晚上还好，白天就十分烦闷。报上说，救护车每四分钟出动一次，医院已人满为患了。

我们回沪后，就收到东京日本大学的邀请书，后来又收到机票两张，因为也正式邀请任敏同行。预定 10 月 7 日飞东京，10 月 28 日返沪。为期三周，一切费用均由日方负担，讲学费另算。预计在东京各大学讲四次，关于中国现代文学，还有三个文学研究团体，要我谈谈"胡风问题"，也只能说明事实经过，它是冤假错案的实质。因为李辉那本书在日本汉学界很流行，还开过座谈会。我看到一本日本文艺杂志，东京大学教授，著名中国文学研究家丸山升先生还写过一篇专文。听说还有人在翻译，为此，我也想趁机将《往事如烟》宣传一下，推荐给日本朋友翻译并写评论，因为胡风是早期的留日学生，又参加过日本的左翼文艺活动，还用日文写作过，是改造社《大鲁迅全集》编委之一，在日本有其影响，所以日本文化界也关心他的命运和文艺观点。我在日本预备讲的另一个专题《近现代中国留日学生与中国近现代文学》中也要提及。目前我正在努力把要讲的题目写成文章，一方面便于记忆，另一方面，也便利口译者，因为我的语言土音太重，听起来不易，学校已经把我出国讲学事向国家教委上报审批，估计没什么问题。又因为我们都超过了 70 岁，所以还得检查身体。目前一个时候，就忙这些事情。但愿能顺利成行，再到我青年时去过的地方走走看看。

望您多注意保重身体，天气热，就多逸少劳，俟凉快了再埋头工作是盼！

专复！ 顺颂。

健好！问全家好！

芳 敏

1990 年 8 月 18 日上海

19900927

梅志兄：

前后两信及托南帆带来的酒类都收到了，台北版的《往事如烟》印出水平很高，这些出版物，拿到手使人赏心悦目，像个八十年代的出版物，港台出版的大陆书，销售对象，主要是海外侨胞，以及华人文学工作者，因为他们关心大陆的事情，大家本是同根生。

关根谦兴匆匆来了一下，吃了顿便饭，便连忙赶到飞机场了。好在我到东京会看到他，庆应大学我有好几位相识的朋友。关根谦此次来中国访问，我们的一些朋友，就是为《东亚》杂志写报道文章，这是庆应大学的教授冈晴夫介绍的出版关系。冈晴夫早几年来复旦住过一年，他虽然专业是中国古典文学，但为人很好，一直与我有来往。庆应大学是胡先生的母校。我到东京碰到他，再和他谈《往事如烟》的出版问题。如果出版商认为赔钱不印，我建议由庆应出资印行。因为日本对中国文学历史文化有兴趣的，基本是那里的专门研究中国历史、文化和文学的汉学家，他们大都懂中文，中国文学作为外国文学在那里读者面较窄，而且日本人的学风与我们不同，他们重视史料本身。对论点、观点，并不热心，至多也当成史料来看，和我们这个政治挂帅思想领先的社会主义国家不同，那是一个多元化的社会，一个工商业国家。

我这些天忙于写讲稿，陈思和和几个研究生都帮忙，起草的起草，抄写的抄写，找资料的跑腿，由桂英再去复印和打印，内容主要是中国现代文学，如关于近现代留日学生与中国现代文学关系，六十年来中国现代文学史的研究变化，近十年来的小说创作等。还有一个题目，是关于胡先生文艺思想的介绍，这些都是对大学生和研究者讲的，日本的三个研究中国现代文学的团体希望我讲讲我与胡先生的交谊和胡风事件中的遭遇，因为他们都懂中文，所以我是写个提纲（基本上按照《新文学史料》的那篇文章），讲些事实，供他们参考。我因为是日本大学的社会学系学生，所以社会学系的师生也要求我讲讲。我预备了一篇讲稿，介绍我与社会学关系。因为解放前后，我编过和译过几本这类书，再略谈谈中国社会学的现状和命运，我上学时的一个助教（四十年代早成了教授）还健在，他这些年和我有通讯关系，已八十八岁，他的孙女曾来上海进修，也和我们很熟，但他不懂中文。

原来本打算在我的母校讲讲，前几天得日本来电话，说东京大学、东京都大学、横滨大学、神户大学等纷纷来和日本大学接头，希望我也去他们那里讲讲现代文学。我在电话上说，到此为止，不要再接受其他学校了，我又不是来打工的，（日本讲课一次，有五万日元酬金，另有车马费，每次合中国钱两千元，这显示了中国知识分子和发达国家知识分子待遇的差距），我年纪大了，精力体力都不行，不能负担太重。其实，此行的目的，主要是领任敏到我年轻时生活过的地方走走看看。关于我们的活动日程，他们已有安排。为我担任翻译的是日本大学山口守先生，千野拓政就是他的朋友，是山口守介绍他认识我的。人到关西地区（神户、大阪、京都等）则由神户大学的山田敬三翻译，他也是我的朋友。也可能在东京其他学校讲课时，由千野翻译，好在我都有讲稿，由我信口开河地讲，他只照讲稿翻译就行了。讲稿可以反映基本内容，这些讲稿，到我回上海后，上海的文学理论杂志会发表的，他们已经来预约了。

我的一部分讲稿，上周已托一个日本人带回，昨天又来了一对日本夫妇，后来回国，再托他们带回另外的部分，这样我们的负担就轻了。

我们两个都有出国护照（可用五年），国家教委也顺利批准我们出国，但事先他们给复旦来长途电话，说我年纪大了，要检查一下身体，否则他们不放心。经过出国检查，没什么大毛病，上报后，就批下来了，日下由上海外事办公室替我们办签证，28日可到手，日本人早已寄来我们的来回机票，10月7日9时上飞机，上午11时到东京，28日回沪。

任敏这些天忙于整顿行装，也预备了一些礼品，以便到相熟的友人家做客时相送，日本是个礼仪之邦，讲究送礼请客。

我在讲稿中说，胡风先生也是早期的留日学生，如果他健在，由庆应请回来给大家讲中国现代文学，那该多好。这是历史的遗憾，只能由现代及以后的历史学家研究了。

从报上，电视上看，北京这些天很热闹，但我们相信，你们也不会花钱去看这个热闹。

李辉那本书，因为接触的面广，信息量较丰富，因此惹起日本学者注意。《百花洲》那期早有翻印本，岩波只能出二十万字，也是商人打小算盘收暗钱（译成日文二十万字就成了四十万字）。昨天晚上和我们大家聊天的那对日本夫妇说，这书销路会乐观，原作者不可能拿到什么钱。李辉出生于我们事件发生以后，又是八十年代开放时期的第一代大学生，这应该是青年一代对历史进行反思的作品，因为他和我们隔了一代，对他生前以及幼小时的中国历史和文化界情况并无感性知识，有不少细节上的出入。但他把这个冤案放在整个中国三十多年的历史文化背景下来观察思考，通过接踵而至的各种政治运动中的中国知识分子的表现和命运，也更反衬出这件冤案的性质和意义，不是孤立地写一个历史事件，所以更能给人以纵深的历史感。因此也只能是一家之言。这个冤案作为一个历史事件，会在以后岁月里，引起那时的作家和历史学家不断探索和研究的对象，在我们这代人看成是现实的东西，在下一代以至下下一代人的眼里，就是历史；外国学者眼中，这也是他们研究中国历史、中国现代知识分子的一个内容，关于文艺思想的研究，那只有留给文艺学家作为研究素材，或作为中国现代文学发展史中的一个流派来研究了。我们这些当事人，只能为他们提供资料，供他们的取拾选择了。人们见仁见智，只能依靠他们的学术良心了。

日下文艺小气候不景气，加上经济冲击，文化消费力日降，发表出版都日见萎缩，只能尽其所能地写下来先说，历史是在曲折中前进的。

听田南帆说，您身体精神都不错，我们听了满心喜欢。《上海滩》的一个编辑前几天来寓，说，他正在看您的那篇文章的校样，下月可出版。您健中不妨多写些随笔性的小文章，在上海报刊上发表（如《文汇报》等），这里是个海派环境，文化环境还比较好些。除《文艺报》，北京的报刊我很少接触，只听学生们讲讲外面的事物。上海广播台的一个学生送来几张滑稽戏票，今天晚上我们全家到南京路看戏，这些热闹场所，几年来我们很少涉足了。

待我们回上海后再写信，我们到东京后的住地是：东京都千代田区九段北 4-2-25 アルカデア市ケ谷 私学会馆，电话 03-261-4921，有要事可来信或电话，我们将有三个礼拜的居留。

如您碰到牛汉兄，可先代为问候一声，我已收到他的信，因为事忙，一直顾不上回信，俟回来后再写信。

专复并颂。

健好！问候全家好！

芳 敏

1990 年 9 月 27 上海

19901102

梅志兄：

　　我们上月 7 日出国，月底 28 日午后归来，一切顺利，安然返回，此次我们到日本访问，系我的母校——日本大学文理学部邀请，一切费用由对方负担。自己未花一文，公家也未花一文，我们大部分时间住东京，十七日我横滨大学讲学，当天回来。二十一日我们去了神户大学。在那里住了三天，讲学一次，兼座谈，到会的都是日本关西地区（包括京都、大阪、神户）的日本中国学者和博士生，中间去了两次京都，一次去看朋友——大阪外国语大学教授相浦杲（他系日共），一次去逛大阪，并在京都住了一夜，由此返回东京。

　　我们在东京时间最多。我先后在东京大学、都立大学以及日本大学中国文学部和社会科（我是这里的学生），共讲十次，每次一个钟头或两个钟头不等，讲题是《中国留日学生与中国新文学运动》，只在日本大学社会科讲过《我与社会学》，在文学部讲过《中国近十年来的小说概观》，在神户、横滨也都讲《中国留日学生与中国新文学运动》，只是十月十九日晚间，我们出席在东京大学举行的中国学会，讲题是关于我与胡风先生的交往及经历。这篇讲稿，每次讲题都由对方邀请者事先通知。这些论文，也将全部日译发表，这次我们和日本学术界朋友结识了不少。所有凡研究中国文学的老中青三代，日本学者都见到了。

　　在东京期间，我们曾应邀到庆应大学（即胡先生的母校）冈晴夫教授家晚饭。他是日本知名学者，听说他还是贵族出身。我和他谈到您的《往事如烟》日译本出版问题。如能找到出版社承印最好，否则我建议由庆应大学出资印行，就请您认识的关根谦翻译（他是庆应的兼任讲师，当时他在座陪我们喝酒）。冈先生说他和庆应大学第三研究所所长山田教授讲讲。因为山田是现在庆应大学校长的得意门生，那里又有一笔奖金可用。冈先生说，十一月中旬可决定，他估计没什么大问题，那时他会函告我。我们但愿事情能顺利解决，使这本书能在日本流传。

我在东京三次碰到埼玉大学教授近藤龙哉，他是专门研究胡先生的。他前几年发表的研究胡先生在东京生活的文章，武汉湖北大学的《湖北作家论丛》曾译载过。他说，80年代初间，胡先生在上海治病期间，他曾想访问，但有关方面（上海作协）一味推托，只见到了您，他非常遗憾，想来您还记得此事。

东京大学（即战前的东京帝国大学）的丸山升教授（日共）我曾两次相遇吃酒，他领导了一个中国三十年代文学研究会，出版有《左联研究》专门杂志。他说"文革"中四人帮"砸烂三十年代文艺黑线"，中国人不能研究了，他们研究。日本学者的对历史认真负责的态度，我印象很深。

在我讲学忙乱时间，日本大学派员（或是讲师或是女研究生，能说几句中国话的）陪任敏逛逛，有时又由在日本读博士的中国留学生相陪，不过，她初次到日本，不习惯日式生活习惯和节奏。十二日晚上又受了些风寒，身上发寒热，由日本的消防队（日本医院救护工作，由消防队担任），用担架抬她到我们住的宾馆附近医院急诊，在医院住了一夜，第二天就痊愈了。她住院那夜由两位日本朋友相陪，他们把我送回宾馆睡觉，医疗费也由日本大学负担。总之，我们此次访日期间，日本朋友在生活上都做了周密的安排，可谓照顾得无微不至，令人感动，这些人大都是我的老朋友。

现随信寄上我们访日的七张照片，以后洗出来再寄。

这几天仍在家休息，处理一些规程的事务，并准备为《文汇报》及《上海文学》写些访日的文章。同时翻阅了这二十天的上海报纸，因为在日本我只有看日本报纸。

开设在东京神保町的内山书店比三十年代扩大了，那时只有一间小门面，现在是三层的大楼房，我曾去过两次，老板是内山完造的孙子，内山还是个小青年。

我们热切希望您明年春暖花开来上海小住一时，散散心，这里文化环境宽松些。

匆此，祝
健好！全家好！

芳 敏
1990年11月2日上海

298

19901203

梅志兄:

前几天小小来沪出差,我们得以相晤,并托他给您带上日本点心一盒,聊供品尝,翌日晓谷来家,恰巧那天我家客人多,他住了一夜,第二天就去京了,想你们早已相见,我们的近况,从他们那里当可了然。

今日下午我接到日本庆应大学关根谦先生自东京来的电话,他说,经该大学教授冈晴夫先生努力,《往事如烟》一书已得到一家名为"东方"的大出版社的同意,答应予以印行。但顾虑篇幅关系,希望有些删节,就由关根谦先生任翻译之责。他说,他已给您写了信,也给我写了信,因为今天礼拜,日本邮局休假,所以他特地来电话告知云。他说,这虽然是初步协议,但总算有了着落,我请他先代我们夫妇向冈先生夫妇致候和致谢!他不负我所托,终于使《往事如烟》在日本出版之事,有个着落。

关根谦还说,他翻译时所据的原本,是您送他的那三本。工人出版社本,香港、台湾版本,东京见不到云。您处如还有香港版或台北版,不妨送他一册,作为参考,如无存书,本月将有我相熟的一位日本朋友高桥智先生来沪,我再将我这里的存书托他带回给关根谦。

关根谦在电话中又说,他对您及朋友的访问记,将在明年2月份的《东亚》上刊出,届时再把书寄来云。

我回来后,休息之余,将我在这次访问讲得场合最多的一篇文章《中国留日学生与中国现代文学》,又做了些整理,又交《中国比较文学》改版号明年第一期发表。其余讲稿,因触及现代的文艺界,在目前气候下只能先压一压,好在它们都会有日文译文,先在日本发表后再说。

上海今天突然变冷,我们都穿了冬衣,也点起了煤气炉取暖,准备过冬天了。

您从江西回京后的来信及两张近照,都早收到了,我们都日趋老境,趁这几年还跑得动的时候,每年都找个适当机会外出跑跑才好,老固定一个地方不行。明年春暖花开,我们欢迎您到上海,小住一个时候,我们谈谈叙叙,也别有一番乐趣。

先写到这里。 祝

健好! 并问全家好!

贾植芳 任敏

1990 年 12 月 3 日上海

1991 年

19910112

梅志兄：

今天收到来信，十分高兴。新的一年又开始了，祝您和全家生活安泰，精神愉快，万事大吉，身体健好！

我这些日子杂事太多，手忙脚乱，所以一直顾不上写信，主要是今年有两个博士生要进行照常的学位论文答辩，他们在写作过程中，我得操些心。还有高校例有的高级职称评审工作等，但我们身体精神还好，这就是一大安慰。

从信中得悉关根谦君已给您来过电话，东方出版社已将出版关系确定，并得悉他的译稿四月份可竣工，非常高兴。您寄来的港版《往事如烟》本已收到，因为高桥智君推迟到今年初才来上海，所以上礼拜才托他带回。现在关根谦君也早该收到了。我怕国内版或有删节，所以希望他能参照港版；我也托高桥智君给他带回一信，转达您信上的意见，即要他和出版社商量，译本按国内版先后分三册译出出版，最后再印合订本。既然现在他已先译《往事如烟》这个单本部分，书如出版后，社会效果好些，那再继续出第二本，第三本就更好办了。章培恒君上月底在北京开会，碰到冈晴

301

夫先生，正在北大讲学，并已于年底前返国。还说，今年三月或四月上海召开清代戏剧家李渔学术讨论会时，他会来参加，届时如果我们见到面，关于出版进行的情况，如必要时，我和他当面谈谈，请他起些促进作用。

关于译本稿酬问题，我懂情况。只是在东京时，听李辉书的日译者千野拓政说，原作者可得稿酬并不太高，大约只有百分之二。但日本是个高效率、高工资、高消费的国家，一般报酬和我们有天上地下之别。比如，我此次在日本讲学，在一般大学是每个钟头三万日元，在我的母校是五万日元，就用三万日元作标准，按官价外汇牌价，也上千元人民币，我这个五十年代的教授，现在每月基本工资340元，换句话说，我在日本以一个钟头的钱，在国内得干三个月。这就叫，不比不知道，一比吓一跳，主要因为我们经济发展落后。所以我认为该书出版后，日方会和您谈这个问题。我们的意思是，这个日译本与台北版情况不同，那次是香港的三联（它是官书店）直接和台北出版商打交道，好像版权属于它，所以您不名一文。这次是您自己找的出版关系，与三联不搭界，您不必理它，更不要主动给它钱。这些官商欺人太甚，您越敬重它，它越欺负您，正是上海俗语说，它把您的客气当成福气了。

我此次在东京时，在东京大学（即战前的东京帝国大学）山上会馆举行日本中国学会年会上的讲演稿，《我和胡风先生的交往与经历》（这是东京大学丸山升教授出的题目，他是这个学会的主持人）。因为当时反响强烈（到场听讲的有一百七十多人，是全国性的日本研究中国文学与历史的日本学者集会），因此，这个讲稿已于去年十二月起开始连载形式，在日本中国文艺研究会的会报上印出日译文（大阪出版）。我这里已收到这一期，中文稿我交《上海滩》了，不知在现在时势下，他们敢登否？如不行，我再复印一份寄您，交晓风存查，如能收入《我与胡风》也行，因为他在日本有过一定影响。——主要讲解放前，解放后只概括提一下，这样较方便。

牛汉和《新文学史料》的另外两个同志年前在浙江公干，回京途中路经上海时曾来家里相会。他们说，该刊决定从今年开始连载我的生活回忆录，我前几年已录过音，现由陈思和同志和一些在学的研究生协助整理成文，再经我的校改。已整理成万余字，题目是《在这个复杂的世界里》。我的写法，不是报流水账式的或写交代式的从头到尾的写法，我将新旧时代交叉结合来写，这样或许稍枯燥些，但是否合乎《史料》体例，我还不

302

知道。因此拟先将整理出来的这第一章，第一节部分的稿子寄牛汉兄他们，请他们审理定夺。如不行，我俟全部弄好后，再以单本形式找人印出。我的主题是写在大时代中的一个平凡的小角色，生活过程，以此来反映这个时代历史，为读者提供认识这个特定历史时代的复杂性和它的前进途中的曲折与艰难性的，一点参考材料而已。

上海已入冬季，天气寒冷，我们闭门家中坐，很少外出。北京气温想来更低，望多多珍重！我们年纪老了，才体会到身体健康的重要性，我看到日本研究中国和东方国家的杂志《东亚》的广告预告，您答复林默涵的那篇文章，该杂志将在本年七月号上译载，译者叫吉田富夫，届时我托人弄一本，寄您留念。

不多写了，顺祝。

年禧！

植芳 任敏

1991 年 1 月 12 日上海

19910208

梅志兄：

前奉一函，计达左右。现趁本校世界经济系王伟同学返京过节之便，托他带上我们对您及全家的问候，祝您和孩子们过个愉快的春节，并祝您健康长寿！

另外，还托小王同志带上上海松糕一盒，给张本同志带去上海糖果一包，请您们尝尝上海的年货。

天寒地冻，望多多保重！我们也很少外出，学校已放寒假。春暖花开时节，望您能得暇南游，到上海小住一个时候，春季我们不计划外出。

专此，顺祝，

年禧！问候全家好！

芳 敏

1991 年 2 月 8 日上海

又带去日本煎茶一包，请您品尝。

19910403

梅志兄：

　　好久不给您写信了，王伟同学寒假从京归来，带来您的手字和食品，睹物思人，它们引起我们对您的强烈的怀念之情，尤其得悉您身体和心情不很好的信息，更使我们惦念不置。我们常想起到日前北京的政治文化环境下您的处境和心情，又增加了我们对您的惦念。好在我们都进入了暮年，与世无争，他们为官我自为民，我们应处之泰然。

　　年前接关根谦君来函，他说，您那本书今夏可望出版，此事已引起胡先生的母校庆应大学的重视与支持，我们听了十分高兴，因为庆应是一个老牌大学，只要引起他们的注意和支持，那就会一切顺利的。

　　您信上说，本月间将到南京小住一时，但不悉何时动身，盼告！我们也极盼望您此次南下机会，到上海我们这里小住一时，散散心，上海的文化环境和北京有别，您来了就能体会到。

　　我仍然很忙，杂事太多，今年又有一名日本学者挂在我的名义下进修，还有两名博士生毕业，还得给他们找工作，今年还得招一名。所幸我们身体还好，一切正常，桂英爱人已去新西兰留学，在那里半工半读，我们支持青年人出去走走，开开眼界，学点本事，总比在这里吃大锅饭，窝囊一辈子有出息。

　　上海今年气温反常，据说比北京还冷，现在四月了，我们还是冬装，房内还要生火炉取暖，真是风水轮流转，十年河东，十年河西了。

　　我近日在《文汇报》发表了一篇纪念报社一朋友的文章，附寄您一张剪报为念，计划再为该报写一篇重访东洋的散记。

　　希望我们最近能在上海相见，并盼望您的来讯！祝
健好！　问全家好！

芳　敏

1991 年 4 月 3 日上海

19910425

梅志兄：

　　四月间曾寄一信，晓风夫妇来沪，才知道您现在南京，那封信曾约您趁南下之机，由南京再到上海小住一时，散散心，换换空气，但愿能早日实现。

　　现趁小宋回京之便，托他带去两盒太阳神"补剂"，我们年纪大了，要吃些补品，有益于健脑提神，争取健康长寿，多看看这个变化的世界。另外再给晓山孩子带上上海糖果一包，吃上玩玩。

　　匆此，顺候

健好！阖家都好！

贾植芳 任敏

1991 年 4 月 25 日上海

19910508

梅志兄：

　　接到您从南京来信，借悉近况安康，非常高兴。我们都老了，只希望有个健康的身体，再做些事，没有大的病痛，就是最大的安慰和幸福。

　　晓风夫妇来沪时，可惜我们将去金华，匆匆相见，匆匆而别。后来回来听桂英说她去四川的车票如期买到成行，我们才放心了。正如您信上说，行路难，现在到处一团糟，乱哄哄的，行路尤难，甚至安全也成问题。去年我们去云贵，路途上就很担心，因为有"铁道游击队"，打劫火车行人（或称"飞虎队"），只是京沪之间的交通还算平静、安全。

　　千野和平井来上海了，他们到北京看您，才知道您在南京，他们来沪参加上海外语学院主办的《中国文化与世界》国际学术讨论会，我因为是发起人之一，也出席了开幕式，因为是在龙华一家初建的中法合资宾馆开会，任敏也随我去那里住了一夜（房租每日 150 美元），好在我们是"免费"，借此开开眼界，会会朋友。千野说，李辉那本书他还未译完，也只是节译，因为出版家从经济效益出发，全译它书价高，会影响销路。日本文化出版业都是私家经营，像解放前中国一样，书籍也是一种商品，在文化市场上竞争，好就好在政府不管这些，没什么政治上的条条框框限制，因思想而犯罪，被认为侵犯人权，政府犯法，会受到强大的舆论制裁，和三十年代法西斯时的日本大不一样，这也就是日本所以成为世界上的经济大国的根本原因。

您那本书除送冈晴夫先生一册外，再连同胡先生的著作，送他的母校庆应大学图书馆或文学部一套，以为纪念，另外可送东京大学文学部的丸山升教授一册，他主持"中国三十年代文学研究"，并出版《左联研究》杂志，还有埼玉大学教授近藤龙哉（打倒"四人帮"初期，他在上海拜访过您，听说本月份要来杭州参加茅盾讨论会，如果他届时能来，会来上海的），还有东京女子大学教授伊藤虎丸先生，也可送您的书一册，这几位先生都关心中国的左派文学运动。同时也是日本研究中国现代文学的重要学者。如关根谦来北京，您可托他办理，省下邮费，我去年去日本，都和他们坐过酒馆聊天的。

我在日本的两篇讲稿，一篇是关于我和胡先生的交谊和胡风事件，是在东京大学山下会馆举行的日本"中国学会"上的讲演，日文的译文，已以连载形式在大阪出版的《中国文艺研究会会报》上刊出，《上海滩》拿去了，但他们怕事，只改头换面地刊登了一部分。另外一篇《中国留日学生与中国现代文学》在日本几个大学都讲过，回国后，我又补充整理后，将由《中国比较文学》今年三期刊出，六月出版，预备在八月东京开的"国际比较文学年会"前印出，托人带往日本，在会议上赠送东西方学者，出版后当寄您一册。

学校临近暑假，所以事情较多，本月 13 日我们将去苏州参加研究生论文答辩，23 日去江西南昌参加一个会议，也因为我们没去过南昌，借机一游，大概月底可返沪。我们年纪大了，趁几年还能走动就出外走走，散散心，换换环境，过几年就跑不动了。

您这次南来，不能到上海，我们很觉遗憾！如果今年北京真的开作代会，我们一定同去，借机再次聚会，我们年纪老了，见一次就是一次了，因此应千万注意保健，求得身心愉快，用超脱的态度对待现实，争取健康长寿，多看看这个变化的世界。

匆此，顺颂

健好！问候晓山一家好！

芳 敏

1991 年 5 月 8 日上海

19910705

梅志兄：

好久未接来信，非常惦记，想来该从南京回来了，现趁王伟同学假期返京之便，托他带上我们的问候和一些上海食品，其中任敏给您们带去一包糯米粉，供您们吃团子用，北京大概很少这种南方食品。

今年从四月底到五月底，大部分时间，我们在外面，我是开会式讲学，任敏旅游散心。先后去了金华、南昌、庐山，又两次去了苏州，现随信寄去照片两张，一张在南昌滕王阁前，一张在庐山唐代诗人白居易塑像前。在南昌住在江西师范大学外国专家楼，在庐山住在庐山疗养院，都是江西出版局招待。

六月间，我又一直忙于两个毕业的博士研究生学位论文答辩的筹备和召开，以及参加别的学校的研究生论文答辩，到六月底才算缓过一口气，"解放了"。所幸身体还好，没啥大毛病。

晓风前信说，要我在日本那篇讲稿——《我与胡风的友谊与经历》，原来《上海滩》拿去要发，但形势不允许，他们只发了一部分，——俟我再找到原稿后，让桂英抄好寄去。它在日本学术文艺界很惹起重视，已经有了日译文，登在日本中国文艺研究会的会刊（大阪出版），连续五期未刊完，同时，近藤龙哉教授等等也纷纷在《中国季刊》《留学生新闻》等报刊上做了长篇报道、评说。日译者星名宏修，是日本京都某大学的中国文学研究家，今年秋季，将来上海跟我进修一年。这对国外学者重新认识和评价胡风和胡风事件，一扫过去的侮蔑不实之辞是有益的。

南京上海近在咫尺，您此次来南京小住，未能到上海小住一时，我们甚觉遗憾。我们都老了，能多见一次就是一次了。

山西给我印一本散文集《悲哀的玩具》，原说六月出书，尚未见到书，如书到，当寄您和在京的友人们留念。我一个学生孙乃修（您认识，去过你家里），替上海的学林出版社编的我的一本序跋文集《劫后文存》，已发排，明春二月可见书。我的录音回忆录，已由陈思和同志整理出五万多字，题名《在这个复杂的世界里》，已交《新文学史料》一部分，余下部分，将继续努力写，——写我的一生，从幼年到老年，我一生在社会风浪里打滚，经的世事太丰富了，见的各色人等也多了，应该有个文字记录，向历史做个交代。

八月初，我应邀到大连参加该地举行的"翻译与东西方文化国际学术讨论会"，任敏同行，因为我们除去过哈尔滨外，沈阳、丹东、长春、大连等地都没去过，这次是个机会，有当地招待，同时，我也带一个博士研究生同行，也便于照料我们的生活。途中如在北京有停留机会，我们一定会去看您，因为任敏有好几年没去过北京了，我们从 1989 年 8 月见面后，也有一年多不见了。

夏天已至，望多珍惜，应多注意劳逸结合，多休息才好，听说南京的陈白尘每天睡觉二十个小时，比起来，我们就是苦命人了。

匆此，顺颂
健安！并候全家好！

贾植芳 任敏
1991 年 7 月 5 日上海

1991008

梅志兄：

接到您回京后来信，十分高兴。因为在此之前，我们这里的宋炳辉和跟我进修的日本学者坂井洋史，以及我的日本友人今西凯夫、山口守都去参加了成都会议，他们也和我谈起会议情况。日本人说，这个会议多亏您出席讲话，才像个样子；他们听葛洛等文官讲话，十分不习惯。七月份我们全家去参加"翻译与比较文化"会议，离沪时间，巴金会议的筹委会曾派谭兴园来上海找我，希望我能出席会议，但我们从大连乘船回沪途中，因遇见风浪，我晕船呕吐，回家后为此躺了好几天，所以也没按原计划从东北回来路经北京，又没出席成都之会，和您就两次失之交臂了。而六月份河南文化厅和《文艺报》合开会议，他们给我一个顾问的头衔，也邀请我们夫妇进京参加会议。但出席会议的由顾问到编委都是北京文艺界的当权派，我觉得不能适应，所以婉言谢绝了。后来听苏州大学我的一个老学生范伯群回来说，会议政治气味太浓，他觉得寂寞，就每天去北京图书馆看书了。他被这个评奖会列为编委。

本月十日，我与任敏将去宁波参加巴人学术讨论会，也是借此旅游，十四日就准备回来了。

李辉夫妇来上海住了几天，今天回京了，本来我在日本中国学会上的讲稿，关于我和胡先生的交游史，想托他们带给您，但桂英忙，来不及复印，所以没能带走。此文在日本中国学界很有反响，日译文，今年在大阪出版的《中国文艺研究会会报》上分五期连载；我的讲稿录音，又由一个日本女士整理成文，登在今年春季号的《中国季刊》上，和近藤龙哉记述我的文章同期刊载。这些文章，我将交研究生译成中文，将来一并寄您留念。近藤龙哉去年七月间去京，他在上海说，到京后会去看望您，不知见面否？他大约系日共。另外，东京都立大学的千野拓政在日本出版的《东亚》上写过一篇关于胡先生的论文，不知他送给您否？如未送您，可来信，我着研究生译出寄您。

听说关根谦译的您那本书已译好，最近可出书。他带口信说，他到了北京，本来想来上海，但在北京被小偷窃去护照和钱财所以只好回国了。您这本书的中文本，还可带一本给日本"大阪市于533东淀川区大隅2-2-8，大阪经济大学现代中国文学中国语研究室，中国文艺研究会《野草》编辑部"。这是日本关西地区出版的一份研究中国近现当代文学的重要刊物，很有权威性。它的另一份信息刊物是《中国文艺研究会会报》。

我们一切还好，我从东北回来后，又胃病复发，所以现在天天吃中药。今年又招了两名博士生，还带三名外国访问学者，两个日本人，一个德国人，也够热闹的了。

我们很少到上海市区，因为腿脚和交通都不便，所以罗洛等友人也很少见面，要碰头也只有在会议上。所幸任敏这向身体还好，她从东北回来，乘船未受到什么大影响。

又，李辉同学托他带上新出版的《中国文学》三册，给牛汉一册，他留下一册送您，一册送路翎兄。那有我在日本的一篇讲稿，《中国留日学生与中国现代文学》，其中几次提到胡先生，也留下纪念。

今年上海气温不正，听说冬天比北京还冷，我现在已穿两件毛衣了，但任敏还好，不需要穿这么厚，我们都老了，但望千万注意劳逸结合，注意营养和保健，因为身体就是我们的唯一财产，家务事就请晓山夫妇处理好了，您不必再操心、操劳。争取多写点什么，首先把胡先生传写好。

戴光中写了本《胡风传》，原为华东师大出版社约稿，现在反水了，他来信说，又交给北京的团结出版社印，这个出版社是国民党革命委员会的出版社，它的负责人许宝骙是俞平伯的小舅子，和我是个朋友。小戴为此托我给许写了封信，请他关照。在当前时势下，也只有争取把书印出来就行。

我印了两本书，一本是作品选《悲哀的玩具》，由我们家乡北岳文艺出版社约稿，一本是孙乃修编我的序跋集《劫后文存》，由上海学林出版社印行，都已看过清样，年内都可出书。届时当寄您及北京友人们。

《新文学史料》约我写的回忆录，已由陈思和同志根据我的录音整理出一部分，定名为《在这个复杂的世界里》，牛汉兄来信说，明年第一期开始连载，届时您当可以见到。我现在除教书工作外，大部分时间为人写序文，可称为写序专业户了，也真是无法摆脱的苦差使了。

先写到这里。祝

健好！并问全家好！

芳 敏

1991 年 10 月 8 日上海

1992 年

19920122

梅志兄：

好久不写信了，1992 年又过了近一个月，我们先向您和全家拜个晚年，祝您和家人生活愉快，身体健好！

我得的是皮肤瘙痒症，这一年多来，反而越来越厉害了，因此给生活添了许多麻烦和烦恼，到处求医问药，跑了好几家医院，那些称为"专家""教授"的医生，也说不清病名，只说我年纪大，不宜多打针，只用服药和擦药治疗，所以中西医都问过了，因为不停地求医、擦药，目前似乎轻一些了。这也就是好久没工夫和心情写信的原因。到现在才提起笔。

年前，高桥智来沪（他是庆应大学的博士生，就是前次把您的港版《往事如烟》带回国给关根谦的那位日本朋友），说是关译的您的书早已出版了，年后，我们才接到关根谦寄赠的译本，看了很高兴，因为印刷得还好，他也是认真地来工作的。只是您在为日译本写序文里对我说得太客气了，其实，我不过通过冈晴夫先生提醒一下庆应大学罢了，因为胡先生三十年代初就离开了庆应，这当中几十年，世界在剧烈的动荡中，尤其是八年的中日战争使我们由敌对关系而隔膜生疏了，而人事上的改朝换代使今

311

天的庆应大学的人们更不知道过去他们这位老学长。因为庆应大学的中国文学部都是研究中国古典文学的，对中国现代文学比较陌生。

听高桥说，关根谦译完这本书出版后，已升任为副教授，到金泽大学上任去了。想来他已把译本寄给您了，也应该有信交代此事。现在这个译本只译了全书三分之一，即《往事如烟》部分，希望他能继续把全书译完，使日本读书界可以窥其全貌。

上海前一个时候突降大雪，气温一下降到零下七度，这几天算是渐次上升了，我们很少外出，坐在家里烤火取暖。春节以后，我将带几个研究生先到广东中山县（珠海附近）和香港中文大学英文系的教授开个碰头会，一块承担一部"中外文学关系史"的编写工作。途中再在广州小住几天，任敏同行。

迨春暖花开了，希望您有机会来，在上海小住一个时候，休息散心，这里环境比京中好一些，是"海派"的世界。

我新印了两本书，一本是孙乃修编的我的序跋集，一部是作品选，俟书寄到后，当寄您和京中朋友留念。

匆此，顺候

健好！并贺年禧！

植芳　任敏
1992 年 1 月 22 日上海

19920125

晓风：

昨天刚给你母亲发出一信，向你们全家拜年，今天又收到你母亲和你的信，前此就收到你们夫妇的贺年卡，得悉你们一切都好，我们十分安慰和高兴。

关于我对你父亲的回忆文章，除前几年发在《良友》上的那篇外，前年我到日本访问时，曾应日本友人之请，在日本中国学会为我的来访举行的欢迎酒会上（在东京大学山下会馆）发表了"我与胡风先生的交谊和经历"的讲演，此文主要谈我和胡先生解放前的交往，解放后的遭遇，只做了概括性的交代。此文有两个日译本，分别发表在东京出版的《中国季刊》1991 年春季号和大阪出版的《中国文艺研究会会报》上。前一译文，根据我当时口头发言的录音整理而成；后一译文，根据我的书面讲稿译成。这篇讲稿，连同当时主持欢迎酒会的伊藤虎丸教授的答谢辞中文译文，晓谷去年来家里时，我都给了他复印稿，你可向他索取，如收入《我与胡风》一书，你可酌选取其中一篇应用。《新文学史料》从今年起开始登我的回忆录《在这个复杂的世界里》，这个长篇回忆中当然要接触到和你父亲的交往，但和别的生活事件混在一起，不集中，而且还正在继续写作中（已成稿七万多字，由我录音、学生整理成文，我加工修补后定稿），所以无法收入《我与胡风》这个纪念性文集之中。

目前由于经济形势，出版界很不景气，出书（关于严肃性的著作）不易，杭行兄热心奔走接洽，实在令人感激和感谢！

我们一切还好，天冷了，很少外出，坐在家中围炉取暖，原来的那个煤气炉经过检查还能用就继续用。这是前几年学校要煤气公司给我装的，质量所以不错，我们用了这几年都好，就继续使用着。

今年上海天气特冷，人们都不习惯，但旧年就要到了，春天也就要来了。你们虽然年轻，但仍应该注意身体的保健，不可仗着年轻力壮，不在乎，如果现在不注意身体的保健（营养和休息），到老了就苦了，我到这把年纪，才从生活中体会到"有份健康就有一份事业和幸福"这个平常道理。

你母亲的回忆录《往事如烟》日译本已经出版了，关根谦日前寄来一本相赠，想他也早应该给你们寄书来了，如果他寄了书没有信交代出版手续（即付原作者稿酬），必要时再问他，或者由我托人去问他，看他如何动作再说。但希望他能主动把这件应办手续交代清楚才好！

先写到这里，问

你和宋哲同志与孩子们好！代候你母亲和晓山一家好！

植芳 任敏

1992 年 1 月 25 日

19920221[1]

梅志兄：

正在怀念中，收到来信，十分高兴，知道您们过了个全家团圆的快乐春节，更喜上加喜。

我本来预备带四个研究生到广东中山县和香港中文大学英文系的先生们开个碰头会，因为我们承担了"七五"重点科研项目《二十世纪中外文学关系史》的编写任务，但因为发的一万五千元经费不够用，所以和他们合作编写，由他们出一笔钱作经费。但到广州的车票很难买到，托了很多人都不行。据说正月十五以前的车票都给旅行社包了。研究生又不好坐飞机，所以没有成行，决定由香港来人到上海碰头。但我这些日子主要因皮肤病到处求医问药，现在每天打针，轻一些了。据说这是一种顽症，很难根除，只希望能减低一些痒度就行了。

关根谦的译本已寄来了，印得还算好，据我在东京的学生来信说，此书预定数有一千五百本，书店已够本了，零售的都是赚头，这说明这个译本，在日本是有影响、受注意的，商人唯利是图，只要有销路，其余两部也就有希望印出。关根谦这位日本知识分子，还算讲信义的人，他寄给您的稿酬还算过得去的。

年前，任敏常念叨说，自从小彤、王伟毕业离校回京后，我们就和北京的交通断了，要不应该托他们回京过寒假时给您带些上海的过年食品去，现在只能继续物色合适的人选，继承小彤他们的缺了。

我的回忆录（题名是《在这个复杂的世界里》），去年向《新文学史料》交了第一批稿子，有二万字左右，他们已发排在今年第一期，年前看了小样，这是写旧社会，没啥麻烦。昨天又寄去第二批稿件，有五万字左右，这就写到55年了，（我从1948年写起，即走出旧社会监狱，到1955年进入另一种监狱这几年的日子），因为写的是解放后部分，有些事还不能实写，只为虚写，虽然如此小心火烛，我还是事前请两位我的老学生（他们也都是文化界知名人士）过目把关（主要是政治上），又做了一些校改，才寄去。现在正是继续往下写。——我的家庭、幼年、青年时代以迄1980年平反为止。这次写作是事先我录音，陈思和同志整理成文后，我修

314

订补充，再定稿，这样写作进度可能慢些，但比较郑重。如《新文学史料》出版后，希望您读后提些意见，以便不断改进，弄得像样些。我是把这个工作，当作我在老年时的中心工作——向历史做个明白交代。因此，也要注意文学性和可读性。

您的胡先生传的写作办法，我认为这样算是好的。总之，历史背景应勾勒出来，才能写出历史中人物的生活根据，当然主要着墨处应该是传主本身的生活（包括家庭生活、社会生活、政治生活和文学生活），以及思想和事业的发展过程。这方面应该写得细致深入。最好像《往事如烟》那样的笔法，这样不仅有文献史料价值，更有可读性，具有文学意义。我国的司马迁，外国的莫洛亚、茨威格等人的传记作品，他们之为世人所重视，就是他们既忠于历史，从历史出发，又有个人的感情因素，所以才把传主写出来了，写活了，成了有作家创作个性的文学作品，而不是一般性的历史读物。从您的《往事如烟》的笔墨看，我相信在您笔下，作为历史人物的胡先生，会呼呼有生气地站立在历史上。

但我们都日见老了，所以在工作中首先应把身体健康放在生活的首位，决不可"革命加拼命"式地工作，以至累垮了身体，因此要更注意劳逸结合，使精神有张有弛，虽然进度似乎慢了，但"慢工出细活"，这样身体扎实了，写出来的东西也就相应地扎实了。这也是我一点生活心得，不知您以为然否？

最近出了两本小书，一本是作品选——《悲哀的玩具》，是我们家乡印的，他们本来要印我的文集，那时倒很积极，但交了第一卷（文学作品）后，大概出版形势变了，他们又说出版经费困难，改为作品选，但印出来后，篇幅一再压缩，由三十万字弄成十八万字，而且偷工减料。上海一位有名的青年设计家设计的封面，也简单化了，书的定价却不便宜，人民币六元，我看到书后非常不快，这些官商（或称出版官）真不是东西，现在只是向钱看。

另一本是孙乃修编的我的序跋集《劫后文存》也已由上海学林出版社印出，印得就比较像个现代性出版物了。候书大批送来后，当给您和牛汉、路翎等兄寄出。

我们一切如常，桂英已由工人编制晋升为干部编制了。

您说九、十月到杭州住一个月，我们听了很高兴，就是希望您在事前或事后到上海小住几天，大家热闹热闹，我们都上了年纪了，真是见一次就少一次了，因此更体会到珍贵。

　　匆复　并颂

健好！问候全家好！

贾植芳 任敏

1992 年 2 月 21 日上海

19920221²

梅志兄：

　　刚写好信，收到日本友人寄来的今年四月号《东方》杂志，那里有一篇松井博光写的《往事如烟》日译本的读后感，一并将该杂志寄您参考存查。

　　松井先生是日本研究中国现代文学的权威之一，他出面写这样的文章，有一定影响，这样或许对您的《往事如烟》第二部、三部的日译本继续出版，有一定的舆论和促进作用。我们和他也相识，又是我的一位喝酒的朋友。

　　这期《东方》还有日本友人山口守关于那次成都召开的巴金学术讨论会记事和评论，其中提到您的讲演，并附有照片一张，也请您参看留念。

　　问好！

贾植芳

1992 年 2 月 21 日上海

19920506

梅志兄：

　　好久没写信了，我因为瘙痒症，这个时间在医院住了一个月，遵照医嘱，将全身彻底检查了一次，幸未发现浑身瘙痒与内脏有什么关系。医生说，我患的是老年瘙痒症，这样有个结论就放下心了。瘙痒症经过住院治疗基本减轻了，现在在家里由校医每日来给我吊丹参水，继续治疗。我住的是部队医院，设备（医疗）很周全，也很新式，内脏检查的结果还是老毛病，十二指肠溃疡。好在我现在不喝白酒，只少喝些绍兴酒，烟也吃低焦油的。因为在医院养了一个月，人倒胖起来了。但这次住院求医，使我不禁又联想到，我们到底上了年纪，要十分注意日常饮食和休息，多逸少劳，遇身体不适或疲劳时，千万要放下工作，集中时间休息，调剂生活节奏。这是我读了你上次来信，不禁又要重复说这些话，我们这一代人生不逢时，劳碌奔波之余，还碰上那场"人祸"，生命的苦水喝得够多了，现在到了暮年，幸好还获得一个比较安定的生活环境和工作环境，但始终仍应对生活取一种冷静理性的态度，即细水长流的态度，这样工作质量倒要比较理想，人也不显得劳累，反而对保持体力精力旺盛倒有好处。

您为胡先生写传，我认为您的设想是好的，他的少年青年时代的生活，读写，交游，活动等都应该写到，历史背景只做一个概括性的交代。总之，为读者尽量多提供一些材料，并像《往事如烟》那样，具有自己的文学风格、语言特色。

关根谦已给我寄来了他的译本，印得还算不错。我听日本朋友说，这书在出书前已有一千五百本预订数，在日本出版界说来，这个数目就够成本费了，出版之后的零售书都是赚的了。他给您的稿酬，总算过得去的。但愿他能早日把另两本译出来。

我这里从去年起有两位日本高级进修生跟我进修，一位是坂井，他们夫妇去成都开过巴金会，您一定碰到过，前个月已进修期满回国。还有一位年轻人，即将我在日本关于与胡先生交游的讲稿译成日文，在大阪出版的《中国文艺研究会会报》上连载的星名宏修，他的进修期为二年，都是日本文部省年度的经费。您计划将要送给庆应大学的胡先生译著，如有顺路的人，可带来我这里，因为我家不时有日本友人进出，机会较多。

晓风前信说，罗飞兄编胡先生纪念集，收我的回忆文章事，我在住院期间，即接到他的信，和他将我的两篇文章拼凑在一起的复印件，他拼凑得很得体，我看过后已寄还他了，但希望能早日见书才好！

您九、十月份来杭州，在归途一定来上海和我们小住一时，在上海休息休息，我们都老了，见一次就少一次了。因为桂英已正式转为干部编制，事情较杂，所以雇了个老保姆，可以为她减少做饭的麻烦，生活可正常地运转。

我的那个回忆录，除《史料》发表的那些外，又给牛汉兄寄去有近五万字，即写到 1955 年我"进入另一个监狱"为止。我的生活内容，从一个侧面反映了 55 年那场灾难前夕，我在学校和 54 年进京省亲期间的经历和感受，包括我和何其芳的顶撞。但不悉在目前气候下，发表是否方便？我在信上讲让牛汉兄把关。

新近印了两本小书，一本是我们家乡为我印的作品选，小地方的出版官没有事业心和责任感，书印出来时，由原稿的二十六万字压缩成十八万字，大概他们神经过敏，所以大做手脚了，印刷质量不好，定价却不低，大洋六元，这又显出我们山西人的买卖经了。另一本是孙乃修编的我的序跋集，由上海学林出版社印行，不日当将两书邮寄给您和在京的友人为念。

上海今年气温不正，冷暖晴雨不定，反反复复，所以我们两个穿衣服比较保守，不敢乱脱衣，听说去年北京倒比上海暖和，这也很不正常。总之，在这个气候多变的季节里，应十分注意保健，善自珍重，才是头等要务。

匆此　顺祝

健好！

芳敏

1992 年 5 月 6 日上海

19920506

晓风：

信收到了，那时我住在医院，所以迟复了。我在这同时，也接到罗飞信，和他根据我前后两篇回忆你父亲的文章加工改造成的文章复印件，他拼凑得很得体，我看过后就赶快邮还给他了。希望这本书能早日出版与读者见面。也因此我又想到，你目前如果在集中精力编写你父亲的大型年谱，同时也可以编一部你父亲与朋友的来往通信集，前几年中华书局出了三卷本的《胡适来往书信集》作为研究胡适的资料，颇受好评。编这样体式的你父亲的来往书信集，除为中外学者研究你父亲提供资料这个价值外，更重要的是用这个形式回答 1955 年以来，从来往信件中断章取义定罪的荒谬性，如果把包括三批材料所涉及的原信件照原样印出来。为历史界研究这个文字狱事件，就提供了最重要的文献，批语所强加的那些罪名就不攻自破了。司马昭之心，也就路人尽知了。

目前由于经济冲击，文化出版又陷于低谷状态，社会上流行着"出书难，卖书难，买书难"的新民谣，但我们该做什么，还应做什么，不能因噎废食。因为出版界这种不正常状态，迟早总会改变的，我们正好利用这个空隙，从事些大的编写项目，不知你以为如何？

我在交给牛汉的关于我的回忆录稿子里，曾就第一批材料里举出的有关我写信给我哥哥的那一条按语，用颠倒写信时间的手法加入罪名的手段，做了必要的分析和说明，也是这个意思。

但愿你的工作顺利地进行，为中外学者研究你父亲和55年事件提供更多更丰富的文献材料，这是很有历史意义的工作。

匆此　顺祝
健好！问候你爱人和孩子们好！

贾植芳

1992 年 5 月 6 日上海

19920521

梅志兄：

前寄一信，想已收到，后来又介绍一位在北师大进修的日本女学者伊礼智香子去看望您，想已见到。她前次曾专程来上海找我，因我住院未见到，她回北京后，又写了信来。她在北师大的导师是朱金顺，也是我的朋友，是一个正派的朋友。

其中最近出的两种小书，除您留下的以外，请交晓风分送路翎和徐放两兄，留下纪念。另一本和我一个青年朋友编选的"中国历代名家尺牍"，也寄您一册为念。

那序文是我写的，入选篇目，我做了一些斟酌取舍，注文与作者介绍，内容分析评述，这位青年同志花了大的力气，写得却不轻浮，不一般化或教条化，既有历史感也有现代意识。那本作品选是我们家乡印的，这些出版商实在言而无信，原稿近三十万言，印出来被压缩成十八万字，印制质量又差，我请上海一位青年画家画的封面，竟被印成中国旧式年画一般的模样了，实在气人，定价却是"超前意识"——每本六元！这又显出我们山西人的精明了。但从某种意义上说，这也是一个难得的"版本"呢。

您信上说，十月间要到杭州度创作假，我们就盼这一天早日来临。在您由杭州回京途中，在上海多住几天，大家叙谈叙谈。——我们都进入老境，多一次相见相聚，因此显得更重要，更珍贵，更盼望！

我从医院回家后，因为彻底检查了一次身体，心安不少，瘙痒症也基本得到了控制，不那么烦人了。

匆复　祝

健好！问候全家好！

贾植芳 任敏
1992 年 5 月 21 日上海

又，您最近在《文汇报》发的两篇文章，现将剪报寄您留念；在《上海滩》上的文章也看到了，多写写这些历史性的回忆文章，也有助于您为胡先生写传打下坚实而深广的资料基础。

19920606

梅志兄：

您和晓风的信都收到了。现趁我这里的硕士生古丽娜同志去北京查阅资料的机会，托她带上我们的问候，并带去一些上海食品，供您品尝。其中两样孩子的糖果是给晓山孩子的，那里的白参，希望您能经常服用。我们年纪大了，还要动脑筋，做工作，单凭日常三餐，营养需要是不够的。这一点可以说是老年知识分子的共识，也可以说是值得注意并身体力行的历史经验。

古丽娜同学是维吾尔族，但汉语很好，她专题研究比较文学，尤其是维吾尔族与汉族文化文学关系，此次进京就是为撰写学位论文搜集有关史料的，也请您对她多加指导与帮助。

上海这两天也热起来了。天热起来，我的皮肤病就日见好转了，但这是一种老年病，医生说是无从根治的，只能在药物的帮助下，生活上多加注意了。

先就写到这里，祝

健好！全家好！

贾植芳 任敏

1992 年 6 月 6 日上海

19920822

梅志兄：

您和晓风的前后来信，都收到了，上海今年天气特别热，报上说，为四十年来所未有的现象，因此什么也不能做，只坐在家里"战高温"。任敏也因此患了一次感冒，经过诊疗，总算痊愈了。这两天虽然已入秋，但"秋老虎"的威风不减盛夏。

关于胡先生家乡筹建他的纪念馆事，文振庭先给我来过信，后又派中文系一位副主任来上海和我商洽，我认为家乡为胡先生建馆纪念这是件大好事，应该支持。但为此先成立个筹备会，并请巴金担任主委之职，再以此筹委会名义拉赞助的办法，与我所接触的现代文化名人家乡建纪念馆的办法有别。我建议他们采用一些地方的行之有效的流行办法，纪念馆一般由该地县的党政机构与政协筹款，兴建费用取自地方，但是请一些与逝者生前有交往或友谊的文化界人士，以及地方士绅组成顾问会。顾问人选由地方决定，人选决定后，由纪念馆分函聘请。我建议他们不妨参考这个通行的办法，因我接触这方面情况较多。他们原来决定请巴金任筹委会主任，办法是由您出面和巴金接头，也请我在上海就近活动（这点您的信上未提及，是文振庭信上说的），我认为用这种方式搞赞助，迹近招摇，其中流弊很多，万一有什么差错，实在是对胡先生的一种不敬，巴金那里也不好交代。况且，我与巴金并无私交，贸然启齿，实在不便。目前在经济大潮的冲击下，社会上利令智昏的事，即假借各种名义旗号弄钱成为风气，所谓"一切向钱看"。当然，我们不能断定发起筹备纪念馆的同志的诚意，但我们与他们又不熟稔，看问题不能不谨慎一些，这就是俗语所说的"不怕一万，只怕万一"是也。也因此，我认为您和晓风在信里说的情况，不是过虑。

最近上海的《文汇读书周报》上连刊三篇文章，对于上海某些人因《上海鲁迅研究》第五期刊登胡风关于现代文学的答问一稿而扣留这期刊物的做法表示了异议，剪报随信寄上，以备您存查。多少年的大小政治运动中造就了一批吃运动饭发迹的人，他们"人还在心不死"，总要利用手中的权势为非作歹，做些伤天害理的勾当，以求得自我和精神平衡，真是呜呼哀哉了。

上海的《文学报》也刊登了中新社发的您撰写的《胡风传》的讯息，这条新闻登得很好，也给那些蓄意制造事端，破坏"双百"方针的人一点颜色看。

陈思和写的《巴金传》台北已印行，听说上海人民出版社也已付排印行。您前信说，希望能找来看看，现在就先将我手头这本寄您一览。上月（七月）北京出版的《读书》上有李辉为此写的评论文章，说得挺实在，不妨找来参阅一下。

得悉您将由晓风陪同，十月间来杭州疗养后，回北京途中将在上海小住一时，我们十分高兴！我们都老了，见一次就是一次了，我们希望您在回京途经上海时在我们这里多住几天，大家快活快活地过几天。

我因为近年浑身瘙痒，到处求医问药。前两个多月在军医大学附属医院住了一个月，并借此将全身做了彻底检查。医生下结论说，这是老年瘙痒症，属于生理现象，不是病理现象，经过吊药水、吃药、搭药，总算轻松一些了，但因不能根治，常有反复，真是"虱子多了不咬"，时间久了，也就习惯了，这大约就是老年的负担和悲哀。

这封信断断续续地写了好几天，因为近些天上海气温反常，忽热忽冷。因为气候反差大，对年老的人是一种挑战，任敏也因此患了感冒，体温高时达 38 度多。因此，忙于求医问药，先后去医院拍片子透视，最近还做了 CT 检查，经过吊药水服药一系列治疗，这一两天体温渐超正常了，昨晚体温 37 度 3，比正常体温高了一分，基本正常了。我们两个体质一般算好的，所以一生闯荡江湖，也挺过了二十多年的非人生活，所以生了病，不免手忙脚乱。但经过这一阵子轮流生病，使我们更深切地体会到身体健康的头等重要意义，注重日常饮食起居的必要性。也因此，以我们的亲身体验和感受劝朋友们注意保健，放松生活工作节奏，"留得青山在，不怕没柴烧"，细水才能长流。

匆此　顺候

健安！并问全家好！

贾植芳 任敏

1992 年 8 月 22 日上海

附寄去《巴金传》一册，《文汇读书周报》三张，《文学报》二张。一张载有该报记者访问我的报道。

19921108

梅志兄：

您及晓风的信都收到了，得悉您又到福建旅行了一次，十分高兴。因为正如您说的，老窝在北京，很容易造成内心封闭，对健康也有影响；如果常出去走走看看，改换换环境，对身心健康都是有益的。

胡先生九十寿辰，能在文学资料馆开个纪念会，我看是十分必要的。那里工作的有一位吴福辉同志，他负责编辑《中国现代文学研究丛刊》，和我们也是熟人，晓风有事可找他商量。他这本刊物刊登过我这里的博士研究生张国安的硕士学位论文《论胡风文艺思想和外国文学的关系》，他的妻子就是晓风信上提到的朱衍青，也来过家里，在《香港文学》上发表过关于路翎的文章，她是作家出版社一编室主任，他们夫妇都是可以交往的朋友。

晓风写胡先生传，打算以他的文学活动为主，但也要注意写生活经历，他的人品风貌。如果文字生动，可读性就大了，但要注意一点，写到解放前的政治斗争，凡涉及国民党的，因为今天说来是历史现象，又加上在台湾出版，因此，可用中性称谓。过去流行的政治术语，如"国民党反动派""蒋介石国民党"之类，最好避免，以免为出版造成不必要的麻烦。好在晓风这些年在胡先生身边照料，又比较熟悉资料，再加上您的指导，想来比较容易下笔。字数控制在十六万左右，因为这套丛书都以此为限数。大概这样，在版式、排工、书价上有个统一规格。最好明年夏能交稿，稿子就先寄到我这里，再请思和看看，也便于修改补正，这些我们都谈过了。

胡先生寿辰，我来不及写文章，就用墨笔写了个横条，作为一点心意，我很少写墨笔字，这也算是纪念品吧。

我们这里身体都好，只是天气冷了，我的瘙痒症又发了，今天上午跑了一趟医院，每天得打针、涂药、吃药，为生活添了许多节目，也是个麻烦。

前天我进市区参加上海作协召开的"孤岛文学学术研究会"，碰到主持这个会议的王元化、罗洛，也当面和他们说了为胡先生寿辰写点什么的意见。他们说，时间紧迫，恐怕来不及了。耿庸上月来电话说，他将偕少妻去台北探亲，约两个月回来，冀汸听说也去了印度尼西亚探亲去了。

北京想来比上海冷多了，望多多保重，您明年来杭州休假，最好带上晓风，归途可在上海我们这里小住一时，大家谈谈，我们都老了，更感到友情的弥足珍贵。

匆此，顺候

健好！问候全家好！

贾植芳 任敏

1992 年 11 月 8 日上海

1994 年

19940118

梅志兄:

　　新年又过了，我们先向您拜年，祝您生活安泰，健康长寿，祝全家春节欢乐，生活幸福!

　　您和晓风前后来信及寄来的两本《广州文艺》，和晓风吩咐上海鲁迅纪念馆寄赠的两本《上海鲁迅研究》第五期，也早收到了。

　　因为忙乱，年终要忙于研究生学位论文的审阅和答辩，加上一些杂事干扰，所以欠了一屁股文债、信债，往往感到力不从心，身不由己，实在没有法子，只好苦笑，所幸身体我们两个都好，堪可告慰。

　　我们时时重温您和晓风去年十月来上海短短几天的相聚时日，看到您，经过长途旅行，身体精神都健好，十分安慰。因为对我们说来，身体健好，就是最大的胜利和安慰，要争取长寿，多看看这个在变化中的社会百态，人世沧桑。

　　这次在上海举行的胡先生生平创作展，上海文化界、学术界反应很热烈，影响很好，虽然官方态度似乎冷淡，但只要社会欢迎，就可以了，这就是历史进步的标识。

晓谷一家能调到北京和您共同生活，我们认为这很必要，这样不仅生活上多有个照应。您的精神不至分散，关心在南京的他们一家，这样可以集中精力把胡先生传写好。从《广州文艺》已发表的部分看，我认为是成功的，因为从生活本身写起，就是忠实于历史，也使其富有可读性。但是我们到底老了，精神体力都处于衰退状态，因此，在写作中应首先从身体状况出发，放松进度，不可急于求成，应以细水长流的韧性态度来工作、生活。应把身体健康摆在首位，同时，应更多注意休息，再多一些调节（如和家人朋友聊天、看电视、外出散步、谈谈），西方有一句话说："会休息的人才会更好地工作。"这是有一定的阅历和经验的格言。您心脏不好，更应注意劳逸结合，多休息、少劳累，小有不舒适，应勤于找医生请教，这对生理和心理上都有好处。

　　我们学校正掀起购房热潮，即将现在的住所，以较低廉的价格卖给住房者，为个人私业，就是这是高等学校的一种优惠政策，计价以地段、房龄，如果是楼房，还按层次再加上本人的职级、工龄等等，我们已交了四千元定金，因为我们只有两口人，所以看价数目，现在还没算下来。据一般传说，两万元左右，但这不算数，只有等正式批下来才能定准。桂英来信说，房钱由他们出，我们自己留点钱吃，但他们在那里还没有经济基础，而且，在异国他乡不比在国内，大环境不同，如果自己没有一定的积蓄经济基础，无论在精神或心理上都不会安定。因此，我们已给她们去信，说明利害，如果家中的经济能力不够再说，按目前估计，也可勉力应付了。同时，去年学校已批准为我们住房进行大修，现在虽然插入卖房的政策。但学校说，去年的决定仍有效，待开春后即可动工，我们也希望能过个安适的老年，所以并无什么不安之感。

　　您如果今年还会有杭州之行，我们更希望能途经上海，小住一时，我们也算在新的一年里，能有机会上北京逛逛，探亲访友。我们都老了，趁还能走动时应争取适当地到处再走走看看，调换生活环境，也算养生一法。夜已深了，就先说到这里。

祝

　　健好！并贺新禧！问候全家好！

贾植芳 任敏
1994 年 1 月 18 日上海

19940702

梅志兄：

好久不给您写信了，前此晓风函介罗烽女儿（在作协工作）来上海找资料，从晓风信上知道您们将去湖南，想来早该回京了。

晓风信上说，我从北京回来后，您写给我一信和《洋鬼》一册，我听了颇感惊异，因为信和《洋鬼》都未收到，想是邮局失误所致。现在经济冲击下，人们忙于想方设法发财致富，对所职工作毫无责任心。我们又是个没有法制的社会，所以一切都乱套了。

但后来收到寄来的胡先生回忆录和他与路翎的文学通讯集，拿到它们很高兴，它们不仅具有文学价值，更具有历史文献意义，为中外研究界提供了珍贵的史料。

我四月从北京回来后，正赶上学校工作的"旺季"，先是招考本届博士生，忙于入学考试，接着又忙于应届毕业生的论文审阅和答辩工作，除我名下的两名博士生外，还有外校的博士生的论文评阅以至参加答辩。很忙活了一阵子，人几乎垮了。接着我们的住所要装修，我们已忙于临时搬家，临时在这个宿舍找到两间楼下的房子过夏。谁知道今年上海特别热，报上说，为百年来未见的热天气，气温平均在 35 度至 36 度，最高为 39.2 度，我们又忙于"抗热"，在热浪中挣扎，真是头昏脑涨，什么也不能干、干不成，苦苦熬日子，可幸我们两个还没什么大毛病，现在"抗热"总算快到尽头了。——这个月九日，就可以迁回旧居了。好在经过整修，焕然一新。这些繁杂工作，都是思和与其他同学操心操劳，您们如下次来上海，住在这里也舒心些。

四月间在京中匆匆见过两面，看到您身心健好，全家生活正常，十分慰藉。任敏听我说了也很高兴，但我总感觉到您的工作节奏太紧张，休息不足，俗话说"年龄不饶人"，您也是八十高龄的人，我也接近这个年龄，按我的体验，我感到体力、精力都处于衰退状态，生活节奏一紧张，往往有力不从心之感。也因此，我希望您再不要以"赶任务"的心情工作，应该抱"细水长流"的生活态度，适当调整，放慢工作节奏，多逸少劳，这样更容易保持健康的体魄、旺盛的精力，工作质量也可大大地提高。我认为采取这样的生活态度才是上策。我老了，才真正懂得身体是我们唯一的财产与资本这个人生大道理，有一份健康才会有一分事业和幸福！让我们共勉之！

这些热天气，居处又狭小，我只看些报刊闲度日，有时和朋友、学生们聊聊天，喝喝啤酒，所幸任敏今年身体比去年好，去年曾闹一场"肺炎"，去医院吊了三次青霉素，才恢复了健康了。

桂英他们在新西兰工作学习正常，不断有信或电话来，到那里闯闯世界，开阔眼界，养成独立奋斗的生活态度，学点本事，比在国内吃大锅饭、混日子是会有些出息，也能学些东西。

先写到这里。祝

夏安，健康长寿！问候全家好！

植芳 任敏

1994 年 7 月 2 日夜，上海

19941231

梅志兄：

您十一月底的来信，早就收到了，今夜是大年的除夕之夜，我们先向您和全家人拜年，祝您健康长寿，祝贺全家新年欢乐，生活安泰，万事如意顺心！

您发表过的胡先生传记，我零星读过一些，总的说来，我认为这是件有历史意义的大工程。而您所掌握的原始性资料（无论是您与胡先生相处半个多世纪的亲身经历、见闻，或是他的日记、书语、人事来往以及各类见闻），又是最具有权威性的；因此，基本原则是反映历史的真实，生活的真实，绝不要因顾忌由于先要发表、怕触怒当权者的敏感与反感，而绕开或避免一些尖锐而真实的东西，以免贻误历史，或弄得历史面目模糊不清，如蒙上一层雾气。先写出历史真相再说。摆放一下，至于为了目前能够发表而又不太触怒当权者的敏感与暴怒，可以就一些敏感处可稍加改削，而保留底稿，以便在目前历史环境许可下能出版，这样就保存了历史的真实，有利于国内外文化学术界的研究，又不妨碍目前环境条件下的发表机会，就叫"将计就计"。清代一个文人说，"帝王将相的权力只有一百年，文人笔的权力有一万年"，就是这个意思。您将写胡先生传记当作一件应尽的历史责任来从事，我们非常赞赏和尊敬的。现在我们这里有一个韩国来的女留学生，攻读硕士学位，挂在思和名下，她的研究专题就是胡先生的编辑思想及业绩，明年思和可能带她去北京拜访您。我这里去年拿到博士学位的一位学生张国安（晓风晓山在武汉会上看到过），他在苏州大学读硕士学位时的论文，也是关于胡先生文艺思想的研究。当时我去苏州主持了学位论文答辩会，他在那里毕业后，我又招收他做我的博士生。换言之，关于胡先生的研究，已由文艺界进展到国内外学术界，走上了一个新的台阶。

孙乃修那本我的传记，由于历史的限制，他们八十年代青年一代对我们那个时代当然不够了解，多凭文字资料和我相处多年的观感写成，因为对历史的消化能力缺乏，所以只能反映他们这一辈子人对过去那个时代的一些认识与理解。但他是作为一种严肃工作从事的，写作态度还严实；我看台湾的文化出版讯息刊物，对它的出版也做了介绍和重视。

现在晓谷一家成功地调到北京，对您的生活和精神都是一种照应和慰藉。因为我也是个老年人了，老年人最怕精神孤独和寂寞。他们一家来了，生活上热闹了许多，家里多些欢笑，也有益您的身心健康和写作活动。想不到我们见过的那个男孩也是大学生了，也说明我们老了。

我对老年的感觉与您一样，就是体力精力的衰退感，往往力不从心，记忆力日差，我写字手有些抖，而且光写错字，但"当一天和尚，就得撞一天钟"，活一天就得做些事，不过要量力而行，不可勉力而为，要细水长流，切切注意身体的保健，这是我们唯一的财产。

我们热切希望您来年能再来上海我们家里小住一时，看看眼下的上海滩，家里有一个老保姆照应我们生活，任敏一个侄孙女中学生跑跑腿，生活倒还方便。

收到您此信前，十月间我曾给您寄过一信，并附去十月七日我过八十生日时，学校与上海作协合开庆祝会的活动，在上海各报的反映材料的剪报，想已看到。我本来反对这种形式主义的俗套，但继而一想，八〇年为我们平反，不像五五年那样的大张旗鼓，而是文件只传达到团地一级干部，并未向社会公布，这么趁过生日机会热闹一下，也是一种公开的平反方式，所以才同意了他们的意见。同时，上海电视台也为我拍了一个生活专题片，说是来年一月内放映，也算一番好意，我也同意了。

我写的生活回忆录《史料》发表了一部分，其余部分虽然有个草稿，但尚未定稿；为此，上海《解放日报》约我写了一篇短文（随信附上剪报）。最近一家上海出版社接洽出版，我正加紧改写，希望能在明年一季度交稿，年底出书。任敏前些年也以手记的形式记下她五五年以后被捕、五八年流放青海又被捕，六二年释放后回我的家乡，当农民十八年的经历及见闻，二万多字，也作为我这本回忆录的附篇一块出版，以留纪念。

时间不早了，就先写到这里。

握手！并贺

年禧！

植芳
1994 年 12 月 31 日夜

任敏附笔问候和拜年。

1995 年

19950321

梅志兄：

　　好久没给您写信了，在这里我们先向您拜个晚年，祝您健康长寿，祝全家安康快乐，万事如意！

　　我们一切照常，身体还好，只是我们忙乱，打杂的事太多，又无法推辞。但上个月却闯了个祸，傍晚我们两个在院子里散步，因为我脚步快，又一直向前走，不经意迈脚时踏在一个圆石上，摔了一跤，幸亏我没有心脏毛病或高血压，因此，虽然流了些血，破伤处（前额左角）由医生缝了八针，躺了三天也就好了（也打了几针青霉素），事后又去照了一次脑电图，结果也正常，无何损伤（更无骨折或脑震荡现象）。真是上帝保佑，又闯了一个关口。现在写信告诉您，您就当个故事听听，不要挂念。但经过这一灾，又使我更认识到，对我们这些人说来，健康就是唯一的财富和资本，这个人生道理，尤其对我们这类上了年纪的人，更要注意养生之道，以便能再多做些事情。

　　家里有一个老保姆照料我们的日常生活，更有一群学生照应我们。去年我又招了两名博士生，也是意思意思，所以虽然很少外出，但社会信息

331

还灵通。这些学生中，还有一位韩国的女留学生，她在这里攻读硕士学位（由陈思和带），她专题研究胡先生的主题，主要关于编译工作，她预备写这方面的学位论文，看了不少这方面的有关材料，也准备今年在适当时候专程到北京访问您，届时我会写介绍信的，或者由思和带领她去。这位学生叫鲁贞银，去年四月我和思和去北京参加巴金的讨论会，在国际饭店举行的开幕式上，她也随我们出席，不知您和晓风注意到没有。

晓风根据您写的胡先生传记编写的传记，不知动手没有？希望能早一点弄好，以便早一日在台北出书。那位业强出版社的老板和我们也很熟，他每年五月和十月来大陆，一次是取稿子，下一次会送给作者样书和结账，也算跑文化单帮。

您说今年将去杭州休养，当途经上海，不知已决定行期否？我们总是盼望您和晓风早点来，路经上海时在我们这里小住一时，大家热闹热闹，我们都老了，见一次就是一次了，因此，我们期望能多多见到才好！

匆此　顺祝
健康长寿，并问全家好！

植芳 任敏
1995 年 3 月 21 日夜

19950511

梅志兄：

前寄一函，想已收阅，因为好久没收到您的来信，我们十分惦念。现趁我的同乡人，又在复旦外文系攻读过英美文学硕士学位，现在北京新华社国际部从事翻译的郝瑞同志返京之便，托他带上我们对您及全家人的问候，并一些上海食品，祝您健康长寿！祝全家人生活安康，身体健好！

我们日子过得照常，只是年龄不饶人，精力体力感到日益衰退，差可告慰的是都没什么大病痛，仍由一个老保姆和学生们照应我们的日常生活，总是杂事忙不完，所以日子也就显得飞快了。上个月我在院子里散步时，不慎摔了跤，弄得头破血流，好在我没有高血压心脏病，所以当时由医务人员缝了八针，歇了几天，就一切正常了。事后我去大医院照了个脑电图，医生检视的结果说脑部没有受到任何损伤，可谓不幸中的万幸了。

我在不断地写些应酬性的小文章（主要为中青年学者的著译作序），仍在断断续续地写生活回记录，已写到“文革”前夕判刑为止。今年春节前上海一家新成立的远东出版社索稿，愿意先印一版，我认为这也好，就题名《狱里狱外》交稿了，不到一个半月时间就出书了。列为陈思和、李辉主持的“火凤凰文库”之一，印了一万册，据报上说在这次上海的文汇书展上，销路不错，可惜印刷厂装订工作跟不上，赶装出来的书，主要先送交书展出售，我这里送来二十本样书，也被学生们抢光了，所以这次没给您带去，大约到半个月以后，我代购的二百本书就可送到了，届时我再给您邮寄。这本书后面，还印了任敏在八十年代初回上海后闲中写的流转生活杂记，记录了她自 55 年从监狱外出后，辗转青海与山西的生活经历与见闻感受的一个部分，也是个纪念。

桂英仍在新西兰，她爱人现在该地读大学硕士课程，并还取得该国国籍，她算陪读，主要靠助学金生活，也打些零工，增加收入，也不时电话和信来，她今年十月间会回来一次。

不知您的胡先生传写作情况如何，近一期的《书城》上未见到它的连载，十分挂念。我们都是超过八十岁高龄的老年人了，首先要注重身体的保健工作，要多逸少劳，放慢生活节奏，俗话说“细水长流”，要一个健康的身体才能多做一些工作，万不要为了工作忘了身体状况，那就得不偿失了。

听思和说，晓风将以您为胡先生写的传记为底本，编写十多万字的胡先生传，交由台北的书商出版，我认为这很好，可以先扩大海外影响。这里有一位韩国女留学生（不知您和晓风注意到了没有，去年四月陪我们去北京开会时，她也同行），她在这里学习期间的硕士学位论文，就是有关胡先生的编辑活动的，年内她可能由思和带领她去北京拜访您。（她在这里由思和指导）。

我们特盼望您今年能照原计划来南方一行，在上海我们家里小住休息，大家团聚，但愿这个时日早日来临！

先就写到这里。

祝您

健康长寿！祝全家人好！

贾植芳 任敏
1995 年 5 月 11 日上海

19950611

梅志兄:

　　前信收到。兹介绍友人沈建中来看望您。带上我们的问候的同时，介绍您们相识。

　　建中专业摄影，他现在拍摄一部《中国文化学术老人摄影集》，收入对中国文化学术建设有自己特有贡献的年龄在七十五岁以上的老人。为此，他托我介绍，以便能为您拍照，收入他的专著。他是我们的熟人，请予接待，并希望您支持他的工作。

　　得悉您查出冠心病，十分挂念，这种病十分需要多休息，加强营养，决不可过于劳累，一定要正常服药，注意从生活上调理，增强体质，是可以早痊愈的，思想上更不能背包袱，情绪要开朗，就不算什么大毛病。

　　我们一切正常，我还很忙乱，只是我们也都年纪大了，也常有小病痛，因为都及时找医生诊视，所以能比较正常地生活与工作。

　　我那本回忆录还没完笔成文，只是一种业余活动，最近上海一家出版社愿意先印出来，就改了个题目交稿，不到一个半月就印出来发行了，现先给您带上一册，候书送来了，再托便人带给京中的朋友。

　　匆此　顺祝
健康长寿！并问候全家好！

贾植芳
1995 年 6 月 11 日上海

　　任敏附笔问好！

19950702

梅志兄：

前接手字，得悉您患了冠心病，我们十分挂心。此病知识分子的职业病，都是由于劳累过度所致。因此，除遵医嘱用药外，应更注意生活上的调理，一是要多逸少劳，多多放松自己，注意休息，一是应加强营养，注意饮食，同时要心情开朗，乐观自信，只要多方面注意重视，是可以逐渐痊愈的。我所接触的各种年龄层次的知识分子，这种病不少，要之在于妥善治疗，休养，是不难克服的，千万不要为此背上包袱，但也不要不在乎，才好！

现介绍我们这里的韩国留学生鲁贞银小姐去看望您，也是思和的硕士研究生，研究专题是胡先生的编辑思想，以便将来写学位论文。这也反映了胡先生在韩国的影响，希望您对她多加指导、帮助，以便她的论文写得更有质量一些。

我们一切正常，所幸没有大毛病，我还多少能做点事。有朋友、学生们来往，还不太寂寞。

我们盼望您今年能在健康许可的条件下南来，在我们家小憩一个时期，才好！

匆此　祝

健康，长寿！

问候全家人好！

贾植芳 任敏
1995 年 7 月 2 日上海

335

19950728

梅志兄：

好久没给您写信了，现趁郝瑞回京之便，托他带上我们对您及全家人的问候，并带去两样补品——白木耳及美国出品的多种维生素，供您保健之用。郝瑞本年考上陈思和的博士生，在这里攻读博士学位。

前些天，听从北京回来的摄影记者沈建中和韩国留学生鲁贞银说及您的身体健康情况，我们安心又关心，后来收到您的来信，得悉您在五台山住了一个时候，冠心病有所痊愈，我们很高兴。但我们到底上了年纪，冠心病又是一种顽症，因此，还要在生活上特别当心，要少劳多逸，注意饮食营养，再服些营养品才好。

我们一切还好，只是今年上海气温反常，一直到立秋以至到白露，气温仍高达 37—38 度，报上说，为上海百年来未曾有的奇异现象。这种持续的高温天气，对我们老年人是一种严峻的挑战，所幸前年装了空调，才保住我们这两条老命，总算熬过来了。

家里老保姆生病，回了浙江老家，新雇了一个本地人年轻的下岗女工做保姆，总算家务劳动，有人操劳，不影响我们的生活。

前几天，上海《新民晚报》登了一篇小文章《我们的大院》，写您们那片住家情况世事的，变化实在太大，令人读了感叹，兹给您附去，作为消闲读物，也有助于对周围生活环境的了解。

陈思和被公派到日本东京早稻田大学作为访问学者去半年，不日可成行，到外面走走，开开眼界，多交几个朋友，也是一种生活的调剂。

我这里还带两名博士生，也是意思意思。所幸我们两个人身体还健好，饮食正常，却没有什么大毛病，这就是最大的胜利与幸福了。

我们极希望您秋凉后能南来，再在我们这里小住一时，大家团聚团聚，也为生活增添些欢乐。

先写到这里。祝
健康长寿！问候全家好！

贾植芳 任敏

1995 年 7 月 28 日上海

1996 年

19960120

梅志兄:

好久不写信了,近期郝瑞来校时说,他来上海前曾去看过您,说您身心健好,并将去桂林,小住半个月,我们听了很高兴,也很慰藉,因为对我们这些七老八十的人说来,身体健康就是最大的福气与安慰,想来现在该从桂林回来了。

时序又进入 1996 年,我们遥向您及全家拜年,恭贺新禧,祝您健康长寿!祝您们全家人,新春欢乐,身体健好,生活安康,万事大吉大利!

我们这些日子过得一如既往,没啥大病痛,家里有一个小保姆照应,又有学生们跑腿,所以日子过得还自在。我为晓风写的胡风先生传所写的序文,想来思和已寄您了。思和被派往日本东京早稻田大学访问半年,他的爱人小徐也前往伴读,他们去了日本已两个多月,不时有信来,大约四月份就可归来。这篇序文,是思和照我的意思代笔写的,由于近年海峡两岸关系又紧张起来,所以我审时度势又做了一些内容和用语上的改动,现随信附去一份打印稿,请您和晓风存照。台北业强出版社老板陈春雄年前十一月份曾来上海组稿,晓风的稿子就由他带回,在出版上,我再三对他

337

做了关照，因为他和我们也算是熟人了，大约今年四五月间他再来上海组稿时，就可将印好的书和稿酬送来。

现在有两件事和您谈，一：我的朋友香港大学教授黄德伟近来说，他拟用英语写一部关于胡先生的书，在海外出版，为此，他托他的合作者北师大教授罗钢先生，由我介绍访问您及牛汉、绿原两兄，我已写信给罗先生，请他凭介绍信，访问您们。我想由海外华人用英文写介绍胡先生的书，在西方出版，很有扩大影响作用，所以我赞同他的设想。二：上海文学基金会，由巴金、王元化牵头（实际上是王元化主事），拟出一套过去由于历史原因未能出版的现代文学作家作品及理论著作，由李子云、陈思和负责具体编务，我与于伶、柯灵等上海滩上的文化界老人任顾问，是一套丛书，十本一辑，由海南岛出版，其中有一本是收胡先生三十万言书等，由我们这里一位现任副教授的研究生宋炳辉编辑，思和写序文。元化特嘱最好收三十万言全文，以便研究界对这件公案的研究，可以更深入，更实际。为此，宋炳辉将在寒假期内赴京一行，专程访问您，希望您接待他，并开诚相见，因为小宋也是日常出入我们家的生活上照料我们的老学生，他也是新进的青年学者之一，已有专著出版，上海文学基金会的这套书的组织规模及选题内容，将打印件随函寄您一份，使您可以了解丛书出版的整体设计及组成人员。

上海今冬偏暖，仍未下雪，我们很少外出，但家里每日人来客往，并不寂寞，我精神好，还写点小文章应付市面。另外，还带两名博士生，算教学工作。

贾英最近来电话，她下月3日回国探亲，已买好机票，4日下午可抵沪，她外出也三年多了，她在新西兰已定居，并加入了新西兰国籍，算是"新籍华人"假洋鬼子了。世事变化真是太大太快，出乎我们意外，时序已进入冬季，望多保重，应多逸少劳，注重自我保健工作，因为身体就是我们的唯一财产，有一份健康，就有一份事业和幸福。——这就是我在世上生活了八十多年的一点人生体会，愿我们共勉之！祝

健康长寿！并贺

年禧！问候全家好！

芳　敏

1996年1月20日上海

19960624

梅志兄:

好久不给您写信了,最近张业松从北京回来,看到他在京拍的您和晓风的照片,并听了他的叙说,得悉您身体健好,前个时候还来过杭州或南京的信息,十分兴奋与安慰,因为我们到底都是上八十岁的老人了,因此听到老友身体健好生活正常的消息,真像商人发了财一样的振奋与高兴。今天业松又送来胡先生的选集,在今天的形势下,能又以选集的形式出书一次也是一个令人振奋的胜利。

我上月应台湾文艺协会邀请赴台参加由《中央日报》副刊部主办的"近百年来的中国文学学术研讨会",由思和陪同,前后在台湾生活了十天,于本月八日晚回到上海,因为那里的生活节奏紧张,日程安排又很紧凑,所以回来后,感到十分疲倦,憩了这十多天才缓过神来,所以才能提笔给您写信。

此次会议在台北举行,应邀与会的有海外及港台学者作家百余人,大陆十余人,会议由六月一日至三日,在第一天会上,我做了发言,与会者多提供了专题论文。我的论文题目为《中国现代留日学生与中国新文学运动》,思和也有他的论文,我的论文从开会第一天起,开始以连载形式在《中央日报》发表。会后,我们又与会外来人员一同游历了台中县、日月潭、玉山、阿里山等台湾山水名胜。也会见了不少新老朋友。并在业强出版社看见了晓风的胡先生传已出版,感到十分安慰(我已带回一册),此次台北之行也参观了业强出版社的编辑部、发行部,这是一个中型出版社,民营。也受到它的老板陈春雄先生夫妇一家多方的照应与招待,使我们之间的友谊又进一步地得到发展。他下月中旬来大陆,届时当会将晓风的稿酬结算,在台北街头的书店中我也看到此书的销售,又感到亲切。

听说您今年秋天可能南来,希望届时能再来上海,在我们家小住一时。

近年我们两个身体都算健好,桂英春节从新西兰回来探亲,她已在那里取得居留权,我们总希望她能多住些日子,再回新西兰,另外,我们去年请的一位做长工的小保姆,已干了一年,和我们相处也很融洽,有她照应我们的日常生活，又有众多的学生多方照料，所以我们的日子过得并不寂寞与沉闷，倒也安乐充实。

后天（26 日）上海《新民晚报》副刊部开会，李辉的散文在该报获奖，因此，我也应邀请去参奖祝贺，又可见到一次了。

先就写到这里，祝

健好！并问候全家好！

贾植芳 任敏

1996 年 6 月 24 日夜

19960725

梅志兄：

收到来信，得知您来过苏州一带旅游，但却未来上海，实感遗憾，因为苏州距上海只有一箭之遥，这真是失之交臂了。但愿秋天天气凉快了，您能南来在上海住一个时期，就住在我们家里，大家又相聚相叙，为生活添些欢乐。

六月份，我从台湾回来后，曾给您写去一信，不知收到否？晓风写的胡先生传，我带回一册，台北书店已发售，这家出版社——业强出版社的老板陈春雄偕他的妻子及两个男孩，最近来过上海旅游，思和和我说起，晓风的稿酬，老板已带来了，我请思和先存在他那里，待有合适的人再带去北京（或您那里有适当的朋友来沪，也可托他带回），因为是美金，又不便邮汇。我们这次去台北和他们一家相处很熟了，也参观了他们的编辑部、发行部，各有职工十余人，是一家商业性的中型出版社。它的出版物，品位较高，就像解放前我们接触的那些私营出版社一样，更无什么政治背景。

关于您的孙子张恒考复旦事，我们听了很高兴，已关照了有关同志照应，这位张恒是不是就是晓谷的第二个小孩子，那位颇有自己主见的？他如来复旦大学，有我们在这里，您们也较放心，他处境上也不会寂寞。如果他上社会系，倒是我的同行，——我在日本大学就是读的社会系。

五十多年前，胡先生在复旦教书，五十多年后他的孙子在复旦上学，这真叫"无巧不成书"了。我们热烈欢迎这位张恒同学来！

我们一切如常，桂英现在家里，她已在新西兰定居，所以回国探亲，买的来回机票，可以用一年。我们两个老了，有她在家里照应，一切比较便利。保姆总是外人。

上海已进入大暑，气温一般在三十五度左右，因此，我们只好躲在家里，很少外出，前年装了空调，我们的住所外面的空地较大，树木又多，所以日子还好过。

北京属大陆性气候，中午虽酷热，但早晚还比较风凉，与属于海洋性气候的上海不同。但我们到底老了，还是要注意自我保健，多多珍重，但盼天气凉快了以后，您早日来上海！

草此，顺候，

健好！问候全家好！

芳 敏

1996 年 7 月 25 日上海

19960924

梅志兄：

好久不写信了，接到来信，得您近况，我们不胜怀念。

关于张恒入复旦事，我曾给负责考试招生的学校教务长严某（数学教授，60 年代前后学生）通过电话，他说，他实在为难，因为差二分的除张恒外，还有另外两个后台很大的考生，而名额只有一个，又不能招收额外生云云。这事就只好作罢了。如您信上说，北方考生都往沿海城市涌，因为这一带经济发达，生活条件较好，但我国的人口政策、城市政策，又严格限制外地人来此就业，而考生往往把读书作为在此就业的一个跳板，使这一代人膨胀（上海现在有户口的居民一千四百万，无户口的人五百万），不胜负担。厦门情况也是如此。现在张恒既然还满意成都这所学校，那就读下来再说，将来考研究生时还有选择机会。但选的这个专业——国际贸易，现在是个热门专业，因为涉外，将来就业时待遇优厚，算是"白领阶级"。我国走向市场经济后，我们这里的经济系最发达，而人文学科（如中文、历史、哲学等）因为出路比较狭小，考生相对就不踊跃了，因为现在的青年人讲"实惠"，讲消费能力。

您信上说，从南方回来后，总感到疲倦，这是正常现象，俗语说"年

341

龄不饶人"，我进入八十岁以后，处处感到力不从心，心有余而力不足，因此欠了一屁股文债与信债，自己为此感到很烦恼，但又无可如何。为此，只好放慢工作速度，减轻自己的工作负荷，注意生活起居，最主要是心胸要开朗，情绪要乐观自信，也不能老闷在屋子里，要时常外出走走，和朋友来来，这就避免孤独感，工作上也只有采取"细水长流"，不能"多快好省"了。希望我们共勉。也因此，我赞同您在晓谷那里住住，和下一两代人住在一起，也是一种有益的吸取精神营养的办法。

桂英回国后，家里热闹许多，也帮我们做了不少事，但她的回国探亲买的往返机票，到本年十一月就到期了，所以十一月份就要回去。正如您信上说，我们老了，身旁需要有年轻人照料，好在日常交通便利，她可以随时来去。她不在身边时，总有周围一些学生帮忙照应，日常生活就由做长工的保姆照应，只是现在社会风气不良，找个理想的保姆不易，只能注意其所长，避其所短也。好在我们两个经过多年的苦难锻炼，体质还好，没啥大病痛，这就是最大的保障。

我们这里的两位博士生（陈思和带他们）编了本《路翎文论选》，我写了个四千多字的序文，登在近期出版的《书城》上，主编倪墨炎加了醒目的标题《路翎，我的苦命的兄弟！》登在卷首，它讲叙着我们的苦难与友谊，顺便也谈了我对他及胡先生文艺观点的历史评价，日内当给您和余明英各寄一册，留个纪念。他们编的这本书将在珠海出版，这套丛书的主编是李子云、陈思和等。我算是顾问之一。

一位同学给我编了个散文集，我题名为《暮年杂笔》，有二十多万字，都是我复出后写的短文章，本年内可由上海出版。

今年约十一月在北京召开作代会，我被选为上海代表之一，届时如身体许可，我们又可见面欢聚了。

就先写到这里，祝
健康长寿！向全家问好

植芳　任敏

1996 年 9 月 24 日上海

19961106

梅志兄：

　　前去一函，想已收读，此次上海开鲁迅先生纪念会，我们认为您会由晓风相伴前来与会，但会议闭幕后，我询问参加过会议的朋友，他们都说您没有来，我们感到很遗憾，更觉怀念您，直到看到《中华读书报》上刊载您纪念鲁迅先生的文章（还有牛汉的文章）才感到安心。

　　我也没有去参加鲁迅先生纪念会，但在会后一个宴会上碰到特意来上海参加会议的周海婴夫妇，因为我与他们不熟，又加上在这样的宴会场合，所以也来不及问候您的情况。因为我们都越来越老了，推己及人，关心自己与朋友的健康情况、生活状态，越来越成为生活的重点了，可以告慰的是我们两个近年一切正常，没啥大毛病，加上桂英近半年多由新西兰回来探亲住在家里，生活上更多一些照应与慰藉了。

　　我已得到上海作协通知，将在今年内进京，参加中国第五届作代会（具体时间还未定，听说在十二月中旬），任敏也将同行，也是借此去北京逛逛，看望朋友们，陈思和同志也作为会议代表与我们同行，这样又多一些照应。如会议能如期召开，要不了多久，我们就可相见欢聚了，为此，我们感到莫大的慰藉，届时当有几天的欢聚畅叙。

　　近阅香港的《明报》月刊其中有一篇评价晓风的《九死未悔——胡风传》的文章，这是我所见到的此书出版后的第一次社会反响，现复印一份随信寄上，交晓风留个纪念。

　　上海这几天已越来越冷了，北京想该下雪了，请多珍惜、保重，注意饮食起居，想我们不久可以相见，先就说到这里。

　　匆此，祝
健康长寿！问候全家好！

植芳　任敏

1996 年 11 月 6 日上海

1997年

19970316

梅志兄：

　　您一月底的来信早已收到了。谢谢您的关怀，但不知您去医院照了胃镜否？既然饭后胃部有不舒服感，照照胃镜就放心了，这样万一有病可及早治疗，无病就一身轻，少了许多不必要的精神负担。我这次因胃出血住院期间，就照了一次胃镜（这是第二次了，1983年因为胃病住院也照过一次）。因为您知道，我吃了五十多年烟，而报上总是说吃烟往往生癌，但我又从报上得知日本学者研究喝绿茶可以防癌抗癌，而我又整日一睁开眼就喝绿茶，而照胃镜的结果，排除了癌症的可能；可是有老毛病十二指肠溃疡和慢性胃炎。这样，没有了精神负担，生活得就轻松多了，因此，也希望您务必抽空去照一次胃镜，了此一件心事。正如您来信说的，"我们现在应该争取无病无灾生活几年！"我们生活在一个历史激变、社会动荡的大时代。经历的所见所闻的事情太多了，正应该利用有生之年把它们写出来，即使作为文献史料，对当今及后代，都是可贵的历史教训和精神财富。

　　去年十二月，我们之所以不避北方的干燥与严寒进京参加作代会，其目的就是借机看看您及在京中与会的朋友们，也算人生暮年的一景。看到您身心健好、阖家安乐的景象，深感慰藉。但正因我在江南生活惯了，寒冬腊月去了北方，一时不能适应，回沪后竟生了一场大病，幸好我的体质还好，闯过这生命的又一个大关口了。目前仍然需要继续休养，因此除处理一切日常的工作生活事务外，很少提笔，欠了一屁股信债与文债，只好慢慢地偿还了。我还有这份信心，可告慰的是，任敏近年来身体比较健好，所以在我住院期间，家里生活秩序照常进行，当然也亏了学生们的关心与照顾。比如我住院期内，因为医院（上海第一人民医院）就在陈思和住家附近，他们夫妇每天像上班似的来陪我，并都带来自己烧的可口的小菜；其他同学（主要在读的博士、硕士生）也每天川流不息地来陪伴、照应。女同学则在家照应任敏，使我们这对暮年夫妇在困难中不孤单无靠。这也是我这次生病，所以能早日出院的最主要的精神支柱与依靠力量，正所谓"在外靠朋友"的古语所发生的实际效应。

现在我们生活中最大矛盾是由于社会风气不正，人们好逸恶劳，"一切向钱看"，很难找到合适的保姆。前两个本地保姆，因为手脚不干净，我们炒了她们鱿鱼，现在朋友从山西给我们找了个保姆，虽然也是中学生，人还老实本分，但又很难适应上海这个大城市的生活方式，做家务手脚疏，呆头呆脑，但目前只好这样凑合，也许到今年七月份，原来在我们家干过活的一位退休工人，可以回来照应生活，那就解决困难了。

又前一个时期接到日本中国学者千野拓政来信及他译的李辉那本《胡风集团冤案始末》的日译本，想来他也应该送您一套为念。这个译本由日本著名的岩波书店出版，分上下两册，虽然多有删节，但等了六年终于出版，总值得欣慰，他在译本《后记》里也介绍了您那本《往事如烟》的日译本情况。他信上说，此书出版后，在日本研究中国文化的圈子反响不错，云云。

啰啰唆唆地说了一大片，就暂时在这里结束吧，最后还是用您的来信上的那句话做结尾："我们现在是应该争取无病无灾地多活几年！"应该把身体的健康放在生活日程上的第一位！

祝您

健康长寿！问候全家好！

植芳 任敏

1997 年 3 月 16 日夜上海

19970515

梅志兄：

    前奉一信，想已收阅，久未得来信，十分惦念，不知您去医院照了胃镜否？如尚未去照，最好照一下。我从北京回来后住院时也照了一次，并不太难过，而且只有几分钟熬一下就过去了。

    现趁一位青年朋友周力进京公干之便，托他带上我们的问候，并顺便带去一些补品——乐口福、保龄参、龟鳖各一，供您食用。

    小周在上海东方电视台工作，他的父亲是我的同事与朋友，这是位人品学识都好，有上进心的青年人。我们一切正常，我们的近况，他当可面陈。

    就先写到这里，祝
健康长寿！并候全家好！

贾植芳 任敏

1997 年 5 月 15 日上海

19971107

梅志兄：

    连接两信，我去年从北京开会回来后，大病一场，病后总感到体力、精力的衰退，加上学校及社会上的杂事又多，所以就懒得执笔写信了。今日接到来信，才得悉李辉已告知你任敏住院情况，她这次是小中风，幸亏发病时（上月八日午饭后），家里正有陈思和等人，因此，马上通知校医来诊视，同时电告救护中心。一直到救护车来，医生诊视后，认为是中风，立刻送医院治疗。同时电告她在家乡的侄女桂芙及在澳洲的桂英迅即来沪。在他们没来沪前，即由研究生轮流在医院陪她，同时轮流在家陪我。好在现在这个老保姆人很好，这样就不影响我的生活。直到桂芙姊妹来沪后，学生们才撤退，现在桂英每日去医院看护，早出晚归，另外雇个护工料理任敏的生活，桂芙在家帮我照应家务。

    任敏入院后，意识、语言、手脚、活动始终自常，照过 CT 后，说是右脑局部出血，是小中风，并无后遗症，而且由于她的体力好，恢复得很快。昨日又照了CT，医生说出血的管已凝结，也排除了肿瘤现象，从昨天起，除吃药外已不需要输液了。医生说，不日即可出院，自她入院后，我情绪不安、夜不成寐；从昨天起，才开始睡安稳了。想来下礼拜初（今天是礼拜五），就可回来了，桂芙她们再住个时候再说。

现趁我的侄女凯林来沪开会回京之便，托她带上我们对您及全家的问候及此信。最近印了个散文集，随信奉上三本，除您留一本外，请转交牛汉绿原二兄。

我今年毕业了一个博士生，手头还有一个明年毕业，此后，我就不再招了，宣告憩业，有精神自己写点东西，把回忆录写完，就是此后的最大任务。

我们都老了，要增强自我保护意识，心情、饮食、睡眠及作息都要注意，争取健康长寿，多看看这个世界的发展变革。

匆复，祝
健康长寿！并候全家好！

植芳

1997年11月7日上海

19971217

梅志兄：

好久没给您写信了，近日看《新民晚报》上您的散文，像见了面似的高兴，您的文章像个信号，使我们从此得知您又执笔写文，说明您身心的健康状况，我们感到安慰与高兴。

今年我一位学生为我编了个散文集《暮年杂笔》，前些日子趁我的一个侄女凯林来上海出差机会，曾托她给您带去三本（二册请晓风分送牛汉、绿原兄）不知她送去否？念念，因为她回京后未曾来过信。

任敏前一个多月患了脑溢血，住院治疗一个多月后，恢复健康，但她从医院回到家里后，由于过分激动，旋又患了脑血栓，又住医院治疗，也近一个月了。昨日我上午去医院看望她，她已先后拔去导尿管，氧气管，最近拔去鼻饲管，可以坐在床上喂食了，说明她已基本复康（因为她手脚

347

灵活，头脑清楚，只是讲话发音不足，只能讲简单词语）。比她初入院时的状况大有进步与好转。从她上次入院后，我就电告在澳洲的桂英回来，由她每日去医院照应，晚上由我们这里的研究生轮流值夜，另外雇了个在医院打工的阿姨，照应她的日常生活，家里就由山西赶来的桂英姐姐桂芙照应我，好在家里现在工作的一位安徽老保姆人很善良负责。这样家里生活可以维持正常秩序。而我的健康状况如常，只是从任敏生病后，我有些精神干扰，静不下心来做事，只能看些报刊杂书度日，日常跑腿办事有这里的研究生帮忙，这也是个过渡期现象，只要任敏出院回家后，一切就恢复正常了，请勿挂念。

我家的电话从八月份就改了，一直顾不上关照您，现在新的家电号码为65648858，怕您记不清，随信附上一张名片，这样您易于保存查用。

听陈思和说您为胡先生写的传记，已出书，听后十分高兴，但我迄未收到赠书，如您处尚有存书，请寄一册来，以为永久纪念。

先就写到这里，祝您
健康长寿！并问候全家人好。

贾植芳
1997 年 12 月 17 日上海

1998 年

梅志兄：

　　好久不通信了。现在趁我们这里的研究生汪凌同学回京之便，托她带上我们的问候，另附有给徐放的一信，请晓风便中代为转交。

　　汪凌是陈思和名下的研究生（思和应邀去韩国访问讲学半年，春节前后回沪），但与我们相处很熟，并在工作与生活中多方照应帮助我们这两个无儿无女的老人。我们的近况就由她面陈，并借此介绍她与您及晓风等相识，请您对她多加指导与帮助，有什么需要跑腿的事就请她帮忙，也可为晓风分劳一些。她才学人品都好，也常有文章在报纸上发表，家就住在北京。

　　今年夏天上海奇热，气温一般在 38—39 度，报上说，据上海有关气象资料记载，这样的热度，只有上个世纪末，即清朝光绪末年才出现过这类异常的天候，任敏虽仍在卧床，但我们基本体质还比较结实，总得平安抗过这场天灾了。

　　上次晓谷来，得悉您的近况，十分欣慰。晓风给我寄来的万同林的《殉道者》一书，连同您写的胡先生的传记，都是市场上的热门书，在我们

349

学校附近的几个小书店，它们都是抢手货，连同李辉文集中的那一本《文坛悲歌》以至我们山西出版的《黄河》今年第一期，林贤治的学术长文，以至在文坛与学术界，胡风事件已成为一个热点话题，这说明历史无情又有情，公道自在人心，权力不过是短期行为，过期作废，"人亡政息"。

您下月杭州之行，不知何日起程，希望归途中能多在上海逗留几天，我们这把年纪的人，见一次就是一次了，所谓"年龄不饶人"也。

我名下还有一名博士生，也算意思意思，不白拿饭钱。另外张业松为我选了个学术论文自选集，在山东教育出版社印行，可能您来上海时，就能看到书了。

还托汪凌带上两种补品，我们都已进入了老境，又是精神带动者，所以要注意些养生之道，除正常的饮食外，也应该吃些补品，以增强体质延年而益寿，以便争取多些的时间写出那些应该写的文字，以留后人。

想到不久我们又可以在上海重聚，十分激动，但愿能早日相聚相见。

家里现由任敏的侄女桂芙管家，一个老保姆照应，任敏健康情况也日益好转，她饮食正常，头脑清楚，只是讲话还有些障碍，近些时候，每日午睡后，她都由人搀扶着，在走廊散步或到我的书房里坐坐，为此，我的精神负担也减轻了许多。真是皇天不负苦心，经过一场大病，她总算挺过来了。

说得很多了，现说到这里，留下我们见面时再叙。
祝健康长寿！并问候全家好！

贾植芳 任敏
1998 年 8 月 29 日上海

19981003

梅志兄：

接到来信，又如见了一面。因为从它这里，我高兴地看到您的健康状况很好，生活上能自理，而且精神健康，总是写想写的东西，虽然晓山分到房子搬家了，但有晓谷晓风经常来陪伴，照应您，我更感到安心。因为老年人如果孤独寂寞，是会影响身体和心理健康的，虽然我们这些年老人不同于一般干部或职工，我们总在读书、看报、思考与写作，但从照应生活上说，还是有人陪伴的好许多。

从七月起，我就盼望您和晓风杭州之行的实现和在上海相聚的欢乐，因为我们是经过半个多世纪忧患的朋友，现在才知道由于作家协会这个官僚衙门的出尔反尔，您的杭州之行的计划只能作罢了，实在令人愤慨，但愿您们明年自费旅游之行，能在春暖花开时早日实现。

您说得好，要写，因为我们经历的苦难太多了，作为历史见证，使子孙万代认识这个时代与社会。

如果不是刮风下雨，我每天总是由人陪着到附近散步，逛书店，因为附近好几个小书店，都是我的朋友或熟人，从这些地方，从书籍销售情况，我来观察社会动向。一个热点上对五六十年代政治运动的反思作品，如您写的胡先生传，万同林的《殉道者》以及发表在我们山西办的《黄河》上的广东林贤治长篇研究反胡风事件的长文，以至记述"反右"的作品，如朱正的《1957年夏》①，从维熙的《走向混沌》（三部曲），以至韦君宜的《思痛录》，都是畅销书。正如毛泽东1958年批我们说的"隐瞒是不能持久的，总有一天要暴露出来"。随着市场经济的发展，旧思想意识的淡化，人们都在深入地进行历史反思；因此，正如您说的，写吧，写吧，因为我们经历的太复杂太可怕了。

近些天，我在学生的协助下，写了不少这类回忆性的文章，我的回忆"文革"的讲话，录音，也正在由学生整理成文，文是《狱里狱外》的续集。

我们的生活环境还算安定，任敏从医院回来后，由一个老保姆照应生活，她除过讲话不行外，头脑很清醒，胃口也不错。每天下午，由负责料理我们家务的她的侄女桂芙（桂英姐姐）和保姆用推车推她到院子里散步。有时走一段路，两人扶着步子还正常，这就使我减少了重大的精神负担，可以安心地做点事了。又因为我身在学校，杂务很多，如为人写序，写学术鉴定，博士论文答辩，评博士导师等类，总之，忙不胜忙。日子还算安定，不过总如您说的，记忆力在严重衰退，记远不记近，这正是进入老龄的一个讯号，它催促我们要争取时间，把要做的事（写作）要赶快做而已。

罗洛去世，我因为年龄关系，没去火葬场为他送行，只送了个花圈，我们虽然都生活在上海，但除过1996年作代会上和在您家里见面外，回到

---

① 朱正：《1957年的夏季：从百家争鸣到两家争鸣》，河南人民出版社1998年。

351

上海还没见过。因为他是个官场人物，和我们这些民间人士不同，因为深入官场，就身不由己了，所以他生活条件，虽然比我们优越许多（按规定，作协主席为局级干部待遇），但精神不如我们自由自在，他比我们小十多岁，即先我们而去，我为他的早逝，感到痛惜与悲哀！……

随信附去一篇写胡先生的文章，供您与晓风存查，作者郑超麟是一个仅次于陈独秀的老托派之一，文献纪录片《邓小平》第一集有访问他的好几个镜头。80年代以后，因为他孙女是上海书店的编辑，她也与我有些来往，这是个历史人物。今年七月他以九十八岁高龄病逝后，我还写过一篇记述他的文章。他对我说，他知道我的名字，是55年他在上海监狱里学习关于所谓有"胡风集团"案件的"三批材料"时，监狱当局要犯人们在学习时，"理论联系实际"，为此犯人们为了戴罪立功，把他好好地打了一顿！这篇文章，通过胡先生晚年的回忆鲁迅先生的文章，解决了一宗历史公案，对鲁迅及胡先生研究都是有用的文献资料。

写了很长了，就先说到这里。您说的那些补品，我因为学生多已积压了很多很多，我们实在吃不胜吃，而有些补品又有时间期限，不吃反而是一种浪费，所以您不必介意，有顺人我还会带给您，因为像我们这把年纪又是用脑力的人，吃一些补品，对健康很有好处。何况我这里沾了当"老师"的光，这类东西源源不绝地有人供应呢，目前家中有三个顶柜都积压满了呢。

匆此 祝

健康长寿！并问候全家好！

任敏附笔问候

贾植芳

1998年10月3日上海

19981031

梅志兄：

现趁郝瑞回京之际，托他带上我们的问候和一些保健品与绿茶。

我们情况，他当可面陈一切，可以告慰的是任敏健康情况恢复得很好，她可以由一个人挽扶着，自己拄着手杖走路了，只是说话不行，但头脑清楚，胃口很好，我们家里一切生活秩序正常。我仍然十分忙碌，但精神安定下来了，健康情况正常。

一切由郝瑞面陈。

此祝

健康长寿！并问候全家好！

贾植芳

1998 年 10 月 31 日上海

1999 年

19991022

梅志兄：

　　现趁秋石老弟赴京之便，托他带上我们的问候，承您推荐我，为秋石关于萧军萧红专著作序，为我招揽生意，盛意可感。对我说来也是义不容辞的责任与义务，秋石怜惜我年老年弱，先起了个稿子，再由我修正一下，完成任务。世事变迁，两萧的事迹已为青年一代逐渐遗忘，有秋石的专著行世，也算为故人留个记忆与纪念。

　　另外，托秋石带一些补品，希望您多逸少劳，健康长寿！

　　此祝

健安！并问候阖家好！

贾植芳

1999 年 10 月 22 日

19991124

梅志兄：

　　前几天《萧红与萧军》一书的作者秋石去京时，曾托他带上一封问候信及一些补品，想已见到，现趁我们这里的博士生刘志荣进京之际，再托他带上一信并一些补品，祝愿您健康长寿！

　　刘志荣同学是陈思和的博士生，他是陕西人，为人朴实诚恳，这些年来无论在工作或生活上对我们多有帮助与照应，为此，托他带了我们问候时，也介绍他与您相识，这是个人品才学都好的青年人。

　　我们的近况，他当可面陈，我就不多说了。专此

祝好！并问全家好！

植芳 任敏

1999 年 11 月 24 日

2000 年

20000201

梅志兄：

先向您拜个晚年和春季，祝您健康长寿！祝全家大小新年欢乐,身体健好，生活安康，万事如意！

您和晓风的信收到了，看到您和小孙子张本的近照，十分慰藉，因为从相片上看，您一点不显老态，对我们这代七老八十的人来说，身体精神健康，就是最大的幸福与慰藉，我们要争取长寿，看看这个激变中前进的"有中国特色的社会主义"国家的前境……

我们一切还正常，我除过有一些老年人的生理病象——如耳聋、白内障、瘙痒症外，一切还好。任敏虽仍卧床，暂时还未恢复语言能力，但意识清楚，体温正常，胃口也很好，家里现在由任敏大侄女桂芙管家，现在做长工的小保姆还称职尽心，抄文稿、陪我外出开学术性会议（本市）就由学生们照料，也切望春暖花开时节，您由晓风陪同南下在上海小住一时，散散心，会会旧友，何况您与胡先生又是老上海呢？

晓风信上说的《百年潮》刊载的王康先生的回忆文《我参加审查胡风案的经历》一文，早就读到了（包括《文汇读书周报》有删节的转载文），文中说"只有一个当过汉奸",虽然未提出人名,但联系到 1980 年的中央文件,人们会自然想到我这个名字。王康先生文中只提到过我一次名字,那就是 47 年我坐在国民党中统特务狱中时,胡先生为了营救我,写给在南京阿垅的信,但因为胡风先生与阿垅,都不认识我认识的那个国民党人物陈焯,此事无从进行。但在 55 年文件中,毛泽东却以此一人为据,作为胡风、阿垅与国民党特务头子"有密切关系"的罪证,《文汇读书周报》转载删去这些部分,关于这个我的所谓"历史罪行",在下月出版的、李辉为长江文艺出版社编的丛书中,我的那本《平反日记》(《解冻时节》一书中的第一部分),记录了有关文件,如我给胡耀邦的申诉书,上海法院为我平反的文件,以及我的申诉书上达后,由上海公安局承担责任写的"复查文件"原文等,当可明了事件真相。书下月出版后,当送王康先生一册,谢谢这位不失一个革命者的良知、因为在审查胡风冤案中说实话而受到去职与迫害的他的历史责任感!

说起这样的有良知的老革命,我从上海新闻界朋友处看到一篇不能见报的文章,作者李慎之,题名为《风雨苍黄五十年——国庆夜独语》,这篇文章也提到胡风先生因文贾祸的悲剧遭遇与命运,您处如看不到,当复印一份寄去存查。

进入九十年代后,55 年胡风事件开始成为学术界的热点,我们今年毕业的两位博士生的博士学位论文,就是以胡风文艺思想为专题的。一个您们认识的韩国留学生鲁贞银,一个是在我这里读过硕士学位又到《文汇报》工作一段时间,回校跟陈思和读博士的张新颖。这是过去想象不到的历史现象,也反映了历史的无情又有情。一口气写了这么多,就算我们聊天吧。

匆此 祝

健康长寿! 祝晓谷晓风晓山合家好!

贾植芳 任敏

2000 年 2 月 1 日上海

2005 年

20050827

晓风:

好久不通信了,想来你们一家和晓谷、晓山一家生活正常,身体健康,是祝。

现趁我出版了两本书,一为我平反后的日记,一为我编选的《我的日本印象》,其中编用了你父亲早年在日本时的文章——《访问秋田雨雀印象记》,现趁我的外孙女、复旦毕业的硕士、现在上海一家出版社做编辑的罗晓荷回京省亲之便托她带上上列二书,并趁此介绍你们相识,并在事业和生活上互相关怀,彼此有来有往的朋友。

我已九十岁,幸好身体健好,没啥大的病痛,生活起居正常。总之,晓荷和你面谈一切,希望你及晓谷、晓山有机会来上海公干时,来家里做客,畅叙一切。

匆此,祝
健好! 并请代候晓谷、晓山全家好!

贾植芳
2005 年 8 月 27 日

写给范泉

（1983 — 1995）

1983 年

19831115

范泉兄：

　　来文奉悉。我因去了南京苏州公干一个时期，以至迟迟复信，实在抱歉。前些时候海珠来家，谈起您可能回沪工作，私心窃喜，以为从此可以多多相处，破除彼此的暮年寂寞。但我国事，现在办事门槛极繁，如鲁迅先生早说的，摆一张桌子，或把一张桌子移一个地方都不容易，因此劝人争取长寿的意思，今天仍不过时。兄在上海历史悠久，极盼能在寒假回沪时，再多方活动一下，集中力量打通一切关节，想不至于完全无望也。在此预祝兄能马到成功！

　　寒假带研究生来沪，欢迎来小寓漫谈，大家交流交流，热闹热闹很好。谈不上什么讲课，只是漫谈而已。

　　匆此不一，并祝早日东莅沪。

　　握手！

贾植芳

1983 年 11 月 15 日

1984 年

19840819

范泉兄：

手字奉悉，得知您处将编《中国现代文学社团流派辞典》一书，无任高兴，这也是前无古人之举，极有益于中国现代文学的研究工作向纵深发展也。

所嘱要写的那三个社团，覃子豪在北平中法大学和家兄贾芝等结为诗伴，出版《剪影集》一书，我不悉其详情，只知这个事实，给家兄写信时当提上一笔，若他能回忆地写点最好。至于覃在台湾参与的那些蓝星诗社活动，更没详细材料，我只知其皮毛而已，无从写起，或者要写，还要找些实在的港台材料才行。因此，只好就记忆所及写了一个文海社的简单材料寄您，以供参考。

弟腿伤经过近半年卧床疗养，正日见痊好，目前可以策杖而行了。兄带研究生在沪期间，正赶上我遇车祸，承蒙您和各位研究生同志多次来医院探望并赠食品，十分感激。今冬如返沪，甚盼能在小寓好好叙一叙，沪上如有托办事项，请及时示知。

匆此　祝

健好！问候李、刘各位同学好！

贾植芳

1984 年 8 月 19 日

1986 年

19860215

范泉兄：

手书早悉。我上月进京参加胡风先生追悼会时与宾基兄相晤；关于审阅李怀亮同志论文事，一俟收到材料当及时写好评语寄还。

得悉兄调沪事已成定局，十分高兴，并为兄贺，为此就可以经常往还了，生活中从此增加一些亮色，也是人生一大乐事。

您处研究生周宁同志伙同辽宁师大编纂《比较文学辞典》一事，应该是一件大有意义的事业，此间上海外院也正忙此事，因为这门学科在我国属于一门新兴学科，而由于多年的闭关锁国，国外三十年来的材料我们一时无从找回，正因为这种特殊的历史情况，目前动手编纂，必然困难较多，上海外院有鉴于此，他们也只能先编个《比较文学手册》而不敢就搞大规模的《辞典》。

但各地情况不同，如辽宁和西宁条件较好，也不妨先行着手，先搞个试用本也行。这里说的只是我的一点想法，如何之处，俟兄回沪后再详为计议。

匆此奉复，并贺

新春多福！

贾植芳

1986 年 2 月 15 日

内子任敏附笔拜年

1987 年

19870414

范泉兄：

手书奉悉。得悉已平安到西宁，十分快慰。关于保姆的事，我们已找到一位中年妇女（绍兴人），在家里已工作近旬日，表现很好，她也希望能干下去，所以就不要再请老兄费心了。

关于文学辞典事，骆宾基兄说的，恐怕是指我们这里一群中年同志编的《中国现代文学辞典》，我被聘为该辞典顾问（辞书出版社意见），又为此书作序；他们已付排。如果《现代文学社团流派辞典》需另找婆家，我问问耿庸和尚丁二兄，听取他们社里的意见；同时，我也问问别的出版社。目前出版淡季，加上这种局势，又为出书增添了新的难度，但"皇天不负苦心人"，这部专业辞典迟早总能找到买主的。

兄的三名研究生，我还是在上海对您说的那句话：您就挂在那里，不必放弃，如学校肯出旅费，您就带上他们四处"取经"，我们这把年纪和小青年一起玩玩，也挺有乐趣。他们如到上海，当竭诚以待也。

上海这些日子仍是阴雨连绵，气温忽冷忽热，我还是在家里坐地，很少外出。但希望兄早日回上海来，使彼此生活多些热闹气氛，是所至盼！

西宁地处边陲，请多多保重身体，是头等大事。匆复，顺颂健安！

任敏附笔问好！

弟 贾植芳

1987 年 4 月 14 日上海

19870904

范泉兄：

手字奉悉。29 日晚间我们从西安归来，听小女说，您为保姆事早上来过，日前又接来信，也是为这件事。这真使我们过意不去，您也一把年纪了，时间又金贵，还在为安排朋友的生活，这么费神跑腿，四处张罗，使我们这样久经世变的人，真从心里感激，弥觉友情之可贵。

现在事情既然有了眉目，那就等您的研究生刘晓林同志带这个青海的小姑娘来，我们相信，她在我们家里帮忙，会和在自己家里一样的自在和愉快。我们夫妇已买好机票，定于本月十三日去广州，那里的中山大学和地方作协联合举办"中国现代文学与中外文化"小型讨论会，我们大约本月 20 日可以归来。如果那个小姑娘十三日前来了最好，如果路上有耽误，家里有我们的女儿，她会安排的。

时序虽已进入秋季，但夏炎的余威尚炽，望多珍摄，是祷！

匆复并候撰安！

弟 贾植芳 任敏

1987 年 9 月 4 日

19871203

范泉兄：

手字敬悉。贵店十日之会，我一定前来参加，现随信寄上回执一份。关于这个丛书，我忽然想起，您们的编委会是否邀请了范伯群同志参加，他系苏州大学教授、中文系系主任，编过《鸳鸯蝴蝶派文学资料》（上下二卷），现在承担国家七五重点项目《中国通俗文学史》的主编工作，我前此曾介绍他和贵店的刘华庭同志相识，他系复旦五十年代早期同学，也是我的友好，如果能邀请他参加编委工作，也多一份建设力量。

您写的"编辑设想"，思虑周密，体例详明，我拜读后深受教益，如果这些设想能变为现实，那么这套丛书一定会在学界（包括国内外），发生重大影响力量。为贵店增光添彩也。

张廷琛同志的讲课收据，现随信附上。

专此拜复，余容面叙

顺颂

编安，并候阖府请吉！

内子任敏附笔问好！

弟 贾植芳

1987 年 12 月 3 日

1989 年

19890215

范泉兄：

新年好！

收到来信，内情尽悉。您的痛苦和激怒，我是完全理解的。作为胡风的一个朋友，我首先向您道歉！而这类事件又是一个严重的历史教训。从三十年代以来，我国的左翼文艺运动，在人事纷纭中，此类事数见不鲜。一方面，是由于政治斗争环境的尖锐和复杂，造成一些人的不正常心理状态，往往疑神疑鬼，造成不必要的相互猜疑，以至轻信流言的恶果，从而伤害了一些不应该伤害的朋友，造成恶劣的政治和社会影响。此种风尚，后来竟越演越烈，竟然作为一种历史传统，新中国成立后，就成为一浪接一浪的文艺运动的根源，从而制造了一批批的冤假错案，极大地影响了生活的正常秩序，也严重地破坏了文艺生产力。我自己也身受其害。兄与胡风之间的关系，我不明究竟。因为我 1946 年来沪后，未及一年，即被国民党中统局逮捕关押，1948 年冬天出狱后，因在上海不能立足，继续受到追捕，因此远避青岛，1949 年上海解放后才敢回来，翌年春即到震旦大学教书，从此走向教育界，很少参加文艺界的活动，但我完全同情您的遭遇。

为此，在接来信后，我已给梅志兄去信，除附去您致《新文学史料》的印件外，我建议她编辑胡风三十万言的单行本时，在文字上做必要的更正和说明，以正天下视听，纠正这件冤案中的冤案。祈兄释念是荷。

我们本月二十三日去厦门开会，三月初旬回沪，那时我们再面叙一切。

匆复，顺颂

编安！

弟 贾植芳
1989 年 2 月 15 日

19890409

范泉兄：

手示奉悉。《信息》上的拙文，本是当时信手而写，现在选印专集，我看以保持原状为好，因为它是围绕着《中国近代文学大系》大家议论纷纷，很有学术气氛和时代气息。我的意见，也只是追踪时贤的高论的一点补充而已。为此，我认为您拟定的书名——《论中国近代文学的时代特征和艺术特色》，颇有概括性，但最好加一副题为"中国近代文学大系编辑体例讨论通讯集"，以资醒目并落实到《大系》本体。不悉尊意以为如何？

来进修班上课事，以兄有事外出不克实现，深以为憾。我已通知沈永宝同志，他希望您从青海回沪后，最好有机会来和学员们见见面，因为他们都来自全国东南西北，都切望能见到文艺界前辈，一睹风采也。

研究生答辩会聘书及论文材料已分别转交陈鸣树、陈思和同志，勿念。

此复顺颂

旅途顺利！早日回沪！

贾植芳
1989 年 4 月 9 日

19890418

范泉兄:

13 日来示奉悉。关于《选刊》书名及版式，以及各组内容的选文性质设想等，我完全同意您们编辑室同志商讨的结果，这样，它就能比较系统而真实，全面地反映《大系》这一重大文化工程的编辑过程及其内容，不仅有其纪念意义，而且更有其学术和文献价值，在我国的编辑史上也有其贡献。

关于仍列章培恒同志于编委名单，并按期邮寄《信讯》，我认为您们的措施十分英明得体，因为从长远看，这利于更积极地团结我国学术力量。但有关《小说集》编选设想等，既然已成往事，愚意以不宜再提为宜，因为它没有什么积极的意义。关于从《俗文学集》三卷中抽出一卷独立成《民间文学集》一事，既然是我国民间文学界前辈钟敬文先生倡议并由他挂帅任主编之职，而且《俗文学集》合编者金名先生已表示赞同，想来范伯群同志当不会有什么异议，因为它有利于《大系》编纂工作的学术质量和价值。实际上，我也曾有过一种模糊的概念，认为所谓"通俗文学"就是我们新文学运动中的"大众文学"，它以文人创作为准，而"俗文学"应该是采拟自民间口头创作，所谓"口传文学"，二者严格说来，应有其各自界定的。您们在《大系》建设过程中，博采众议，择其善者而从之的精神和作风，我深为敬佩。

关于约兄来复旦进修班讲课事，希望从青海回来后能拨冗来讲一次(两节课时间，一个多钟头)，因为这里招收的学员，来自全国各地，他们多为高等院校的讲师助教之类，都深愿能借此一睹国内外学术文化界前辈和新进的丰采。此事我当和沈永宝同志商议，具体时间，届时再与兄商定，讲课时由学校派车接送。

内子任敏在青海化隆县的本年度第一季度的退休工资已于日前寄来，兄到西宁后，就不必再劳神找他们了。

祝您旅途顺遂，早日归来!

专此顺颂

撰安!

弟 贾植芳

1989 年 4 月 18 日

19890707

范泉兄:

　　手字及《〈中国近代文学大系〉总序》（初稿本）拜读，现在就这篇《总序》写点读后感式的意见，就教于吾兄及编委诸公。

　　这篇《总序》，从总体上说，写得比较深入而全面，但有些论点，却值得商榷，如第四页上谈到孙中山、黄兴领导的民族民主革命运动势力所组织的文学社团南社时，认为他们为革命推波助澜，"然而没有制定统一的旗帜，鲜明的文学政策，和为大家所认同的文学纲领，彼此步调越来越不一致"云云，我则认为这正是这个以民族民主革命为宗旨，从而推翻了清王朝，结束了千年封建专制统治的革命运动的历史特色，它的进步表现，因为他们所向往并为之奋斗的民主社会已不同于君主社会，就在于它废除了大一统的封建专制政治体制，开创了民主政体，从而废除了大一统的意识形态统治，建立一个多元化的文化形态的新社会，这也就是我们多年来争取的"百家争鸣，百花齐放"的开放性的文化环境。辛亥革命的胜利果实之所以被袁世凯掠夺，以至此后发生的一系列倒退的历史事变，正因为这次资产阶级民主革命不彻底，其中因素是复杂的，既有中国新生的资产阶级的软弱性和二重性这些重大的政治经济原因，也有文化的因素，——传统思想和文化心理的强大的抗阻作用。

　　《总序》在谈到这次并未成功的国民革命在文学上的表现时，把"部分作家在困惑中老是在情网、官场、黑幕、武侠中兜圈子，"认为是"消极停滞的一面"，云云，我认为这种提法含混不妥，因为第一，它给人一种印象：好像我们还摆脱不了传统儒家的"文以载道"的老观念，视小说戏剧之类的文学作品为不登大雅之堂的"小道"，不是正宗文学作品；其二，这类戏剧小说作品，固然良莠不齐，没有出现在中国小说史上有突出成就的大作品，但也不乏反映重大历史事件、现实社会生活和民情世态的好作品，不能一概视之为"消极停滞"的东西，而它们正是我们这套《大系》所要收录的对象。

　　还有一点我觉得不妨一提的是，正如我过去写给兄的信上说的，在这个中国历史发生重大转折的历史时期，由于西风东渐的结果，新式印刷出版事业的兴起，报章杂志的出现（其中以上海为主要基地)，中国开始开拓出广大的文化消费市场；又由于清朝废除科举制度，留学生运动的发生和发展，中国才有了不依附于官府，真正靠卖文为生的职业文人，翻译文学才大量涌现（据阿英先生统计，它的数量赛过创作成品)，从而形成了一个丰富而又复杂的文化社会，正是在这种由封闭到逐渐开放的历史环境下，中国开始迈出了走向近代化的步伐。……

　　我越说越远了，那就写到这里吧。

　　偏激之处，还祈求吾兄的宽宥和谅解。

　　匆此，顺候

编安！

弟贾植芳

1989 年 7 月 7 日

1990 年

19900123

范泉兄：

    收到手字，惊悉您患足疾，行走不便，不胜惦念，我又体衰事杂，不能前趋府上探视，遗憾之余，只有先向您问候并拜年，祝您早日复康，健康长寿，万事大吉大利！

    您的三位高足的遭遇，使我感慨良多，他们竟然还要重复地走我们年轻时走过的泥泞路，又使人惊异之余，只能在历史面前沉思了。您如和他们通讯，请代我们向他们致候，问好。

    二百元早已收到，谢谢！匆复顺颂痊安！并贺年禧！

弟 贾植芳 任敏

1990 年 1 月 23 日

1992 年

范泉兄：

前函计达。兹介绍上海外语学院谢天振同志去看望您，请能开诚相见。谢兄是我的知己，他在翻解外国文学与比较文学研究上多所建树，也是我国比较界的主要学术力量。他近年执着于中国现代翻译文学史的研究，为此，他现在正在撰写一部有关这方面的概观性的读物——《中国现代翻译文学史话》，我认为它的性质与您和柯灵先生主持的《文史探索书系》的性质相符，如能收录在这个丛书内，我认为是很有学术和史料意义的，因为这也是一个冷门的题材，在今日开放性的文化环境中，尤其是一个值得研究的文化现象。希望您和谢兄接头商洽，谨祝您们的合作成功！

　　祝

健好

弟 贾植芳

1992 年 11 月 3 日

1994 年

19940117

范泉兄：

　　新年好！

　　手书奉悉。先向您祝贺新婚，我们为您有了一个温暖的生活环境高兴，同时，我们也相信，在吴崃女士的相依相伴下，由于生活安泰，心情舒畅，您会以更多的学术成果，贡献给社会，让晚霞发出更灿烂的光辉！

　　待日晴风和时日，我们一定来专程拜访您们的新居，当面祝贺，再讨一杯喜酒喝。更欢迎您们这对人生伴侣在春节期间惠临寒舍，大家共庆新春！

　　专此奉复顺候

欢乐！并贺

　　年禧！

贾植芳 任敏

1994 年 1 月 17 日

1995 年

19950526

范泉兄：

我们又好久不见面了，所以收到来信，真有如面对相谈一样的感受。

随函奉上我的生活回忆录《狱里狱外》一册，供您和吴峤嫂把玩，留个纪念。

关于复旦中文系本届报名"博士后"一事，经向有关人员问讯，说是中文系今年只有一个名额，又属于古汉语专业，所以接受了华师大该专业的一名博士生，明年那一个名额限于什么专业，现在还未定妥，我想，这大约就是您的高足刘为民君未被接受的原因。我想就是刘君跑到上海，他们恐怕也这样答复。这两年，外地来沪报考文科博士生的人数都很踊跃，弟去年只招一名，报名的就有十五，因此出现僧多粥少之势，但听说，报考理工科各专业的学生却并不多，这也是一种奇怪的现象。而我们这里理科的中青年一代研究生及教师却又出国成风，一去不返，与文科又形成了一种反差现象。

不悉兄嫂近来健康情况如何，甚念。我们这一代入于老境的朋友，彼此首先关怀的是彼此健康状况，每听到一位朋友健康情况良好的讯息，比听到谁发了财还高兴。这大约也属于一种老年人的心态。

我们这个"两人世界"，情况还算正常，只是体力精力日见不济，做事效率很低，这又是一种老年的悲哀了！

天气渐暖，希望您们兴致好时，到市内走走，能来我们家聊天喝酒，那就是喜从天降了。

匆复祝

健好！吴嵘妹同此不另

贾植芳

1995 年 5 月 26 日夜

内子任敏附笔问候。

附　录

植芳兄：

　　您好！

　　我因癌症复发，X光放射治疗了一个半月，本月初才在家里休息，月初复查，如果仍有癌细胞，那可能没救了。

　　我只吃流质、全身无力、不能看您和嫂子。老伴为我操心，也病得走不动路。趁研究生看您的机会，请他送上月饼一盒，请哂纳。

　　祝贺您身体健康！

范泉
1999 年 9 月 18 日

　　贾先生：谢谢您介绍稿，曾打电话请您的保姆转告，不知是否说清。再一次谢谢。

吴峤

后 记

　　与我同龄的范泉兄离开这个世界已一年多了，但他的音容风貌仍时时在我眼帘闪现，我很想把这些记忆、印象用文字记下，因年老身衰、体力精力与记忆力口衰，所以推到现在才动笔，它就算我献给亡友灵前的一束鲜花。

　　我最初知道范泉的名字是抗战胜利后的 1946 年 6 月来上海下海以文为生的时候，当时，我因无力租房就临时住在老友胡风先生家中，当时还是国共和谈时期，同年 10 月，我们夫妇随胡风先生夫妇到上海旧法界的一家似乎名为"卡尔当"的剧院参加了鲁迅先生逝世十周年纪念会，而在进入会场时，每位与会者在签名时，都会收到一本书——由开明书店新出版的日本小田岳夫的《鲁迅传》中译本，它的译者就是署名为"范泉"的翻译家。这次盛会是由全国抗战文协而在战后易名为"中国文协"（即中国作家协会的前身）主持的，但会务费似乎是由鲁迅夫人许广平大姐资助的，出席的有从后方复员回沪的郭沫若、茅盾、叶圣陶等人，还有中共驻国统区代表，中共副主席周恩来以及战时留沪的作家和解放区来的作家（他们当时都是以中共驻国统区代表处工作人员或新华社记者身份来上海的），可称是战后中国作家一次盛大聚会。会后，与会者又坐车到虹桥公墓来瞻仰鲁迅先生长眠之地，献上鲜花，并由一同来的许广平先生及鲁迅先生的独子周海婴发给每位来扫墓者每人一包奶油面包与一瓶鲜橘水，这是我生平第一次参加中国文艺界的一次盛大聚会，因为抗战初期在武汉成立的中华文艺界抗敌协会时，我即被吸收为会员，但当时我无缘结识《鲁迅传》的译者范泉先生，想他当然在场，因为听说他的译稿曾请许广平大姐校订过，许广平也是抗战中留沪者。

但由于历史的激变动乱，由我们各自命运的坎坷，一直到八十年代初，中国历史转变，社会改革，由长期封闭走向改革开放的新时代，我们彼此才走出长期的"以阶级斗争为纲"的历史陷坑，由所谓"鬼"（即"最高指示"所称为"阶级敌人"或名"牛鬼蛇神"），又变成人，回到各自的原来的工作环境后，我与范泉才开始接触，来往通信。从交往中，渐次认识了他的人品才华、事业成就、历史贡献，以及生活命运。因此，在他逝世时，我写了一副挽联，反映了我对范泉兄的人品才学及在中国现代文化、文学建设中的贡献与成就，以及他的颠簸生活命运的认识和理解，算是我对故人的敬意与悼念：

> 历经磨难，知难而进，
> 无私奉献，虽死犹生。

范泉兄去世后，他的遗孀吴峤大姐将我从 1983 年至 1995 年写给范泉的十七封信复印件交还我（原件已由范泉兄生前捐赠给上海图书馆），现将复印件抄录如上，以资纪念我们之间的情谊，并为逝去不久的历史留个影子。

致李辉

（1992 — 2008）

1992 年

19921010

李辉：

　　今天思和来寓说，应红进了北京医院，要开刀治疗。我们听了，十分惦念。她体质素弱，因此，在住院治疗期间，除了应遵医嘱服药外，更应该注意营养和休息，更要紧的心情要开朗，有"战时且当平时过"那样的情怀。同时，应该选择临床经验丰富的老医生主持开刀。因为据我的经验，开刀动手术，医生技术的高下大有讲究，我那次因车祸骨折住院开刀，因为是一位骨科的老军医，所以不仅开刀过程顺利，术后也没有任何后遗症，又为这次住院契机和这位老医生成了朋友。我国的医学教育很不发展，"文革"前在校的医学院学生，在那个政治挂帅的时代，除了参加运动，批资产阶级，就是下乡劳动，向贫下中农学习，改造思想，"不务正业"，专业倒荒疏了。这十多年情况可能好些，比较注重专业教育，同时，也有不少国外回来的洋博士，医疗面貌可能有些改进，因此如果应红需要开刀，一定要尽可能地注意选择医生。据我的经验，老医生为好，除了医疗经验丰富外，他受的专业教育也比较严格（解放前，我国的医疗教育主要是老外经办的，像北京的协和，上海的圣约翰，就是美国教会办的，震旦医学院，是法国人办的，同济大学医学院是德国人办的，上海的同仁医学院，哈尔滨的医大，是日本人办的等)，同时，这些老医生责任心比较强，认真负责，他懂得人命关天，责任重大，马虎不得。在我国没有颁发医疗法律的条件下，医生的医德是很重要的。

应红在病愈出院后，尤其需要休息一个时期，俟元气恢复了，再说工作。到了我们这把年纪，才真正体会到健康的身体是我们唯一的财产这条真理。尤其是今年上海气候反常，四、五月份我因瘙痒症住院检查治疗了一个月，回来后，任敏又接着发高烧，折腾了近二十天才好，我们体会的就更深。

我们此间日子过得正常，今年没有外出，计划天气凉快后，十月将到浙江金华住几天，散散心。

现在就写到这里，祝愿应红早早恢复健康，出院回家静养。

此祝

双安！

贾植芳 任敏
1992 年 10 月 10 日上海

1993 年

19930415

李辉：

　　桂英昨晚坐火车进京，想已看到了。

　　现介绍在我这里进修的日本访问学者星名宏修先生往访，并介绍你们相识和交谈。

　　星名先生原为日本京都立命馆大学中国现代文学研究生，此次来沪专题研究中国抗战时期上海沦陷时期文学。我前两年去日本访问，在日本中国学会在东京大学举行的欢迎酒会上的讲演《我与胡风先生的交往与友谊》，就是他译成日文，分五期在大阪的《中国文艺研究会会报》上发表的。他为人笃实好学，此次进京访查资料，必要时，请能予以照顾、帮助是荷。

　　专此　顺祝

近好！并问应红好！

贾植芳　任敏

1993 年 4 月 15 日上海

1994 年

19940123

李辉、应红：

　　你们过年好！

　　李辉根据录音整理的记录稿，原稿一些失误处，我做了笔改。第二页开头："唐是说阿垅、方然到处骂人，我们又不惹他们"，这一段其中有漏失。事实是，唐指唐湜，他是九叶派诗人，因与我较熟稔，有往来，所以约在八十年代中期《文艺报》约他写一篇关于胡风的文章，他写好后寄到上海（他这些年长期住温州，这里是他的故里，但五十年代在《戏剧报》工作，住北京）给我看，其中说到1955年反胡时，说，胡指使阿垅、方然到处骂人，也骂到他们，这就使他们不能忍受，因为他们对七月派并没开罪过，而且在旧社会，大家都受过国民党的迫害。因此，1955年反胡风时，无论左派、自由派都称快……云云。我看了之后，当场对他说，现在提这些不必要了，无论胡风，阿垅，还是方然，后来遭遇都很悲惨，阿垅死在天津狱中，方然跳西湖而死，请你原谅他们吧，他们对不起你们的地方，我作为他们的好朋友，向你们道歉，认错。经我这么一说，他倒不好意思了，所以文章在《文艺报》发表时，这些内容他事先都删去了。这是除范泉事件外，我第二次给人赔罪，道歉。你的记录稿，说到此事，可扼要地写一写。

又，记录稿中关于1945年毛到重庆时和胡风接触一节，是1946年舒芜在上海住在我们家里时说起的。

谢谢李存光老弟和你们的感情，四月间，如身体许可，我们一定去北京逛逛，从1979年8月以后，我就再没进过京了。

我们这些日子身体还好，没什么大病痛，桂英去年6月去了新西兰以后，家里雇了一个长工保姆照料我们，日子过得还正常，桂英他们也常有信或电话来，两人都是一边打工，一边上学（语言学校）。

去年年底学校突击买房，我们因为只有两个户口，所以房价要二万一千元，一次性付款，花了一万八千元。按照规定，住满五年后，此房可以自由出租或出卖。客厅的地板，去年年底也全部换过了（还是你1991年来沪时代我写的给党委书记的信，去年才落实了）。校修建科还说，房屋大修事，开春以后，民工们回来再进行。

这样，有了这几间私房，人的精神也自由一些，你们再来上海，就真的住在我们"家"里了。

上海从元旦以后，天气就不大正常，然冷忽热，忽晴忽雨，变幻莫测。也因此，我们只在家里围炉烤火，躲避春寒。

日本友人山口守先生，前信说他偕同他的老师松井博光先生以及另一位日本汉学家将在4月1日来上海，2日晚上在我家喝酒，3日去北京，参加巴金学术研讨会，我们和思和再去，那就更热闹了。

先说到这里，祝你们

健好！

贾植芳 任敏

1994年1月23日夜

19940707

李辉：

现趁周书兰女士进京之便，托她带上我们对你与应红的问候，并托你们对她多加照应，帮助。

你或许会想起来，书兰是桂英爱人书龙的姐姐，现在复旦图书馆工作。桂英外出后，她对我们日常生活，热心照应，帮忙。她此次进京系去新西兰大使馆办理在该国探亲签证。她北京情况比较陌生，为此，希望你们多加照应，另代购回沪火车票之事，还请亦为她帮忙。

我们一切正常，只是今年上海天气热得反常，报上说，有 39 度之高。恰巧这个热天我们家正在装修房子，我们临时撤到同宿舍两间房子里暂住，因为是临时的，下月就可搬回去，所以原来的空调没有迁，也没有改装在这里，这样，人比较苦些，只有硬着头皮"抗热"了。好在近两天气温有所降低，最热的天气就算熬过来了。

原住房这次装修得比较像样些，你们如南来，也有了比较安适的落脚的地方了。

匆此，顺祝

健好！应红同此

贾植芳 任敏

1994 年 7 月 7 日上海

1995 年

19951102

李辉：

　　好久没给你们写信了，只是从你的来的电话中，得悉你与应红一切如常，我们才得到了慰藉。

　　前接山口守先生回东京后的来信，并附来他与坂井洋史先生所合写的那本论巴金的书出版社排印我的序文的小样，这个小样我事先未过目,校读之后，才发现一些误排之处，现将校改后的小样随函寄你，请便中转交出版此书的东方出版社责编黄金山先生，希望能得到校改，少些错处为好。

　　思和已于今晨动身去了东京，他前天在这里吃饭，昨夜来电话说得到东京的坂井电话，坂井准备今天去东京的成田机场车接他。闻讯之后，我们才放下心来。否则他人地两生，又不懂日语，即或有邀请单位早稻田大学的接应人员，但他们带你去乘机场的送客大车，并不直接送到你的住所，这就麻烦了，何况去接应的人不一定懂中国话呢。

　　我那本小书《狱里狱外》再版本，本月中旬可拿到书，届时，当签名寄给你们留念。

　　你上次电话说，下月可能来上海，我们听到好喜欢，因为我们两个都老了，能和你们见一次就是一次了。因此，更感到友情的珍贵。

上海这两天也渐渐冷了，所幸我们两个身体还好，没什么大毛病，家里仍有个小保姆照应我们，外面有事，有现在在学的研究生们跑腿，所以日子过得还太平。

那就先写到这里。

祝

健好！应红同此。

植芳
1995 年 11 月 2 日夜上海

1996 年

19960114

李辉、应红：

新年好！现随信寄去《狱里狱外》二册，一册请你们留念，一册请转交徐放先生，并请告诉他，他寄我的诗集《风雨沧桑集》已收阅，见书如见人，谢谢。

本来盼望你们上个月到上海，我们又多一次相聚欢叙的机会，但是你们因事未能成行，我听到电话后怅然许久。但盼望在新的一年里，你们有南来相聚的机遇。

我们一切还正常，家里有一个小徐照料我们日常生活，又有同学们在各方面照应，所以并未感到任何不便。贾英从新西兰来电话说他们回来过春节，大约这个月内可以到了。她加入新西兰国籍，算是"新籍华人"，也是个"假洋鬼子"了。

思和近有讯，小徐去了后，他们的生活方便了许多，吃饭问题总算解决了，否则他一人在外，日本饭太简单，吃不来，也没有啥营养。吃食堂的西餐快餐，也是公式化的套数，吃长了对肠胃不利。这下总可吃到可上口的家常饭了。他这次到东京，坂井洋史夫妇表现很好，多方照料，使我们听到也很感动。日本鬼子一般比较小气，他们倒很大气。思和信上说，坂井夫妇三月来上海纺织大学公干，我对家里小保姆说，坂井夫妇这次来，要提升招待规格，答谢他们的热情与友谊。

山口守从纽约来信说，他不久将去西欧，他们那本论巴金的书，不知东方书店印出来没有？

报载，北京出版的《生活周刊》又复刊，不知刘晓玲还在那里工作否？她是否还在北京，念念。

听说北京早已落雪，上海今年冬天偏暖，气温很不正常。你们也快进入中年，望注意自我保健工作，注意饮食定居，是盼！匆匆，祝

健好！并贺年禧！

贾植芳　任敏
1996 年 1 月 14 日上海

1998 年

19980403

李辉、应红：

　　你们离开上海后，这里的一位应届博士生马丽蓉同学来访，她是从新疆考来的回族女同学，她送来写当代作家刘震云的文章，文章不长，但写得有一定的自己见解，她希望能在北京的刊物上得到刊登出场的机会。为此，特将这篇文章寄给你们，希望应红能费心推荐到《文艺报》上发表，对这位同学应是一种鼓励与鞭策，这就叫"君子成人之美"。

　　这次有机会与你们在上海相聚欢庆，对我们这对风烛残年的夫妇，也是一种极大的精神慰藉。也希望你们在繁忙的生活工作中，保持清醒的头脑，希望加强自我保健意识，注意营养与休息。

　　希望年内我们能有在上海相见的机遇，希望能在报刊上能多读到你们的文章。

　　匆此，祝
健好！

贾植芳
1998 年 4 月 3 日上海

1999 年

199903××

李辉、应红:

  你们好! 现趁汪凌回京之际, 带上我为"文革"中写给任敏的信的选辑写的几句话, 文章信笔写来, 你看后, 如觉得行文有不妥之处, 就请来个"修正主义", 因为上海这个地方, 文化气候还很"那个"。

  我们近况, 汪凌当可面叙一切。任敏病情已好转, 但似仍需要住一个时期的医院。好在有思和就近照拂, 因为桂英将小保姆带在医院照应。每日有一位同学进驻家中为我烧饭和照应生活, 这也是"非常时期"的措施。只要任敏病情得到控制回家静养了, 我们的生活秩序也能比较正常运转了。请你们不必挂心。

  春寒时期, 望多珍摄! 祝
健好!

贾植芳

1999 年 3 月

2008 年

200803××

李辉，向您和应红拜个晚年，祝生活幸福，身体健好。

现介绍我的胞妹孙女毛巧晖来看望您，有所拜托。巧晖在复旦古籍所读博士后学位①，后出站，到中国社科院工作。在此情况下，她在攻读博士生学位前的山西师大向她算账，真是狮子大张口。山西师大向她要的在她读博士学位后的这笔钱，数额巨大。按她现在的经济能力实在负担不起。您在京工作多年，如有熟悉山西相关单位负责人士和在教育部的头头脑脑请你从中关照一下，疏通疏通为好。

此信皆由她面陈。

握手！应红同此

贾植芳

2008 年 3 月于上海

---

①应为"在复旦从事中国语言文学博士后研究"。

致孙景尧

（1982 — 1987）

1982 年

景尧同志：

前后来信皆收到，我上月去山西开了个会，离开上海一个时候，回来后又忙又累，所以一直顾不上写信。你校代购的《辞书研究》，我请该刊出版社（上海辞书出版社）的同志代购（因为坊间很难找到），他们已寄出给你，共两套，发票随出奉上。这个刊物的第一本（大约是 1979 年出的），该社已无库藏，由编辑部找出两本自存的样书，算已配全了，那里的同志说，这两本书，因系编辑部所存，就算送你们，不收钱了，寄费也由该社负担，算是优待；至于该刊本年第六期，已付排在即中，我这里已付款一元，俟出版后，由该社直接寄您，发票一块奉上。同时在此信中附去该刊订单两份，您校可填写订阅，这样就省事了。

您要的《大百科全书外国文学》（只出了第一本），有两种版本，一种是精装本，一种是平装本，前者定价要 18 元，后者 10 元，接您信后，我托人在上海街上找 10 元本的，据说早已售完，只有 18 元本的，我想这种书不必花最大价钱买，还是省几块钱好，平装本已不错了，为此，我只好托大百科全书社的有关同志，去内部买，我已代为付款。此君因公外出，

399

周后可回沪，书送来即寄出。

您替我复制的那几份材料很有用处，甚为感谢，请您校财务科补开个发票（开在复旦大学中文系名下），这里才好报销。您垫付的复制费请先在《辞书研究》费内扣下，那笔钱我这里已垫付过了。

我从山西回来见到您的信后，就希望能和金涛同志在上海见面，后来接到他在金华寄来的复制材料，才知道他在沪匆忙，不及相晤，深以为憾。我本拟在今年冬天去您们那里讲讲玩玩（您出的那个题目很好，只怕我讲不好要砸锅），近得悉明年春间（约三月份）要去桂林参加一个当代文学的编审会，加上家里有两本书要定稿（是我主编的），因此我们想索性到明年春天再去您那里，反正是去广西，如果今冬去一次，回来过不了多久又要去一次，那就不胜其劳累了。我们很感谢您的盛情，您那里是非去一次不可的。

康华同志（按：卢康华）前有讯，他正埋头弄您们合写的那本书，但愿您们二位携手共进地把这本在我国尚属创举的著作写好，早日出书。康华同志如在冬天去您那里，必经上海，我们会畅谈一番的。

我这里去年招的两名出国比较文学研究生，一名已于 8 月间赴美，来信说就读于西雅图的华盛顿大学，该校读比较文学硕士的研究生需修满 45 个学分，九门课程，每门课一般为 5 个学分，九门课有三门去亚洲文学系（即中文系）上，三门在英文系上，三门在比较文学系上，这三个系开设多门课程，自己可各选三门。修完学分再参加一个 comprehensive exam，包括中国文学、英美文学和比较文学的理论和方法。语言要求是一门外语（英语）要达到 advanced level，一门（其他欧洲语文）要能阅读文学著作。该校比较文学课没有课本，只发些复制材料，自己看书。——这些情况，可供您参考。

我已看到吴中杰同志，他和我谈了些您的近况和您校情况，听了十分高兴。

我每天仍忙忙碌碌，幸好顽健若昔，差可告慰故人也。

俟寄外国文学（当指次函所云《大百科全书·外国文学卷》）时再继续写。

匆此

祝吉！并候您们全家好！

贾植芳

1982 年 11 月 7 日

内子任敏、小女贾英附笔问候您们全家好！

19821124

景尧兄：

　　前寄一信并托辞书出版社寄上《辞书》两套，想早收到。你要的大百科全书外国文学卷，已托人买到简装本，现随函寄上。这本书街上现在只有精（装）版本卖，要十八元，我想，不必花那么大价钱，这本书在我国属于草创读物，在内容编写上还有些"教条"习气，收录的范围也不算广泛；你若有机会，倒不如买些同类的国外出版物，那些读物收录较广，资料性材料较多，作为一种类书，确是必备之物。

　　我的旧译《契诃夫手记》在浙江再版，现奉上一册，以当纪念。

　　如前信所说，我明年三月间要去桂林开会，因此今年就不到你那里去了，索性到明春再说，那时先到桂林开会，再转到你那儿。卢康华兄近未得讯，不知他那本书进行如何，他如去你那里，想必路经上海，我们会畅谈一切。

　　上次托印的几份材料，请你那里的财务科开个复旦中文系的发票，以便报销，如还有别的新材料，望继续代为复制。

　　握手！我的全家问候你全家好！

贾植芳

1982 年 11 月 24 日

1983 年

19831212

景尧：

前后来信和书款都收到了。我实在太忙乱，腾不出手写信，实在抱歉。从本学期起，我除过兼了图书馆，又兼了一个教研室名义，多了许多事，还带一名日本横滨大学进修的副教授，整日忙乱不堪，为此，今年南宁之行，又不行了，屡次失约，实在对不起您，尤其是金涛同志的热情。务必请您们谅解，只好期待来年了。

你那里那些女同志来考我的研究生，非常欢迎，初试以外，还要复试（科目是专业外语），因为比较文学这名研究生是出国预备生（去美国），竞争想很激烈，但她不妨一试，好在她年纪还小，这次不行，来年再考，"有志者事竟成"，说这话的古人不我欺也。

我这些日子也未给康华兄写信，不知您们那本书进展如何，是否已交稿？还有那本比较文学文选，希望能早日定目定稿，早日与社会见面。

桂英已于上月上班，就在中文系的古籍研究所和留学生办公室，两面兼顾，做些复印和教务员工作。

此间一切正常，不知您寒假中回来否？寒假中能和您们贤伉俪又在上海相聚，是我们非常想望的盛事。勿复，祝健！并候小肖同志好！

贾植芳　任敏

1983 年 12 月 12 日

又，您校办的英文版《中国比较研究》，选目很扎实，希望能早日先睹为快！

1984 年

景尧：

小张①来沪，得到你的来信和带给我们的南国水菜，我们全家十分感谢你和小肖的怀念盛意。我此次遭受无妄之灾，真是事非可料，幸而诊治及时，开刀情况又良好，所以并未受大的皮肉之苦，也算不幸中之大幸了。这是一种"硬病"，加上我年纪又大了些，要恢复正常，需些时间，医生说起码在半年以后才能在外运动，目前开刀已近两月，仍然还只能在床上生活，不能下地，连封信也只能在床上坐下写，所以七歪八扭，不成字划。事情这么巧，不能如愿去你们那里，实在抱歉。请再次向贵校领导和各位同事致意，至感！

你校办的英文杂志我翻阅过，作为中外文化交流的一种力量，在我国出版史上必将称为佳话。只是在三个地方都提出贱名，实在感到汗颜，该下不为例才好，千万千万！我约胡风先生为上海印行的《中国比较文学》写了一篇《我与外国文学》，该刊已初步决定从第 2 期起分两期刊载这篇文

---

① 指张宁教授，原为广西大学中文系教师，现为瑞士日内瓦大学汉学系主任。

章，不但有史料意义，更有理论价值。特加复印一份，由小张带给你。我的意思，如文章性质还合乎你们这个英文刊物的要求，是否可翻译介绍？请郑重考虑，不可勉强，若不适用，则请将原稿寄我为盼。

《比较文学论文选》目次，我看过了，我觉得编辑体例和选目，都较为适切，这大约是由于你们有较长的教学实践，接触材料面较广阔之故。我只补充一点，在第3页的第5条内容上，我觉得除注意以中外文学为重点外，也应兼顾到外国不同国别文学之间的关系影响的论著，是否得当，请你们考虑。在选文内容上，我建议对下列各文加以考虑：

①梁启超：《印度与中国文化之亲属关系》（见《饮冰室文集》卷62），或在《饮冰室诗话》中选一些？我总觉得不能缺少梁启超。

②吴宓在《学衡》上发表的《希腊文学史》中关于荷马两本史诗的影响研究，尤其与中国文学作品样式的比较，是否考虑节选？

③朱光潜：《中西诗在情趣上的比较》（《申报月刊》3卷1号，1934年1月）

④尧子：《谈西厢记与 Romeo and Juliet 之二——元曲作者描写方法与 shakespearian 之根本不同》（《光华大学半月刊》，四卷3期，解放前，约30年代）

⑤陈允吉：《论唐代寺庙壁画对韩愈诗歌的影响》（《复旦学报》，1983年1月）。

小张同志很好，我们短短几天，相处如家人，她为了完成任务，不辞劳苦，目前总算把方平请准了。这里的林先生还在未知数，虽然她花了大力气，明天可见分晓。蒋先生也因为健康关系，大约走不成了。但愿康华兄能去热闹热闹。

新印了一本小说选，也是聊以自慰的意思，托小张带去几本，请分赠各位友好，包括那位美国专家，还有少许上海吃食，供你和小肖与小姑娘一尝，等于在记忆中又回了一次上海和你的江南家乡。

这里今年招收两名研究生（一名是中国现代文学），还不知初试情况如何，我因卧床，不能参加阅卷工作。据说，比较文学报考者有30名上下，小张也不知考得如何。如初试通过，还要复试，考一门专业英语（英译汉），我们切望她能登上这个龙门，实在僧多，那就期之来年，好在她还年轻，考场上的胜败，固兵家之常事也。

祝你好！问候小肖及小孩好！
并请代候金涛等同志好！
桂英附笔问候。

贾植芳 任敏

1984 年 1 月 27 日

又，你来函说，要复制《中外文学》《淡江评论》两个杂志，我因不能外出，还未问图书馆有关同志此两刊库存情况。惟过去粗问过，据称，收藏颇全，如此你们要复制，这是一件大工程，需要花费一笔钱，请你们先研究后告我，我同时和图书馆同志商榷具体事宜。

芳 即日

19840502

景尧：

前后来信都收到了，现在趁许敏岐同志返桂之便，托他带回我们对你们全家和西大同志的问候。同时附去五篇选文的复制品，以备《比较文学论文选》的备选篇目。

五月来了，想你们为筹备会议，接待纷至而来的中外嘉宾，一定忙得一塌糊涂了，从你的来信得知赴会同志不少，相信这个会议一定会开得很成功，在我国比较文学发展史上发生深远影响力量。我可惜腿脚不便，行动不得，只好在这里遥祝会议的成功和各位分会同志的健康！康华如能到会，我感到可助你一臂之力，我写信也怂恿他一定要去，想现在或在路上了，他开完会在返哈途中，请他一定能来上海弯一弯，我们也有好几年不见了，请他趁机在上海小憩几天，也是难得的际遇。

我今年招考一名比较文学研究生，因为骨伤，阅卷等工作我只好委托人代庖，前几天有关负责同志来看我，我才得知全部报考的 26 名考生中，只有两名可以勉强取得复试资格，而且从分数程度看来，却不符合出国要求。张宁虽不在这两个数内，但平均说来，在 26 人中也算前几名内，真是"虽不中亦不远矣"。她还年轻，在全国范围内能取得这样的成绩，我看就算不错，从这个起点出发，有厚望焉。好在她在你的身边学习和工作，达到出国水平是会很快的，更何况这个姑娘素质很好，又勤奋向学（她来上海出差也不放松学习），借用过去的我们政治语言说，"真是个好苗子"。她在这里借阅了一本香港出的《世界文化史》，来信要复制，这本书虽非名作，但国内尚少同类著作或译著，作为参考材料，也不无用处，已嘱桂英借出复印，只能赶上老许回南宁前印好，就请他带回，否则，以后寄去。替我们问候她好，祝她体质和学业都能取得不断的进步。

听说你们已开手译胡风那篇文章，我们十分高兴和感谢。这是我约他为上海出的《中国比较文学》写的，我认为很有文献和理论意义，因此在用原文发表的同时，我希望能通过你们的译介，向国外进行介绍，也不无意义。译文如能事先给我一份最好（如果方便复印的话），你们出的那个英文刊物第 1 期，如果还有剩余，也不妨寄赠胡风同志一册，许敏岐同志去看过他，他的地址是"北京复兴门外大街 24 楼 205 号"。

你信上提的那本书，*Mao's China, A History of the People's Republic*，其中如果有谈到新中国成立以后，尤其 1955 年那场批判运动的论述，请能代为复制出来寄我全份（还有全书的"目次"部分）。

我的骨伤一下子还好不了，前两周又照了一次片子，说是动手术时加进去连接骨折部分的那个不锈钢钉子有些外移现象，是由于动的早了之故，为此，只好继续"装死躺下"，徐图恢复，到本月底再拍一次片子以观其效。

暑假又将到来，如果你能和小肖与孩子回江南度假，那才好哩。但愿能如此。

祝健好，问候全家好；问候各位同志好！

贾植芳 任敏
1984 年 5 月 2 日

桂英附候。

19840916

景尧:

　　收到你到港后的信，我们衷心高兴；能到外面走走，经风雨，见世面，实在是一大好事。那里既然有个恬适的作学问环境，万望充分利用之，高速度地积累知识财富。并望你早日满载而归。

　　前接康华兄信，他也将赴港讲学，正在办理手续，我已复信给他，务让他动作快些，早早启程，有你先期到港，彼此有个照应，不致有人地两生之感。你们那本书听说就要出来了，实在值得祝贺，它将起到星火的作用，在我国学术界发生力量。上海的《中国比较文学》杂志，创刊号内可出，只是印数不多（万余册），出版周期又太长，实在是恼人的事。你寄来的你的助手那篇记广西盛会的文章，已排在第三期，挤出了一些"水分"，它记载了中外比较文学研究者的学术交流，是很有历史意义的。

　　来信所谈的香港中文大学准备 4 月秋召开的比较文学会议，如果到时情况许可，我准备能有机会去聆受教益，香港也是我的旧游之地，1937 年抗战开始后，我由日本乘船到这里待过近两个月，那时我还是二十岁的青年，旧时情景还历历在目。

　　听友人讲，香港某书局在 1969 年出版过一本韩迪厚写的《近代翻译史话》，甚欲一睹为快，望能就近找到一册为盼。

　　我的一个研究生顾放勋在美国华盛顿大学学习，近中来讯说，新去了你们学校的一位研究生，是你的学生，我写信要他们妥善相处，相亲相爱，共同前进。有个伴侣，彼此就少些身处异国的陌生之苦了。

　　我今年新招了三个研究生，事情又添了许多，所幸经过半年卧床，目前已可以策杖而行了。

　　你出门在外，而且是在一个新的环境和气氛下生活，万望注意身体，劳逸相结，趁那里生活较优裕的条件，把身体养好。匆复，顺颂

　　旅安!

　　我们全家问候你，往家写信时，替我们问候小肖和孩子好!

　　请代我向那里的同行致意。

贾植芳

1984 年 9 月 26 日

1985 年

19851003

景尧：

9 月 18 日的信到手了。你写的那一式两份的有关巴黎会议的报道，我已将一份交小谢转《文学报》，一份寄给北京《光明日报》的朋友，建议他们登一下。此外，你信上拟好的那几个有关巴黎会议的题目，我觉得都是好材料，既有现实性又有历史意义，能分专题写出来顶好，但顾虑到发表，我的意见，是否综合写一下，《文学报》能登最好，否则就由《中国比较文学》发，如嫌出版周期长，我就寄到山西所出的《批评家》，请他们刊出也行。总之，由于多年的"左"的思想路线，在我们这个古老而又落后的农业国家横行泛滥，形成了做好事难，做坏事倒容易出头的反常习惯，这种流毒，今日仍有余威，也因此又形成了做好事得钻空子的社会风尚或文风，这就是我们这代文人的悲哀和负担。虽然习惯如此，我们仍得不懈地努力和前进，为社会做些好事，为建设中国的现代文化出力，是需要勇气，更需要耐心和毅力的。

我看看那篇论民间文学的文章，在香港时听张宁说，她已译完交稿了。我回沪后收到她的来讯，说需要做一些改动，并附寄来要改动的处所，现在随信寄出，如有可能，就将译文改动改动；如已付排，或有其他情况，也就算了。由你酌办就是了。

关于全国学会成立之事，我前几天和老廖、老倪并小谢碰头说过一下（我也收到乐黛云同志的信，已遵嘱将复旦出的会费千元汇去），听说仍在等候中央批示中，令人性急，不知能如期举行否。已请小谢给乐老师打长途电话问讯去了。时间已很迫近了，如果还批不下来，那才尴尬，令人进退维谷。①

我回沪后忙于处理一些积压事务，准备在月中能如愿进院动手术，因此深圳之会，恐怕不能去了，这实在是憾事。

看样子学校的工作安排，今冬似乎又出不了远门。因为校图书馆要迁居，又加上图书资料系统评职称问题，我们只能原地不动了。谢谢你们贤夫妇的盛情，我们总想能去南宁观光一下，但希望能达到有志者事竟成的目的。

Cowrie 杂志二期，如尚有存余，望能寄下数册，是感。

此候

近佳，并候小肖和孩子好！

贾植芳 任敏

1985 年 10 月 3 日

① 成立中国比较文学学会的报告，是由中国社会科学院呈报，1985 年 10 月 11 日得到国家体制改革委员会的正式批准。

1987 年

19871004

景尧：

　　今午林秀清先生来电，说你前两日曾因会见漓江出版社刘君到沪。我们广州回来后，身体一直感觉不好，胃部每日痛疼，全身发痒，如此健康情况，很难完成此次在美国近一个月的开会任务。为此，听友人劝告，我决定中止赴美之行，只将论文寄出，用书面发言形式参加此次盛会。

　　我那篇文章今已译成，请你得暇日内来沪带来，或由邮挂号寄来，另外，再烦你代我给此次会议主持人 Earl Miner 教授写一复信，大意说：感谢他们的盛情邀请，我虽年迈体衰，原准备参加会议，面聆教益，近来由于健康情况不佳，疾病缠身，所以只好中止赴美参加会议之行，深以为憾。现在寄上论文《中国新文学与传统文学》一文，权作为我的书面发言，并希望得到与会同行的教正。我写这个题目，原来是看到 Miner 先生在 1983 年北京举行的中美比较文学双边会议第一次会议上的论文《论文学与文学史研究》一文的启示，是有所感写成的，等等。

　　信写好后，速同译文交我，以便一起发出，完成此一任务。多给您添许多麻烦，实在于心不安。

你给范老师说一下：本月 17 日在成都举行的中国现代文学会议，王瑶先生来函邀我参加，本应遵命前往，因我身体不适，只好请假，请王先生鉴谅。

匆此，祝

健好！小肖和孩子好！

贾植芳

1987 年 10 月 4 日

致董大中

（1982 — 2005）

从 1982 年到 2005 年，贾老先后给我信约近 30 封。收在这里的是 28 封，可能有一二封遗失。贾老信完全依照原样，括号中的字是原有的。个别误字，在〔 〕号内注明。有看不明白的标以■号。个别字句（如告住址、电话号码等）略去。我在信后做了必要的注释。

董大中　2009 年 1 月 22 日

1982 年

19820728

董大中同志：

　　谢谢您的来信和对我的邀请，赵树理同志是位有国际影响的作家，就是我们国家对他的研究工作，也有待于继续努力和深入，我完全赞同您们开这样的一个专业会议，如果当时我能离开，我一定按时到会，借获教益。同时我也想趁机回去看看我的久别的家乡，我是襄汾人，真是少小离乡老大回了。①

　　关于国外翻译评介赵树理的材料，我们前两年编集《赵树理专集》时，也曾做了一些收集工作，但苦于多年和外国隔绝的历史情况，这个工作做好不易，虽然这是我们研究工作一个不可或缺的方面，我想空些时间，把它们整理出来，如果准时能出席会议，当带给您们做进一步搜集和整理的参考。手头有二篇国外有关著作中列入的赵树理传记（或可称之为

---

　　① 1982 年四五月间，山西省作家协会决定召开一次大型的赵树理学术讨论会，由我具体负责筹备。我给贾老写了信并附了开会通知。这次学术讨论会于 8 月 27 日到 9 月 1 日在太原迎泽宾馆举行，后到五台山游览，游览归来，贾老回故乡襄汾县探亲。

评传），将一并带去。①

我们这里的唐金海同志，也是《专集》的工作成员之一，他是这里的讲师，也是二十二个院校集体合著的《中国当代文学史》执笔者之一，也希望您们能约请他参加这次会议才好。②

福建人民出版社承印的《赵树理专集》，接到您的来信后，我曾专函他们询问存书情况（这也是迟迟未能作复的原因），日前接到他们的回讯〔信〕说，福州尚有余书八百册，如您们需要，请直接和福州新华书店邮购部（门市部）接洽。

至于此次会议出席人员的旅费及食宿等费用处理条例，亦请及时示知，以便有所准备。

耑此布复，顺致

敬礼！

贾植芳

1982 年 7 月 28 日

----

①《赵树理专集》，贾老主持编辑，福建人民出版社出版，为《中国当代文学研究资料》之一种。贾老在 9 月 1 日上午的大会上，详细介绍了赵树理作品在国外流传情况和国外的赵树理研究情况。

②唐金海陪同贾老参加了这次会议。

1984 年

19840330

大中同志:

　　来字奉悉。那篇记述我的稿子,是那年在太原开会时相识的孙桂森、李仁和二位同志将我和他们聊天时的那些话说整理而成,听说将在贵刊发表,实在深感惶惑,也更感桑梓的见爱了。①

　　希望您五月间能如约来沪②,在舍间作客,我住家地址是:复旦大学

---

　　①稿指《〈歌声〉的题材及作者》。孙桂森,内蒙古民族学院中文系教师;李仁和,晋东南师范专科学校中文系教师,二人都参加了 1982 年在太原举行的赵树理学术讨论会。在那次会上,他们跟贾老相识,以后到复旦大学中文系进修。那篇稿子,是孙、李二人合写的,他们寄我后,在《山西文学》1984 年第 4 期发表。《歌声》,短篇小说,贾老作,在《山西文学》1983 年第 11 期发表。我于 3 月 14 日致信贾老,说孙、李二人的稿子将在第 4 期发表,"来字"即指此。

　　②那年山西省作家协会以《山西文学》名义邀请日本自学中文、每年从《山西文学》上翻译几篇小说、编成一本《中国农村百景》连续出版的企业家小林荣及夫人来访,定于 5 月上旬经上海返日本。此事由我操办,我将陪同到沪,顺便看望贾老。这个意思在这封信中报告了贾老。

417

第六宿舍 51 号，离学校不远，一问路人行人便知。

匆此布复，伫候光临，顺候

健好！

贾植芳

1984 年 3 月 30 日

19840416

大中同志：

信收到，谢谢您约我写文章的盛情。我的头一篇小说，应该是 1931 年我在太原上学时，发表在《太原晚报》上的《一个兵的日记》（笔名"冷魂"），但时间湮没，无从找到。去年我的一个研究生在北京给我找到 1934 年 6 月发表在天津《大公报》上的小说作品《相片》，并且复制了回来，如果我的身体和时间许可，我想照您的意思写点东西，滥竽充数。好在您五月间来沪，希望到那时能向您交稿。①

现寄上新印的两本小书，一本是小说选，一本是译的《契诃夫手记》，这些都是上海人说的"炒冷饭"，有地方印就印出来，也是自我纪念的意思，送给朋友们，也是一种纪念的意思。

另两册，连同信，请转交李国涛同志②。

---

① 1981 年冬，《山西文学》决定开辟一个名为《我的第一篇小说》的专栏，刊发著名作家回忆自己第一篇小说写作经过的文章，每期一篇。这个栏目从 1982 年第 7 期面世，一直延续了两年多时间。我于 1984 年 4 月 12 日给贾老写信，希望他为这个栏目写一篇文章。5 月 15 日，收到贾老一封信和《我的第一篇小说》稿。信未能找见，稿在《山西文学》第 11 期刊出。

② 李国涛，著名作家、评论家、学者，跟我在一起工作，时任《山西文学》主编。把赵树理、马烽、西戎、李束为、孙谦、胡正等写农村题材小说、风格基本一致的几位作家称为"山药蛋派"，即出自李国涛；1979 年 11 月 28 日，李在《光明日报》发表《且说"山药蛋派"》，提出了这个名称，得到作家、批评家一致认同。李国涛也参加了1982 年的赵树理学术讨论会，在会上，李跟贾老相识。这次信中有给李国涛的信和两本书。

我仍只能在床上生活，到您五月间来沪相见时，大约可以站立起来了。①祝

健好！并盼您早日到上海！

贾植芳
1984 年 4 月 16 日

19840620

大中同志：

手字收到。因为学期结束在即，我负担些行政事务，真是忙得不可开交，所嘱关于修补赵树理在国外的文章，只好延期交卷了。②

我们这里的徐俊西同志为文研所主持的作家评传集写了赵树理条目（共总三四万字），按照编例，需要一张赵树理的近照，从书上复制，质量很难保证，为此，请您就近代找一张赵的原照，您处如无现成的，请您向赵广建同志商接一张寄下，用毕即行奉还不误。③

我近来已能■的举步，也算一个进步了，■知顺■，并候

健好！李国涛同志处请代致意。

贾植芳
1984 年 6 月 20 日

---

① 贾老在一次交通事故中受伤，已做过手术，正在康复。

② 我于 5 月 16 日致信贾老，附《赵树理学术讨论会纪念文集》二册，请把那个发言修改补充一下，准备第 10 期用。

③ 这次收到信后，我可能没有及时回信，未能按贾老要求寄照片去，所以贾老在 11 月 26 日信中表露出一种急切的心情。此刻重读这封信，真有点抱愧。

19841126

大中同志：

久未相候，日前收到您社寄赠的本期《山西文学》及汇寄的稿费，得悉我那篇小文，已由您推荐给贵刊登载，对您的热情支持，十分感谢。①

记得前一个时期，曾给您奉上一信，请您能帮助在赵树理同志的家属那里找一张老赵同志的照片，未获复示，不悉情况如何。我们这里的徐俊西同志为中国作协主持的《中国现代作家评传》一书承担了编写老赵同志的评传工作，急需老赵同志照片一张，作为附图，因从书本上翻印的照片往往模糊不站，不足传神。现此书即将定稿发排，兹将山东出版社（该书的出版单位）的来函奉上，请您在百忙中费神为此事奔走一下，如办理成功，请即径寄山东教育出版社文科室"评传"编辑组，如实在困难，请即将该出版社原函退还给我，再退而求其次，从书本上翻拍。您是老赵同志的研究家，想当能克服困难，顺利襄助此举也。如寄给出版社，我们这里当关照他们用毕后原璧奉还不误。②

耑此布悃并颂

撰安！

并请代候老赵同志的夫人、广建、二虎诸位家属好③！

贾植芳

1984 年 11 月 26 日夜

---

① 指贾老的小说《歌声》在《山西文学》发表。

② 这封信，我于 12 月 1 日收到，第二天便从所藏赵树理照片中找出两张，给山东教育出版社文科编辑室"作家评传"编辑组写信一封，于 6 日挂号寄去。

③ 广建、二虎（按，应为湖），系赵树理的女儿和次子。

19841221

大中同志：

来示收读。谢谢你为我们这里的徐俊西同志的赵公传记提供的照片，他要我向你致谢，问候。

你办的《批评家》杂志①，我已在《文学报》上看到广告了，这个主意很好，有这么一个专业杂志，对活跃我国的文学理论和批评，将很有用处。中外文学史都证明，好的批评家的文学批评活动，对于繁荣以至开创一代的创作，将会起多么了不起的作用，发生多么大的力量和影响！但愿这个杂志在你的扶植下茁壮的长成，我如能写点这类的东西，一定向你投稿。

你所需要的《文艺批评学》②，这里一下还找不到合适的人选。我们这里倒有一个青年同志，他讲授现当代文学很有成就，几年来他做我的助手，也写了译了不少东西，他在写《中国现代文学批评》这类题目的稿子，重点是探讨和总结我国新文学运动中文艺批评在方法论上的发展和演变，国外汉学家也在注意研究这个课题，可惜我们国内走迟了一步。你考虑后如认为需要，再和他进一步研究和进行。

我那篇草草写就的短文，承你又给予发表，占了《山西文学》的篇幅，实在感谢。寄来的一册已收到，如有余书，请能再惠寄二三册。③

得悉梁继国同志已从日本回国，非常高兴。④他外出时间虽然不长，但总算跑了一圈，有些收获。他出国前曾来过一信，我因为事杂不及回

---

① 《批评家》杂志，双月刊，山西省作家协会主办，我任主编，蔡润田为副主编，1985 年 4 月问世。

② 在确定了刊物的基本方针之后，我向几位熟识者发函，想有一部《文艺批评学》之类的著作在刊物连载，也向贾老求助。

③ 指贾老《我的第一篇小说》，载《山西文学》第 11 期。

④ 梁继国，原在山西大学外语系任教。5 月初送日本小林荣先生回国，我看望贾老，梁随同前往，已经相识。梁"从日本回国"，是我报告贾老的，具体情形想不起来。梁继国先生从 1983 年前后起多次赴日本进修，以后便到日本工作，现在是日本一所国立大学的教授。

信，请代为致歉并问候。

　　匆此，顺颂

笔健！李国涛同志处请代致意！

贾植芳

1984 年 12 月 21 日

1985 年

19850810

大中同志：

好久不通信了，谢谢您每期赠给我的《批评家》，它的新颖活泼，既含有历史的泥土气息，更多时代色调的独特风貌，令人喜悦。从这里，不禁令人忆起五四初期那些生机勃勃的文艺刊物的面容。它可以说是继承和发扬了我们现代文学这个光荣而优秀的历史传统。这里，真得感谢您和有关同志们含辛茹苦的努力了。

我的一个学生，现在我身边工作的陈思和同志，专业搞中国现代文学和中外比较文学的研究，我那本小说集出书后，他写了一篇读后感式的文字，我虽长期飘荡在外，但仍然是山西的土著，为了在贵刊凑凑热闹，现寄去陈思和同志这篇文章，请您审阅定夺，如实在不行，就请退我，勿要客气。①

---

① 这封信是挂号寄来的，附有陈思和稿一篇。我于 8 月 14 日收到，22 日作复。复信内容已记不起来。陈思和稿为《交织着回忆与理想的歌——读〈贾植芳小说选〉》，在《批评家》1986 年第 1 期刊出。

另有一事相商：我日前从北京归来，友人胡风同志月前病逝，他作为一个现代的文学批评家，我想这一铁的历史史实，是谁也不能否认的。他有一篇遗稿，是就他 1954 年的《意见书》中所说的所谓"五把刀子"一事，做了一些理论上和实际上的阐述，作为他的一篇遗作，或者说，作为一篇历史文献，我想是很有意义的。为此，我想请您酌量一下，贵刊是否欢迎这类稿件，如需要看稿后再决定，亦请告我，当嘱他的家属直接寄您。另外，他的女儿，也是这些年他的秘书张晓风同志还编了一个她父亲的简谱，也想请您一起审阅，能得到发表才好。这对于海内外研究家都是很有用处的。①

我九月初应香港中文大学邀请去那里参加了一个国际性学术会议，约半个月后归来。我早已迁入新居，如来上海出差，欢迎您来作客，在此下榻憩息也行，房子还较宽敞。匆此祝

健好！李国涛同志请代致意。

贾植芳

1985 年 8 月 10 日

住址、电话（略）

---

① 十月间收到胡风女儿张晓风信，说："我从贾植芳先生来信中得知，贵刊有意刊登我父亲关于'五把刀子'问题的遗文。但该文现已有别的刊物要用，所以无法给你们了。等以后整理出类似文章时再说吧。"在前，我刊已发表翟大炳的《胡风的诗人论》，我回信给张晓风，说欢迎以后寄稿子来，并给张晓风寄了载有翟大炳文章的两本刊物。

1986 年

19860123

大中同志:

新年好！前后来信收到。我九月在港，回来数月，忙于内外开会，一直顾不上回信，实在抱歉。

去港前接到来信，深感我省今年将举行赵树理学术讨论会，并拟约海外学者参加，我认为这个设想很好，在港时已代为物色，香港中文大学和香港大学有几位人士从事中国现代文学研究和文学创作，他们倒有些来山西参加会议的兴趣，这里举三位：一，香港中文大学卢玮銮女士，她是讲师，又是作家，编印过不少有关中国现代作家在香港文学活动的资料，注意国内文学动态，是一个勤奋的爱国学者；二，黄维梁博士，香港中文大学高级讲师，他是文学理论家又是诗人，前两个月还来过上海访问讲学；三，梁秉钧博士，香港大学比较文学系高级讲师，诗人和作家。上述三位我都和他们谈过您的设想，他们表示有很大兴趣，请您考虑研究后可直接按上述地址和他们通信联系，具体落实，通过这个机遇，也是打开我省和海外学者文化交流的一个渠道。您给他们去信时，可提出我在港时曾当面代为邀请他们光临的意思。①

关于《小二黑结婚》，我们学校没有解放前版本，上海图书馆有一册胶东大众报社翻印本（1944 年版），也算较为早期的版本，现复制一册寄您（收有彭总的题词手迹）。上海因当时条件关系，抗战时期解放区出版物很少，当再向其他几个大学打听，如有结果，再奉告或复制。②

您说的香港出版的赵的作品集③，我未注意，已请香港友人代为打听，俟得到回信后，当再告诉您。

近日得山西师大来函，约我能在本年四五月间回晋讲学一次，如果当时能脱开身，我一定回去（他们约我和我的哥哥贾芝一起回去），借此可以在太原停留一二日，看看您和朋友们，畅叙一番。

我大前天才从北京参加胡风同志追悼会回来，先匆匆写上这几句。

又，我已搬家。我一般不大去学校，写信可直寄家中。

匆复，并祝

健安！

贾植芳

1986 年 1 月 23 日上海

寄赠的几期《批评家》都先后收到，谢谢。这个刊物取开放形式，很好！

---

① 这几位学者，我后来联系过，卢玮銮女士参加了这年 9 月在太原举行的赵树理诞生八十周年纪念大会暨第二次赵树理学术讨论会。

② 托找《小二黑结婚》版本，是我顺便说的。那之前，我经常去的几个图书馆赵树理作品版本情况都已掌握，担心有遗漏，所以请贾老留心此事。

③ 1985 年秋天，日本研究中国现当代文学的加藤三由纪博士来山西大学留学，经常在我处闲谈，一次说，香港出版了一本赵树理的书，是剧本《万象楼》，按手迹排印，书前有很长一篇序，从序中得知作者是赵树理的亲戚。她还把同一作者在日本发表的一篇文章的复印件给我看。当时她没有见到香港的版本。我托贾老在香港留心，如见到这本书，请顺便买下。后来加藤女士找到了这本书。

19860711

大中同志：

由陈思和同志转来的信收到，得悉我省赵树理学术讨论会将在九月间举行，承蒙相邀，十分感谢，如果届时能脱身，我一定偕同思和同志前去赴会，并借此和您与朋友们相叙欢聚。①

现有复旦中文系毕业同学，同乡章文涛同志，分配在太原电视台工作，特介绍他去看望您，并托他带上我的诚挚的问候。小章同志初踏入社会工作，虽是太原人，但社会环境陌生，请您能多加照拂，帮助，使他能发挥所长，为我省的文化建设出力，则感同身受矣。②

耑此奉陈并候

撰安

贾植芳

1986 年 7 月 11 日

李国涛同志处请代致意。

---

① 在 1986 年举行第二次赵树理学术讨论会，是早在 1985 年夏天就开始筹备的，我写信谈此事不止一次。这次寄了信和请柬。

② 此事，已按贾老的意思办了；似在山西电视台，不是太原电视台。

1987 年

19870716

大中同志：

　　久疏问候，想近况佳盛是祝。兹有我省运城人朱鹏民同志本年在复旦中文系文学专业毕业，现分配到太原工作，现托他带去我对您的问候，同时，介绍您们相识。小朱同志治学勤奋，为人正派，他初入社会，希望您对他多加指导，帮助，俾其能展其所学，为社会多做贡献，是所企盼。①

　　耑此布悃，并颂

健好！

贾植芳

1987 年 7 月 16 日上海

---

　　① 这封信是由朱鹏民持来的。朱是河津人。谈话中他说想去某新闻单位，我给一位朋友写了信交朱带去。以后未再见面。

1988 年

19881003

大中同志：

前接来信，得悉近况。我因为去北京开了一个会，所以迟迟复信，实在抱歉。上月中旬我省召开三晋文化研究会成立会，省委曾来电邀我返晋开会，终因与我原来的时间安排撞车，所以不能赴会，否则，我们倒又多了一次相见相叙的机会了。

从来信中得悉日本釜屋修教授的新作《赵树理与伊藤永之介的比较研究》，您已请人翻译并准备刊载，十分高兴；前年九月太原召开赵树理学术会议时，我因您的介绍得以与釜屋先生结识，并请他能就中日现代文学的关系写篇文章，为开展中日文学关系的研究，开拓赵树理与外国文学关系的研究，走向深刻层次。釜屋先生不负所托，终于今年交卷，实在令人感奋。我收到釜屋先生的论文后，已将它交给《中国比较文学》杂志社译出刊载。但由于这个学术性专业刊物（原定为季刊）受各种外在影响，不能如期出版，所以您那里如果能早日刊出也好，这对维护我国对外文化学术交流的信誉很有必要，《中国比较文学》再以详细摘要形式发表，一举两得，总之，请您考虑后决定。①

　　前接沁水县赵树理纪念馆筹建组潘保安同志来信，要我为纪念馆题字，我写了几个墨笔大字寄出。他信上说，他那里出版《赵树理研究》，刊登有关文献材料和研究文章，因此，我建议保安同志将釜屋先生的文章也能在该刊转载，以资存档。

　　友人范培松同志，现任苏州大学中文系主任兼教授，他致力于中国报告文学与中国散文研究，他近著《报告文学春秋》一书，约我为该书写了一篇序文，我想找个地方先发表一下，为之做个宣传，现寄您复印件一份，请您审阅，如认为可用，请能作为《批评家》补白之用，否则退我，勿要客气。②

　　匆此布复，顺颂
编安！并请代候相识的太原文化界朋友好！

贾植芳
1988 年 10 月 3 日上海

　　① 在 1986 年 9 月第二次赵树理学术讨论会上，日本学者、驹泽大学教授釜屋修先生宣读了《两个农民作家》的论文，贾老很感兴趣，建议作者加以修改，在中国的比较文学杂志上发表。作者回国以后，不但发现了伊藤永之介曾经跟赵树理见过面（在大会宣读论文时说两人没有见过面），而且把他的论文大大扩充。我收到釜屋修先生论文后，立即给贾老寄去一份，贾老便找人翻译。信中说我"已请人翻译"，是贾老的误会，实际上是贾老托人翻译的。

　　② 指贾老《报告文学春秋〉序》，已在《批评家》1989 年第 1 期刊出。

19881205

大中同志：

　　前信收读。现奉上日本釜屋修教授关于赵树理研究的译文，本文从比较文学角度，论述中日两位农民文学作家，它无疑地为赵树理研究开拓了一个新的领域，自有其应有的学术价值。译者陈秋峰现任上海师范大学副教授，是个翻译老手，也是我的熟人。本文原是我约请釜屋先生写的，本想用于《中国比较文学》，但由于出版的不景气，这个杂志很难如期出版，而延搁时间过久，未免对一个外国学者不够尊重。因此，《批评家》能用顶好，我寄去两份复印稿，一份请能转寄沁水的潘保安同志①，作为积累文献材料的一个方式，它似可刊载于《赵树理研究》，以便能系统性地予以收藏。这也算我对他的一点建议，请您代我向他致候。

　　太原想已入冷季，请多加保重。

　　匆此祝

笔健！

贾植芳

1988 年 12 月 5 日上海

---

　　① 潘保安，《老二黑离婚》作者，时在沁水县文联工作，编辑《赵树理研究》。

1989 年

19890124

大中同志：

新年好！收到您一月十八日来信，得悉拙文已在《批评家》2 期刊出①，十分高兴和感谢。2 期《批评家》如已出版，请寄给《报告文学春秋》一书的作者范培松同志一册，他是苏州大学中文系教授兼系副主任。

陈秋峰同志所译釜屋修教授论赵树理一文，不悉如何处理，颇念。该文从比较文学角度，论述了赵与日本农民作家的异同，在当前和以往的赵树理研究中可谓有开拓意义，也是把赵放在东方文学这个大的文化背景来观察的力作。秋峰同志也算一个日译文老手，已出版过两部日本学者的文学理论著作，他的译文，也可说应已达到信而雅的地步。

附信奉上《华东比较文学通讯》2 期一册，请您留念。

匆复，顺颂

编安！

贾植芳

1989 年 1 月 24 日上海

---

① 指贾老《〈报告文学春秋〉序》，不是在 2 期，而是在第 1 期。

1990 年

19900120

大中同志：

　　新年好！得来书，知《高长虹文集》在您的不懈的努力下，即将出齐[1]，感到十分高兴。因为这也为中国现代文学的学术建设补了一个重要的空白。从乡土观念说来，也为考察我们山西作家在中国新文学运动中的历史作用和贡献，提供了一项重要的史实，有利于地方志和地区文化史的研究。

　　高长虹[2]是中国现代作家中很有特色和个人风格的作家，他毕生奔走海内

---

　　[1]《高长虹文集》，由作者故乡山西盂县政协组成编委会，由我主持编辑，由中国社会科学出版社出版。共三卷，1989 年陆续付排，这年年底，全部印出。

　　[2] 高长虹，山西盂县人，1898 年生。1924 年夏在太原组织狂飙社，编辑出版《狂飙月刊》，随即赴北京，编辑出版《狂飙》周刊，以后帮助鲁迅编辑出版《莽原》周刊。1926 年到上海继续开展狂飙运动，并把活动范围扩大到戏剧等方面，先后编辑出版《弦上》周刊、上海版《狂飙》周刊和《长虹周刊》等多种刊物和丛书。1929 年底狂飙社解体，高独自赴日本，"九一八事变"后赴德国，以后在欧洲华侨中开展抗日救亡宣传运动，1938 年回国，在重庆待三年多，1941 年徒步数千里，到延安参加了革命，约在 1954 年春天，因患脑溢血，逝世于沈阳。平生著作甚多，涉及文学各种形式和体裁，后期写了许多政论性文章和大众化的诗歌。1926 年因"退稿事件"跟鲁迅发生冲突而在文学史上消失。

外，追求光明与真理，在全民抗战中，又从欧洲回国，由重庆再至延安，并最终进入老根据地。对一个长期接受西方文化熏陶，而又生活在国外的知识分子说来，这点也是突出的。他既是民族的，又是世界的，正像他在二十年代进行文艺创作，建立文艺社团流派一样，很有个性色彩。因此，我很希望有人能写出一部《高长虹传》，这对于研究中国现代知识分子，很有意义，而这一论题，又是国外汉学家所注目的。但愿您能在这方面有所考虑，因为经过数载资料蒐集和编辑过程，您对他的情况已胸有全局。不知尊意以为如何？

去年 11 月间，我约王瑶先生（北大教授）来上海参加首届巴金学术讨论会，不意他到沪后即病倒不起，逝世于黄浦江边。我最近应《文汇报》之约，写了一篇纪念文章。王先生是我省著名的学者，我省文化出版界不知是否有所表示？在王先生在上海住院治疗期间，适张成德同志来寓相访，他在我的建议下，曾约我省驻沪办事处同志到医院看望了王先生，以尽乡谊。现随信将拙文寄您，请您先审阅一下，如认为可能和必要，我希望省报或文艺刊物能转载一下，作为一个信息，告诉故乡人。①

我们一切活动尚好；我虽已 75 岁，但仍然从事研究和教学，目下手上还有两名博士生，一名硕士生，今年将新招博士生一名。

您有好几年没来过上海了，但愿您能在近年有来沪的机会。上次接到《批评家》终刊号后，我有些不安，后来张成德同志谈起，才知道停刊系出于经济原因，惋惜之余，也就放心了。

春节将到，祝您身体健好，合家安乐，万事大吉大利！

碰到相识和相熟的同志，请代致意与致候。

匆复，顺颂

年禧！

贾植芳

1990 年 1 月 20 日上海

---

① 贾老写的悼念王瑶先生的文章，因《批评家》停刊而未能发表。

19900720

大中同志：

　　收到你的信，借悉近况，甚慰。盂县政协给我寄的《高长虹文集》早收到了，书一来就被陈思和拿去，因为高长虹对他们青年一代说来，还是陌生的，因此他要先睹为快。山西大学的同志来信说，他们要编一本《山西文学史》，我很赞成。无论从古代说，还是近代说，我们山西人对中国文化的贡献还是有成绩的，需要专题研究这一地区的文化发展史。你在这方面，即现代山西文学的资料的收辑和研究，成绩突出，而又工作扎实，这次《高长虹文集》能出土，你的功劳不可没。要做一件有价值的事，就需要你这样勤奋和老实做事的人。你提出成立赵树理研究会这个倡议①，我很赞同，因为无论如何，从历史看，赵总开辟了一个新的文学时代，应该纪念，研究。我希望能为这个研究会做个顾问的角色，名誉会长一席，就让给在山西工作的老同志，才比较合适。

　　九、十月间举行的赵树理第三次学术讨论会②，我恐怕来不了了，因为十月间我们夫妇将去日本访问讲学两周，行前要做必要的准备。我们这里的研究生（博士及硕士）研究方向是二十世纪中外文化，文学关系，目前还没人对赵树理进行专题研究，上海华师大教师戴光宗（你也认识）可说是南方唯一研究赵树理有成就的人，他现在在宁波师范学院教书，不妨邀请他去参加，我们这里的现代文学教师也可能有人愿意去，我再动员一下，能去一位才好！

　　你对高长虹那首《月亮》的研究很有新意，正如鲁迅所说，"凡事细细研究才可明白"（《狂人日记》），中国的现代文学批评和研究，严格说，只有进入八十年代以来，才迈上了学术研究的正轨，目今可说方兴未艾，我预祝你在这方面不断做出新的贡献。

---

　　① 这时正酝酿成立一个全国性的学术团体，我向贾老通报了这个想法。

　　② 第三次赵树理学术讨论会于 1990 年 11 月底到 12 月初在赵树理故乡沁水县举行，有日本、美国、俄罗斯、挪威、罗马尼亚等国家的学者参加，总人数近百人。

如有机会来上海，欢迎到小寓作客！顺颂

撰安！

贾植芳

1990 年 7 月 20 日上海

19901126

大中：

早收到你的来信了，我因为去了日本一个时期，所以迟迟未复；得悉《批评家》又复刊①，中国文坛又增加了一块可供耕耘的园地，十分喜欢。现在随函奉上我的研究生张国安（现代文学博士生），张新颖（比较文学硕士生）的文章，请您审阅定夺，如认为尚可，可作为《批评家》补白之用。

从陈思和同志处得悉下月在侯马②开第三届赵树理学术讨论会，既可会见新老朋友，又可借此回到家乡一游，但我年老身弱，加上月前老在外地外国跑，北方又早入冬季，所以只能坐在家里整休一下，暂少外出了，不情之处，想当能见谅也。

我在此遥祝大会开得成功，为赵树理研究开拓新的境界，也希望您能代我向到会的朋友们致候和致意！

耑此顺颂

健好！

贾植芳

1990 年 11 月 26 日上海

---

① 《批评家》复刊，是误传。

② 侯马是南同蒲路上的一个重要车站，赴赵树理故乡沁水县大都从此处倒车，赵树理学术会议不是在此地举行。

1992 年

19920103

大中：

　　好久没写信了，您寄来的几本书，——您写的和编的，也都早收到了。您多少年来，为三晋文化积累，为发掘、整理山西文学不倦地工作，并逐步深入开展，这种脚踏实地、实干苦干的文风，实在令人敬佩！

　　您要的高歌的《情书四十万字》的第三、四部分，我已辗转地从上海图书馆借来了，不知出版他的文集目前是否有困难，如有条件出他的文集，您那里又没找到这个材料，请告我一声，以便复制寄您。①

　　我省北岳文艺出版社年前出版了我的作品选《悲哀的玩具》，想您已见书，我想不到在九十年代我省的出版物印刷质量还这么低劣，落后，登

———————

　　①《高长虹文集》出版以后，我帮盂县朋友编辑出版了《高长虹研究文选》，跟武乡县的朋友以及山西作家协会的王稚纯编辑出版了两卷本、合计一百多万字的《高沐鸿诗文集》，又跟盂县朋友编辑出版了同样为两卷本、合计一百余万字的《高歌作品集》，两卷分别题《野兽样的人》和《情书四十万字》。编《情书四十万字》，靠了贾老的帮助。开头说"寄来的几本书"，想不起来是什么，可能是以上所说狂飙社几位作家的文集。

不了大雅之堂，实在使人叹息。上海将新出我的序跋集，将寄您一册为念，您将它和太原印的那一本比较一下，恐怕也要叹息了。

新年又来了，给您拜个晚年，祝您生活愉快，工作顺利，身体健好！

今年如有机会南来，欢迎再到小寓作客。匆此顺颂

撰安！并贺年禧！

贾植芳

1992 年 1 月 3 日上海

19920203

大中：

新年好！现寄上高歌的《情书四十万字》第三，第四部分。山西盂县政协事先汇来一百五十元，复印件用去 67.5 元，剩余之款，又退给了盂县政协，这事就算告一段落了。

从保存我省文化积累观点说来，或为纪念这位中国现代作家说来，我希望在你努力下，可以早日看到高歌文集的出版、发行。

我的一切如常。太岳文艺出版社①近印了我的一本作品选——《悲哀的玩具》，经过一再压缩，印成这个样子，也聊以自慰了。太原报刊上如有评论文章，请代为留心告知为盼！耑此顺颂

编安！并贺年禧！

贾植芳

1992 年 2 月 3 日上海

---

① 应为北岳文艺出版社，山西一个出版机构。

19920227 [1]

大中：

收到本月 12 日来信，得悉那里的一些情况，十分高兴；因为"本土难忘"，我虽然少小离乡，奔走四方，定居沪上也已近五十年，但人到了老年，往往要"回头看"，即日渐泛起一股乡愁，想到自己的生身之地，那里山山水水，风土人情，生活动态，您的信，颇有这样的神奇作用——告诉我山西一些生活的文化动态。

关于复印高歌材料剩余的款项（七十元），我早已寄回盂县政协了。听说那里很富有，我想托您转陈他们，待高歌的文集出版后，能多给我几套，以便分给友好，充实他们内容；还有《高长虹文集》，他们寄来一套，得书后即被朋友拿去，我仍空空如也，因此，如尚有存书（加上《高长虹研究文选》），希望他们能再惠赠一套，以便保藏，则不胜感激了。①

去年山西大学中文系来人说，他们编了一部《山西文学史》，带来该书细目，并约我写了一篇序文，都已交卷。又听说该稿被马烽拿到北京文联出版公司出版，后再无信息，十分挂念，不知您知此一事否？

又，我那本作品选——《悲哀的玩具》在北岳文艺出版社印出后，不知当地刊发有无评论文章，如有这类文章，希代我保存见寄。这本书内容篇幅一再被压缩，印得又很粗糙，而定价却贵得吓人——大洋六元，实在使人感冒，而应引为教训。

我们一切都如常，上海也印了一个学生编的我的序跋集，待大批书送来，当寄一册为念。

匆复，并候

健好！

贾植芳

1992 年 2 月 27 日上海

---

① 接信后，我请盂县朋友给贾老寄书，我也给贾老寄书。

19920227²

大中：

月前寄出一信后，突然想起一件事，想和你谈谈，所以续写了这封信。

你在咱们家乡这几年由赵树理起始，到高长虹、高歌，编纂了好几种我省现代文化名人或作家的文集，因此我想，有你现在的环境和条件，不妨把辑录我省近现代文化名人遗著，作为一个事业中心。我想到我们晋南安邑的景定成（梅九）先生，他是早期的日本留学生，也是中国无政府主义的早期倡导者，他早期在北京创办的《国风报》，在中国无政府主义运动和新文化运动中，有很大的历史影响。他又是一个作家和翻译家，他的忏悔录式的自传《罪案》类乎老托尔斯泰的《我的忏悔》一书（他也伙同张墨池译过此书）曾风靡一时，很有影响；他又是印度诗人泰戈尔的早期译者之一，他抗战后移居西安，除继续支持《国风报》外，在《红楼梦》研究上颇下功夫，著有《石头记真谛》一部（二册），等等。但这许多年来，他已被历史湮没，被人遗忘。因此，为了保存文化史料，发扬先贤的启蒙精神，你似乎可考虑编一本他的文集或诗文集。此事不妨先和他的家乡安邑县商洽，如能找到他的后代或学生，找到资助，搜集到他的全部遗著，我想是很有历史意义和文化价值的一件事，不知你以为然否？①

我在抗战中的四十年代初间，曾在西安居留，拜访过他一次，并求他题赠《石头记真谛》一部为念，可惜几经离乱，也早失去了。

但愿您经过考虑后，能毅然担负起这个收集、编辑工作，也可问问山西档案馆，他们是否收藏有景梅九的史料或手迹，照片，书信，日记之类？

耑此顺颂

健好！

贾植芳

1992 年 2 月 27 日上海

---

① 本节所说宣传景梅九，为景梅九出书，是我已在进行的一件事，已有《且说景梅九》在《太原日报》发表。后来还写了多篇。只是为景编文集，未能完成。《石头记真谛》是景的一部著作，被称为《红楼梦》研究"索隐派集大成之作"。

1993 年

19930304

大中:

　　过年好! 好久不给你写信了, 从《文学报》上得悉, 你筹办的中国赵树理研究会已成立了, 并建立了机构, 十分可喜。[①]我有一位青年朋友戴光宗, 想来你也认识或知道, 因为他在北京十月文艺出版社印过《赵树理传》, 他现在宁波师院教书, 不知你已吸收他入会否。如他尚未参加, 我当将你寄来的入会表格寄他一份, 填好后直接寄你。我前年十月间, 曾去宁波参加巴人学术讨论会, 又与他相处了几天, 他就是当地人氏。

　　现在有一事相托: 这里有一位女同学李雪平, 在复旦历史系学习, 今年暑假毕业, 她是山西万荣人, 在此毕业后将回山西找工作, 为此特托您代她觅一枝栖身之地, 最好在报刊编辑部工作 (电台电视台编辑记者也可) 为理想, 大小报刊不论。你在太原文化界环境较熟悉, 故特此相托, 万祈费神为之奔走一下, 能有所成是盼!

　　如找工作事有了眉目, 请即函告, 以便着小李办理所有手续。拜托拜托!

---

① 中国赵树理研究会于 1992 年 11 月成立, 陈荒煤任会长。贾老被聘为顾问。

我们一切如常，我仍然忙忙碌碌。如有暇到沪，欢迎到小寓茶酒相叙。好几年没相见了，偶然从报刊上看到你的文章，真是恍如见面一样的使人高兴。

　　随信附上李雪平简历表一份，供你为她谋职之用。

　　耑此奉恳，并候

撰安！

贾植芳

1993 年 3 月 4 日上海

1994 年

19940427

大中：

　　来信及惠寄的《赵树理研究通讯》①都收到了，赵树理及其文学创作，作为一个特定历史时代的政治文化文学现象，过去的研究论著，多从政治功利主义着眼、评价，从学术观点加以审视，研究，无疑是对这一特定的历史时代的文化文学观念的研究一种深层次的开拓，也是对过去的研究的一种重新审视和评价，有其一定的难度，但更富有生命力和学术价值。你这种设想很有意义，这也是改革开放的新的政治文化环境下的一种思维的跃进与更新。我相信这也是一种大有可为的事业，尚祈吾弟勉力以赴，不断取得新的研究成果。

　　由于我们处于新旧体制的转变之交的历史时期，旧出版体制的腐朽性和垄断性也日益暴露出它的弊害，成为学术文化发展中的最大阻力与障碍，王瑶先生文集出版所遭遇的命运就是一个生动的事例②。多年来在这

---

　　① 这是中国赵树理研究会办的内部交流刊物，每年一期。

　　② 这一时期，北京大学的钱理群等人正跟我联系，想请王瑶先生的故乡山西的有关单位出资出版王先生的文集，我在信中谈到筹资的困难。后来在多方面的努力下，平遥县出了大力，七卷本的《王瑶文集》由北岳文艺出版社出版。

些不学有术的出版官僚横暴下扼杀了无数有价值的学术和文学著作，现在走向市场经济了，这些家伙以权谋私不择手段式的横征暴敛的发财私欲，更日益猖獗，在没有合理的出版法的保障下，作家只有徒唤奈何，自叹命苦了。但我们相信，历史总是一种前进运动，只要改革开放的事业不断走向深化，这些旧体制所留下的弊端总有一天会得到纠正的，这就是我们的希望和信心。

我因为年老事杂，本来很想为你那本《孤云野鹤之恋》①写点什么，但实在力不从心，无可如何之中，我原来托一个女研究生写点什么，但她因忙于出国就读，没有写出来，后来才托一个现在的研究生何清同学拿去研读，他为写这篇文章，又通读了高长虹的全部著作，文章总算写出来了，我看了，觉得写得不错。这一代在改革开放的大潮中成长起来的青年，他们的文化视野都比较开阔，知识积累也比较丰富，因此他们看问题的观点不受过去的条条框框的局限，能把问题提到一定历史条件下，以今天的时代观念来观察和认识与评价，所以多能提出自己的心得与体会，把握问题比较客观和科学。现在将他的文章随信寄您审阅，如山西有发表机会，就请在那里的刊物发表为好，您如认为其中有什么不妥不实之处，也可和作者通信商榷，建立友谊。

山西大学中文系的同志曾集体编写了一本《山西文学史》，约我写了序文，书已出版了，但也因经费问题没有着落，迄今尚未发行。他们为了发个信息，将我那篇序文请当地报纸发表，我也看了小样，但此后即无下文。它的主编是崔洪勋同志，不知您认识否？你如果在当地报纸上看到这篇序文，又有存报的话，希望能给我寄来存念，否则，也请您得便问问崔洪勋同志，能寄来一份为盼。

---

① 这是我写的有关高长虹的第一本书，副题是《高长虹爱情诗集〈给——〉鉴赏》，由北岳文艺出版社在1993年3月出版。我认为，要正确看待和评价高长虹的文学成就和地位，首先必须搞清楚他跟鲁迅发生冲突的原因和经过，要搞清"高鲁冲突"，"月亮诗"究竟是怎么一回事，又是必须首先搞清的，而"月亮诗"正是《给——》里的一首，必须首先读懂它，而且必须把它放在整部书里来考察，于是写了这本小册子。这本书以鉴赏为主，顺便考察了诗人那一时期的心灵历程、感情指向、材料来源和诗中女性形象的原型。

五月间西安会议①，我们这里陈思和同志将带几位研究生前往参加，我就不去了。前几天，我去了一次北京，参加巴金与二十世纪学术研讨会。我已近八十岁了，体力精力日见衰退，每年至多外出一次就算上上了。

你去年说来苏州开会时将路经上海小住②，结果我们空等了几天，也因此希望您有机会到江南参加学术会议时能绕道到上海一行为盼。我们的住所已卖给我们作为私人财产了，所以您来上海就刻意直接住在家里，不要住旅馆了。

写了一大篇，就先说到这里吧。祝
健好！

贾植芳
1994 年 4 月 27 日上海

又听说北岳文艺出版社去年印了一本叫《太平洋的挑战》③的小说，已公开发行，为此受到罚款处分，不知你在太原是否能找到一本，给我寄来以饱眼福？

---

① 中国现代文学研究会第六届年会在西安举行。我参加了这次会议。贾老的这封信是我回到太原以后看到的。在会议期间，曾跟何清见面。

② 我在苏州参加中国现代文学研究会年会后，直接去了广州参加鲁迅的学术会议，未能赴上海。

③ 应为《太平洋大海战》。

1996 年

19960115

大中：

　　正怀念中忽然收到你的信①，真如又见了面一样的高兴。近年来，我因为年事日高，杂事又多，加上疏懒成性，所以与一般亲友的通信也日见疏离了，因此首先要请你谅解。

　　今年是赵树理九十诞辰，你们的纪念方式很好——出研究文集和开会②。因为老赵作为一个特定历史时期的发生过巨大文学影响的作家，一种历史文化现象，后人或后死者理应对他有纪念表示的，而对一个文人来讲，用

---

　　① 我于 1 月 7 日写信给贾老，说正编《赵树理研究文集》，分三卷，上卷为《近二十年赵树理研究选萃》，拟收入他在第二次赵树理学术讨论会上的发言记录，问他是否同意。中卷是我的《赵树理论考》。下卷《外国学者论赵树理》拟收入日本釜屋修先生的《两个农民作家——伊藤永之介和赵树理》，请转告译者陈秋峰先生，并问陈先生地址是否有变。

　　② 开会事：赵树理诞生九十周年座谈会，是中国赵树理研究会跟中国作家协会、中国解放区文学研究会联合在北京举行的。

后人的学术研究成果来纪念，更是一个理想的方式。

　　记得第二次赵的学术讨论会上我那个发言，是即兴式的信口说来，并无底稿，想不到你竟留下录音，实在感谢，你拟收入《选萃》一书中，盛情可感！但题目最好改一下，可改为《他的艺术生命就是真实》。因为用"武器"或"工具"来评价文学现象，作家作品应该是特定历史时期，从政治功利主义观点出发的文学观，历史地说来，是一种从实用出发的农民意识。它最大的失误是忽视或否定了文学本身的自我特性，把文学引向历史峡谷，这也是中国极"左"思潮的理论来源，其为害之烈，大家记忆犹新。因此我想还是把标题改一改为好，不知尊意如何？

　　陈秋峰还在上海师范大学中文系教书，接到你的信后我已托人给他打了招呼。上海师大邮编是200234，书出来后你将样书寄给他。原作者日本釜屋修教授，不悉你存有他的通讯处否，最好也将样书寄他一册，他会很高兴和感谢的。他写这篇文章，记得还是我给他出的题目，目的是扩大老赵的国际影响。

　　前几年，在你的指导下，高长虹的家乡盂县出版了他几本，当时我正在住院，都被友人和学生们拿去了。为此，还托你一事，如果他的家乡还有存书，希望能再寄我一套为幸。

　　去年我在上海出版的一本回忆录《狱里狱外》，它就是连载在《新文学史料》上的《在这个复杂的世界里》，出版者改了个题目，内容也"修正"了一下，不如《史料》所刊丰富，寄你一册存念。写得不少了，就先说到这里。祝

　　健好，并贺年禧！

贾植芳
1996 年 1 月 15 日

1997 年

19970628

大中：

你好！

五月十九日信及六月十八日电报所说赵树理研究会改选请我做会长事，已在电话里给你答复，就按你的意思办理吧。①

现在再给你写信，是另有一事相托。我最近应山东教育出版社之约，正在编一本《自选集》，请了这里的博士生张业松帮忙，他已经为我拟出了一个选文目录，文章也基本集齐了，唯有两篇关于赵树理的文章，家里和学校图书馆都找不到，你那里或者还能找到？这两篇文章是：

（一）《赵树理在国外》，载《赵树理学术讨论会纪念文集》，1982 年版。

（二）《他的文学生命就是真实》，载《赵树理研究文集》上卷，中国文联出版公司 1996 年 8 月版。

---

① 贾老为中国赵树理研究会第二任会长。

找到后请复印一份，快件寄来①。是感。此祝

健好！

贾植芳
1997 年 6 月 28 上海

19970723

大中：

您寄来的《赵树理研究文集》等一批书，已如数收到，谢谢您的热情相助。因为我这里的一位学生要为山东一家出版社编一本我的自选集要收录我有关赵树理的文字，因为手头存书一下找不到，又急于应用，所以只好写信麻烦你了，这就叫"在外靠朋友"。

今天又收到您寄来的关于赵树理研究会的有关工作人员的选票，现划上"√"奉上，只是大家抬举我当会长一事，我在感谢大家的盛情厚意时，感到很尴尬，因为我已是 82 岁高龄的老朽了，体力精力都在衰退中，实在做不了什么事，这就叫"自知之明"，所以在填表时我留下个空白，还希望你们重新考虑，实在非要"黄袍加身"不可，至多只能当个临时性的"维持会长"了，这就叫"从实际出发"。因为我们是相交多年的熟朋友，所以我就据实相告了。

我们又好多年没见过面了，真希望您再有机会南来，大家茶酒相叙，聊聊我们山西的天南地北，这当是人生一大快乐。

专复。祝

健好！并请代候山西的朋友们好！

贾植芳
1997 年 7 月 23 日上海

---

① 这封信我于 7 月 1 日收到，当即找出贾老要的两本文集，并写长信一封，立即交邮寄出。

1998 年

19980926

大中：

　　信及赠书都收到了，序文①总算写出来了，文内主要谈了我对您的研究方向与成就做了必要的介绍与评价，对这部《鲁迅与高长虹》的专著，也是从大处着眼，我对它的成书意义的认识与评介。现寄您请您先审阅，有必要的地方就请大力修改。我想同时在上海报刊上发表一下，也算为它做个广告。因为上海出版业发达，对外地出版物一般很少经售，以保障本地出版界独霸市场，是一种地方门罗主义的表现，也是经济大潮冲击下的畸形现象，如能在上海报刊上发一下，就可能引起读者与研究者的注目与兴趣。

　　一个外国作家说过，"序总是写在最后，排在最前面的文章"。您的书稿已二校过，不知排此序还来得及否？好在它的页码独立，与本文页码无关，您如觉得文字尚可，就请出版社插入。如用的话，那点稿酬，就请以本书相酬（即将稿酬请出版社以优惠价转折成书），以便赠送我那些中

---

　　① 我的《鲁迅与高长虹》一书即将由河北人民出版社出版，我请贾老作序。

外老少朋友，这也是人生的一点快乐。

就先说到这里。那里的朋友如李国涛、韩石山、谢泳等都替我问好！欢迎你们有机会来上海"白相"。祝

笔健！

贾植芳

1998 年 9 月 26 日上海

19981125

大中：

您好！我为您那本《鲁迅与高长虹》写的序文上海《文汇报》本月八日的副刊《笔会》登出来了，我送给他们的原稿还是未经过您补充的旧稿，所以他们就照旧稿排发，但删节太多，只能算个出版信息告诉读书界与出版界了。现随信寄上该报一张，您留下做个纪念。但不知此文山西的报纸登过没有？如山西报刊上登过，请寄一份给我，以留纪念。①现在由我这里一位博士生同学为安徽文艺出版社编一个我的近作集，此文将照您的补充稿收入。

我们一切还好。书如出版，请将稿酬收入折成本书寄我，以便送给中外朋友留念。

匆此，祝

健好！并请代候朋友们好！

贾植芳

1998 年 11 月 25 上海

---

① 贾老序文，在《太原日报》发表。所说补充稿，只是改正了一些事实，并无增加。

2005 年

20051231

大中贤弟：

好些年不通信了，想来一切都好。年过了，2006 年新春即来之际，向你和家人拜年问候，祝你们身体健好，生活安康，一切如意。

现随函奉上我新出版的文集一套（四卷本），请您指正留念。

又有一事相托。前几年曾出版高长虹文集及对他的评论集一册，因我处的藏书已被学生们拿去，现在又因为有学生在博士论文中需要参考查阅，为此希望你处如尚有藏书或与出版者有联系，请惠寄该文集一套，及评论集一册，为念为谢。如实在找不到就算了，不必太为此事费神出力。

我一切尚好。您如有机会来沪，仍请到小寓做客。我仍住在老地方（略）

匆此，祝

体健笔健！

贾植芳

2005 年 12 月 31 日

致钦鸿

（1982 — 2006）

1982 年

19821116

闻彬同志①：

您们编的《中国现代作家笔名索引》征稿函收到，这是件很有意义的工作，首先祝贺您们早日编印成功，以有利于国内外的研究工作者。

这类书国内过去有人编过（如北平图书馆 1936 年出版的袁涌进先生的同名著作②），现在国外也有人注意及此，如美国波士顿的 G.K.Hall 出版社 1977 年印行了朱宝梁(Chu Pao-Ling)编著的《二十世纪中国作家及其笔名》（*Twentieth-Century Chinese Writers and Their Pen Name*），共有 366 页，就在国外颇为著名。但综观这些出版物，往往错处很多（尤其是不同作家用过同一笔名这一特殊情况），遗漏更所难免，因为这个工作是细致而又分散，不易求得完整和正确。您们现在采用征求作者本人及其家属的支持办法，我想，是可克服上述那类缺点的，祝您们成功！

承询我的情况，兹奉陈如下：

---

① 我最初给贾先生写信，留的是闻彬的名字。
② 袁涌进编的笔名录书名应为《现代中国作家笔名录》。

455

贾植芳，1915年9月3日生，山西襄汾人，汉族。

别名及笔名：（笔名）冷魂（1931—32年在山西太原报刊写文时用，如《太原晚报》，《民报》等）。贾植芳、鲁索、李四等（1933—1935年）在北京《京报》副刊《飞鸿》、上海《申报·自由谈》、天津《大公报》副刊《小公园》、北平《世界日报》副刊写文时用之。

贾植芳（1937—1946）1936年在日本东京《留东新闻》、上海生活书店1937年出版的《工作与学习丛刊》第四本《黎明》、上海《国闻周报》、《七月》、《抗战文艺》、《希望》等报刊用之。

贾有福（化名）1944年秋进入日伪区时"良民证"用名（职业行商）；1949年初逃离上海（为了逃避国民党特务追捕）时，在伪《国民证》上的化名，职业商〔人〕。

杨力、Y·L、南候、王思嘉等（1944—1953），全系战争期间及新中国成立初在上海写作时用之；杨力、Y·L，是我被国民党中统特务逮捕关押（1947—1948）前后用名，如在上海的《大公报》的《文艺》《星期文艺》，上海《时代日报》副刊，上海《新民晚报》副刊，上海《文汇报》副刊《文学界》，上海《时事新报》文艺周刊《青光》等处发表文艺作品时用它，又如1947年上海海燕书店出版的我的小说集《人生赋》（《七月文丛》之一），1949年上海文化工作社出版的我的散文集《热力》，1949年上海新潮书店出版的我的中篇小说《人的证据》，1952年上海文艺工作社出版的我的独幕剧《当心，匪特造谣！》也都用杨力笔名出版。

同时期内我为上海报纸写政论性文章，则用南候、王思嘉笔名（如上海《联合晚报》，上海《文汇报》，上海出版的《评论报》等）。

1949年开国以来，我的报刊文章及出版的学术和翻译著作，多用贾植芳本名，如1949年上海棠棣出版社印行的我的论著《近代中国经济社会》，1952年同出版社印行我所参加翻译的《人民民主主义的长成与发展》（日本西泽富夫等著），1952年上海文化工作社出版的我译的《契诃夫的戏剧艺术》（苏联巴鲁哈蒂著），1953年上海文化工作社出版的我译的《契诃夫手记》（俄国契诃夫著，浙江人民出版社1982年5月新版），同年上海泥土社印行的我译的《住宅问题》（德国恩格斯著），同年同社出版的我译的《论报告文学》（捷克基希著），1954年上海泥土社出版的我译的《俄国文学研究》（苏联谢尔宾娜等著）等。

上述情况，谨供您们参考。我的小传，将收入北京语言学院编印的《现代中国作家辞典》（第三卷）[①]及上海辞书出版社编印的《现代中国文学辞典》[②]中。

路翎同志现在北京，他的住址是：北京团结湖中路南一条一号楼四单元301号，请直接去函询问。

阿垅、芦甸二同志，不幸在"文化大革命"中被迫身死，阿垅同志没有家属（妻子早亡，听说有一个儿子现在天津，请询天津文联鲁藜同志，他可能知道情况）。芦甸同志的遗孀李加陵，现在北京工作，亦请问天津文联鲁藜同志。

人民文学出版社1981年出版的牛汉、绿原同志合编的《白色花》（二十人集）中收录了他们的作品，也有小传，请参照。

耑此■[③]覆，即祝

教安！

贾植芳
1982 年 11 月 16 日上海

① 应为《中国文学家辞典》现代第三分册。

② 应为《中国现代文学词典》。

③ 此处字迹不清。

1984 年

19940305

钦鸿同志：

来信收到，我因为车祸在医院住了一个多月，所幸开刀情况良好，我准备日内即回家疗养。因此你就直接到家里，不要去医院扑空了。

所说各事，容见面后商办。朱宝梁那本书，上图藏有，我回去后即请学校图书馆派人调来，以便应用。

余面叙。顺候
旅安！

贾植芳

1984 年 3 月 5 日病床上

1985 年

19850401

钦鸿同志：

　　信收到。得悉你已调到南通，十分高兴，也为你祝贺。那里距上海近在咫尺之间，以后来往当更加便利了。

　　我的那个笔名，应该是"李四"，年深日久，记忆难免混乱，仍请用李四为盼。

　　"笔名录"如能早日竣工付梓，当是一大贡献也。我已迁居，新址是"复旦第九宿舍 13 号"。匆覆。

　　问好！

贾植芳

1985 年 4 月 1 日

1987 年

19870620

钦鸿同志：

　　前后信皆收读，因为手头杂事太杂，《中国现代作者笔名录》①[序]，直拖到现在才交卷，实在对不起！如还来得及用，就请您审阅后交稿，如需要有所改动，就请您动手，不必客气。

　　匆此祝

健好！

贾植芳

1987 年 6 月 20 日上海

---

　　① 应为《中国现代文学作者笔名录》。

19870626

钦鸿同志：

　　来信收读。《中国现代作者笔名录》序文，我已于本月24日早晨挂号发出，现在想该收到了。

　　因为写得仓卒，现在把该序文的第二段又改了一下，现随信寄上，请您就近改过来。其余不妥不实之处，也请您大力斧正。

　　匆复，祝

健好！

贾植芳

1987 年 6 月 26 日

19870817

钦鸿同志：

　　明信片收悉。那篇拙文①中您指出的一点，是可以改动的；如果把"4"改为"5"，也可突出这个史料。即随着中华人民共和国的建立，我国国际地位的提高，东西方汉学界，更注意于对"中国学"的研究，为此，对中国现代文学的研究也作为"中国学"的一个专案，得到发展和建立，从而中国现代文学成为一门世界性学科。

　　至于发表地方，就由您联系好了，谢谢！

　　随信寄上我的签名，由您选用②。

　　我不日去西安开会，约1周回沪。天气炎热，请多珍重！问好！

贾植芳

1987 年 8 月 17 日

---

　　① 指贾先生为徐迺翔主编的《中国现代文学辞典》所作的序文。

　　② 贾先生的签名手迹，用于《中国现代文学作者笔名录》卷首"部分作家签名手迹"页。

1991 年

19910903

钦鸿同志：

前信收读。我上个月从大连开会回来，因为坐船走海路，途中又遇到风浪，我这个北方人不善于水上生活，因此发生晕船呕吐现象，回家后卧床数日，不思饮食，继续呕吐，经医治疗，又吊了三瓶营养液，才算逐渐恢复了，这大约也因为我年老体衰，上半年的时间又大半在外面跑，也是劳累存以致之。也因此，为您的新书①写序事，也只能写写拖拖，不能成文，直到今天才弄好了，我已打电话给过校长②，他答应明天下午来拿后即寄您。

请您收到后，严加审阅，若认为有不妥处，请大刀阔斧地加以修改就是了，不必客气。这只是我读了您的书稿后一些断想，因为读时零碎，文章写得没有做[说]到点子上，也是难免的事，但我总认为这是一部有自己

---

① 指我的《现代文学散论》，1992 年 5 月由新疆大学出版社出版。

② 指时任复旦附中校长的过传忠老师。贾先生年老有病，不便上邮局寄稿，原拟等我去上海时当面交给我，我却急于先睹为快，特地请过老师去贾府取了寄我。

独立的学术品格之作，它丰富了中国现代文学研究的成果，因此，也取得了自己在文苑上的存在权利。

我祝您的新著早日出版，能以先睹为快也。

匆复，祝

健好！

贾植芳

1991 年 9 月 3 日上海

19910915

钦鸿：

信收到，知道那篇序文你已收到了，十分安心，因为现在的邮政局实在办事马虎，使人难以相信。你的原稿，我也交给了过先生，想来也该收到了。

这篇序文，也是仓卒定稿，说几句应该说的话，也谈我的一些感想。也不过为你的书的出版，摇旗呐喊一下罢了。如找到合适的地方发表，你就全权处理好了。要紧的是请出版社赶快付排，能带上它出国才好。匆复，即颂

健好！

贾植芳

1991 年 9 月 15 日上海

1992 年

19920214

钦鸿：

新年好！

你寄来的贺年片早收到了，谢谢你的盛情。得悉你的《现代文学散论》已找到出版家，非常高兴！因为在目前经济大潮的冲击下，文化出版界日益陷于低谷状态，出版学术性的书，很不容易，一般都要自己出印刷费，你居然能找到这么一家，也可以说是好运气了，值得庆贺！

我为尊作写的序文，年前《书讯报》来约稿，我寄给了他们，今天收到该报编辑负责人沈伟同志来信和附寄来的样报①，才看到那篇小文已经刊出了，虽然被删去一些枝节，但全文主要内容未受损害，足可告慰。这其实是登个不花钱的广告，因为书籍即是一种文化商品，还需要讯息作为媒介体来告知读者的。

但希望能早日看到尊著的出书，并能先睹为快。

①贾序载于 1992 年 2 月 10 日《书讯报》第四版。

我们一切如常，来沪时请来小寓闲聊，耑此，顺颂
年禧！

贾植芳
1992 年 2 月 14 日上海

2006 年

20060531

钦鸿：

收到来信并寄赠的新作，十分高兴与感激。

关于我过去写给您的五封信①，其中写的字迹难认的部分，已代为修正，请您重新审阅，为感！

因为我年老事冗，迟复之过，请予原谅。匆复，祝

健好！

贾植芳

2006 年 5 月 31 日

---

① 指 1987 年 6 月 20 日、1987 年 6 月 26 日、1991 年 9 月 3 日、1991 年 9 月 15 日、1992 年 2 月 14 日这五封信。

写给学生

写在前面的几句话

　　李辉编完我在"文革"苦难中写给远在山西我的家乡山村当农民的老妻任敏的书信后，又准备将 80 年代以来自我又一次由鬼变成人、重新回到相别近二十五年的教学岗位后写给同学们的信，编选成册付印。按照我国的传统，老师与学生在校时是师生关系，离校后就是朋友了，所以我原本要把书名改为《写给中青年朋友们》。李辉不同意，执意要用现在书名《写给学生》。其实，这个早已入耄耋之年的老朽，到现在仍然还是不断学习和进修的一生，正如古语说的："学无止境"，或者像庄子说的："吾生也有涯，而知也无涯。"世事变幻，人间沧桑，每时每刻都有可能出现意想不到的新事物、新情况、新思潮，知识分子如果放弃了阅读、观察、思考、认识与研究这些精神活动，那就等于生命的终结与死亡，这也就是我所理解的"哀莫大于心死"的人生悲剧。那么，李辉收选的这本书信集，就算是我这个老学生与青年学友们交流思想和感情的历史记录吧。

　　收到本书前面的一部分是写给我 50 年代的学生范伯群、曾华鹏、王圭祥以及张德林、陈秀珠夫妇的，他们在 1955 年胡风事件发生后，都因我的关系而受到株连，被沉入苦海，另一部分是 80 年代我重新出土后写给一些青年学友的，尤其是陈思和与李辉。在 80 年代前后，我刚被解除"监督劳动"、回到复旦中文系资料室当图书资料管理员、头上还戴着那顶我戴了二十多年的两吨半重的"胡风反革命分子"的政治帽子的时候，也是中国政治气候乍寒乍暖的动荡时期，他们就和我经常来往，在我刚分到的那间小阁楼上进进出出，建立了很深厚的感情和友谊。他们不畏权势，敢于突破当时的条条框框，真是有勇气，我喜欢他们的勇敢精神，因为正如鲁迅先生说的：第一个吃螃蟹的人，是最了不起的人，也是最勇敢的人。

这些我写给中青年学友的信，是我们友谊与感情的结晶品，其主要内容一是谈治学，一是谈生活。现在看看，也还能从不同侧面反映一些近二十年来社会和文坛变幻的信息，付印出来，对于人们理解不太远的过去的社会状况和知识分子的生活处境与文化心态，可以提供一点有参考意义的资料。又因为它们都是思和所说的"潜在写作"，都是信手写来、开门见山，以诚相见的生活、思想语言，所以"知无不言，言无不尽"，信里虽然间或有隐晦之处，但绝无无聊的套话、官话、废话和混账话，读者诸君看来，也还会有一点内容、一点意思、一点趣味吧——而更重要的，这是我和中青年学友们之间的友谊的永恒纪念品，也是我的人生档案中重要的有机组成部分。引用一句古语作结语：

"友谊之树万古常青。"

1999 年 7 月 18 日于上海寓所

致范伯群①

19900108

伯群：

我们已平安回家了。现随信寄上回来时的车票二张，请转老陈同志。张国安同学意欲考我招的博士生，现将今年招生材料寄去一份，请您转交他，并嘱他按期报名并积极做考试准备。

由本校外文系同志介绍，一位日本专门研究胡风文艺思想的学者，将于本月13日专门来访问我，14日回国。我从您那里回来时，带来张国安的论文打印本二册，一册准备送梅志，建议收入胡风纪念论文集，一本送牛汉存阅。现在我拟将送牛汉的一册转送这位日本研究家作参考，因为我看他写得有些分量和见解，值得介绍给国外汉学界。这番用意，您便中可

---

① 范伯群：浙江湖州人，1951年考入复旦大学中文系，胡风事件发生后因与贾植芳先生的关系受到株连，1955年毕业后到江苏南通中学任教。1978年调入苏州大学任教，现为该校中文系教授、博士生导师。著有《现代四作家论》（与曾华鹏合著）、《礼拜六的蝴蝶梦》《中国近现代通俗文学史》等多种。——除另标收信人注外，本节均为编者注。

转告他，也是勉励他努力的意思。

　　匆此，问候好！并代我们向有关同志道谢！

贾植芳
1990 年 1 月 8 日

19940112

伯群：

　　得到来信，惊悉林仙不幸病逝，使我们感到意外，感到痛惜！她才过了十多年比较舒心安定的日子，就一病不起，过早地撒手而去，对我们说来，真是白发人送黑发人，心里分外难过和悲痛！

　　去年最后一个季度，大约不到两个月内，我竟先后收到九份讣文。最先一位是许杰先生，高龄九十三岁，其次张孟闻、秦瘦鸥先生，都是八十八岁高龄，鲁彦的夫人秦英女士也在八十五岁的高龄，最年少的是诗人姚奔，他七十五岁，而林仙竟然才六十岁就作古了！对我们说来，每接到友人的一份讣文，就如当胸挨了一拳，想不到这拳越来越重，因为依次说来，年龄越来越小……

　　人总是感情的动物，尤其是你和林仙这样在忧患中相遇结合的夫妻，在风风雨雨里都互相搀扶着走过来的夫妻，你的感情的震动可想而知。因此，在目前的情势下，我们切望你来上海住些时候，换换环境为好！因为目前住在林仙病终的房间里，睹物思人，你的感情的负担反而会加大，这不利于你的健康和事业。

　　请你收拾洗换衣物，就托人买车票来上海，最好由一位学生相陪，以便上下车照应，买好车票后，你就来电话或电报给我，以便着张国安接站。我们这里房子宽敞，就住在桂英的房间里，反正家里有一位做长工的保姆，生活也方便。来这里后，我们谈谈说说，或有助于你平复感情上的波涛创痛。我们等着你的到来！

　　林仙遗像前请代我们致奠。

　　专此，顺候

安好！

贾植芳 任敏
1994 年 1 月 12 日　上海

致曾华鹏①

19901204

华鹏：

前月伯群夫妇从杭州开会后过沪，得悉你因病不能外出，十分惦念。昨日你的研究生吴义勤同志来家，我们又向他问起你的健康情况，又激起我们的惦念之情，目前气温已进入冬令，希望更注意保健，除遵医嘱服药治疗外，更应注意在生活上的调理，以多逸少劳为原则，从体质的增强上来克治病魔。

吴君要的几本张资平小说，因属孤本，图书馆照例只准借阅，不能复印。……为此，我正着小女桂英与有关人员打交道，因一次借出五本书，目标太大，恐惹些闲话，由她一本一本地借出再请人复印，又因为复印时要拆开原书才能上机器，因此复印后还有将原书重新装订这一手续，所以

---

① 曾华鹏：福建晋江人，1951 年入复旦大学中文系，胡风事件发生后因与贾植芳先生的关系受到株连。1955 年毕业后到江苏扬州财政学校任语文教员。1959 年调扬州师专（今扬州大学）任教。现为扬州大学教授，著有《王鲁彦论》《现代四作家论》《冰心评传》（均为与范伯群合著）、《中国现代文学史》（合著）等多种。

非急切间可以办成，小吴在沪又不便长期停留，只好先打发他回扬，俟复制好后再请人将复印件带给你，或邮寄也行。复旦图书馆多年管理混乱，馆藏书有时有书无目，有时有目无书，这都是过去各种政治运动尤其"文革"对图书文物破坏的历史后果。

我与任敏 10 月间应我的母校东京日本大学文理学部邀请，到那里访问和讲学三周，已于月终回国。这对我说来可谓旧地重游，日本在二战后已一跃而为世界经济大国，比之 30 年代，社会的物质和文化生活，已大为改观，对我说来，大有风光依旧，景物全非之感。我们住在东京，我又去了一次横滨，后来我们又在神户住了三天，在京都住了一天，受到日本学界朋友的热情接待，会见了不少旧识，更结交了更多的新朋。我先后在日本大学、东京都立大学、东京大学、横滨大学、神户大学讲演、座谈，并出席了在东京大学举行的日本中国学会的年会，发表了演说，参加了酒会，日本的老、中、青三代中国现代文学研究家、翻译家基本上都见到了。他们对原始资料与出版物的收藏和对中国当代文化动态讯息的收集，我看远比我们丰富及时……再回顾我 1935 年因参加学生运动不容于当时的统治者而亡命日本，1937 年抗战发生后，又弃学回国参加抗战，五十多年来的人生历程，真是不堪回首，但可堪告慰的是活到今天，虽已是一介老朽，但仍保持一个清醒的头脑，没有麻木和僵化，这大约就是我来到这个世界上的唯一收获。

上礼拜《新文学史料》的牛汉和两位编辑同志来访，说定预备从明年起以连载形式登我的回忆录，我也觉得在来日无多的生命暮年，也应该做这件工作了，这也是我应该做的一份历史交代，所以想定下心来，执笔书写，想了个题目：《在这个复杂的世界上》，但愿它能从我的笔下诞生出来。

我们热切地盼望你先集中力量把病治好，起码先使病情稳定下来，再经过妥善治疗，达到完全康复。明年春暖花开时节，你能掏出一段时间，来上海我们家中小住一个时候才好！

匆此，顺颂
健好！问候全家好！

贾植芳 任敏

1990 年 12 月 4 日上海

19911025

华鹏：

　　6 月间你来校参加研究生答辩离去后，又好几个月了；昨天下午伯群夫妇从苏州专程来校，参加此间的"中国近代文学国际学术讨论会"，才得悉你最近腿脚关节病又犯了，不胜怀念！这是一种顽症，正如我现在苦恼的浑身瘙痒症一样，都是药物一时难以治愈的；但愿能多注意饮食起居，在生活上调节，万不可劳累过度，并且心境要开阔才好！

　　我有一个青年朋友李存煜，他来信说，在你们那里的外语培训班学习，并说也和你有接触。这是一个人品学识都比较优良的青年，大约在1983 年，他曾被他工作的徐州师院派到复旦跟我进修一年，前几年还出版了一本小书《失去的地平线——帝国主义侵略与民族心理的演变》，写得也颇有新意。他最近来信说，他有机会明年会派去美国留学，他们学校拟破格提升他为副教授。你和伯群都是江苏职称评审组成员，我昨天已和伯群谈过了，向他推荐了小李的为人与治学。我认为从他的人品与学养和业务成绩看，他们学校破格提升他是合理和公正的；因此除请伯群和你打招呼外，我又直接写信向你推荐。再说，西方世界对知识分子的学衔、学位看得很重要，他能以一个副教授身份外出，各方面都比较好些。也因此，我希望你们能拉这个小青年一把才好，对他的上进也算是一种鼓励。

　　我们今年 6 月后又先后去了沈阳、大连、宁波等地开会，所幸身体还好，趁现在还能跑动，有机会每年都出去跑跑，换换生活环境，会会新老朋友，过了八十岁，大概只能坐在家里过日子了。

　　我今年又招了两名博士，共三名，还有四名硕士，三个老外（高级进修生，两个日本人，一个德国人），也够热闹的。

　　我们也希望你有机会能外出跑跑，换换生活环境，使生活内容丰富些，同时对体质的增强也是有益处的。

　　匆此，顺祝
痒好！并问全家好！

贾植芳　任敏

1991 年 10 月 25 日上海

致张德林、陈秀珠^①

19830103

德林、秀珠：

　　先接秀珠来信，说是礼拜天要来，我们十分高兴地买了菜候你们来吃晚饭，一直等到七点钟还不见来。正在纳闷中，收到德林信，才得知她因患病不能出门，我们又十分惦念，几天又过去了，想来应该痊愈了。你们都已进入人生的中年，希望要把对身体的注意提到应有的位置上来，营养和休息，缺一不可。身体就是我们的唯一财产啊。

　　我们将于本月中旬去京开会，我到文研所开会（一个是"中国现代文学理论流派讨论会"，一个是吉林大学编的一本《外国理论和思潮对中国

----

　　① 张德林，文学评论家，1950 年考入复旦大学中文系，1953 年毕业后任教于上海华东师范大学中文系。1955 年因与贾植芳教授的关系受到株连，在反胡风运动中受到审查，1958 年被错划右派。现任华东师范大学教授、博士生导师，《文艺理论研究》副主编，著有《小说艺术谈》《现代小说美学》等。陈秀珠，张德林的妻子，原震旦女子文理学院学生，1952 年转到复旦中文系，1953 年毕业后，在华东师范大学中文系任教，1989 年 2 月因病去世。

476

现代文学的影响研究资料》定稿会），任敏趁机逛逛，探亲访友，她已有二十多年没进过京了。我们在京逗留半个月左右，赶回来过年，那时我们再见面。

祝新年愉快。

贾植芳 任敏
1983 年 1 月 3 日

又：前曾寄德林两篇这里的两个同学（一为研究生，一是《复旦学报》编辑）的文章，是我代他们向《文艺理论研究》投稿，不知审阅情况如何，如需要修改等等，即可和他们直接联系或由我转亦可。

又及

致王聿祥①

19830223

聿祥：

　　这个礼拜六（26 日）下午请来我这里吃晚饭，我们请曹白②同志全家，约你和炳中③同志相陪。他怕生人，你们是熟人，所以相约。耑此不一，并祝

　　安好！

贾植芳　任敏

1983 年 2 月 23 日

---

　　① 王聿祥，笔名王孙，1954 年毕业于复旦大学中文系，被分配到新文艺出版社工作。因胡风案件受到株连，又被错划为右派。平反后在上海文艺出版社做编辑。

　　② 曹白，原名刘平君，"左联"著名木刻家，曾因刻有卢那察尔斯基头像而被国民党反动当局逮捕，出狱后继续从事抗日活动。1939 年去江南游击区参加新四军，写了不少通讯、报告文学，后由胡风结集为《呼吸》，作为"七月丛书"之一出版。1983 年，由于耿庸同志的推荐，该书在上海文艺出版社再版，责任编辑为王聿祥。

　　③ 炳中，郑炳中，即文艺理论家耿庸的原名。

19841016

聿祥：

我最近出门一次，于 7 日到徐州参加江苏召开的瞿秋白学术讨论会，又间道去曲阜旅游了一次，我们夫妇和陈思和同行，昨午始归来，也算静极思动的一种表现。

回家后看到来信①，现寄上 1981 年我在《艺谭》上写的一则短文，你看是否符合选用体例，如不符则作罢可也。

在徐州碰到人民文学出版社的一位负责同志，他说《胡风评论集》下卷近期可出版，不知确否？只有以眼见是真为凭了。我近日给梅志写信，请她能寄你一套。这部书印出两本②后，默然无闻，有些不像话，希望你收到书后，能写点什么，表示一点声音也好。

我最近一个时期不会出门，有空望来玩。

祝好

贾植芳

1984 年 10 月 16 日

任敏、桂英附笔问好

---

① 王聿祥曾负责编辑《上海杂文选》（1979 — 1983），期间曾去信向贾植芳先生索稿。贾先生寄去发表在 1981 年第 1 期《艺谭》上的短文《温故而知新》一篇。

② 指《胡风评论集》上、中两卷，人民文学出版社 1984 年版。下卷出版于 1985 年。

19890502

聿祥：

信及校样①收到了。校样校得很认真，个别改动也很好。只是第二页中段第二行的"在开放性的文化环境下"这一句中，"放"字误为"解"字，望加以改正。

小样我即直寄《散文》月刊编者于明大同志，希望他们采用时，以此为准。

我们已买妥本月 11 日去武汉的船票，现在虽不是遍地狼烟，还是四处骚动，行路等于探险，又加时局动荡，真不知这个会②的命运如何。我们只是想借此会会朋友，所以只能视险如夷了。

李辉的书③，虽有小疵（如有不少事实上的小出入），但从整体看，还算成功。因为它首次揭开了这幕历史惨剧的真相，也深入地通过历次的政治运动，揭示了中国知识分子的特点和命运；他们的优劣，竟如泾渭之分明，更反衬出传统文化在他们人格和言行上的深刻作用。我们在武汉碰见他，一定把你约稿的事告诉他，并请他给你寄一本《悲歌》的单行本。

会议为期一礼拜，我们准备本月 20 日左右即坐船回沪。那时我们再面叙。

匆此，顺祝

近好！并问全家好！

贾植芳

1989 年 5 月 2 日

---

① 王聿祥曾选编一本《新月散文十八家》（该书已于 1989 年底在上海文艺出版社出版），期间曾请贾植芳先生为之作序。序言校样出来后，贾先生因为《散文》月刊编辑于明大同志曾向他索稿，因此准备将该序寄给他，故而曾向王聿祥要该序的校样。

② 当年 5 月，在武汉召开"全国首次胡风文艺思想学术讨论会"，贾植芳夫妇应邀出席。

③ 指人民日报出版社出版的《文坛悲歌》，该书为长篇报告文学作品，首次披露"胡风反革命集团"案件的事实真相。

致赵博源^①

19870922

博源：

我前天晚上从广州开会回来。顷接西安华岳文艺出版社编辑郭继明同志来信，我前此向他们推荐的你译的日本推理小说《黑色的波纹》一稿，他们在审阅了你的介绍材料后，希望你把全部译稿寄给他，看样子他们对本书感到兴趣。请你见信后，马上将书稿整理就绪，直接寄给下列地址："西安市北大街 131 号华岳文艺出版社编辑部郭继明同志"。该社就是陕西文艺出版社的性质，新从陕西人民出版社独立出来。

嵩此

问好！并祝全家好！

贾植芳

1987 年 9 月 22 日

---

①我是贾植芳先生的学生，1955 年毕业于复旦大学中文系，现为上海机械专科学校日语副教授。植芳师对我们学生，一贯都无私地、热情地帮助，鼓励我们为社会多做贡献。1987 年夏天，植芳师知道我译完一部日本推理小说集，准备寻找出版途径，就趁赴西安开会的机会，向华岳文艺出版社推荐了这部译稿。已于 1988 由华岳社出版，书名改为《死者的来信》。——赵博源注。

致孙景尧①

19870529

景尧：

　　关于赴美参加会议的事②，今天又接到乐黛云同志转来的美方来信，说是除我而外，都已报了论文题目。为此，请你先代我回复一信，把题目报上。就照你我上次说的，报个"中国五四文学与俄国文学"去就行。或是此类题目。随信寄上复旦的对外信纸信封，您打好字后寄我，再由我发去。

　　匆此，问好！小肖和小姑娘好！

贾植芳
1987 年 5 月 29 日

---

　　① 孙景尧，1966 年复旦大学中文系毕业，曾在广西大学中文系任教，后调苏州大学中文系，任教授，现为上海师范大学中文系教授，博士生导师。并著有《比较文学导论》（与卢康华合著），《沟通》《简明比较文学》和译有《新概念、新方法、新探索》等书。

　　② 指第二届中美比较文学家对话会，后因健康原因，贾先生未赴美与会，但仍提交论文《中国新文学与传统文学》，发表于《中国比较文学》，1989 年第 1 期（总第 8 期）。另载英文版会议论文集《文学与文学史》，辽宁大学出版社 1990 年出版。

19880401

景尧：

　　先后收到你在美的来信，得悉你在美教书和生活情况，十分安慰。春节时，本来约定小肖母女来沪和我们一块过年，因为闹肝炎，只得作罢。只是春节后小肖来了一次，你家小姑娘怕肝炎传染，不愿坐火车，因此没来。年前我曾到苏州大学住过几天，参加中文系研究生论文的答辩，小肖也为此忙碌了几天。你在外教书生活，应该常和苏大的领导联系，以便通过讯息，增加彼此的理解才好。

　　薛凤生先生及夫人来复旦讲学事，因中文系负责人将可能选举更换，又因为他们下学期才来，所以我暂且还没和中文系联系，估计不成什么问题。另外，我也和上外等学校提及，薛先生夫妇来沪，在复旦期间，也请他们夫妇去上海几所高等院校讲讲课，和更广大的上海知识界见面交友，先请你代我们向薛先生夫妇致意。

　　我们一切如常，上海肝炎已平息。我们住在郊区，又少进市区，所以没有受灾。香港中大新亚书院去年就来函邀请我们夫妇去他们那里作为期半个月的访问，因为事杂又加上我身体不行，一直拖延下来。现在天气不甚热，决定趁此去一次，也好借此会会那里的朋友们，少作憨患。

　　普林斯顿大学的迈诺教授前月来了一信，并寄来你们在美开会的两张照片。你在美先代我向他问候和致谢，迫我从香港回来后再给他写回信。

　　也代我们问候 Mark Bender 先生和他的父母亲好，并欢迎他们有机会再来寒舍做客。

　　你身在海外，功课负担又重，应多注意身体，劳逸结合才好。有朋友在远方，总是免不了使人挂念的。

　　匆此，并祝

健好！

贾植芳

1988 年 4 月 1 日

19881119

景尧:

　　听伯群同志上次来沪说，甘建民同志译的那本《东方专制主义》一书已由你校阅，十分高兴。我因为早年在日本从事社会学研究，为此对这位作者维特弗格尔的有关中国研究非常有兴趣，因为这位"西方马克思主义"者的论述，很有他的独特学术价值。社会主义国家现在的开放改革事业，正证明了他对东方（包括中国）社会的研究的历史意义和现实价值。

　　我在日本读书时的指导老师马场明男教授前年与我恢复了联系，他已八十六岁高龄，但仍然持续专业研究工作，尤其对维特弗格尔素有研究，他得悉我仍然对这位学者怀有兴趣，今年还特地寄来他的论文——《法兰克福研究所的人们——卡尔·维特弗格尔》。我读后大开茅塞，已请复旦老同学赵博源译出，因为我国对这位学者还很陌生，所以我建议用马场先生这篇文章作为该书——《东方专制主义》的代序，如果小甘愿意的话，我再写个后记，附为该书译本的骥尾。

　　不知你校阅完了没有？如已校好，请与甘建民同志商量，有便人来沪时将译稿及英译本一并带我，我再拜读一遍。至于出版问题，现在虽处于低谷，但像这本书，我想有眼光的出版者是乐意承印的。

　　匆此，问好！问候全家好！

贾植芳

1988 年 11 月 19 日

19881214

景尧：

收到你从南宁的来信，得悉你此次在那里讲学，收获很大，效果良好，我们十分高兴。但望你在外保重身体，按时返来。回苏前，车抵上海后先在我们小寓休养几日。

广西人民出版社的那部稿子①，属于学术资料性质，交稿已有数年，却迟迟未能出版。这几年，一来我们正着手编撰《二十世纪中外文学关系史》需要参考，二来也想借此做一些修订补充，所以你还是先从梁克虎同志那里把原稿带回来，一俟我们使用修订完毕，而他们还有兴趣出版的话，我们再向他们投稿。他现在愿意出版《比较文学高级教程》，请你代我先向他致谢。

你离苏时，我们适巧应北大王瑶先生之邀，到你们学校参加他主持的中国现代文学研究会。会后，我们这里正好在青浦举行巴金学术讨论会，我又邀请他来沪参加会议，并借此散散心。不料他到沪后，宿疾猝发，虽及时转到上海华东医院抢救，但终于医药罔效，竟于昨夜（12 月 13 日）晚 8 时撒手而去，溘然长逝。所以目前我们在悲怆之中，还协助北大同志料理他的后事。可以告慰的是，他此次卧病在沪，上海市委、上海作协、复旦大学行政都极关怀，组织专家协力抢救，用了进口药物和医疗设备，采取特别护理，家属及北大领导以及我作为友人，都感到十分感激、慰藉。

替我向广西民族学院的领导及师生同志致意和致谢，感谢他们的关怀，我虽然虚长几岁，但活得十分硬朗，健好，实在不需要什么药物。多谢了！

伫候你早日归来。匆此，问好！问候同志们好！

贾植芳 任敏

1989 年 12 月 14 日上海

---

① 指贾植芳教授主编的大型资料集《外来思潮、流派理论在中国现代文学史上的影响（1917—1929）》，此稿 1985 年交广西人民出版社，拖延数年未做处理。

19911216

景尧：

本月初来信收到了，我上次（9 日）发出给你的信后就接到了吴宗锡同志的电话，他原来是我的老朋友，当时用笔名左弦，只是多年来由于历史原因，我们疏远了。他后来用本名吴宗锡，所以陌生了。这样就不需要请徐俊西同志中转，我和他可以直接打交道。

今天上午接到你的来信后，我已接到他的电话，他说你们来上海参加评弹会的三位，他们两位老外，上级已批准来参加此会。他问我请柬如何发给你们三位，我们电话上商量的结果是，在他们发给你的请柬内附上两位老外的请柬，直接寄苏大中文系你收。他又说，该会在本月 28 日左右召开，因会议地点在上海教育会堂，此处不接待外国人住宿，由他们和附近的音乐学院招待所联系，就请你们三位在会议期间住该处。至于一切费用，包括食宿等，按国内一般学术会议规定，都由与会者本人自理。

请你将上述情况转告马克和铃木两位先生，并代我们问好！

上次你信上说的那位英国来的黄教授来沪事，害得我们等了一天，因为事先准备了一些便饭，后来伯群来沪，才知道他是那天（12 日）下午 5 时才能到沪。现在得悉他并未来，那就再说吧。

请转告潘树广先生，我为他主编的《文学史料学》一书写的序文，上海《解放日报》的"读书"版已刊出（12 月 14 日），也是做个广告的意思。我已嘱编者寄该日报纸一份给他，以留纪念，并向出版者黄山书社打个招呼。

我们一切如常，等你到上海开会时再面谈。

小肖想该从杭州回来了，问候她好！小姑娘好！

祝

健好！

贾植芳 任敏

1991 年 12 月 16 日上海

致谢天振①

19860811

天振：

收到来信，关于袁先生②去青海讲学事，我本已托那里师大的范泉教授和当地接头，范先生上月带两个研究生来我这里申请现代文学硕士学位，在此举行答辩，解决问题后已返西宁。他已和他的学校写信谈过，现在有这么一个情况：范先生下学期调回上海任上海书店总编，我当再给他写信，趁他现在还未离开，把此事弄个结果。如果青海有意，请他托另一位当地人士负责此事，俟有消息后，当再告你转告袁先生。

景尧近无信，昨日广西艺术学院一教师来访说，那里已批准他离开广西，他9月初回来，我希望他能在下学期到苏大。那里已早发出调令，如

---

① 谢天振：现为上海外国语大学教授。上外社会科学院副院长，《中国比较文学》杂志主编，上海比较文学学会会长。著有《比较文学与翻译研究》《译介学》《狄更斯传》等书，翻译有《比较文学引论》等书。谢天振与贾植芳先生本是同行朋友，但因年龄关系，对贾先生执弟子礼。

② 袁鹤翔，香港中文大学英文系教授。是时谢天振在香港中文大学英文系做访问学者。

果能按期回来，那就好了。后天我们去苏州，在此住一天，再由此去宜兴开一本书的定稿会。我们到苏州后，当可获得景尧调动的正式消息。那里中文系的负责人范伯群同志，是我的一个学生，这事就是托他办成的。

我到宜兴开十天会即回沪，9月中旬与思和同去太原开会，估计那时你还未到归期。在山西要住半个月，我想趁此回老家看看，近半个世纪我未回过家乡，也算"少小离家老大回"了。

您译的那本比较文学书①，请抓紧弄完，早日交稿。我前几天给彭燕郊先生写信，也谈及此事。

上次给廷琛同志信上托你买一本弗洛伊德的《梦的解析》，是给上海书店买的，他们要翻印，前些日子来电说，他们已买到；因此，如还未买，就不必了。国内近来已出了多种弗氏的书，形成热门，因此不必再在那里买他的书。近阅港台书目，说是台北出版一本研究《金瓶梅》的书，题目叫《潘金莲——金瓶梅的娘儿们》，作者是魏子云，台北皇冠版，452页，如港地有这本书，请代买一册，见识见识。别的书就不要了。收录机就不要再在那里买，所存的那几个钱，请给任敏买一双凉鞋，买件秋冬衣服用的呢绒料子（任敏用）。

请您在那里特别注意饮食起居，不可用功过度。你碰到潘行恭可告诉他，他要的《新星》《夜与昼》，我已托上海新华书店，一时无售，因为供不应求，一俟买到，当寄出。

问张廷琛同志好，他寄来的三包书我已收到，存在家里，请放心。

后天我们就出门，先写到这里，问候袁先生和我在那里相识的朋友们好。

卢玮銮②女士前月来过上海，也曾到我家做客。她下月也应邀去山西参加赵树理学术讨论会。如见面，请代问好！

匆此，祝

健好！

贾植芳
1986 年 8 月 11 日

---

① 指《比较文学引论》，罗马尼亚迪马著，谢天振译，由上海译文出版社 1991 年出版。

② 卢玮銮，笔名小思。香港中文大学中文系高级讲师、文学史家和散文家。

19861006

天振：

我 29 日从山西归来，看到你的信，说是打算回来参加北京召开的比较文学理事会，很高兴，因为趁此我们又可欢叙几天。遗憾的是，我在本月 9 日将去烟台参加一个会议（中国当代文学研究资料丛书出版会议）和北京之会时间冲突，因此北京之行只能作罢，只希望你去京之前和之后，我们在上海相会，因为我在本月 15、16 日之间即可以回沪。

袁先生的文章我已嘱吕胜去廖老师那里取回，就由他译出。这样有一篇袁先生的文章在《中国比较文学》上发表，和李达三先生的文章并刊，既反映了我们之间的友谊，也有学术意义。

我去太原参加赵树理会议，与陈思和同行。这次会上有日本、美国的朋友参加，还有中大的卢玮銮女士参加，我已和她谈了你在中大的情况，有机会希望你们相晤，这位女士是可以在学术上相处的。我自太原又去了临汾，在此与家兄贾芝相会，我们都接受了山西师大的兼职教授的聘请。在此讲课后，又一起回到我们相别逾半个世纪的家乡，真有隔世之感。后来又由临汾回到太原，在山西大学讲课后，我和思和 29 日乘飞机回到上海。

关于任敏要买的料子，她说买成深色的就行，你信上说的已买好的那块黑尼龙料子她也喜欢。另外，我的侄孙女今年考入复旦外文系，请你在那笔钱内留下几个钱，给她买一个小手提包（她 19 岁），去年我曾在香港替桂英买了一只。

你译的那本罗马尼亚人写的比较文学的书，不知完稿否，如能弄好带回，早日交到出版社才好。

匆此布复，并候健好！

贾植芳
1986 年 10 月 6 日

任敏附笔问候。又：如给任敏买不到合适的凉鞋，就请给她买一双拖鞋（像我去年买的那类日本产品），要 36~37 码的。

19861109

天振:

想已平安到港。曼娜同志第二天来我家，送来为你写学术鉴定评语的公事纸，这两天我抓紧写好就送给廖先生，请放心。

友人来信说，台北出版了或出版过一本名为《中国文艺政策的现状》的书，整个谈 1955 年胡案的，大约最近几年所出，希望您能花些时间在港地书肆代购一册，或在中文大学图书馆复印一册（如买不到原书的话），等您 12 月回沪时带回。千万千万！

山东比较文学会成立事我不拟去，已写好一纸贺电，请秋峰同志拍出。

上海已举行"国际中国当代文学讨论会"，我应邀去金山县的金山宾馆参加开幕式和展览会，在这里首次见到了乐黛云同志，不愧是一员能干的女将。

学校正忙于搞职称评定，把许多时间都花在开会上。所幸身体还正常，能勉力应付过去。

12 月转眼就到，那么见面再谈了。

匆此，顺候健好！请代问袁鹤翔先生、李达三先生好！

贾植芳
1986 年 11 月 9 日

19861203

天振同志:

来信收读。小金同志上周送来您的译稿①，我看了一些，译文相当流畅、实在，抄写得也很整洁。我拟去和山西的北岳文艺出版社谈，他们可能印得快些。上周我回来去苏州见到景尧，谈起出书事，我们商议，是否和北岳文艺出版社商量，出一套《上海比较文学研究会丛书》，以翻译为

---

① 指《比较文学引论》。

主，先译五种，等您回沪后我们再议。你的译稿，如近日无便人，我即寄给太原的北岳文艺出版社。

张廷琛今日上午来寓，他拟于本月 18 日去港开会，不知您们能碰头否。

所需我的简历先抄上一份，请转袁先生。此事多承他热心帮忙，盛情可感，请先代我们致谢。届时如身体等许可，我们一定去港一次，到时免不了又要给他添麻烦。

剩下那笔钱，除过买书，就买成衣料，总之，由您做主就是了。

上海一切如常，我才从忙于评职称的会海中游出来，弄得精疲力竭。所幸身体还好，堪可告慰。

有一本台北版的法国纪德的自传——《如果麦子不死》，如港地可买到，也请代买一册。

不知您是否能如期回上海，我已和景尧约好，您若归来，元旦日大家一起在我家过，大家借此欢聚一次。

一切再叙。

祝你

健好！

问候袁先生好！

贾植芳 任敏
1986 年 12 月 3 日

19920203

天振：

现在正是祖国的大年夜——除夕之夜，虽然连日阴冷，但四周已响起了爆竹声，显示了人们对好命运的向往和执着。在这种氛围中，我们在这东方式的"大家拿"向远在西方的"加拿大"旅居的您祝福！祝您在异国他乡生活愉快，万事如意，大吉大利，身体健康！

小金早就把您在那里写给我们的信转到了，我们从这里获得许多海外讯息，耳目为之一新。后来又收到高辛勇先生的信，也谈到常在图书馆看到您在用功。知道故人无恙，感到十分高兴和安慰。卢康华夫妇从美国回来即落脚在小寓，今天早上才坐火车回哈尔滨了。

本来早就应该写回信，只是因为害了一种老人瘙痒症，时时外出求医问药，所以就延搁下来了。

年前您校张智园女士来访，谈起今年上海社联规定，整顿民间团体，一切学会若长期没有会务活动，就要取消会籍。为此，经和廖先生商议，在您所开了一次理事会，做出若干决议，会后又在您们食堂吃了一顿涮羊肉，大家才鸟兽散。鉴于社联在学会负责人的年龄上有一些规定，因此需要换届改选一次，大家意见就等您回国后再改选。我年已届七十七岁，早超过社联的规定，理应让位，使学会负责人年轻化。事实上也理应如此，这对于学会的日常活动和发展，都大有裨益。

春节后，因为我们这里承接的国家"七五"项目《二十世纪中外文学关系史》的编写工作，从财力和人力上说，都需要外援，上次思和到香港已和周英雄先生谈及和他们合作事，已得到中文大学的批准，因此我们夫妇、思和和三位承担工作的研究生决定 2 月中旬到广东中山市和周英雄他们开个编委会，以利于编务的正常进行，争取早日取得成果问世。

您在外边看报，我们也在家看报，情况大家都清楚。我新印的两本小书，一本作品选，一本序跋集，您回来后再送您拿去玩玩。

景尧夫妇年前来过一次，说是要回贵州去过春节。正月初二，我们全家和章培恒、张国安到思和家吃饭，遗憾的是您缺席，那么明年的春节再补上吧。

信笔写了这许多，也就先谈到这里吧。

顺祝

健好！并贺年禧！

贾植芳 任敏
1992 年 2 月 3 日夜上海

桂英附笔问好！

致陈思和

19800811

思和:

来信收读。李林译的《月球旅行》①一书,其实抄抄初版时间和巴金《后记》的写作时间就行了,你冒着暑热抄了全文,使我心有不安,谢谢你!

这两天气候转凉,我已偷闲把你们早写的介绍 Olga Lang 的文章②重看

---

① 李林译的《月球旅行》,上海文化生活出版社 1947 年版,巴金为它写了《后记》。当时贾先生在编当代文学研究资料集《巴金专集》的第三册著译目录部分,托我代查该文出处。那时是 1980 年暑假中,我和李辉正着手研读巴金的作品,合作写文章。先生因受胡风冤案所累,历尽沧桑,当时虽然环境有所改善,政治上仍未平反,在中文系资料室里负责编辑资料。我们从那时起,有幸在学术上获得先生的指导,逐步被引入学术研究的堂奥。当时先生独居陋室,常常是一杯白酒、一碟酱菜、几颗花生,与我们长谈到深夜。近日想起,仍令人神往。——陈思和注。本节后同。

② 指我和李辉读了 Olga Lang 的《巴金和他的著作:两次革命中的中国青年》一书后写的书评,后来在《文学报》1981 年 8 月 6 日发表。该书是先生提供给我们的复印件,对我们以后从事巴金研究起过重要的影响。我们曾翻译了该书的第 13、14 章,部分收入先生主编的《巴金专集》和李存光主编的《巴金研究资料》。

了一遍，改了几个字，加了几句，直接寄给《新文学史料》去了，希望能得到他们的录用。前几个月他们曾来信索稿。

系内在放假，管订书的同志不办公，你要订的《啼笑姻缘》和《秋海棠》①只能等碰到他们时办理，好在假期过了大半，余日不多，出外旅游的应该回来了。

顺候近佳！并请代候你阖家安好！

任敏附笔问候。

贾植芳

1980 年 8 月 11 日夜

19810715

思和：

来信收读。你要的沈从文和陆蠡的作品②，我昨天去系内查过，魏老师那个房间只有沈的一本《废邮存底》，其他都不见了，可能借出；陆蠡的作品一本也没有；等周老师她们阅卷回来，我再托她在内部书库找找，钥匙在她手里。如能得到，再请李辉带给你。

你到《收获》③看稿，这个很好，可以增广见闻，和作品接触，在我看来也是和社会广泛接触的一个方式，值得花些时间。但气候炎热，也必须量力而行，注意身体。

我还在忙于出考题，说好月底交卷；她们的户口已上报了④，还没下文，我国的事情，不能计日而待，因此必须争取长寿，才能眼见为实。我们暂又多借了一间房子，以利工作和休息，地方就在原住处的后面，是间

---

① 当时像《啼笑姻缘》这类书还不能公开买到，需要通过单位征订。先生当时在系资料室工作，故托先生代订购。

② 当时我在整理文化生活出版社的史料，须查阅陆蠡的资料，因暑假中图书馆不开放，所以想请先生帮忙借阅。

③ 即大型文艺刊物《收获》，当时我利用暑假时间在那儿"打工"，以聊补无米之炊。

④ 大约是指任敏师母和其女桂英从山西迁到上海的户口问题。先生在 1955 年因胡风一案所累，任敏师母被迫去青海，又遭劳改，释放后回到山西家乡，苦待先生平反之日。直到此时，才破镜重圆。

平房，尚宽敞。因此也就不必急于催房子了。等她们户口解决了，再另作打算吧。

不知你碰到毕修勺先生①没有？浙江人民出版社要派个人去看他，关心他那些左拉作品的译稿，这也是个出书的渠道，必须疏通，请他做些准备，把不在手头的译稿收集起来才好，他们要我先告诉毕先生一声，我准备写信回复他们，说是已和毕先生打过招呼了。并请你替我问毕先生好。

李辉大约快回来了，《新华文摘》第6期，如得便请代购一册，你如有事来校再带来，或将来让李辉带回也行。

匆此，祝好！

贾植芳

1981 年 7 月 15 日

19820303

思和：

今日上午出版局的章德良同志如约前来，他是奉命来接洽你们那篇文生社文章②。据说，他们 5 月份要出版一个刊物，名为《出版文史资料丛刊》之类，希望能先看看你们文章，说是一个礼拜内可见回音，我说明文章已寄北京《新文学史料》，先去问过那里处理情况再答复他们，他留下地址电话，我介绍你再去和他们接洽。本周五你如来学习，可到我处一行，即可以说得详细些。文生社的文章，今日给牛汉同志③发出，巴

---

① 毕修勺先生是无政府主义者，一生从事左拉著作的翻译，但因 50 年代后政治上屡遭迫害，其译著都无法出版。我们因研究文化生活出版社而结识毕老，深为其崇高信念所感，曾托先生代毕老联系出版左拉译著。先生古道热肠，向浙江人民出版社介绍毕老，但后来仍未成功。毕老的译著直到 1993 年才由山东文艺出版社全套出版，惜其时毕老已去世。

② 指我和李辉合写的《记文化生活出版社》一文，后发表于《新文学史料》1982 年第 3 期。

③ 牛汉先生是著名七月派诗人，1955 年曾受胡风冤案所累，是先生的"同案朋友"，此时已获平反，主编《新文学史料》，我和李辉的第一本研究专著《巴金论稿》就是由牛汉先生推荐在人民文学出版社出版的。

金年谱①我看过后也于今晨寄南京《文教参考资料》，请他们看过后通知我们。

今天接到师大《文艺理论研究》催稿信，他们希望能在4~5月内交稿②，排在第3或第4期，一俟手头工作有点头绪，我再继续校阅，希望能如约给你们交稿。匆此，祝好！并问候你们全家好！

贾植芳
1982 年 3 月 3 日夜

又：本年第1期《新文学史料》如已到书，请代买一册带我。

19820721

思和：

前信和附寄的吴子敏文章都收读了。李欧梵那本书③，几经周折总算复制出来了，为了怕邮局遗失，我想还是你辛苦一次，得空来家里拿。

近期的《新华文摘》，如淮海路上可以买到，请代为买下来，本年第4期以后，我这里都未买。

师大同学张文江借去两本英文书（一本是 R.Wellek 的《文学原理》，一本是 Lewis 的《论诗》），书系外文系财产，他就住在你家附近，你得便可以看看他，书如阅毕，即可带回。那本《文学原理》你也可顺便翻翻，是一本名作哩。匆此，祝好！

贾植芳
1982 年 7 月 21 日

---

① 指我和李辉编的《巴金生平和文学活动事略》，最初题为《巴金年表简编》，由先生推荐给南京《文教资料简报》发表，后来经李存光修订后，在《巴金研究资料》等处发表。

② 指我与李辉合译的叔本华的《论风格》一文，译后先生为它做了认真的校阅。

③ 指李欧梵的《五四作家的浪漫一代》，后来我译了其中第14章。

19821205

思和:

　　来信收读，昨日恰巧得李辉信，你们合作的有关巴金研究①，他已和牛汉先生提过了，牛先生对此很感兴趣，答应推荐。人民文学是个大出版单位，那里能印当然最好。牛先生是我的难弟，我想他总能竭力帮忙的。我同时也给李辉写了信，请他把登了你们文章的刊物送牛先生一份，请他先看看为好。

　　今天安徽来信，他们来了一些负责人，②打算这个礼拜四下午去复旦工会开个座谈会，对他们提些意见。我已给他们提出，让他们也给你发个请柬，借此与他们熟悉，那也是个小地盘。希望你先看看他们的刊物，如果你来参加，当面讲些意见最好。匆此，问好。问候令堂大人和小徐。

贾植芳
1982 年 12 月 5 日

19830113

思和:

　　南京江苏人民出版社来人，说是我们编译的《国外论中国现代文学和作家》③，他们想先看看稿子，如果成熟的话，即可先列入付排计划。你译的那两篇，可先拣一篇交我，这里再拣出几篇一起交他，能早点出书最好。

　　前说的 M. Goldman 的《中国现代五四文学》一书中有一篇《被压迫

---

　　① 指我和李辉合作的《巴金论稿》，后由人民文学出版社出版，这是我们俩在学术道路上的第一步，其中浸透了先生的心血。

　　② 忘了是指安徽的《清明》杂志还是《艺谭》杂志，后来我没有去参加座谈会，但先生提携青年的拳拳之心，一直是我以后的人生道路上监督自己的标准之一。

　　③ 即先生主编的《中国现代文学的主潮》，后来因客观形势所碍，未能在江苏人民出版社出版，直到 1990 年才由复旦大学出版社出版。

民族文学对中国文学的影响》，乃修昨天送来译稿，那么你再译一篇（此书第一篇《中国现代文学的来源》或《瞿秋白与俄国文学》，任选一篇），原书乃修已还来，放在我这里，你来校时顺便取去（译好文章也带来）。

北京正式通知仍未来，那两个会得延期了，正近年关，大家乱糟糟地忙于过年，这时开会真是没看黄历的一种主观主义了。匆此。

贾植芳

1983 年 1 月 13 日

19830118

思和：

我们已买票去北京开会，大约三四日后可以成行。江苏人民出版社编辑今天来寓，拿去我们编辑的《国外论中国现代文学和作家》所收入的八篇译文（包括你们译的《巴金与西方》），他们要先看看性质和内容，因为他们误认为是本资料书。如果决定印了，他们就排入计划，争取年前可以出书。

你如果还能腾出时间，就再从 M. Goldman 的那本书内译出一篇，使全书的内容更丰富一些。《被压迫民族文学影响》一文乃修已译过了，本想收《瞿秋白与俄国文学》一文，但我又翻了一遍，那里面谈瞿的《多余的话》的分析评论，恐有致于未便之处，印出来惹出麻烦，那就换上一篇，我看可以在 *Traditional –Style Popular Urbane Fiction in the Teens and Twenties* 这篇论鸳鸯蝴蝶派小说的，或 *The Social Role of May Fourth Writers* 两篇中选译一篇。原书在家里，你来时向桂英取去。

我们约半月后可回沪，有事我会写信。

问好！

贾植芳

1983 年 1 月 18 日

19830308

思和：

　　信收到，你就在家集中力量搞那篇文章的翻译，望能早日杀青，我再用该书译那篇论日本文学影响的文章①。

　　我这几天忙于校订《巴金专集》第三本②，请你来校时将吴朗西先生自印的那份巴金材料③带我，其中关于《屠格涅夫散文诗》的先后两种《后记》的不同写法，应列为一个目录。巴金在抗战后写的《月夜闻鬼哭》不知到底发在何年月，不知你们在编年谱时查过没有？因为有些不同的记录，定不下来。

　　友人托我买一本《红楼梦研究第九辑》，这里新华没有，请能代买一本，还给我买一本《新华文摘》2月号。

　　问好！

贾植芳
1983年3月8日

19830619

思和：

　　你到京后④的来信收到了，得悉那里材料很多，真是不虚此行；天津《庸报》最好看看（30年代初、中期），那里颇有些巴金材料，连同前说的天津《大公报》材料（还找找北京的《华北日报》《世界日报》，天津的《益世报》，也是那个30年代的），一起寄我；巴金三集已交稿，这里又收

---

　　① 指先生在编《中国现代文学的主潮》时，自己动手翻译了《日本文学思潮对中国现代作家的影响》一文。

　　② 先生主编的当代文学研究资料《巴金专集》共三册，第一、二册由江苏人民出版社出版，第三册是索引部分，后因出版经济问题，未出。

　　③ 指《巴金与文化生活出版社》。

　　④ 1983年暑假，我与孙乃修都在贾先生指导下编辑《外来思潮、流派、理论在中国现代文学史上的影响》，同去北京收集资料。

了些外文材料，须待汇集后请唐老师上南京一起补上，能多点就多点，多多益善也。

天津百花出版社已来过了，那本巴金的书①，他们提了些意见，说是《创作回忆录》《随想录》的文章最好少选几篇，因为已有专书，他们这套书原来是青年读物式的书，因此，他们认为一些"离题"的文章（如《李大钊是一个殉道者》《月夜闻鬼哭》之类，还有《〈面包与自由〉序》《〈克鲁泡特金全集〉总序》《有啥吃啥》等），最好不选，其实是他们不识货，编辑观点还很狭隘，也过分低估了现代青年；这些你回来后我们再研究，但《文坛交游》一辑他们颇加赞赏，而且作为经验，介绍给别的书的编者。稿子已寄回，你回来商量过后即可发稿付排。

我们参加编务的上海外语学院负责的《中国比较文学》杂志也有出版的地方了。那里给我们划出一个栏目，《中国文学在国外》，你回来后我们可以先为第1期凑些稿子，把这个栏目的《征稿启事》随信寄你二份，一份给李辉（我给他寄去了巴金的外文材料，想该收到）。

白礼哀那篇《中国当代小说家巴金》（原刊《震旦大学学报》1942年3期），已着王祥同志译好，俟他誊清我看过后即寄你或李辉。②李存光同志那本巴金资料如能用上顶好，这是全译文；还有那篇日本阿部知二的《我的同时代人》的译文，李君书中能用也很好，希望他也能与译者保持联系（决定之后）。

我最近拍了一次胸部X光照，发现有十二指肠溃疡，医生已禁止我喝酒，不能不和酒告别了，好在这还不是大不了的病，查查也就放心了。

广州之会，下月初开，我已托鄂基瑞老师办好买飞机票手续（他和我同去），大约月底（29日）即可动身，最多半个月回来。

《文学研究会资料》③六册已打印好，分寄给四方有关人士（也给李辉寄去一套），原估计我走前可以向文研所交稿，但是里面麻烦还多，碰上拦路虎（编写的那些稿件的质量问题），恐怕又得延期交付了。

---

① 指我协助贾先生编的《巴金写作生涯》，天津百花文艺出版社出版。

② 王祥，原复旦大学图书馆职员，现居法国。该译文在先生鼓励下翻译出来，又由先生推荐给李存光主编的《巴金研究资料》。

③ 指先生主编的《文学研究会资料》，后由河南人民出版社出版。

你和乃修顺便看看北京图书馆的外文书目，尤其关于传记文学，是否有可译的材料，如有，请记下书号，我再托校图书馆借回复制。周作人在《绮虹》上发表的那篇文章《新文学的两大潮流》①，如能复制，请速寄回，以便塞在《文学研究会资料》内，此事可问李辉。你们回来，顺路也在天津、南京查查，钱不够用，可来信，当电汇不误。问李辉好。

贾植芳
1983 年 6 月 19 日

19831130

思和：

昨接留办小罗电话，关于铃木②去上图查阅《救亡日报》，他说，你去他那里拿个外办介绍信即可，只要把介绍信交给铃木，他自己就可以去查。那么，日内来校，你先找一下小罗，办好此事。铃木去富阳访问，即决定由他们外办派人陪同，因为要同公安等部门打交道，有诸多麻烦。

Simonov 那本论鲁迅的书昨日借回来了，还有普实克那本论文集，也同时借到，我粗粗翻阅一下，有些篇章值得译出。关于谷非③两篇文章的复制件，你来时带我，湖北人民出版社要给他出一本文集，我建议收入此二文，另外给你开的那几篇文章，得便也请你代为查出复制。

我们昨天下午和唐老师同去看看巴金先生，他情况良好，不如外传之甚，这是老年病，与其说是病，不如说是生理上的必然发展，看样子不要紧。问好！

芳
1983 年 1 1 月 30 日

---

① 该文是周作人的一个讲演，登在北大的学生刊物《绮虹》上，后我去北大图书馆抄录下来。

② 铃木正夫，日本横滨大学教授，研究郁达夫的专家。是时在复旦大学进修，由我负责接待。

③ 谷非即胡风，当时湖北人民出版社想出版胡风的论文集，先生要我帮着复印有关文章，但后来似未出版。

致李辉①

19800806

　　你从家里的来信早收到了，问候你和你的家人们都好。因为事杂，迟到现在才复你。暑假已过去大半，想来你不久也该动身回校了。

　　读来信，知道你在武汉会到了一些有关人士。田一文同志我无缘得识，只从文字上相交，听说他前年曾入川看过在那里蛰居的胡风，也写了些东西，你路经武汉在碰到他时，请替我问好。我们编的巴金资料已经在南京付印，出书后，当送请他指教。我们也希望能早日看到他写的巴金传。这是件开创性的有意义的工作。你去看毕奂午先生很好，我在青年时期就读过他写的小说和散文。解放前夕，有个朋友（当时上海《大公报》

---

① 我提供的信件中，均已略去贾先生对我的称呼。——李辉注。本节后同。

　　我与贾植芳先生通信从大学三年级开始，先后收到他的来信近百封，现从中挑选部分刊出。翻阅这些来信，我时常感到温暖。我想，读者从这些来信中，也不难看到一个慈祥的长者和师长，对弟子的诚挚、关切和厚爱。此信为我收到的贾先生的第一封信，当时我从学校回家度暑假。"小陈"即陈思和，我们开始巴金研究，是时，贾先生刚刚平反，尚在中文系资料室工作。

文艺副刊编辑刘北汜同志)为一个出版社编了一套叫《文化工作丛刊》这样的丛书，那里边收有毕先生的一本散文集，好像题名为《掘金记》(?)，同时也收了我一本散文集，题名为《热力》，只是用杨力的名字出版，想必他还记得。这些年听说他在武大教书，但绝少看到他的新作，想来这些年也经受了一番风雨。曾卓兄近有信来沪，说他已去庐山参加一个什么讲习班了，要收集过去的散文成书，需要查找 1947 年的《大公报》，你见到他时顺便说一声，等到开学后才能查找，现在假期内，管报刊库的人员正在休假，不好麻烦他们。文振庭兄前些日子有信来，他已去庐山休假，所以我一直未复信，他寄来的他们编的大众语文论战材料两大册，我都收到了。有些补充篇目，正由任敏抄写中，一俟抄好，我们再写信给他。他托上海作家协会魏绍昌同志代为复制的几本书，我问过魏绍昌同志，他说，他正托上海旧书店设法补齐文老师需要复制的那几本书，说旧书比复制品价格便宜，也比较字迹清晰，俟补齐后（现在已有几册到手）再给武汉寄出，作家协会刚买好复制机，还没找到会弄这种机器的人员。

上礼拜内，我和唐老师接见了一个叫金介甫 (J.C.Kinkley) 的美国圣若望大学助理教授，此人现年三十二岁，写过一本研究沈从文的著作，弄了个博士。他和我谈到美国研究中国现代文学的历史和现状，他是哈佛大学出身，是费正清的学生。费是哈佛大学的中国历史教授，也算一个在国外的这一行的权威。这位金先生也谈到那个写《巴金和他的著作》的 Olga Lang，因为他们是同校又同行。他说，巴金在美国的评价不如在法国高，他的作品"写得太快"，"茅盾写一个字他需要写三个字"，虽然如此，巴金仍不失为现代中国作家中有国际影响的作家之一。（他说，中国有国际影响的作家，当然鲁迅是首屈一指的。）我听他说话，又意识到你们选择了研究巴金的题目，是很有意义的一种事业，是大有可为的领域，值得花些力气，弄出个可观的成果来。这位金先生还说，巴金作品在港台一带仍然很风行。

小陈同志也有信来，他假期在上海电影局看稿，也快要结束，哪里腾出手来搞自己的东西。你们这种努力，使我听了，很受鼓舞，燃烧起我对祖国文化事业前途的热切的信心。

上海这几天在落雨，气温低了些，前些日子却热得怕人，工作生活都

受到影响。武汉向有火炉之称，乡间可能好些，但愿如此。望注意休息，保重身体，余容面叙。匆此，顺候

近好！并候你阖家清吉。任敏附候。

1980 年 8 月 6 日

19820303^①

你抵京后来信，早已收阅，因为那阵子忙乱，顾不上写回信，就由桂英给你回了一信。近来接到黎丁、梅志以及我的哥哥来信，都提到和你相会情况，我已分别复信给他们，希望他们对你多加照拂。你初次进京生活，一切可能陌生，或至生活饮食不很习惯，但"人是环境的动物"，慢慢会习惯的。北京是我年轻时代的旧游之地，我很怀念那个朴实的北方大城。现在虽然有许多变化，但它的基本性格却仍与上海有别；再加上那里如今是人文荟萃之地，又是全国的神经中枢，你会慢慢习惯和爱上这个城市的。你已去过的那几个与我有关的地方，也总可以给你一些帮助和温暖。

思和每逢到校开会，我们都见面，你寄来的巴金年谱，我请他又校改了一遍，一篇已寄南京《文教资料简报》，一篇俟得到天津百花回信后再寄给他们。你们那篇文生社稿子，已寄交牛汉同志（今年发的），你过一个时候可去看看他，问问他的意见；因为今天出版局有个干部章德良同志来看我，说是从巴金那里听说有这篇稿子特地来的。他们准备在今年 5 月份出个专门刊物，定名为《出版文史资料丛刊》，他们的领导希望先看看你们的文章，如果不需要大的改动就登在创刊号上。他们本来也想组织人力搞这份材料。我昨天和思和商量后（他们昨天已来过电话），决定先投牛汉那里。那里如认为性质不合，退回来后再和他们接头。他们还说，他们领导看稿，一周内可决定云。牛汉那里如不能用，你就直接寄回给思和。我已和章德良同志说好，由思和负责和他们商谈。我在给牛汉的信上说，文生社虽不属于文学社团或流派，但又不能等同于一般出版商人和市侩，这个由作家或知识分子组成的出版企业，有自己的出版风格或特色，

---

① 1982 年初，我从复旦毕业，分配到《北京晚报》工作，从此开始与贾先生长期而频繁的通信。

504

它对中国文学事业的贡献很大，应该在新文学史料中有个地位才对。

我前嘱晓林代胡先生家里买录音机和冰箱，久未得她回信，不知办理如何。今日接梅志先生信，说是他们急需用录音机，以利胡先生工作。她要我介绍晓风（胡先生女儿）去与晓林接头。你在上海和晓林夫妇都较相熟，而这两位女同志却是素昧平生，我们请你便中为此事去找找晓林，催她尽可能先把录音机的事情办妥，一切跑腿接头的事，就让你包办一下。你见到梅志先生时，也把我这个意思传达给她。办理情况如何，来信告我。

我仍然很忙乱，除过三个研究生外，你同班的颜海平同学也由我带她学习比较文学，另外又不时有许多杂事，真是整日头昏眼花，不知所云。你们译的那篇叔本华文章，我校改了一半，不得已停下来，华东师大《文艺理论研究》年前催2月份交稿，预备发排。实在力不从心，他们今天又来信，推到4~5月份交稿，排在第三或第四期。我想，这个时间还差不多。

前几天接到吴奚如先生信，托你带给他的信笺等他已收到，他身体不行，住疗养所，信上特要我向你致意。毕奂午先生不知你在武汉碰到否，我久未得他来信。

中文系李老师那里清理出借图书，说是我借过他们一本《屠格涅夫评传》之类的书（书名或许有误，或系《屠格涅夫的生活和著作》），我不很记得了，不知是否是你在校时写巴金与俄国文学的文章时用我的名义向李老师借的（我有这么模糊的记忆），如果确系你借用的，请找出直接寄还给她，以了此一手续。

我们全家都惦记你，时常谈到你，仿佛生活中短缺了什么一样，颇有寂寞之感。望你注意身体，注意休息，切不可过于劳累把身体搞垮！

1982 年 3 月 3 日

19820415

前后来信都收阅了。王戎先生自北京归来，说是在京曾和你相遇，并且给你介绍了一些艺术界人士，使你多些可去之处，精神上多一些慰藉，我们听了十分高兴。你新到《晚报》，原来说是要调动去文学资料馆，我看暂时可以不必，因为一般说法，新到一个单位就轻易设法调动，恐怕影响不好；至于现在《文学评论》主动欢迎你去，而且事成要在半年之后，我看这倒可以考虑。那里到底是一个专业单位，环境不同，工作性质不同，和报纸比起来，总是合乎理想的。王信同志的信说得开门见山，而且考虑周详，你不妨照他的意见，办一些应有的步骤，做些准备工作，到时候能弄成，那就再好不过了。

这几天北京文研所的徐迺翔、张大明同志为郭沫若资料事，来上海和我以及一些有关单位开了两天审稿会议。据迺翔同志（他是复旦1960年中文系毕业生）说，北京大学和山东师院合编了个五四文艺期刊目录，已经完工，正待付印。我们这里编的《文学研究会资料》应该收录的该会刊物之一《文学周报》所缺各期，北京那里都找到了。因此，今天他们二位在我家做客时我和他们说定，并把你向他们做了介绍，请你持我的介绍信去看他们二位，请他们介绍你去查抄我们所缺的那些《文学周报》材料，我想你是乐意帮忙的。他们二位都是文研所现代组的主要成员，也是具体管这两套中国现代文学资料丛书的同志，你在文艺界工作，和他们相交，也能得些教益。至于《文学周报》缺目（或出版时间）期别，单纸附去。

近接晓林信，说是帮胡家代买的录音机似乎有了些眉目，请你和他们夫妇联系，具体帮忙办成这件事，胡先生现在身体大康了，工作上极需这个东西。

你的论文使《文学评论》满意，愿意发表，是使人高兴的事，我们特向你祝贺。还希望你们二位抓紧把研究巴金的全书早日杀青。

艾晓明同志来过上海，见过一面，前几天听思和说，她已回去了。思和我们常见面，一见面总是谈到你，大家说不尽的怀念。

牛汉不知回来没有？你们那篇文章如他们能用顶好，否则早日寄回交思和送给上海出版局，他们的刊物为这篇文章来找过我，是巴金先生要他们来的。

我们一切都好，桂英户口转入已由市委批准，公文已到了五角场派出所，但中国办事太麻木，办成恐怕还要费些时日才成。

你在京单身一人，在工作和学习的同时，一定要十分注意饮食身体，这是最基本的人生项目。我们全家都问候你。王信同志信附还。

徐迺翔、张大明同志在日坛路中国社科院文学研究所现代组工作，请你便中去看看他们二位。

1982年4月15日

19820509

来信及来报都收到了，谢谢你，使我们有机会看到北京的晚报，增广了许多见识，你能在这个小地盘上多练练笔也是一种机会和收获。

托你查的有关《文学旬刊》（上海《时事新报》附刊）及《文学周刊》所缺各期的编目、日期，请你和徐迺翔、张大明两位同志谈一下，因为按照原来的编辑体例，这个文学团体的刊物和丛书是要收它们的目录索引的，这部资料书，应具有它的独立性，使读者借此可以窥见该文学社团的全貌。况且我们选文和写大事记，也离不开这些篇目，所以还是先抄好再说，如果正式出书，体例上有所变正，不需要收录目录索引，至少在目前对我们的工作也是有参考意义的。麻烦你了，请你得便再去文研所跑跑，能早日把事情办好为盼。

今日得梅志先生来信，说阎绪德（晓林的女婿）前几天给她打过电话，说现有三百元一台的录音机可买，晓风姊妹不认识阎绪德和晓林，你可代他们跑跑腿，把具体的交钱取货手续办妥，以利胡先生的工作。

思和差不多每逢礼拜二和礼拜五学校开例行会（学习）都来家里坐坐，他准备这个月中旬去海南岛开那个现代文学会，上海的何满子先生和杭州的卢鸿基先生以及范伯群、曾华鹏两位老同学也都要去参加这个会。我因为走不开，也不想跑这个远路了，我已分函上述各位，请他们到那里后，和思和玩玩聊聊，以破除彼此的寂寞，大家热闹些。下月初间，我可能要去厦门开个会，任敏也跟上去走走，只要临时没什么变化，大概总可以成行。桂英的户口已到五角场派出所，算是没问题了，但还有一个公文旅行过程，所以办好要到天热时间了。学校正在进行人事调整，我想得便先向学校当局提出她的工作问题，一步步解决。

我们全家的生活节奏如常，我的杂事、闲事仍然极多，真是整日手忙脚乱。你单身在京，仍应多注意身体，必要的营养和休息，要十分安排得当。北方生活与上海不同，过一个时期，慢慢会习惯下来的。

思和托去京友人给小燕带去的两瓶益母膏，不知送给她否？别忘。她小产在家休息，据说这种药物，对她会有些帮助。

我们全家问候你，盼望你有机会来上海出差，那就可以相叙了。

1982 年 5 月 9 日

19820623

好久没有给你回信，我们跑了一回厦门，17 日才归来，因为劳累，生了些小病，所以信债欠了好多，好在这又不是什么了不得的病，吃点药，休息几天也就好了。

你信上说的北大那位负责弄《文学旬刊》（《文学周报》）的同志，迄未在上海相见，想系他的旅途有所变化也未可知，得便仍请你辛苦一下，找找他，希望早日把所要的《文学周报》目录抄回，以便早日结束"文学研究会"这本资料集，随信附去一份打印的该书目次，供你参阅。

《契诃夫手记》我回来后已看过最后一校，出版社说 6 月份出书，我看来不及了，至少得 7 月，俟样书到后，当寄你一本。巴金二集也在下月间约可出书，我因忙，第三本一直放在那里，不能定稿，总希望早日把这一摊子结束，腾出时间和心情来，动手自己写点什么，在目前，这远远是一种奢望。

思和已从海南归来，学校已接近暑假；不知你们暑假是否有些休假规定，如能找到时间或题目，我们一家希望你能回上海小憩一个时候。

前接梅志先生信，说是晓林夫妇代买的录音机已有眉目，不知办成了没有，甚念。你近期如去她们家玩，请替我们问候，我得空再写回信。

我们此次在厦门与《光明日报》的黎丁先生相聚了十天，又一块同车回沪，还有耿庸先生。他说，你和他家遥遥相对，他是个老报人，人很热情真诚，你在报界工作，凡事多请教他，既可以增加一些生活上的温暖，也可以在工作中获得一些益处。

夏日多厉，请多保重，我们全家问候你。

桂英户口已发下迁入证，正在原籍办迁出手续，这个问题由于学校大力相帮，总算顺利解决了。又及。

北京大学的商、封二老师不知碰到没有？文研所又来信催交稿，得空请能早日把所缺的《文学周报》目录抄回；又，广州在 20 年代出过一种《文学周刊》（欧阳山等办的），在 1926 年该刊某期上登过刘思慕的《访问沈雁冰》一文，此文我们极需要收入文学研究会材料，听说这个刊物现由《红旗》杂志编辑部收藏，请能找个介绍，把这篇文章复制来，印费开个收据，在学校报销。

下月太原开会，如果走得开，我们就可在京相会了。

我们全家问候你，夏天要注意饮食起居。

1982 年 6 月 23 日

19820826

接到你的来信和抄的《文学周报》目录，我因为这些日子实在忙不过来，所以没有即时作复。近接山西作协请柬，他们邀请我去参加赵树理讨论会，因为时间匆忙，我准备 27 日偕唐老师去晋，从山西回上海时再路过北京，我到京后，拟住在演乐胡同我哥哥家里，到时再用电话通知你见面，先写这么几句，请你在京中等我的电话。（我哥哥家里有电话，号码我不记得了。）

我们全家问候你。

1982 年 8 月 26 日

19820921

今日收到寄来的《北京晚报》，知道你已回京了。本月 6 日我和唐老师由太原到了北京，到演乐胡同家兄寓所看到你的留信和刊物，才知道你去了济南，这真是太不凑巧了。我们在太原还给你拍了一个电报托你买回上海的飞机票哩。我在北京只住了两天，9 日一早就乘机回沪，因此济南之会不能实现，思之怅然，只能俟之他日了。

你托带给思和的两种刊物，已交给他了，他每种送了我一本，我都又看了一遍，觉得它们都还有分量，编书同志还是有眼光的。艾晓明那篇论文，也持论公允，能科学地看待历史。这样，我国的巴金研究总算开始有所突破了，这真是可喜的现象。上海文研所姜彬同志的研究生花建，他的毕业学位论文《论巴金小说的艺术方法》，今天送来打印稿，我还在阅读，写意见，月底参加他的答辩会。这也说明，巴金研究有了一支新队伍，阵营焕然一新了。

北京文研所的李存光同志给我寄来一份他编的巴金资料打印目录，我

509

本想写些意见，但家里书籍杂乱，一时又不知塞在什么地方，这就无从写起，这真辜负了他的盛意，十分抱歉！你碰到他请打个招呼，真是实在对不起。

天津百花的那本稿子，原约稿人陈景春上月末来过一信，说是他因父病回家了好久，他们社里闹矛盾，所以稿子尚未处理等语。还说他出外奉命组了一批稿子，都未解决，不久可见分晓，那就再等等吧。

我们这里正在动手编辑一种《外国论中国现代文学和作家》的书，收文内容以外国评论家写的有关中国现代文学和作家作品的专题研究为对象。思和、乃修还有两位出国研究生等都参加翻译，凑够20万字就出一本，再继续往下编。不知你在京能就近找到此类材料，参加翻译否？只要合乎这个题目就行，每篇字数在2万上下，或最多2万为限。

任敏、桂英附笔问好！

又，上图萧斌如同志（就是上图管内部书库的负责人）的女儿女婿要去北京旅行结婚，他们人地两生，请你给他们找个便宜的旅馆或招待所临时住宿。要双人房间，要环境好些，价钱低廉的。找妥后请告我，以便通知他们及时动身前往，并请你对他们多加照拂。老萧我们常麻烦她，也是个古道热肠的人。又及。

1982 年 9 月 21 日

19821107

好久没给你写信，你译的那篇论何其芳的文章，不知好了没有？如果已弄好，盼即寄我，这里收集了近十篇这类文章，我打算编个《国外论中国现代文学和作家》，已和福建人民出版社打过招呼，他们却要先看一下目录；你在北京可留心一下这方面的材料，如有适当，就动动笔。我想这类性质的文章，收集到一定的数量就印它一本，也算补个缺门，开些眼界。

我这里招收的两名出国研究生，上月已走了一名，来信说就读华盛顿大学，本年底再出去一名，我已嘱他们在美留心这方面的材料弄些回来，如此也算为开眼界打开了一个渠道。

李存光同志不知你常见到否？上次他那里寄我一份他编的巴金研究材

料，我还顾不上看，不知落在什么地方了，所以提不出什么意见。最近接到日本东京都立大学山口守先生寄来的发表在日本杂志上的他写的两篇文章，一篇是《巴金访问记》，一篇是《关于巴金的小说》。山口先生前年在复旦任日本文学专家时，曾写有《评〈寒夜〉》一文（中文发表在山西出版的《名作欣赏》上），是一篇有创见的文章。他这篇《巴金访问记》，也值得介绍，请你转告李存光同志，我希望他编的巴金集能收译这篇文章，如他同意，请即告我，原文我这里可借用。

听说你调《文学评论》事一下子还不能实现（似乎是原单位不放），那也不要气馁，再干一个时候再说。你还年轻，在新闻界工作，接触的面较广，借此也可以多积累一些生活经验，了解中国社会现实，那对做学问是大有裨益的。

我那次到京，惜时间太促，不及和你见面，至今想来，犹觉遗憾。

我们一家人时时思念你，总希望你能借公差机会在上海重聚；你单身在京做客，应充分注意生活饮食，切不可过于劳累，把身体弄坏了，就是最大的失败。

思和同志也很忙，我们倒常见面，他和乃修参加了给北京文研所编的《外国思潮和理论对中国现代文学影响》一书的编纂工作，估计年底可以弄出个眉目来。先写到这里。

我们全家问候你。桂英工作手续学校正在安排研究。

1982 年 11 月 7 日

19821205

来信收到，思和把你们写的那本巴金研究文章的"内容提要"已寄来，我已寄给牛汉了，并希望他能推荐给人民文学印，我本来也向江苏人民推荐了，但人民文学牌子大些，它们印顶好。这本书里你们已发表的那几篇，也请先给牛先生各一份，请他过目，提提意见为好。此事应快办。

你寄的那篇论何其芳，我看了，此文算有水平的，我们这里在编译一种《国外论中国现代文学与作家》，已收译了十多篇文章，福建人民出版社打算承印，但排在 1984 年度，还得再和他们说说。你在京也请留心这方面的材料，多译几篇热闹热闹，一方面对熟悉外文，了解国外学术水平也都有好处。

二三十年代，北京有一种文艺杂志叫《绮虹》，上海见不到，你得便可以去北大或北京图书馆问问，那个杂志 1929 年第 4 期有一篇周作人的文章《新文学的两大潮流》，我们这里编文学研究会材料需要，如能找到，就请代为复制一份，开个发票（头衔写成复旦大学中文系"文学研究会资料汇编"编辑组，有独立经费）报销。

寒假中如回家，我们切望你能转到上海住几天玩玩。

我出的那本《契诃夫手记》已寄到梅志先生处几册，请她转给牛汉等京中朋友。

我们一家都问候你。桂英工作学校正在研究安排在学校里。

1982 年 12 月 5 日

19830319

收到来信，知你已返京，曾卓、毕奂午先生前后都已来过信，说是看到了你。我在京时水土不服，生了些病，回来后自己好了，仍然忙得不可开交。

我在京时交你的找懂南斯拉夫文的人代译巴金几本小说译本的名称、译者及出版处所的单子，请能早日弄妥，因为巴金第三本就要发稿，如果京中无人可托，请把思和开的那张单子寄我，在上海找人解决。

《巴金二集》你们两位那篇译文，出版社已汇来稿费 102 元（千字按 6 元计），我已交给思和，你们两个平分了，添些书物。南京江苏人民出版社已将《国外论中国现代文学》一稿列入本年计划，但稿子一下子还发不出去，我还顾不上；他们愿意一本一本地印下去，你在京中多注意这方面的外文材料，有可用的材料就动手译。

《绮虹》上周作人那篇文章，希望能早日托北大复制一份寄来，这部"文学研究会"稿子也决定本季度发出。

请你给文研所的现代组的徐迺翔同志打个电话，我回沪后，给他代借的英文本《不受欢迎的缪斯——1937~1945 年的北京和上海的中国文学》一书，请能早日复制好寄回，上海图书馆催着还书了。

4 月间（中旬）我们又要去桂林开会，大约半个月就回来了。

上述这些事情，请你分别按缓急程度办，不必都挤在一块办，你离报馆一个月了，堆积的工作一定是多如山的。

天津百花出版社前些日子给我寄来了一个公文包，算是赠品，但无信，你得便就近托人问问他们，我们那本稿子到底如何处理，请能早日决定。他们实在不行，再另找贤主，不能再这么拖下去了，和我接头的是该社编辑陈景春同志。

我们一切如常，学校正在调整工资的事，桂英的工作，一下子还顾不上解决，好在她几乎每日帮我抄抄写写，也有事可做。

见到梅志、牛汉他们，请替我们问好，等忙的差些了，我再给他们写信。

1983 年 3 月 19 日

19830601

前后两信都及时收到了，我从桂林回来后，工作积压太多，加上身体不太好，所以顾不上写回信，信债欠了一大批。得悉思和他们已经到京，你们相见，这样你们合写的那本巴金研究就可以借此定稿，并请你们一起去看看牛汉先生，你们当面和他谈谈（我和他已有言在先），必要时我再给他写信。作序的事，等你们书弄就了，我或许写上几行也行。

文研所约你编巴金条目，很好，要多写东西，只有在实际工作中才能进步，我目前正在编巴金第三本的外文译本及评论条目，俟抄好后，当寄你一些重要条目以为参考。这第三本出版社催得很紧，第一、二两本，将于近间出版。

我在整理巴金译作目录中，还碰到一些缺的条目，兹开列如下，你可通知思和，请你们顺便在北京一查见复。

又：住在你对面的潘开滋先生月前故去，我们接到治丧委员会来的讣文后，已去了一电，请代送花圈。去京参加追悼会实在来不及了（26 日收到讣文），你便中可代我们去看看潘先生的家属，致以慰问之意。

耿庸先生被选为政协委员，日内进京开会，你便中可去看看他。（询问黎丁即可知他住址。）

1983 年 6 月 1 日

19830605

前寄你一信，给思和查资料的条子，想已交他，我这些天正忙于巴金第三集的校稿工作，实在抽不出时间，才拖得这么久，现在出版社催稿紧，只得赶，这么弄了一阵子，下周约可交稿，争取年内即出。第一、二册本月份再版。思和查的那些材料，实在赶不及，俟看校样时再塞进去。还请你关照他查一下《火》的解放后版本（大约是 1951 年，开明版?）。

你要的有关外文材料，拣主要的和必要的抄了几张纸，随信寄你，或许有些用处。

天津百花出版社来信，他们这个月来人对那本稿子提意见，稿子已先寄到，俟和我商量好，即可发排；如有什么变动，就请朱利英同志帮忙，她正在病休，可以腾出手来，恐怕也没啥大的变动，搁浅了这么久，总算有眉目了。

我本月底去广东肇庆开文研所召开的编审出版会议，和鄂基瑞同志，大约有半个月可以回来。

耿庸先生现在京参加政协会议，你便中可以看看他（找黎丁可以知道他的住地），总算上海时的老熟人。潘开滋先生病逝，便中请到他家代我们慰问他的家属。人生如烟，去年底我们还同他一起喝酒聊天，想不到现在他走到另一个世界去了，使人不胜伤感。

他们两位到京后不知工作进行如何，甚念。

1983 年 6 月 5 日

19831115

好久不给你去信了，读来信得悉你已回京，并已调了工作，这样或许安静一些，可以多些时间做些学问。我明年招考出国研究生（比较文学）一名，前与思和谈及，我颇想你能考考，借机出去走走最好，不知你考虑如何，有无困难？能考最好，因为你还年轻，正是行万里路的时期。

你们那本巴金研究，我前在广州曾和牛汉兄谈及，现在虽然又在搞清除，想来这个风还刮不到巴金身上，我不摸行情（听说巴金又住入华东医院）。你不妨再走访一下牛汉，面谈一次，他为人热肠，想总能大力支持（如无外力阻挠的话），如需要我写信，我就写出。如出版无问题，我再写几句话，以实践前诺。（如人民文学实在不行，我此次去杭州问问浙江或别的地方。）

我兼了图书馆差事，又兼了个现代组教研室负责人身份，凭空多了许多事，但这些又不好回绝，只好勉为其难，干个时期下台。

因为搞精神清除，一些出版社的规划都乱套了。为了《现代中国文学译丛》事，我近来去了南京一次，他们还要研究一下，就是说，还要看下风色，因为凡涉及外国的意识形态一类东西，人们在这个风头上很敏感，这也无啥关系，我月底去杭州，再和他们浙江文艺出版社讲讲，复旦大学出版社也可以一谈。总能印出来，只是时间问题而已。

搞清除，复旦空气目前尚平稳，我们现代组已组织"战斗队"批《人啊，人!》。……

我今年带了个日本研究人员（横滨大学副教授），为期半年，少不得又给思和添了些事，因我国对外国人，仍是"非我族类其心必异"的老观点也。

我们一切都好，我印了本小说选，约中旬即出，届时当寄你一本；还想编个散文选，把过去青年时代做个了结，也准备在年内编成。

桂英工作日内可定，上海劳动局已批准，大约在留学生办公室工作，即在中文系，这样对她各方面都些好。她现在正忙于考取高中文科文凭。

卢倩已到京工作，分配在北京海淀区北京轻工业学院外语研究室，我嘱她去找你，或已见到。如未见面，希望你多照应她，去看看她，都算上海时代的熟人。

你得空仍要去看看梅志他们一家，胡先生老了，他看问题还是老框框，你不必见怪，要体谅老年人。

1983 年 11 月 15 日

19840907

好久不给你写信了，你们在牛汉那里的那本书不知命运如何，十分惦念。上次林乐齐同志来沪时说，可能推在明年第一季度，不知此讯确否。还听思和说，又换了个姓夏的责任编辑，这事拖了一年多了，应该有个下落了。我最近掏空为你们这本书写了几句话，除请思和抄一份寄你外，我已直接寄给牛汉同志，请他斧正后交责任编辑同志，你见到牛汉同志时顺便问一下。思和把稿子寄给你后，你看到有不合适的处所，就近修改一下，再在我直接寄给他们的那一份上给予修改。

我们应湖南人民出版社的约请，编译一本《巴金研究在国外》，你可在北京就近找些材料（最好80年代），译一篇凑个热闹。论文最好。稿子最好在今年国庆前后交我。

北京出版社《十月》编辑部的廖宗宣同志半年多以前从我这里拿去施昌东同志遗稿长篇小说，后来即无音讯，请你便中去问一下，早日得个结果才好。

我的腿伤基本痊愈，可以扶杖走路了，仍忙于杂务，到10月份还要开一次刀，把伤口中心的钢钉取出来，因此还得吃些苦。

有武汉大学的一个同志在河南人民出版社办了个《外国纪实文学》刊物，我被拉为编委，希望你寄英译稿来。记得你借去一本英国现代人的散文集（名称好像是《季节的记忆》），那些论文学、宗教、艺术和人生等片段文章，很适合于这个刊物的性质，希望择译一些寄来。

你前寄来的你们报纸都如数收到了。我今年冬季也可能进京，那时再面叙一切。给你父母写信时，替我们问候。你父母上次来沪匆匆一面，不及招待，我们心里一直不安，只好期之来日了。

1984年9月7日

19841117

两信先后收到，关于为浙江文艺出版社的《大学生毕业论文选》附我的评语一事，在接到你来信前，思和已早日办好寄出，不必挂念。

你着手就1955年胡案编一本系统性的材料，我觉得倒是一个值得下点功夫整理的课题。广西大学受中央文研所委托在编这个题目，但他们的要求，是在文艺理论范围收集资料，涉及不到具体的人的问题，因此你这个设想还值得努力。国外，也注意到这个题目，因为它的历史意义不同寻常，就当代文学论争范围来说，它是"极左"路线的一个起点，也是文艺界受灾受难的开端，不仅对我国的文艺界创痛深远，而且在政治上后果最重，影响深远。明朝的东林党事件后（这也可称之为东林事件的新版），曾在清朝出现过两本书《东林始末》《东林本事》，它的体例，值得参照。我曾想了一个饶有兴趣的书名《胡儒学案》，因为中国历史上，曾有过《宋儒学案》《明儒学案》一类书名的书籍，都是记述一代士林的，换言之，这类体例的文献资料书，在我国也算古已有之。我希望趁现在这些人还多半活着，业余不妨即行动手进行，当然它的付印出版，恐怕不能期之最近，其中原因，不说自明。

你说，为武汉创办的《外国纪实文学》，把你译的《季节断想》中的有关章节寄来，未见下文。你最好早日整理好，赶出第 1 期发稿（12 月份）。

我仍然极为忙乱，坐不下来；所幸腿伤已基本痊好，上个月我们夫妇和思和曾去徐州，又间道去曲阜一游，伤口并无异样。月底前我还得再次住院开刀，取出伤口内的钉子，此事即可告一段落。

我在徐州碰见人民文学出版社副总编辑张伯海同志，曾就你们那本书的事和他谈过，请他多加关心，不知你熟悉他否？他是山东大学 50 年代毕业生，为人正派，可能不作谎言。牛汉下月到沪，我再和他面谈，希望能早日发稿，早日见书。

听思和说，你将结婚，我们在此遥致贺意。年内北京如能开成作家代表大会，我也许可借机进京，再给你们带些贺礼，聊为留念。你们如能来上海旅行结婚，那就更好，我们下月要搬到第九宿舍红房子，有四个房间，你们如在我们搬家后来，就可作为落脚之地。

见到卢倩替我们问好。

1984 年 11 月 17 日

19850122

车站握别后，我们准时到沪。此次进京，多亏了你的热心帮助，使我少了许多麻烦，多了许多方便。看到小应同志，我更觉喜欢，为你能找到这样一位贤淑的内助感到无比高兴和放心。

我回校后，正逢上学校作为试点评审正副教授职称，我夜里忙于为校内外的有关学科同志的论著写学术鉴定，白天忙于连续的学位委员会的开会。又因为京沪气候迥异，我在京虽然没有生出毛病，回来后却病了一场，由发烧到所谓"肠胃感冒"，甚至卧床数日，任敏也因此受到感染。经过医疗，目前总算稍稍好些了，但饮食还不能正常，也因为我们到底上了年纪，生命力到底衰退了，所以小病也得多过些时日，目下我们仍在服中药治疗，这样不会有什么副作用。

这期间，我们又忙于搬家，日内可以全部搬好，新址是：第九宿舍13号，房间比较宽敞，有四个住房，你再来沪，就可以不住店了。

卢倩父亲康华同志和孙景尧同志（复旦1966年毕业，现在广西大学任教），合写了一部《比较文学导论》，我写了个序，已由黑龙江人民出版社出版。此书在国内是一本开创性著作，需要广为流传，扩大影响，为此，我嘱新研究生廖天亮写了篇简单介绍，借此在京中宣传一下，现寄你，如可用，就在贵报上登登如何？

我回沪后，还顾不上给京中友人写信，你碰到他们，请顺便告诉我们的新址，以后你们来信即直接寄到新居。

1985 年 1 月 22 日

19850303

收到你在家乡的来信，欣悉你和应红已完婚，我们在此遥为祝贺，望你们在生活的道路上携手共进，相爱相谅，甘苦与共，百年和好，白头偕老！

我已于年前出院，虽仍在服药，但身体已基本痊愈，望勿念！

听说巴金一书已交出版社，总算交代了一宗事。我那篇序文，思和交给你后，我又做了一些校改，并在文末另加了一段，《文汇报》刊出的，就是修改稿，只是报馆把尾巴上的一段删了。原稿在思和处，如出版社决定用这个序文，就请用改定稿，此事我再关照思和，你不妨先向出版社打个招呼。

我们春节过得很热闹，搬家后房子宽敞了许多，你们夏天后得暇，望能来此小住一时。

作协开会时由你拍的我们朋友的那些照片，除曾卓到手外，我和其他诸友，还未到手。暇中请洗一些，即由你分寄各人，以为纪念。

学校已开学，所以我又分外忙碌起来了。

祝你们新婚幸福，身体健好

1985 年 3 月 3 日

19851113

前后两信和你与应红打来的电报都收到了，谢谢你们贤夫妇的盛意，时光真快，想不到我在人生的道路上已走了 70 年，并且有幸看到中国的天空出现晴朗的天气。生日那阵，上海地区的 50 年代的老同学 20 多人集资为我祝寿，大家热闹了一天，他们也都是 50 开外，子女成室立家的人了。正生日那天，思和夫妇和一些常来往的同事也在家里热闹了一阵，这些欢乐的气氛，使我们更加认识了友谊力量在人生途程中的作用，它是一种人间源流不绝的热量。

从后一封信中，得悉你们那本论巴金的书，指日可望出版，十分高兴。天津那本书，出版始终无消息，我最近到苏州开会回来，思和说，他在四马路买了一册，我们才知道它已出版。已请思和给责任编者于明夫去信，要他们先把样书寄来，以先睹为快。

武汉大学吴樾同志经办的那个《世界纪实文学》，本该 7 月出版，后又说延期 9 月见书，但迄今仍无讯息，你那篇译文早已寄他，久不见讯息，我也颇惦记，只好等等再说。

你见到李存光同志请替我道谢，上次他们研究生院和复旦的研究生院在杭州开会，我因刚从香港回来，身体不适，所以不曾赴会。会后，他托此间研究生带来一信并两瓶绍兴名酒相赠，盛情雅意，十分感谢。希望他有机会来沪，到家里做客。

又，如见到北京出版社的廖宗宣同志也替我道谢，他前此来信，说是施昌东小说已决定给予出版，要我写篇序文，因为手头事杂，一时无暇执笔，一直拖到现在。但我想年前总可交稿。昌东这部遗稿，多亏了他的热心支持，才能有机会与社会相见，这远比印我自己的书使我感到高兴。在这世风不振的新旧时代交替的日子里，他这种品性尤属难能可贵，使人起敬。

9 月间我在香港住了半个月，香港《文汇报》在 8 月底曾有专文介绍。在井中多年，出去走走，感触良多。我希望你还要加强英语学习，寻找机会外出一行，我也以此意勉励思和。我们五四时代的前辈，多半外出过，因此能学贯东西，给中国古老文化加进新鲜血液，推动了中国社会的前进，文化观念的更新，在历史上开创了一个新时代。这种传统，应该继承和发扬光大，而且也只有在对外重新开放的今天，才获得了这种可能，我们会珍惜这个新时代，不辜负它对我们的要求。

8月份胡先生火化，我在北京八宝山那些照片，如已洗好，请随信寄来。

这些日子我仍然极忙，但所幸我们身体都正常，我们亟希望你们夫妇能在春节回家时路经上海，借以小憩欢聚。

又，你得空常去木樨地看看梅志他们。

1985 年 11 月 13 日

19860129

寄去给彭燕郊先生的介绍信，和有关他的材料的复印件。他在湖南湘潭市湘潭大学中文系任教授，关于你想动手的福克纳的书信一事，你可在信上直接与他谈，我的信上只简要地说了几句。那份复印件一并寄他。我们此次本来带它到北京，未遇到他，就由你转他。

我们回来后，一切都好，不像过去那样，身体要不舒服几天。只是太忙，真是百事云集，因此，要不是你来电话，我几乎忘记了这件事。年纪老了，记忆力越来越不行了。真是可叹也夫！

余事就请照电话上说的办，5月份此间开新时期文学讨论会，我已请办事同志通知你，如届时能来最好来住上几天，可以借此欢叙；家里房子宽了，可以落脚。应红能同来顶好，她可趁机来上海逛逛。

问你们好！并在应红父母前替我们问好！

1986 年 1 月 29 日

19860906

前信收到。我和思和将于本月19日由上海乘机去太原参加赵树理讨论会，同机去晋的还有应邀参加这个会议的五位日本学者和两位美国学者。我们在山西将约有十天停留，因为我想趁机回阔别了近半个世纪的故乡看看。如果时间许可，我们回沪时可能途经北京，假如这样，我们就可以相见聚谈了。

现趁王锦园同志进京参加新时期文学讨论会之便，托他先把施昌东小传及照片带去，请你转交北京出版社的廖宗宣同志，我为昌东小说写的序文正在动手，在我们去山西前一定寄到。

前信附来的有关劳伦斯书信评论，已交译者乔长森同志，校改后直接寄你转交。乔现任校图书馆阅览部主任，他曾与沈永宝同志合作编过《路翎研究资料》（已交宁夏人民出版社，即印），也与别人合译过英国小说，也是一个肯努力上进的青年同志。

另外托锦园同志带上新出的上海比较文学研究通讯第 2 期二册，一册你留下，一册请转乃修。我因为忙乱，就不另给他写信了。

我今年又招了三个研究生，合起来有七个，所以分外忙碌，上半年学校事情一直忙不过来，这也是为施昌东小说写序的事一直写写停停的原因所在。近接宗宣同志信，说小说已付排，感激和高兴之余，我正在抓紧写成，争取不日完成我对昌东应尽的责任。

1986 年 9 月 6 日

19871205

信收读，关于我的所谓"历史问题"，实际情况你可查阅四川文艺出版社印的《中国文学家辞典》现代第三分册，书中所说的"两次受党派遣到国民党新闻机关工作"，就是指《扫荡报》和新闻检查所而言。关于1945 年在徐州一段，书中也有说明。关于 1980 年文件，当时那个中央文件未向我正式传达，只是传达了上海法院对我的案件的批示"撤销原判，宣告无罪"，作为正式平反文件。我当场提出那个文件的不实之词后（在复旦党委会纪委会，这个单位当时经办我的事件），他们回答说："那是北京说的，我们上海没说你不好。"他们要我向中央提出申诉，因此我向胡耀邦同志写了信，后来交由上海公安局办理，上海公安局承担责任，自责是"受了极'左'思潮影响"，原来的结论不当，表示在文化教育界发函更正。胡风逝世后，家属也就 1980 年中央文件所留的那些尾巴，要求澄清，当时中宣部答应发个补充文件，彻底澄清，中央公安部也答应在政治上彻底平反。后来因为政治的动荡，如反自由化等等，因此延而未办。这就是事件的概况。1955 年为了打倒我，报上还说我当过土匪、少将、人口贩子、鸦片贩子等，天晓得这是怎么回事。这种为目的不择手段的实用主义作风，经过接踵而来的反右，以至"文化大革命"，才彻底被老百姓、一切有良知的中国人看穿了，认识了，这就是历史的进步，历史老人的无情又有情。

本月 25 日我应国家教委之邀，将进京参加优秀教材评审会（住西四西皇城根人大常委会招待所），到京后我们再详谈。

现趁任一鸣同志进京查阅资料之便，先托她带上我们的问候和这封信，并介绍你们相识。任一鸣是我的比较文学研究生，明年毕业，她原是复旦中文系出身，和你应该是先后同学，她为人单纯，内向，初到京地，人地两生，还请你和应红对她在生活和工作上多加照料，是所盼望。

先写到这里，待见面时再详叙。

1987 年 12 月 5 日

19880504

目前接到贵州人民出版社莫贵阳信，得知你去那里开会，想来该已回京了，现趁桂英到京出差机会，托她带上我们对你和应红的问候。

我们两人和陈思和于 4 月初间到达香港，我是应中文大学新亚学院邀请到那里进行为期半个月的学术访问和讲学，思和则是应中文大学英文系比较文学研究所之邀，作为访问学者，到那里进行为期三个月的讲学研究工作。所以我们于上月下旬离开香港途经广州回到上海，思和仍然留在那里，要到 6 月底、7 月初才能回来。

这次香港之旅，一切顺利，总算无痛无病平平安安地回来了。

你寄来的《萧乾传》收到了，看到你的努力成绩，我们很高兴；我也常从《文艺报》上读到应红的文章，在这个社会剧烈动荡的时代，能尽其所能地做点应该做的事就好。

我们一切正常，今年有一个研究生毕业，正忙于帮助她写论文和准备答辩。

希望你们有机会南来，听说今年冬天，王瑶先生主持的中国现代文学研究学会将在苏州举行年会，如果真有其事，希望你们双双能借此南来走一次。

1988 年 5 月 4 日

19880628

　　早就收到来信了，因为学期将完，忙于研究生毕业与招生，加上这期间上海开了个比较文学年会，所以没有顾上给你回信。所说 1954 年一事，大致如下：

　　当时胡公在文联扩大会议发言后，该期《文艺报》也做了刊登。近春节来临，正是张禹在上海人民出版社出了一本介绍台湾的书，拿到一笔稿费（约 2000 元），我劝他拿出 100 元大家吃一顿，不足之数，由我补偿（后由泥土社老板许史华补贴）。因此才在锦江饭店楼上吃了一桌丰盛的酒席。到席的除我们夫妇和小燕外，有王戎及其前妻张某、耿庸夫妇和他们的大孩子东宁、何满子夫妇、罗洛、张中晓（已故）、顾征南夫妇、许史华、梅林以及张禹等人。席间，我多喝了几杯（那时年轻酒量很好），由于几年来对"左"的教条主义势力对胡风的排斥、压制不满，感到文艺上限制太多，没有创作自由，如此，我对胡公的发言十分赞赏，认为他伸张了正气，控诉了极"左"教条主义的错误。我站了起来，举起酒杯，大声说："胡风的发言，表现了中国知识分子的传统骨气，他敢于说话，我提议为他的健康干杯！"我发言突然，因此，环座的大家一时感到惊愕和出乎意外，但总算响应了我的倡议，迟疑了一下，但终于一个个站起来干了杯。

　　事实经过大致如此。在我被捕后，被当作一条"罪状"。说是为胡风的发言开庆祝会。据王戎后来（即打倒"四人帮"我们见面时）说，是他的前妻张某当时离席后就向上汇报的。而胡风的那次发言，就引出随后一期的《文艺报》附发了他的 30 万言书的一部分，气氛日见紧张，由"讨论"进而到"批判"，胡风那次发言也被说成是"向党猖狂进攻"的大罪了。今年 2 月，我去香港之前，中国新闻社上海分社派记者来访问我后，向海外发了一则报道我的电讯（我看到香港的《新晚报》和美国纽约出版的《华侨日报》都有刊载）。这篇向海外发出来的电讯，据记者说，是经过他们总社的负责人严格改过的，但保持了我对胡风的评语："胡风为人诚挚正直，有中国知识分子的忧患意识和历史使命感，明知不可为而为之，对中国文学理论发展贡献甚大。"同时，又由上海中国新闻社组织了我的一个在上海《文化艺术报》工作的研究生陈德祥写的我的一篇专访，由该社向海外发出，刊登在香港的《镜报》月刊，今年 4 月号。今年 5 月份出版的《法律咨询》也登了该社记者前年写的我的一篇访问记。这些访问记我事先都未过目，多有出入，但也记载了不少真实情况，你如写那本书需要，不妨找来看一下。

我早已年迈，本来想摆脱学校事务，把时间收归己有，趁机写点自己的东西，但一下无此可能。今年又招了两名现代文学博士生，加上现有的三名比较文学硕士生（明年毕业），只好再这么拖一个时期再说了。

思和在港本来预定住三个月，因为所查的资料不能如期完成，已商准中文大学延期一个月，大约 7 月底可以回来了。他在港地址是……

我们在本年 8 月间准备到北戴河住一个礼拜（中国作协安排），如届时能成行，途经北京时，准备少作居留，那时希望能见到你们夫妇和在京的朋友们。

又，无意间找到 1980 年上海市委发的给我平反的文件，抄一份附去。

1988 年 6 月 28 日

19880704

我们今天从哈尔滨回来，在那里听北方文艺出版社同志说，你曾给他们打电话询问我的行止，可惜他们没留下你的住址，以至我们会面失之交臂。

我们本来计划 8 月 20 日去哈尔滨，正是由于购买机票困难，一直拖到 8 月 30 日才动身，在那里看了萧红的故居，于今天乘机回来。不知你回到北京否？我已买到本月 10 日去北京的车票，届时拟与章培恒同志同行，进京参加中国社会科学院召开的"七五"规划本年度科研项目的审议及经费分配会议。该会定于 15 日召开至 17 日闭幕。我想借此在京中住几天，又需要赶回上海参加学校的一个会议，所以提前到京，先到我哥哥家里住几天，借此走亲访友，14 日到会议地址（国务院第一招待所即兴国宾馆）报到，18 日乘机回沪。机票事先已托北大友人代买。

先写信告诉你，希望此次能在京见面。

1988 年 7 月 4 日

19880115

我于北京开会后平安回到上海。但不悉应红的病是否已痊愈？现趁王宏图同学去京开会之便，带上我们的问候并介绍你们相识。小王是王运熙先生的儿子，思和的学生，现在在我这里学比较文学，是明年将要毕业的硕士研究生。

日前接高丽大学文科大学中文系博士研究生朴兰英女士来信，她读了你们的《巴金论稿》，意欲和你们结识，问我要你们的地址，她欲在大陆找一些有关巴金资料。这些资料我再和思和商量后会寄送她。其中她要的《从资本主义到安那其主义》一书，上海没有，北京如能找到，你不妨代为复印，费用可开个收据，由我们这里的项目经费内报销。

朴兰英的地址：韩国汉城市城北区安岩洞高丽大学文科大学中文系朴兰英。现将她的来信复印件寄你，她是《家》的朝文译者。

中国社科院文学所和上海社科院文学所近日在上海开了一个中华文学史料学会议，有台港学者参加，我昨天出席了闭幕式，碰到你们报社的姜德明先生，以及在文学所现代组工作的复旦60年毕业生徐迺翔同学。老徐为人诚实，现主持《中国现代文学大辞典》编辑工作。你们在京可以相互来往，他在文学所干了近30年了。

我们一切粗好，思和副教授职称，近已解决，也算前进了一步。

1988 年 1 月 15 日

19890113

问候你和应红过年好。

信收到了，昨天我接到这期《百花洲》，思和今天上午在这里，他也是昨日接到出版社寄来的一册。这家出版社负责人桂晓风是复旦同学，我也认识，你这本书的发稿编辑洪宜宾，也是复旦中文系68届同学。上次桂晓风来沪，我问他要关于庐山会议的那一期，因为据说被查禁了，街上看不到。他回去后，嘱洪给我寄来一册，洪信上还说，等你的文章那期印好后，寄我一册，因为我原不知道你要他们寄我。

文章昨夜我粗看了一遍，现在正在从头细看。今天接受思和的建议，他要我写一篇评论文章交《书林》。因为这个刊物曾让我写一篇关于此案亲身经历的文章。思和说，就将这篇文章交差，一来为你的书做个广告，二来因为你在"后记"中说，"写完的时刻在后面"，将来会不断补充修改，应该就在题材的发掘、扩展，细节的丰富等方面，给你提些参考性的意见，这篇文章很有意义。但是这得花一些时间，将来写好发表前，我会先将复印件寄你，再商量决定。

就现在这个本子说，该写的东西，那些重要的、关键性的情节与场面，基本上都有了，虽然有的地方还需要写得细密一些，但它已基本上比较真实而全面地反映了这段公案的历史真相，不会使读者失望。那些评论性的意见，也大都写得确切，恰当。尤其是把它放在整个历史背景下来观察、思考的写法，很有特色，不同于一般纪实文学作品的孤立状态的就事论事，平铺直叙。所以不仅引人入胜，也引人深思。

但有一些事实本身的出入，尤其关于我的部分，需要在出书时改过来。比如：

1. 我和任敏是 1943 年在西安相识的，那时我是个流浪汉，她则在陕西商业专科学校会统系学习。你把时间写成 1937 年，这个年份要改过来。1937 年 9 月前我还在日本，9 月才从神户到香港。任敏则在四川上中学。

2. 任敏回上海定居的时间没有明确交代，使人容易得出我 1966 年放回复旦，她 1967 年来了后就住下了（"文革"中她平均两年多内才能来沪住一个月），必要的地方可加上一句："她在我的家乡当了 18 年农民。"她1962 年从青海回山西前，看守所一个警察向她口头宣布，判她有期徒刑 10年，现在特赦释放，可以回农村，但又加了一句："不准回上海。"这个情节，现在书如已打了纸型，可以不加，留待以后处理。

又，第 143 页介绍任敏，说是我两次被捕她在外面四处奔走，应加上一句："送牢饭。"其中 1947 年被国民党逮捕时，她同时被捕，外出后……第 144 页，我哥哥的孩子（即燕林），你写成被送回山西，应该改为"送回北京她父母处"。

3. 我 1945 年在徐州郝鹏举那里，官职是淮海省政府参议（郝是省长），你写成"副议长"，其实当时就没有这个官职（前文说是"参议"）。应改过来。其实所谓"参议"是个闲差，每月拿些车马费，没有具体工作。关于这一段，尤其郝，我将来会写得详细点。倒是日本投降后，他投入新四军后，又被蒋介石收买"反戈一击"，而被俘虏正法。当时郝"反正"后，国统区官报大肆吹捧宣传，树为典型。那时我住在胡风家里，他对我说，你不是当过他的参议吗？可以写点文章。我写了一篇长文《谜的人物郝鹏举》，以中立态度对他揭发批判。此文以"王思嘉"笔名同时在《文汇报》和《联合晚报》（当时一家进步报纸，主编就是《世界知识》的主编冯宾符同志，他住在胡风隔壁）登出。《联合晚报》全文刊载，分两天登完；《文汇报》只摘要登载。这点情节，是随手写下来的，现在不忙于收入，将来再说。

4. 何满子未到过新文艺出版社工作，该社成立时，王元化、耿庸、梅林离开了震旦去了新文艺，我聘何为兼职教授（还有费明君）。思想改造时，何没有参加，所以同年8月院系调整时，何未分配，他在家写作白话聊斋，只是在1956年释放后才分派到古籍出版社。费因参加了思想改造，被分配到新成立的华师大任副教授，我来了复旦。

5. 我1947年9月被中统局逮捕关押，任敏同时被捕，她住了不到3个月放出去了，我则坐到1948年冬天才出来，你写成1948年被捕，应将"8"改成"7"，否则脱离事实。我出来是靠海燕老板俞鸿模（那时他的出版社已移到香港，恰巧此时来沪，由胡风面托他）。俞和我是留日同学，在东京时他作为"东流社"的一员，还印过一本小说集（在东京出版）。俞转托了伪中央信托局副局长骆美中，以留日同学的名义保我，因为骆也是留日同学（此公我不识也从未见过）。他和俞都是华侨，家庭有商业关系，听说俞为此送了他一个一克拉重的钻戒。骆问俞，我是否党员，俞答不是，骆说："党员我也敢保。"（海燕的一个伙计是党员，也是托他保出来的。）骆答应后，俞交代任敏往骆处取回他致中统局上海负责人（中统局副局长）季源博的信。任敏交信后，我很快就"无条件"地放出来了。俞也回到了香港。我出来住在大西路郊区法华区乡间一家农民阁楼上。1949年元旦那天，我因为这以前根本不敢外出，只伏在房东的一只箱子上，由任敏借来些参考材料，埋头写《近代中国经济社会》，写了20多万字，写了三个整夜，刚要小便准备睡觉，便一头昏倒了，经过任敏和房东的"抢救"（喂点开水），才醒了过来。在元旦那天，任敏说，书也写完了，那就去城内梅志家去吧（前此胡风已去了香港），晚上我们从梅志家回来，房东面如土色，惊惶失措，对我们说，下午有两个来历不明的人，蛮横地踢开家门找贾植芳，房东否认住有此人（因为阁楼的扶梯是竹的，下来后可以移到一旁）。他们四处巡视了一遍，才气呼呼地走了。第二天一早我们就离开这里，临时住在南京路的高士满大楼（楼下有个营业性舞场）一位医生朋友家里避难。好在在此以前，法华街查户口填身份证，我化名贾有福，以我的伯父的公司"丰记商行"职员的名义领到"国民证"。任敏四出卖稿，很快卖给棠棣出版社，我们有了一笔钱（出狱后我伯父给了我 5 亿伪币，大约相当于现在的 2000 元），坐船去青岛，离开了上海。（在此以前俞从香港来信胡风处，说是中统局要他通知我，要我到他们那里"谈话"，我们认为凶多吉少，这也是离沪动因。）……这个情节现在不需要加，我只是想到写到，将来用到我的回忆录里。我已决定，由人帮忙录音，从今年开始写回忆录，就以 1955 年为中心，向前后开展，或交叉进行。

写得很长了，只算是纸上聊天，所指出的那几处与事实有出入的地方出书时有必要改，那些细节就先算了。

我从北京回来后，再未外出，这个时期，生过两次小病，一切如常。思和已特批为副教授，学校现在把他当成青年一代五个年轻学者之一来宣传，校门口张贴了他的彩色照片（其余四人，三人为理科，一人文科为王沪宁，国政系）。

我们欢迎你们今年春节后来家里小住一个时候，大家多谈谈，讲讲。

任敏附笔向你们拜年，她祝贺你胜利地把书写成了。桂英夫妇附笔问候。

又想起两个细节供你参考：

1. 我在狱中番号，初抓进来时，在第三看守所，叫"1042"。反右后，因为复旦的"右派"鸣放时为我叫屈翻案，我被改成普通犯人生活待遇（初进来以后，吃小灶，还发香烟），随后押解到第一看守所，番号成为"1783"，一直到 1966 年 4 月判刑释放押回复旦"监督改造"。这里还有一个"故事"。打倒"四人帮"后，我在文艺会堂碰到王若望，他对我说："老贾，我顶替过你。"我听了奇怪，开玩笑说："儿子才能顶替老子，你怎么会顶替我。"他说："唉，是这么回事。1966 年'文革'前你放出来了，我倒变为'现反'（原为右派，反胡时的'积

528

极分子',还出过一本专著《胡风黑帮的灭亡及其他》）被抓起来了，押到第一看守所，管理人员说，贾植芳刚出去了，'1783'这个番号现在就用在你身上。"

2. 1955 年批我时，报刊上称我为"土匪、少将、人口贩子、鸦片贩子"等，但当时并未见说我是"汉奸"。这个头衔是 1980 年文件首次使用的。"文革"中外调人员说我当过"日本皇军的翻译官"，这是对我 1938 年分派到国民党第三军第七师（当时在山西中条山前线作战）当上尉日文干事（专管对敌宣传翻译，归总政治部第三厅〈郭沫若是中将厅长〉领导）一事的扭歪变形。以上几个"土匪"等头衔你文章中都提到了，也做了一些分析。这里还有一个插曲：我初抓进来时，除过提审外，更多是看守人员送给我一个名单，要我逐一交代（书面）。一次送来一个名单，上面列的人名，都是我过去写小说时的人物名字。我对他们说："根本没有这些人。这些人是我做小说时编造的。"他们回答说："你编造时总有活人根据呀！"我们同志文化水平低，他们把文学作品看成新闻记事了。我想，大约他们认为，大概我写的这些人物，就是我自己的化身，而我在小说中，写到土匪、少将、鸦片贩子、人口贩子这些人物形象或情节以至细节。

以上所写，都是临时回忆到的，算和你们聊天吧。又及

1989 年 1 月 13 日

19890314

收到来信，得悉你已从家乡回到北京，你们一切都好，十分高兴。

我们两个前三天才远足回来。我们先到厦门开会（沿海 7 省市比较文学会与香港比较文学会合办《中外比较文学通讯》杂志，用中英文在上海、香港出版，为此在厦门大学开一个编委会，我被聘为该刊顾问），在这里住了 5 天，又去了浙江金华，我和章培恒是这里的浙江师大的兼职教授，离沪前向章约好，按时我们到金华，他从上海来金华，我们在这里讲课，座谈。住了 6 天，我们才又由此到了郁达夫家乡——富阳，住了一天，由此到杭州返沪。前后近半个月，因为我到底年纪大了，感到十分劳累，所以几天在家里休息。

《文坛悲歌》在上海知识界有强烈反响，我碰到一些老中青文学人士，都争相阅读。《新民晚报》有两篇文章，评价很高（随信附上），听说，《报刊文摘》也做了介绍。

我觉得这件历史公案，作为当事人，很难避免感情因素，往往看问题失之偏颇，也不排除由于现实环境，某些人还有所顾忌，这都是事之常情，不足为异。你已是隔代之人，执笔写来，必然是客观而全面地观察、分析那些历史现象以及人们的生活境遇与精神世界，这样就比较更接近更真实地反映历史真相。我认为你基本做到这一点。又由于这宗历史事件，于今相去不算太远，那些主持和参与其事者（即主凶和帮凶），也不免要触动神经，甚至反扑，这都是意料中事，不足为异，总之，你写的是真实的历史，正如某些评论家说，用的是史笔，对得起历史的真实，也就俯仰无愧，由他们七嘴八舌好了。历史终将证实它的公正。至于其中某些细节上，由于事前未经核对，所有失误之处，有再版机会和你补编时更正一下就行了。这关系不大。（或许你写个《书后再记》，提一笔就行了。）

此次北京之会（即你说的由《文学评论》《百花洲》及人民日报出版社召开的会议），我相信你能冷静对待，无论什么意见，都请以客观冷静的分析态度处之就行了。

4月武汉之会，我们和思和尽可能都去，那时再长谈。

我此次外出在杭州遇见冀汸，他也对你的劳动十分肯定，只是认为像孙钿、胡征这类朋友，以及路翎的夫人余明英应该补写一下。这个意见可供你写《补编》时参考。

你希望有外出的机会，很好。我想，本年5月香港大学来人，我给他谈谈，希望由香港大学邀请出资，你先到那里做个短期（半至1月）访问也好。至于国外，我再进一步联系，找适当机会。

香港友人来信向我索取本期《百花洲》，信上说，港报已有报道，为此，我向责任编辑洪亮（即洪宜宾，他也是复旦同学）讨来一本寄出。但不知此书港版印行情况如何。

等你的书收到后，我将分寄外国友人，并建议他们下笔译出，因为这已是一个惹起国际性瞩目的重大历史事件。他们并不是单纯从文学争论观点，而是注意于从政治社会角度，借此研究中国的历史社会与现实。因为这事件本身很有典型意义。

先写到这里。思和职称问题，去年已解决，现在一切正常。

问候应红好！任敏附笔问候你们好。

1989 年 3 月 14 日

19890501

兹介绍宦国瑞同志去看你，并希望你们结交。宦国瑞同志正在写作宦乡先生生活与学术传记，你们可以就传记写作上互相交换意见彼此促进。

我们下月武汉开会，希望在那里能碰到你。

1989 年 5 月 1 日

19890726

收到你们来信，我们全家都很高兴，因为从那件事变之后，我们就惦记着你们，大家都悬着一颗心。得悉你们平安，给了我们很大的安慰。

今天上午思和来，加上唐金海同志，我们谈了关于今年 11 月间在上海青浦县举行巴金学术讨论会问题，已得到上海作协的支持，由复旦做主要发起人，不日当可发出正式邀请，姜德明同志已列入邀请名单，请你先和他打个招呼，并代我向他问好，去年 11 月间他来上海出席中华文学史料会议，我们曾见过面。

我们也盼望你和应红都来，会后，在我这里休息一个时期。相识的上海文艺界朋友都关心着你们。世事不靖，这一个时期，你能译点书，再整理些文学史料，埋头做点学术工作为好。

学校已提前放假，也将提前开学，我们和思和都还好。那一个时期，我们在武汉，思和正陪新加坡访问学者王润华教授夫妇游杭州，都不在上海。我今年又招了一名硕士生（比较文学），手头还有两名博士生（现代文学），思和从上学期起，担任了新成立的比较文学教研室主任。前几天，我们夫妇应《上海文学》的朋友邀请，和他们以及上海一些作家约近二十人到西施故乡——浙江诸暨县游了几天，看了那里的山山水水，原定于暑

531

假回山西休息的计划，因时局形势，暂且作罢。学校从 5 月以来，已不能正常上课，小彤已回京度假。前些天，先后接到廖天亮从武汉来的电话，孙乃修自京中来信，知道你们都在京平安，现在又工作正常，少了我们悬念之苦。你们在京见到后，都替我们问候，还有潘凯雄也代我们问候他的平安，健好！

桂英附笔问候你们好！附武汉照片一张。

1989 年 7 月 26 日

19890926

这次能有机会在京中与你们夫妇相逢，看到你们生活工作正常，我十分高兴。回沪后，我与家人和思和们谈及，他们都感到慰藉。

学校已开学，我今年新招了一名研究生（硕士），手头还有两名博士生，加上外文系一位同志出国，他手头的三名硕士生也要转到我名下，也够热闹的。

我和范伯群、曾华鹏两位主编了一部《中国现代文学社团流派》，共 90 万字，因为目前学术著作销路陷入低谷状态，为了以广招徕，我请苏州大学中文系的一位青年同志栾梅健写了一篇评介文章，现寄去原稿，希望你们能登一下，也算做个广告的意思。文章如能刊出，请将报纸稿费等直接寄给苏州大学中文系栾梅健即可，他是一个很知上进的青年同志，将来有机会，你们也可相识相交，《流派》一书给你们留一部，迫 11 月份你们来沪参加巴金学术讨论会时带去。应红来参加会议，如旅费无处报销，会议可办理。开过会后，你们在家中小住一个时期，散散心。

我们最近又去了一次苏州，参加教材审稿会，在该处小书摊上购得《文坛悲歌》一册，真是令人高兴。

下月中旬，我们准备到金华住几天开会讲学，思和也一道去，那里山水人情都好。

1989 年 9 月 26 日

19891014

　　信收到了，得悉你们一切安好，我们放心，安心。你前寄来的那份材料，我曾复印了一份，但因年老记忆衰退，家里书物放置又杂乱，一时竟遍寻无着，所以一时还不能寄你，同时，我又给日本友人写去一信，请他在日本复印一份并和见到的其他文章资料一并见寄。

　　现随信附去今天思和寄来的香港《大公报》（8月26日）上也斯先生的读你的那本书的评文复印件。作者也斯是香港大学比较文学系教授梁秉钧先生，与我们和思和都很熟，他们夫妇都是香港作家，但愿将来你们也有相见相交机会。你的那本书已在香江出版社印出，书名更改为《历史悲歌》，这是从梁先生文章知道的。同时，我又给香港友人去信，要他收集海外报刊反应材料。因为想来它在海外知识界一定有所反应和评论，收集起来，可以供你参照。

　　另外，思和应那里《大公报》之约，写了几篇我的印象记，想来你那里不一定看到，因此要桂英复印了一份，随信一起寄你和应红。

　　下月21日上海巴金之会，希望你们及早先到沪上盘旋几天，一起再去青浦开会。会议是个小型会议，也有一些外国友人参加。

　　想到很快可以相见，十分高兴。

1989 年 10 月 14 日

19891201

　　想来你该从江西回到北京了。顷接英国剑桥国际传记中心来函，该中心出版的《澳洲及东亚人物辞典》*Who's Who in Australasia and the Far East* 拟在 1991 年出版再版本，该辞典初版本编纂时，我曾应邀推荐了几位我熟知的我国当代作家、学者进入该辞典，编列条目。现在我拟在该辞典再版之际，向该辞典编委会推荐几位我熟知的中国当代中、青年学者作家进入该辞典，我拟将章培恒、你及思和、乃修几位向他们推荐，你接信后，可按我随信寄你的该辞典初版本为我写的条目的内容要求和格式，用英文打印一份你的传记材料——包括生年、籍贯、婚配者姓名（即应红）、学历、

533

经历、创作及著译情况（著译书名及出版年份），以及你的爱好趣味等组成一个专条（你们尚无子女，就暂不必填写），及时挂号寄我，以便我汇总寄该传记中心。（你的现通讯处及电话也在条目中列出，他们接到我的推荐函后，研究成熟，会直接写信通知你。）

我们一切如常，北京已入寒季，望你和应红注意饮食起居。问好！应红均此不另。任敏附候。

1989 年 12 月 1 日

19900306

收到你们的来信，在此之前，即春节前夕，又收到你们用电报打来的拜年片，十分高兴，因为得悉你们工作正常，又且李辉的译文也已竣工。这个时代环境，埋头系统地读点书，做点翻译也是充实自己、建设自己的机会。

你给英国剑桥国际传记中心寄的传记条目及你的著译简介，我早已转给该中心了，想来他们会直接写信来联系的。前些日子一位日本友人送来一册近期的日本社会科学杂志《窗》，那上面有一篇著名的日本中国现代文学研究家丸山升（东京大学教授）写的《知识人走向自立的摸索》，研究中国知识分子的处境和文化心理、社会性格，其中论及你的《历史悲歌》一书，予以很高评价，他把这本书看成自己最喜欢的一本书，此文俟我请一位同学译出后再寄你参考。

去年你社姜德明同志曾来信约我为他编的《人与书》之类的书写一篇短文，推迟到现在才算写成，但不明此书现在编辑出版情况，不好冒然寄给他，因此随信寄你，请你看情况处理，好在只有三张纸，我也留下复印件。

我们一切如常，思和常见面，我今年奉命招一名博士研究生，也是例行公事。

你们在京除工作外，应注意环境和身体，埋头读些书也算收获。

我战前去日本读书时的母校——日本大学拟邀请我们一家（我们夫妇及桂英）到日本访问讲学数周，目前正式请柬还未寄来，如果决定成行，再选个良辰吉日。但起码到秋末了。

听说吕胜已出国到澳洲，不知确否？上海和你们去岁来沪时情况一样。

新的一年又开始了。祝你们身体健好，生活安泰，万事大吉大利！

1990 年 3 月 6 日

19900818

好久不写信了，暑假小彤回京时，曾着她送你们一册《中国现代文学的主潮》译文集，想已收到，这本书印了五年才出版，有几篇译文还被抽去了，出学术书实在不易也。

听思和回来说起你们的近况，我们都十分安心。欢迎你们得暇来小住。

我们两人已接到日本大学邀请书，和往返飞机票，已决定 10 月 7 日动身去东京，10 月 28 日返沪，为期三周，一切费用概由日方负担。我到东京将到四个大学讲演，因此你上信说的东大的丸山升先生等一定能碰到，并代你们向他问好。目前学校已将我出国讲学事向国家教委上报审批，又因为我们都年过 70 岁，照例还得做一次体检，估计大概没啥问题。但愿能按计划成行，到我年轻时生活过的地方再走走看看。50 年真是一瞬间耳。

上海天气仍然闷热，为此我们借去贵阳开会机会，外出逃难，又在昆明住了几天，但 8 日回上海后，仍然天气闷热，不过比我们出走时气温低些了。

你那本书，听说日本有人打算译，我希望能趁此次出访机会，促成其事，这就要看日本出版市场的风色了。

听说今年北京气温也较闷热，希望你们注意身体，也要注意休息才好！

1990 年 8 月 18 日

19920301

现在趁提笔给你们复信时，先在书面上给你们拜个晚年，祝你们生活幸福，万事如意，身体健好！

得来信，得知李辉将有斯德哥尔摩之行，十分喜欢。我们在封闭性环境里生活久了，外出走走看看，十分必要。你到那里讲中国现代文学，不知是否需要参看一些近年编印的中国现当代文学史和文学作品选读这类高校教材性读物？我这里有这些东西，如需要可来信告知，以便及时寄出，作为参考之用，省得准备零碎的读物费时费力。

现寄出新出的两本小书，一本是我们家乡出的我的作品选《悲哀的玩具》，印得很蹩脚，原稿近 30 万言，被压缩成 18 万字，印刷水平，可和"文革"中的批林批孔读物相比肩，而定价却又有"超前意识"，每本 6 元！……但从另一方面说，它又具有其时代特色的"版本"意义，那你们拿一本玩玩罢！一本乃修编的我的序跋集《劫后文存》，上海印的，印刷质量还比较体面。另外几本，分送廖天亮、潘凯雄，好在扉页上都有签名。

上海今年比北京冷，也因此我患的"老年瘙痒症"，特别烦人，吃了饭就忙于求医问药，最近一下子打了 20 针（每日打一次），加上气温转暖，算少些苦恼了。真是阿弥陀佛！

你出国的准备工作不知进行如何？护照、签证（现在还多了一个项目：出国证），要抓紧办，催着办，省得临时手忙脚乱，因为我有这个"经验"。

你外出时，可以将你的著译带上一些，送给那里的老外朋友，也适当带上一些礼品，也不要买太贵重的，中国小工艺品（如北京的景泰蓝用具之类）就行；如有相熟的友人，送些中国茶叶就行了。

你外出后，讲学期如有可能，多延长一些时候为好（或以访问学者的身份），如有这个机会或可能，应红可以"探亲"身份，也出去逛逛。瑞典系北欧地区，附近几个国家——丹麦、挪威，也可就近走走，看看，这都是些有特色风味的国家。

祝你一路顺风，大吉大利！

1992 年 3 月 1 日

致孙乃修①

19840130[1]

乃修：

    你回京后来的两封信先后都收到了，后天就过年，我们先向你家及小何全家拜年，祝你们两家老少新春多福，身体健好！

    前些日子，外语学院比较文学杂志编辑部那几个同志来过了，他们说，原拟发在第1期上的你的关于郁达夫的译文②，出版社有些看法，并附来出版社编辑部提的一些译文上的意见，但主要因为郁的儿子在那里工作，他对作者对他父亲的评论有些看法，杂志编辑为了照顾彼此关系，只好把文章抽回。我们中国封建传统根深叶茂，孔老二的遗教"父为子隐，子为

---

    ① 孙乃修：1981年毕业于复旦大学中文系，同年开始跟随贾植芳先生攻读比较文学硕士学位，是贾先生招收的第一届比较文学研究生，1984年获硕士学位，分配至中国社会科院文学所工作。著、译有《屠格涅夫与中国》《苦难的超度——贾植芳传》《论怪诞》《符号帝国》等十余种。现居加拿大为访问学者。

    ② 此文系捷克汉学家M.嘎立克撰写，题目为《郁达夫和他的泛美批评》。后摘要发表于《文学研究参考》1986年第1期（中国社会科学院文学所编辑出版）。——孙乃修注。本节后同。

父隐"相习成风，现在更变本加厉，改变这种积习，还有曲折的斗争。你这篇译文，我看就照他们的意见（为了杂志的长命百岁），先不发了，就用在我们的丛书内；你那篇论文，他们编辑部找些人过目了，都认为有质量；至于你手头译的那篇论中国传统小说的因果报应①，他们都在催稿（因为第2期的中外文学关系栏，拟收一组古典文学材料），你在京如得暇，就加紧译出寄我（附原文寄我），我看过后再转给他们。

关于《外来思潮对中国现代文学影响》这本资料书，思和正在通读各文。我的意思，在文学部分（这是书的主体），除过思潮，理论、流派、主义，也收一些有关文学样式（小说、诗歌、戏曲之类）的文章，如此，可以兼顾到内容与形式诸方面，较为全面。我们后来在讨论时砍掉这方面的计划，是因为当时鉴于篇幅过于庞大之故；但从全局考虑，这类文章还得精收一些，如此"关系与影响"的内容就比较全，照顾到了。请你阅读有关材料时，也注意收集这方面的东西；关于理论、思潮、流派方面的文章，还有些欠缺，兹补上需要在京搜集和复制的题目一纸，请你在过年回校前能跑跑北图等处，如需介绍信，可找文研所徐迺翔开具，反正你们相识，我就不写介绍信了（你如认为需要，告诉我再补写，或需要学校介绍信，告诉我后当寄去）。

关于你将来工作问题，希望多和小何同志商议，妥善为好。也可和我哥哥谈谈，请他得便问问文研所的编制情况，是否有意添人。我给他的信内，也提到这点。

谢谢你弟弟为我放照片，我们尊敬这样的友情，视为一种精神财富的收入。

上海这些日子阴雨连绵，又晴雨不定，这样的天气，正形成上海人的生活性格，它富于变幻，但从发展观点看，它缺少停滞不前或保守自封，还有其可取的积极一面，老话说"上海是一个海"，大概就是一种科学的概括，在这里生活，积极的意义或许就在这里了。

后天过年，我们又陷于忙乱，不仅有故旧的相叙，今年因为我兼图书馆工作，还得挨门给那里的职工拜年慰问，但一年一度，也算人生一快也。

到你假满回校时，如小何同志有假期，我们希望她能和你一块来上海，

---

① 此文系美籍华人学者王靖宇所撰，题目为《中国传统小说中的循环人生观及其意义》，发表于《中国比较文学》1985年第1期（总第2期）。

那时我们再在一块补过个年吧。

问好！

小何同志同此。

贾植芳　任敏

1984 年 1 月 30 日

桂英附笔给你们全家拜年。

19840130²

乃修：

前后信皆收到。因为忙乱，一直顾不上给你写回信。过几天复旦即将举行新时期文学讨论会，邀请历届毕业同学参加，不知你可能到会否？我们则希望你能拨冗前来，借以相聚、相叙，你离开这里也快两年了。

从信中得悉你的《屠格涅夫与中国》一书有出版希望，十分高兴，并为你祝贺，我自当写几句话，也是这类意思，但这两个月我学校事务特别忙，图书馆新馆开张以及这次新时期学术讨论会，都占用大量时间，加上人来人往的应酬，十分忙乱，也因此，前月在北京举行的雪峰学术讨论会，我不能脱身参加。我希望这篇序文能在 5 月底交卷才好。

你译的俄国 Dostoevsky 的《作家日记》，我的朋友彭燕郊先生现为广西的漓江出版社编个译丛，我已向之推荐，不知你能抽出时间译完否？我很欣赏这本书，它不只是一本文学作品，也是一部作家的文学观，一个时代的文学界思想界的编年史①。

如果你能趁这次学术讨论会回校一次，那就太好了，我们等着。问好！问候全家好！

贾植芳　任敏

1984 年 1 月 30 日

---

　　①陀思妥耶夫斯基的《作家日记》是一本很重要的著作，它记述了陀氏本人的心路历程，也记述了那个时代的社会状况和思想背景。

19861225

乃修：

　　好久没有给你写信，接近日来信，得知小何生了个小姑娘，母子平安，健好，十分高兴；还望她们母子注意营养，保健，小何更要注意休息，多逸少劳，注意产后调养。祝贺你们做了父母亲，更希望你们的千金健康地长成！前接戴舫在美国来信，小王也在 9 月间产一女孩，从照片上看，这个生在异国的小女孩和你信上说的你们的千金同样健康，茁壮，可爱！她们两位同龄的小姊妹先后来到这个世界，我们衷心祝愿她们有不同于前代人的美好的命运！现趁思和去京之便，托他带上我们对你们全家的祝贺和问候，并带去上海麦乳精一瓶给小何，毛线一斤给小姑娘，聊表心意。①

　　小逸已给我送来你们编译的那套传记四册②，对多年封闭性学术环境说来，这些都是最及时的读物，继续出下去，一定能对我们的社会前进起些精神力量的作用。③

　　你的那部《屠格涅夫与中国》不知出版情况如何，我这几个月由于学校忙于评职称，几乎都泡在会议堆里，你要的那篇序文，一直迟迟不能完篇，如出书在即，也就算了，否则，我再补写几句交卷。

　　我们一切都好，详情思和可以和你再叙。

　　匆此，祝健好！问候小何和小姑娘好！

祝你们全家新春幸福，生活愉快！④

贾植芳　任敏

1986 年 12 月 25 日

---

　　① 对先生的厚意，甚为感谢，所痛心者，现在家已不家。

　　② 指我和友人编、译的《外国著名思想家译丛》前四本——《耶稣》《马基雅维里》《蒙田》《尼采》。

　　③ 诚如先生所言，此套译丛风靡一时，印数均达十余万册。历经坎坷多难之后，近期又上马，将出到近七十册。

　　④ 家破后，偶然翻见此信，心中怛然。往事不堪回首，然而我依然愿意将此伤心一页揭示于此，以示师友之谊，作为温馨之回忆。

19870212

乃修：

  收到来信好久了，因为忙过年，一时无暇写信。问候你们一家过年好！

  你信上说，随着孩子的降生，面对天真无邪的孩子的笑容，感到做父亲的责任的沉重，这使我感触很深，它使我想起年轻时读日本有岛武郎的小说《给幼小者》时的心情。想不到过了半个多世纪，你仍然萌生出有岛那样的心情，而且有增无减，那种悲愤之感、那种对下一代的殷切希望，仍然是这样现实中的一种理想，真使人感到历史前进的艰巨性和反复性。我们也只有尽其所能地做一些对社会有益的建设性工作，奋然前进，也只能如此而已，这就是责任。

  你的书《屠格涅夫与中国》如能及早排印，顶好……为你的书我已早写了一篇草稿。

  学校将开学，我们一切如常，今年你不知有机会南来否？在这样的时代，熟人们能多有些碰头聊天的机会，当是人生一大乐事了。

  问候小何母女好。你应多照料她们，把孩子抚养好，①使她茁壮地长成，当是人生的一大光荣职责。

  问候全家好；你也应注意自己的身体，这是我们的唯一财产。

贾植芳
1987 年 2 月 12 日

19870610

乃修：

  连续收到来信，因为我身边事情太杂太乱，这篇短短的序文，写写停停，一直到现在才完稿，耽误了书的排印，实在抱歉。

  稿子我已挂号寄给学林的曹维劲同志，并告诉了他我的住址和电话，

---

① 贾先生、贾师母随后寄来送给我初生女儿萌萌的红色毛衣等礼物。

以便有所联系。

稿子近两千字，也只是就你写的提纲，介绍了一下内容和我的一点感受而已。但盼望书年内可出版才好。

颜海平还未见到，她回国后，我们一家和思和与她相聚一次，你如在上海那就更热闹了。她回来要住两个月，不无相见的机会。

我应邀去美参加中美比较文学会议，会议 10 月召开，今年"压缩空气"下学校经费紧张，为了经费拖了好久才基本解决，如无意外情况，当可如期成行。我因为年迈生活习惯已成定型，怕不能适应西方生活方式和饮食，所以兴趣并不大。①

西安 8 月之会，人员名单我已看到，知道你也到会，十分喜欢，届时我当前往，思和和这里的三名在学研究生同行，那时我们又可在西安古城相聚，一块看秦始皇的兵马俑了。②

听说北京的气候今年也很不正常，像上海一样，希望你和小何以及孩子多注意饮食起居！问好！

贾植芳 任敏

1987 年 6 月 10 日上海

19890725

乃修：

收到你的信和书③，我们全家欢腾，因为久久不得你的讯息，我们都悬着一颗心，前此，小彤回京和廖天亮从武汉来电，我们都托他们打探你的讯息，现在总算安下心了。但世道仍然艰难，还望注意环境和身体，早点定下心来，译点东西，充实自己，求得自我慰藉。

书写得很好，装潢也挺大方，我那篇序言，《文汇报》压下，久久未发，现已和《解放日报》说妥，他们的"读书"版使用一个版面刊登我的

---

① 后因先生身体不适，放弃此次赴美参加会议的机会。

② 我因为去河南讲课而未能去成西安。甚遗憾也。

③ 这里的书是拙著《屠格涅夫与中国——二十世纪中外文学关系研究》，上海学林出版社 1988 年 12 月出版，收到此信，感慨良多。

序文，也请你写一篇两千字内的文章：《我怎样写〈屠格涅夫与中国〉》，一块刊出。并附寄你的近照一帧（我这儿有一张你本年来沪时我们两人的合影也给他们，由他们选用），随文章刊出。这个版面的编者，是查志华同志（复旦同学，女性，比你早些，也常写些文章，和我们常有往来，是个挺好的同志）。你的书如尚有余书，也不妨送她一册，借此交个文友。另外，我那篇序言再由上海新华书店办的《书讯报》全文刊出，你也可就近复印一份交廖天亮，请他在《人民日报》海外版登一下，向海外做个广告。你看这些措施如何？你的文章写好后速同近照一张直接寄我，由我转查志华；或由你直接寄她亦可："上海《解放日报》编辑部查志华。"

学校已放假，今年是提前放假，也提前开学，小彤现在北京家中，校内情况她更熟悉，因为那一个时期我们去武汉开会，不在上海。前几天，我们夫妇与《上海文学》编辑部同志约20人去西施的故乡——浙江诸暨县住了几天，观赏了那里的山水风光，前天才回来。我们一切还好。思和已于去年晋升副教授，他仍住市区，但每周来校时都到家相叙。

我们假期拟不再外出，你如愿意来沪小憩一个时期，我们全家欢迎，今年上海天气还算好，并不太热。

问好！书龙、桂英问候你好！

贾植芳 任敏
1989 年 7 月 25 日

19891103

乃修：

前信收到了，8 月份我借题目去京开会，见到了你们，十分高兴，我回沪后，和相熟的朋友们谈到了你们的生活和精神状态，他们也都感到安慰和高兴①。

听于东元说，下月在青浦开的巴金学术讨论会，你接到通知后，就写来回执，说如期到会，大家都很高兴。青浦开完会，你就在家里憩几天，养养身体和情绪。

---

① 母校师友们对我的惦念之情，常常使我感激系之，备感温暖，不独在此非常之年代也。

你那本书我写的序文和你写的专文，查志华来电话说，已将刊载文章的《书讯报》寄你，想来该收到了。她要在《解放日报》的"读书"版内刊载，早将稿子同照片发排，我家里未订《解放日报》，不知刊出没有，现在又值多事之秋，人们神经衰弱，也许还有所耽搁，那就耐心等着吧。

日前接香港友人寄来的该地《大公报》剪报，有一位先生在该报为你的书写了一篇评介文章①，我看了下，写得很有质量，也不知作者是何许人，现将该剪报寄你，留个纪念吧。

我们这些天一切如常，我大约由于年迈，正在延医治疗皮肤瘙痒病，可谓癣疥之疾，虽无大害，但生活上受到干扰，也成为一种心理上的负担。主治医生说，只要配合治疗，可望治愈，但愿他这句话是真话。

青浦会议，眼看就到了，届时一切再详叙。

匆此，顺候健好

贾植芳 任敏

1989 年 11 月 3 日

19900112

乃修：

接到来信，得悉你已安然返京并已上班工作，十分高兴。

你为英国剑桥国际传记中心写的传记材料，请抓紧用英文写好（按照辞书条目体例），寄我，以便由我先寄出，请他们参照，同时他们再直接和你联系。李辉的我已寄出，思和、天振的日内寄出。

我们一切如常，你走后，我们又去苏州住了几天，参加苏大研究生论文答辩。现在上海天气转冷，目前就不打算外出了。

《书讯报》寄来一张，连同上次和你与沈波的照片，现随信寄你，留为纪念。

桂英这月很忙，俟她为你复印的材料弄好后再寄你。

匆此，即颂健好

贾植芳

1990 年 1 月 12 日上海

---

① 此文系上尹撰写的《开拓现代文学研究新天地——读孙乃修〈屠格涅夫与中国〉》一文，刊登于香港《大公报》（1989 年 10 月 23 日）。我与上尹先生也不相识。

19900402

乃修：

前后信都看到了，得悉你写作的进度很快①，我们都高兴。只是由于季节转换，我这些天有些不适，只能休息为主，因此你提到那些需要回答的问题，只好稍推延一下，再作回复了。任敏则已写了不少②，正在誊清，可望早日寄你。

还是好几年前你还在复旦求学时译的那几篇关于外国人研究中国现代文学的文章，据复旦出版社的人说，下月（5月）可望印出，届时小彤回京时再带给你，也算一个纪念品了。

上海已进入春季，但仍阴晴不定，冷热不常，北京想（来）还要寒冷些，望多保重为好！匆此，顺候安好！

你在沪时编的我的序跋集③，学林出版社的李东前几天取去了。又及。

贾植芳

1990年4月2日 上海

19900424

乃修：

来信收到，得悉你生活安好，我们放心。我这些日子忙得喘不过气，所以对你提的问题，④还不能作答，大致到5月上旬就可以腾出手了。现寄上本期《上海滩》一册，是我的回忆录中关于1947—1948年吃国民党政治官司的生活实况，你在沪时曾据桂英的录音稿加以整理，

---

① 这里指我当时正在撰写的《苦难的超度——贾植芳传》一书。

② 这里指贾师母为我提供的自传材料。

③ 1989年11月，我赴上海参加第一届国际巴金学术讨论会，抽空为先生编辑了一本序跋集《劫后文存》。此书已由学林出版社于1991年出版。

④ 此处指我为写传记而向先生提出的若干问题。

我又把它编写成文，就记忆所及，做了些补充，尤其是细节，可作为你在写作中的题目的参考。书名就照你现在定的题目，如果能想到好的再换不迟。

现随信寄上任敏答你问一则，这则条目所陈，是为纠正 1955 年公布的所谓胡（风）集团第三批材料中作为罪状的一条按语，这就是历史真相，以便纠正那件被有意歪曲了的按语中所指控的事实，也有助于人们认识当时的所谓"政治斗争"方法和使用的手段。

祝你们一切都好！

贾植芳 任敏

1990 年 4 月 24 日上海

19900512

乃修：

近来一切想安好，念念。现随信寄上任敏写的札记，供你写作参考。她仍在继续写，她这些手稿，你用过后请保存下来，万勿丢失，她打算把这些从回忆写出的材料，将来整理出来，也算一个纪念。

另外，寄去《上海滩》一册，那上面有我的回忆录：《在国民党监狱中》，系你在沪时据录音整理出来，我又做了修正充实。作为史料性东西，可供你写作参考。

我们昨天刚从浙江旅游回来，也是应邀前往……

时序已进入夏季，望多注意身体。

问好！

贾植芳

1990 年 5 月 12 日上海

又，你寄汇来的 20 元，可能是《书讯报》的稿酬，他们已寄给我了，所以将汇来的 20 元退还给你使用。

又及 贾

5 月 13 日

19900524

乃修：

信收到了，现随信寄上师母写的生活札记，供你写作参考。另有剪报一份，是思和在香港《大公报》写的对你的《屠格涅夫与中国》一书的书评①。

你在校读书时，我们合作翻译的那本外国论中国现代文学的论文集《中国现代文学的主潮》，摆了五年，本月底可印出（复旦出版社），届时当寄去样书和稿酬。此事也可证明鲁迅先生明智的预见："要在中国办成一件事，就得争取长寿。"这位老先生虽然已逝世半个世纪了，但他的那些对中国历史和社会的观点和评论，到现在还有生命力，这也是中国的历史悲剧。

我们这些天一切正常，中间曾外出到苏州和浙江出游两次，都是短期。

匆此，顺候

健好！

贾植芳 任敏

1990 年 5 月 24 日上海

19900607

乃修：

前写去一封并附寄《上海滩》一册以及师母写的札记，想都已收到了。

近期《文汇报》有一篇评你那本书的文章②，兹将剪报寄你，我为《语文学习》写了一篇小文，也给你寄去该刊一册，供你参考。

---

① 陈思和同志书评题目为《屠格涅夫与中国》，发表于香港《大公报》1990 年 4 月 15 日。

② 此文即曹篱同志撰写的《具有拓荒意义的力作——读〈屠格涅夫与中国〉》一文，此文发表于《文汇报》1990 年 5 月 27 日。假如先生不寄来，我还真不会知道此文，先生心善矣。

我们这些天还好，只是临近假期我比较忙乱（职称评审，外地研究生答辩，为人作序等类），今年我招了一名博士生，四名硕士生，只是皮肤病为患，每周需要一次到三次去上农新村的海军门诊部求医（打针、涂药），是一大负担。

师母那些杂忆材料，很有时代意义，你用后都保存下来，这些写的我们1955年后人们对她的"革命态度"，这一历史事实，正是她在文末说的"这是在'左倾'思潮影响下人性失落所造成的历史悲剧，她们也是受害者啊"。但你如果用这类材料，则应慎重处理，因为在目前情况下，这类材料公开，会影响不好，正如我写回忆录，有的材料只能在我身后问世，目前"致干未便"也。

上海气温乍暖乍冷，京中想亦如此，望十分注意身体保健是盼！

问好！

贾植芳 任敏
1990 年 6 月 7 日上海

19900916

乃修：

收到来信，得悉安好如常，十分放心。又得知你这个时期埋头译书，又在酝酿学术专著的写作，更觉快慰。既然你可明年有职称评审机会，应届时提出申请，按你的学历、年资及学术上的成绩，是可当之而无愧。但中国是一个人治国家，学术工作又免不了受到一些非学术性东西的干扰，因此，嗣后应多注意人际关系的处理，这在中国这个社会环境里，简直是一门艺术，又实在是一种苦恼，而个人又必然是社会这个群体中的一员，这就是根源所在。

今年上海天气奇热，因此为了逃避热浪的冲击，我们趁到贵阳开会机会，到云贵高原旅游了一段时间，由贵阳而又昆明，跑了一大圈。

你前信提出的关于我的生活史上的一些问题，也因手上事太杂，无暇作复。这期的《上海滩》登了我的一篇纪念覃子豪的文章，提到我在日本的生活，现寄你两本，一本供你作为资料参阅，一本便中送我哥哥处（演乐胡同 46 号），因为文章中提到他。

我们夫妇应邀到日本访问讲学，目前正办理出国手续，日方已寄来两人的来回机票。在那里停留三周，下月7日成行，28日返沪。这对我来说，也算旧地重游。任敏跟我这许多年四处流浪，受苦受难，也是趁机领她到我年轻时生活过的地方走走看看，好在一切均由日方负担。我们此次去日本，主要是访问，也兼带讲学，主要到我那个母校——东京日本大学讲讲，这次就是他们学校邀请我返校看看的。又据日方来信，日本研究中国文学学者的学会，希望我讲讲和胡风的友谊史和在胡风事件中的经历，因为胡风先生也是留日学生，又是日本共产党员。因此我这些日子忙于写回忆性材料，想到的就写出来，并着桂英抄好复印。因为多少年来，忙于应付日常事务，无暇想到这些往事，这样集中精力和时间往历史深处看一看，倒像沉滓泛起一样，它们纷纷又浮上来了。除过其中的解放前部分（即我和胡风建交的时间，也是胡风事件中我被目为"骨干分子"的历史根源），我对他们着重谈谈外，解放后的部分只能概括性地说说。李辉那本书颇受日本学界重视，将有日译本[1]，明春可由日本著名的岩波书店出版。等我回国后，再将我这个时间所写的有关我的回忆材料的复印件一并先寄你参看。

还是你在这里学习期间翻译的那两篇美国学者论中国现代文学的文章，本已收入我挂名主编的《中国现代文学的主潮》这本译文集内，摆了五年，今年总算由复旦大学出版社印出来了。据编辑人员来说，你译的其中的一篇因为文内将浩然的小说中人物（大约指"文革"中的《金光大道》或《艳阳天》）与清末谴责小说的人物（清朝官吏）比较，他们害怕犯错误，因此排版时被总编抽下来了[2]。他们答应将原稿退回，稿费和样书由他们直接寄你（他们在我这里抄去了你在北京的工作单位名称），如尚未收到，来信告我，以便催促。[3]

暑假小彤回京（她已毕业在北京找到工作），托她给你带去一信和汗衫、袜子各一件，不知收到否？

你信上说的寄回来的任敏的稿子，思和收到后会送来的，他每周来学

---

① 此处指《胡风集团冤案始末》一书。

② 这里指美国学者白之撰写的《中国现代小说中的变异性与连续性》一文。

③ 原稿至今仍未退回，亦不知何故。

校上课总来家里一叙。

我们只希望你在埋头治学的同时，注意生活和健康。必要的营养、休息、娱乐都不可缺少，我们年纪老了，才深深感到身体健康的重要性，因为它是我们的唯一财富和资本。

匆复。

问好！

贾植芳 任敏

1990 年 9 月 16 日上海

19910322

乃修：

好久没提笔给你写信了。你回家后的各次来信和贺年片，我们都先后收到了。又从同学们的谈话中，得知你一切正常，挥笔不停，我们十分慰藉和高兴。

你到文学所已六载，还出版了好几本译著，专著如《屠格涅夫与中国》，在国内外都引起重视，受到好评。因此，本届或下届评审，你应自己提出申请，不可强求，但要争取。

我那本《序跋集》，小李①也来说过，他们出版社已通过，只是订数还得想办法，他们如印好订单后，我再活动活动，反正只是一千册，难度想来不太大。你给曹维劲同志写信，请代我们向他致谢，感谢他的热心支持，做这个赔本生意。

我的回忆录，思和已据录音整理出一部分（经过我的增改补正），已向《新文学史料》交了些稿，我怕他们的条条框框，牛汉兄来信说，将尽早发排，并要我"放开胆子写"，因为现在的写法，一反过去的报流水账式写交代的传统写法，而是从当中写起，即从 1948 年我走出监狱到 1955 年我又进入另一个监狱这个历史阶段，它可独立成书，题目就是《从监狱到监狱》（有 5 万余字），总题目是《在这个复杂的世界里》，就这么写下去再看吧。如果有敏感未便之处，不便刊载，那就放下再说，总之要写出

---

① 即《劫后文存》责编李东同志。

历史的真实来。①

现在虽然已是 3 月下旬了，但上海气候仍然阴冷，有人说，今年上海气温比北京还低，也是风水轮流转了。

望多保重，注意饮食起居。祝

健好！

贾植芳 任敏

1991 年 3 月 22 日上海

19910721

乃修：

前信和托谢天振同志带来的信先后收到了，早就想回信，由于上海天气酷热，我们年纪又大了，忙于抵抗热潮的侵袭，简直做不成什么事。人真像热锅上的蚂蚁一般。

听天振说起你的近况很好，我们听了放心而高兴。想不到你花力气、费时日把我的传记写出来了。说来惭愧，我只是一个平常的中国知识分子，不是什么人物，但透过一滴水也许可以看到一个大千世界，我的生活经历和遭遇，也许可以作为一点参考资料，帮助人们认识中国历史和社会，认识在中国这个有严重封建负担的国度里，做人难，做一个知识分子更难的历史命运。因此，如果这本书照例应有个题目，或是就叫作《一个中国知识分子的肖像》或《一个中国知识分子的历史命运》，或许切题。总之，由你决定。

关于所询我祖父在北京做买卖的地方，应该是骡马市大街，那个铺子叫"大兴永"估衣铺。八国联军时，我祖父在这家铺子，已熬到掌柜的地位，东家是河北人，姓田，经过八国联军洋兵的浩劫，我祖父用性命换取了这份财产，但他却疯狂了。也是在这个时期（八国联军进京前）我祖父因为做买卖积了点钱，清末可以买官衔（所谓"捐班"），我祖父曾花钱买了一个六品的官衔。听说他死后入殓时，就穿的六品官的顶戴官服。这就是"在京者近官"，这个传统，今天还不失传。

---

① 此文在《新文学史料》1992 年开始连载。

你编的我那本《序跋集》，李东上周末已送来校样，封面也设计得很别致。他说，今年底可出书，他们这份热情，在这个时代，很可贵，也很值得感谢！

我们预备月底到沈阳参加那里召开的"翻译与东西方文化"国际学术讨论会（桂英、张国安同行），也是借此到东北看看的意思，大约8月中旬可回沪。9月间在成都举行的巴金学术讨论会我不准备去，你如果成行，途经上海就可以相见。

思和不日启程去香港访问讲学，约一个月可回沪。看台北陈春雄办的书店广告，你译的《莎士比亚传》不久可以出书了，这说明他们经营有方，也讲信用，这样的出版关系应该以友情方式保持下来，也还有学术交流的意义。

北京气候听说没上海这么热，但仍要注意才好！

匆此，祝健好

贾植芳 任敏

1991年7月21日上海

19911021

乃修：

正惦念中，得到来信，十分高兴。我们这上半年老在外面跑，先后去了金华、南昌、庐山，7月底全家三口人去东北，由沈阳又去了大连，但从大连坐船回沪途中遇到风浪，我晕船，呕吐，回家后躺了十来天，经医诊治，才算好了。前些日子跑到宁波，苏州也前后去了两次。四川会议时，我正在大连，回来生病，所以虽然研究生宋炳辉及日本高级进修生坂井洋史都去成都了，但我却顾不上写信，当时我自己更不能成行，所以又失去了一次见面机会。但会后，我看到他们回来后谈那里的情况，知道你也去参加了。梅志先生回京后也来信，说你们是同车去成都的。

我在前此接到你的来信后，就找出一部分照片，但因杂事干扰，就摆下了，日内当再找一些寄你。

前此我和思和谈起你写的这本传记，他说，不知你找到出版社否？若一下还未找到，是否考虑就交台北业强出版社，因为这个出版社的总编辑陈信元上次来过家里，他前此来信说，他们社长 11 月间将来上海。

我们一切都正常，我忙于写些杂色文章。你为学林出版社编辑的那本《序跋集》，已排印好了，并正在看三校，李东来说，年前可出书，印数为 1000 册。你写的那篇《编后记》，我已交《上海文论》登一下，也是做个广告的意思，今晚该刊编者包亚明来说，已发排在这一期（第 6 期）了。

思和最近已搬到北四川路，离学校近了，他前些日子又去香港住了 20 天，他在台北业强印的《巴金传》，也出书了，那里印刷得很好，你译的那本《莎士比亚传》，我在谢天振处也看到了，还有这里小谈译的《尼采传》等。谢天振今天下午动身去了加拿大，作为访问学者，在那里有半年时间。……

李辉夫妇本月初自费来上海逛了几天……

不知你生活和身体情况如何，十分惦记！到你这个年龄，正应做事业、出成果的时候，但一定要注意饮食起居，注意劳逸适当的结合，才是长远之计也。

匆复，并问近好！

贾植芳 任敏

1991 年 10 月 21 日上海

19911114

乃修：

前信及你写的我的传记细目都早收到了，台北业强老板陈春雄来沪时，思和已和他说起此事，后来他临去北京前夕对我说，他愿意承印此书。但我和思和考虑到内容涉及政治，必须郑重。这虽然都属于历史了，但现实往往是历史的延续。因此，我们的意见是，最好先把稿子托顺人带来上海，我们浏览一下，主要是在政治上把把关。因为明年上半年他们（业强的总编和老板）还要来沪、京等地，那时交稿不迟，不知你意下如何？

学林印的我的《序跋集》，已在开印中，李东说，至迟年前可出书。你那篇《编后记》，《上海文论》已发排在现在将出版的一期上，也是做个广告的意思。我写的《前记》，《解放日报》的"读书版"已在 10 月 19

日登出，俟出版后，我想请现在的研究生同学在《文汇读书周报》等处，写文介绍，以广招徕。因为现在书刊销路，受经济冲击，很不景气，必须多通过媒介力量，广事宣传，这也是现在拿笔的知识分子的一种负担和悲哀！这种现象，在出版史上也算"史无前例"的现象。

我们一切如常，我在山西印了一本作品选，《悲哀的玩具》，年前大约也可见书，届时会寄你和京中的友人们留念。

匆此，并候健好！

贾植芳 任敏
1991 年 11 月 14 日上海

19911230

乃修：

新年好！全家好！

前后接到你的两封信，尤其是后一封，得知你中煤气幸而时间不算太长，又加上你年轻，才幸免于难①，我们听了后，十分意外，也十分关心。但这是一个严重教训，嗣后在生活中，应把保健工作提到重要的地位来认识和对待，首先应注意营养和起居休息，其次，在没有火炉便无法生存的北京，每晚就寝前，一定要封好炉子，最好放到户外，这样加强保险系数才好。

经过此次煤气中毒事件，健康一定有影响，因此，应该在这个时期，特别注意营养和休息，必要时，要看看医生，以免有后遗症。

现在日本友人高桥智先生②自沪到京，做短期逗留后再返回上海，由此回国。因此，今天给你发出电报，希望你能按他由沪飞京的班机抵京时间，在北京机场将你写的那部传记稿子交他带沪，如果来不及，就请他带上此信去看你，你再把稿子交他，因为这是一个机遇，最近我们相熟的人没有去北京的，所以只好托外国朋友了。我和思和希望能早日看到稿子，

---

① 1991 年 11 月 12 日我开始生火，13 日凌晨由于烟筒被堵而中了煤气，倒在地上。有幸的是，夜间放洗照片，凌晨就寝，中毒时间不算太长，可谓天欲生我。

② 高桥智先生是日本庆应义塾大学教师，从事中国古典文化及版本目录学研究。

以便过年后3月份业强出版社来人时，可以交他带走，争取早日出版。当前局势下，这部牵涉到现当代中国历史现实的书籍，也不可不慎，小心火烛为宜也。

高桥是我们的老朋友，他曾在复旦跟章培恒老师进修过，是个可交的朋友。

上海从前天起，突降大雪，气温急骤下降，据说这种天气，为数十年来所未曾有。马路上结冻，给人们的生活、工作带来许多不便，我们只好整天围炉取暖，度此严寒。

那本《序跋集》你写的《编后记》，本期《上海文论》已发出，我嘱他们将刊物和稿酬直接寄你，不知收到否？据李东说，书已在印刷中，节日后可出书。山西出的那本《作品选》，俟书寄来后，当送给曹维劲同志。前几天寄来几本样书，李东适在座，拿去一册，我除留一册外，都散完了。所以你那里，也只有等大批书寄到后送你了。

先写到这里。祝

健好！并贺

年禧！

桂英附笔拜年

贾植芳　任敏
1991年12月30日

19920204

乃修：

现在是旧历正月初一之夜，我们全家遥向你和你的全家人拜年，祝你们合家生活幸福，万事如意，大吉大利，身体健好！

前托高桥带来的稿子和后来的来信，都先后收到了，高桥智是我们家的老朋友，为人诚实正直，热情，坦率，又不像日本一般人有岛国小民的"小气"味，是个很重道义和友谊的人。我们希望以此为契机，你们交个朋友，他和我们说起在你家的印象，说到处都是书，孙先生是个有学问的人。

他几乎每年都来中国旅游和访友，是一个在感情上的"亲华分子"，又笃志于学问（研究中国古典文学，跟章培恒进修过）。

你的书稿我看过两遍，思和也看过，任敏正在看。你花了大的力气，写得很全面，我只是纠正一些史实上的出入，如何写法，则听从你的意思。惟鉴于目前动荡的时势，这书又要在台北出版，关于解放后部分，尤其是批评现实的，以小心为是。

……原本除过纠正一些史实外（我都用铅笔或圆珠笔注明或改正），可以先保存起来，以便形势有缓和时重印。……

上海今年特别寒冷，据说北京天气倒暖和，这种"天时"，南北倒置，却苦了上海人，因为上海一般居民并无取暖设备。我们则装了个煤气炉，日子还好过一些。

身体是我们的唯一财产，因此，希望在营养、休息、文娱活动几个方面，注意调节；更主要的是心胸开阔，中国的知识分子，只有用"儒道互补"的办法，才能比较合宜地取得生存权和劳动权，这是我的生命进入 70 以后，才更明确地意识到的生活哲理。由于中国社会结构并无深刻的变动，这种中国传统知识分子的生活态度竟还得延续下去。这真是历史的嘲弄。

就先写到这里，因为夜已经深了……

问好！并问候合家安吉！

贾植芳 任敏
1992 年 2 月 4 日夜上海

桂英附笔问候，向你拜年！

19920215

乃修：

大年初一写了上面那些话，本拟和给你的《悲哀的玩具》与给李辉、天亮的《序跋集》一块寄出，但《序跋集》家里无存书了，加上过年，李东又忙，顾不上送书来，所以就延搁下来了。今天翻抽屉，又想起此事，觉得还是先把信发出，书籍就随后寄了。

《悲哀的玩具》已托李东送曹维劲同志一册为念，在目前出版日益陷入低谷，知识进一步贬值的环境下，他们不顾血本地印这部赔钱书，盛情实在可感！

李东去年与文汇出版社相约，为他们编一部《历代名家尺牍新钞》，我写了篇序文，对选目提了些意见，但为了照顾出版社，用我们两人编著名义出版，《文汇报》也做了大幅广告。这种社会性读物，想来有些畅销……同时，上次业强陈老板来沪，也将稿子交他带回，出个海外版，此版即用小李一人名义，我作序就行了。小李写的每篇选文的注释，尤其是作者及选文写作背景的介绍与文章的评论，都写得很有分量和质量，是一部质量较好的选本，想来他会送你一册为念的。

我的回忆录——《在这个复杂的世界里》，《新文学史料》从今年第1期起开始连载，想来近日也该出书了。第二部分已整理好，还未发出，其余部分由思和据我的录音在整理中，我再加工增减修正。这也是我晚年的一件大工程，向历史做个应有的交代。

学校即将开学，上海气候这几天有些回升了。

匆此，祝健好！并问合家好！

贾植芳 任敏
1992 年 2 月 15 日上海

19920323

乃修：

章培恒从京中归来后，得悉那部书稿①你已取去，十分安慰。在稿纸上，凡与事实有出入之处，我做了一些校补；在目前时势下，为了出版的方便，需要"精简"的地方，我也做了记号，供你修稿时参考②。听说，业强的总编陈君 4 月 25 日就来了，希望能及时将稿子在京中相见时交他，有机会先出个"试行本"也好。

问好！并问候全家好！

贾植芳
1992 年 3 月 23 日上海
在长海医院病房③

---

① 即吾撰《苦难的超度——贾植芳传》一书手稿。

② 书稿已按先生所示做了删节和"精简"。

③ 先生由于多年患皮肤瘙痒症而住院检查、治疗，不久即出院。

19930201

乃修：

前后两信都收到了，得悉近况，十分欣慰。尤其是你的职称问题，拖了这么些年，总算解决了，而且是从 1991 年算起，总算前进了一步，不能不说是一件值得庆贺的事。

现在还在春节期间，四周偶然还有鞭炮声，我们先向你和你的家人拜年，祝你们全家新春欢乐，生活愉悦，身体健好！

去年一年我们只在年前连去了两次浙江——金华、义乌、东阳，讲学和开会，回来后，正赶上上海高校评职称，我又忙了一阵子，加上瘙痒症的干扰，所以许多友人的信都没有来得及作复。现在学校正在假期，清闲一些了，但到了本月 8 日又开学了。

你写的那本传记，先摆一摆再说，目前经济大潮冲击，一切向钱看，人们都热衷于追求自己的物质生活，有的文人学士，也纷纷弃文从商，改换人生选择，先弄钱再说，文化出版日益陷于颓势，严肃的出版物，因为不能带来丰厚的经济效益，出版者望而却步，这大约也是社会转轨时难以避免的历史现象。

《新文学史料》去年发表的我的生活回忆录，想也看到，目前我仍致力于这一向历史做交代的题材的写作——由思和根据我的录音初步整理后，再由我补充校改定稿，写一个段落发表一个段落，我接近八旬，应该对一生做个总的回顾和展望了。

70 年代末，胡风先生从成都给我寄来一首他在羁押中写的怀念我的旧体诗——《酒醉花赞——怀贾植芳》，记得你那本传记中曾引用过，但因为时间太久，我们一时又想不起原件放在哪个纸袋里，而我的关于胡风的回忆文中（"回忆录"内容之一章）又需要引用，为此，只有先麻烦你抄录一份寄来，以便引用。

你在《人民日报》上发表的那篇介绍《序跋集》的文章，我也找到了，写得很有深度，至于思和写的那一篇，则刊在《读书》去年的 10 月号上，想也看到了。从目前书籍市场形势说，因为出版社很少花钱登出版广告，一本书出版，只好寂寞地躺在书店里，不逛书店，很难看到，因此，能在报刊上写些介绍文章，首先起个讯息作用，这对于出版物打开销路，或许是个关键性的作用。大约随着出版业走向市场，原来那种封闭性的出版体制，也会受到冲击而改变。

上海今年天气较往年寒冷，从报上得知，北京比这里还冷，请多多注意保健！迫天暖花开了，希望能到上海小住一时，大家聚聚，增加一些人生的欢乐。匆此。

祝健好！

贾植芳 任敏

1993 年 2 月 1 日上海

致任一鸣①

19860902

一鸣：

    湖南文艺出版社李全安先生现在我家，你动手译的《勃留索夫日记钞》②事，我已和他谈及，他希望能见到你，最好将你已译好的稿子第一部分带来给他看看才好。

    我们等着你。

    问好！

贾植芳

1986 年 9 月 2 日

---

    ① 任一鸣，女，贾植芳教授指导的比较文学硕士研究生，1988 年获硕士学位。现任上海社会科学院文学研究所副研究员。译有《勃留索夫日记》。出版过专著《当代英国小说》和《比较文学的价值体系》等数十篇论文。

    ② 即《勃留索夫日记钞》。任一鸣译，贾植芳校。这里所收的书信，主要反映了这本译著出版的曲折过程。

19920303

一鸣:

祝你和小潘新春快乐,身体健康,生活幸福,万事顺利!

想你该从苏州回来了,今天接到天津百花文艺出版社编辑黎华信,他说《勃留索夫日记钞》他们已审好稿子,提出一些问题,并说拟下月发排云。我听了如坠五里雾中,不知他们手里的稿子是从什么地方得到的。①但他们愿意出版总是个好事,望你们接到此信后,得便来我这里一次,商谈一下。

我前此曾为此稿写过个《前记》,此书虽未出版,但该文已收入我的序跋集——《劫后文存》中了。此书去年底上海学林出版社已印出,你来时将送你一册为念。

匆此,顺问健好,并候小潘好!

贾植芳

1992 年 3 月 3 日夜

19921105

一鸣:

今特着桂英来看你们母女,并带上我们的问候。

从电话中得悉,你产后母女平安,身体正常,我们十分欣慰。但仍须十分注意产后的生活调理,注意生活秩序的安排,要注意饮食营养,休息,也应有少量的体力活动,如散步之类;把孩子哺育照应好,使她健康地长成,同时保持自己健康的体魄。现由桂英带去家里现成的两种营养品和 100 元人民币,你买些补品用用。

你还在月子里,当以多逸少劳为主。那篇译文的抄写,不必太赶"任

---

①《勃留索夫日记钞》,原系湖南文艺出版社约稿,交稿后拖延数年未付型,后由李全安同志转给天津百花文艺出版社,收入《外国名家散文丛书》出版,贾先生与译者都不知这个情况,故有"如坠五里雾中"之说。

务"，量力而行，慢慢抄好就行，实在顾不过来，就请小潘代劳抄抄也行。俟抄好后再交沈波①或王宏图②带给我，再转寄天津百花文艺出版社就行。好在这部译稿篇幅不算太长，想来今年前后可以见书了。现在由于经济大潮冲击，文化出版日益陷入低谷状态，这本小书能有机会出版，实在是运气，也得感谢原湖南文艺出版社的李全安同志的热诚的友谊和事业心。

我们一切如常。祝你们母女健好！问候你的公婆和小潘好！

贾植芳 任敏
1992 年 11 月 5 日

19930317

一鸣：

正在怀念中，忽然收到你从苏州来信，得悉近况正常，庆庆也长得壮实可爱，十分高兴。庆庆这张照片，现在就放在我的书桌玻璃板下面，使我可以常常看到这位刚来到这个世界上的小朋友。到她大些了，你再抱她到家里玩，我们和她本人再交个朋友。

得悉小潘在美国一切正常，十分安心，去信时请代我们问候。他身在国外，一定要注意安全和健康，要吃得好些，注意营养，注意休息，要劳逸结合，生活节奏要有张有弛才好！

吕胜③旧年前也来过信，他已由澳洲转到美国，在那里读金融，将来博士拿到了，再到华尔街去一显身手。他的爱人王颖也在美国读经济学，比吕胜早一年去的美国。孙乃修今年初被评为副研究员，从 1990 年算起，当"历史问题"处理了。这些都是你熟悉的同学近况。严锋现在在我这里读博士学位。林利平④在为上海日本三菱银行老板做中文翻译。近阅上海

①沈波，男，贾植芳教授指导的中国现代文学博士研究生。1990 年获博士学位。

②王宏图，男，贾植芳教授指导的比较文学硕士研究生，1989 年获硕士学位，当时任上海社会科学院文学研究所助理研究员。

③吕胜，男，贾植芳教授指导的比较文学硕士研究生，1987 年获硕士学位，后赴美国深造。

④林利平，男，贾植芳教授指导的比较文学硕士研究生，1989 年获硕士学位。后任日本三菱银行上海代表处翻译。

《文汇读书周报》，才得悉《勃留索夫日记钞》已经出版，定价 5.90 元。前得责任编辑黎华信，也说 3 月份可出书。看到广告后，我给黎华写了一信，请他代订 100 册，书价（款）从稿酬中扣除，因为一般说来，书籍出版后，出版社送作者样书只有 10 册，但托他们代购，可打七五折，以示优待。这样便于送送亲友，留下纪念。我想大约月底总可收到样书和回信，届时我再写信告诉你。在此商业大潮冲击下，文化出版界很不景气，这本书经过一些曲折，总算印出来了，这真是上帝保佑，我们的运气。

你目前在苏州居留，应该向组织把请假手续办好，也是中国的处世之道，省得人家闲言闲语才好。

我们一切如常，我仍十分忙乱。这学期，因为有一个博士、四个硕士要毕业，所以事情就更繁杂了。所幸身体还好，可以勉力应付。

匆匆写到这里。你在产后，尤要注意休养，注意饮食起居，保持身体的健康，养育孩子健康地长成。

问好！请代候你父母好！

贾植芳 任敏

1993 年 3 月 17 日上海

19930328

一鸣：

《勃留索夫日记钞》样书寄来 20 册，我这里已被同学纷纷讨去，没有什么存余了，先寄你一册，俟订购的书寄到，再给你寄出 60~70 册书，供你送亲友为念。稿费如寄到了，我会通知你，最好你有相熟的便人来上海或去苏州，你托他到我这里取去带给你，这比由邮局汇省事省钱。

在目前出版业不景气的时势下，这本书虽然经过一些曲折总算印出来了，听张新颖（他在《文汇报》做记者）来信说，市上已有售，包括这本译文在内的百花出版社的外国散文译丛，颇为读者注目云。

我们 5 月下旬计划去济南开一礼拜会，可能和陈伯海同志①同行，是中华文学史料学会的理事会，我是这个学会的会长，陈是副会长，到会的

---

① 陈伯海，上海社会科学院文学研究所研究员，当时任所长。

将有 40 多人，包括全国各地区，也顺道游泰山和曲阜。

你要注意产后的调养，把孩子带好，在健康情况许可的情况下也要读点书，写点东西，不荒废本业才好！

小潘去美后，想已有平安家书，写信时替我们问好！

问候你父母好！

祝

健好！

贾植芳

1993 年 3 月 28 日

一鸣：前信写好后，接到百花文艺出版社负责人谢大光同志信，附上请你一阅，阅后再还给我。

此候

近好！

贾植芳

3 月 31 日上海

又：今天我和陈伯海同志通过电话，他说书已收到了。我约他一块动身去济南开会，他说，恐怕去不成了，因为他很忙，文学所要减裁四分之一人员，他正忙此事云。

其他书信

致巴金^①

（19820105）

巴金先生：

转来的经过您校改的《访问记录》收到了，谢谢！我们将把它收印在《文学研究会研究资料汇编》这本书里，出版后当奉上一册，请您教正。

兹趁朱利英、陈思和、李辉三位访问您的机会，托他们带上我的问候。他们三位合编的《巴金自述》一书已初步定稿，我希望您能对选文目录严加订正，用以纠正我们的无知和失误，使这本读物更合乎实际和理想。您去年五月和日本《朝日新闻》驻上海记者的谈话，我们已根据1981年5月25日《朝日新闻夕刊》的专文移译了过来，计划收入这本《自述》，译文即由他们三位带给您，请您予以审阅，文中如有不实不确之处，并望更正。我们切望这篇谈话，在您的同意下，在《自述》中发表。

陈、李二位同学的毕业论文，都是以研究您的思想和作品为对象的论文，这是他们合写的一本书的两个章节，也是他们在大学学习时代辛勤劳动的积累和成果，也希望您能对他们的论题和内容，多加指示，以利于他们的研究成果在质量上得到充实和提高。

唐金海同志经手从您那里借来的您的几种作品的外文译本，用毕即行

---

① 此信由巴金故居提供。

奉还。

　　我们受命编的有关研究您的那套资料书，第二本是广泛收录一些有关评论文章，其中包括了"四人帮"的三篇"大批判"文章，我们是从文献学的观点看待这些不同时代不同观点的评介文章的，这些都是历史的记录。我们的观点和认识，想来是会得到您的谅解的。这一本正在看校样，第三本为目录资料索引，我们正在复审定稿。我们的这些工作，希望继续得到您的支持和指正；但每想到为此给您增添了不少麻烦，就感到十分不安了。

　　专此奉陈，顺颂

健康。

贾植芳

1982 年 1 月 5 日

致瑞典皇家科学院诺贝尔奖评奖委员会①

(19890120)

尊敬的先生们：

  非常感谢你们给了我这次参与提名本年度诺贝尔文学奖的宝贵机会。我坚持认为：如果巴先生能够成功获得你们的关注和认可的话，那对我的国家和人民来说将是更大的荣耀。纵观诺贝尔奖的九十年历史，有着光辉的过去和充满挑战性的当下的（中国）文学被排除在这个今天最具声望的奖项之外，是令人痛苦和非常不公正的。

  但是，我相信这种令人遗憾的现象只是由于过去几十年来的误解引

---

① 此信从常楠《从一封珍贵的诺贝尔文学奖推荐信说起——兼谈贾植芳的巴金研究》（刊于《鲁迅研究月刊》2015 年第 2 期）中辑出。关于这封信，文中有这样的说明："在北京鲁迅博物馆胡风文库，藏有贾植芳先生于 1989 年 1 月 20 日写给瑞典皇家科学院诺贝尔文学奖评奖委员会的一封推荐信（影印件），拟推荐巴金为 1989 年度诺贝尔文学奖候选人，该信用中英文双语写成，共计五页，全文抄录翻译如下：……此信原附在 1989 年 1 月 23 日贾植芳、任敏致梅志信中……"而 1989 年 1 月 23 日这封信，已经收入本卷《贾植芳、任敏致胡风、梅志、路翎、晓风、晓山信件选（1982—2005）》中。

起的。今天，我应该说时间消弭了所有有害的偏见和芥蒂，因为现在一个全球性的信念已然形成，那就是人类能够在这个狭小的世界上创造更好的生活。

这就使我更有义务去推荐巴金先生，终其一生，他都以无与伦比的真诚和忠实去追求人类的自由、和平和进步，这与诺贝尔遗嘱的精神完全一致。

复旦大学中文系教授
你真诚的贾植芳
1989 年 1 月 20 日

被提名人：巴金
理由：

半个多世纪以来，巴金在中国一直极具影响和感召力。他的无与伦比的真诚为他赢得"中国知识分子的良心"的美名，也使他的作品成为中国最令人难忘的一段历史忠实而又生动的纪录。在其卷帙浩繁的作品中，只消提一下《激流三部曲》就足以证明这一点，作者把读者带进一个中国旧式大家庭的许多最隐秘的角落，让他们得以真切地观看其无可挽回的崩溃过程和在此过程中各成员的诸色心态。与此真实细腻的描写连在一起的是作者毕生流淌的巨大激情。在巴金的后来的另一部堪称经典的小说《寒夜》中，激情变得更深沉、内在，与洗练圆熟的技巧和对人性的洞察愈加融为一体，从而使这部作品得以在一个很高的层次上深刻揭示人与人、人与社会的冲突的实质。我尤其要提到的是巴金不久前写就的由一百五十篇散文构成的《随想录》。这些内省的文字在无情地解剖自己的同时，实际上也完成了对中国知识分子心灵的一次严酷拷问，鞭挞自己灵魂的非凡勇气加上老年人饱经世事后的彻悟，使这部朴实无华而又实以血泪为墨的忏悔录成为中国知识分子灵魂觉醒的伟大纪录。即令巴金只写过这么一部《随想录》，他也永远不会被后人遗忘。

贾植芳

致鲁海①
（19920417）

鲁海②同志：

　　收到您的信好几天了，因为当时我正住医院治疗，所以无法回信，昨天才回到家里，才得拿起笔作复。

　　1936年春间，我第一次到青岛，是跟我的伯父贾翠丰去的，他那时在济南任英商公济火油庄总经理（抗战开始后，尤其太平洋战争后，日本侵略者与英美交恶，他的公司改名为"丰记土产商行"，与英商断绝了关系，他已于1953年故去），那次我在北平出狱后，到济南小住，他提议带我到青岛散散心，记得当天到达青岛后住第一旅馆（或宾馆），第二天住在他的一位姓江的朋友家里，此人当时有三十多岁，在市政府或什么地方当科长，他的弟弟就是山东有名的"神童"江希张（此人以《四书白话注释》一书闻名，

　　①此信由鲁海先生及青岛文学馆提供，刘群整理。

　　②鲁海(1932—)，原名鲁约翰。笔名申生、沙人、灵心、路南、齐山、余晓等。研究馆员。祖籍山东泰安，生于青岛。北京大学图书馆学系毕业。曾任青岛市图书馆馆长、山东大学兼职教授、青岛市图书馆学会理事长。著有《鲁海文集》《中国古代图书》《话说青岛》《民国往事》《作家与青岛》《青岛与电影》《青岛与戏剧》《青岛思往录》等四十余种。在报刊发表各类文章三千余篇。

40 年代我在上海一次宴会上相遇，他住在上海，是英国一家有名的报纸的记者或特约通讯员）①，原来这位江科长的夫人，是一位北洋军阀丁某的女儿，丁某是直系军阀吴佩孚部下，做过豫西镇守使，混成旅旅长，当时他寓居青岛，他和我伯父是朋友关系，因此，是这位江夫人的关系，我们借住在他的家里，住了五六天。当时接触的都是青岛的富商巨贾，出入于中西酒肆饭庄，我在这里并无个人朋友和社会关系，也没写什么东西。

1949 年春，我与妻子第二次亡命青岛，正如我的回忆录中所记载的，住在一个叫"三义栈"的小客栈里，我在这里译了三本书，其中只有恩格斯的《住宅问题》一书，于 1951 年 11 月由上海泥土社出版，其他两本译稿（《晨曦的儿子——尼采传》《幻灭》）因不合当时时宜，未能印出，1955 年我因胡风案被捕抄家时失去。只有我为《尼采传》写的序文《旧时代的回忆与告别》一文，写于 1949 年 4 月青岛解放前夕，被上海友人发表在上海《大公报》上，80 年代被查出后，我写了个附记，被一个在淮阴师专教书的青年朋友拿去登在他们学校的学报《文科通讯》1984 年第二期上，后来分别收入我的作品选《悲哀的玩具》（1991 年 11 月北岳文艺出版社版）和序跋集《劫后文存》（孙乃修编，1991 年 12 月上海学林出版社版）内。青岛初解放，我在那里写的两篇散文，《美丽的早晨》，《欢迎人民军队》，上海初解放时，前者刊在《大公报》1949 年 6 月 23 日该报上，被选入《中国新文学大系》（1937—1949 第十一集散文卷二），上海文艺出版社 1990 年 12 月版；又收入我的作品选《悲哀的玩具》。唯后一文《欢迎人民军队》，因我们这里的《大公报》收藏得不完整，还未找到具体刊登时日，但编者说，两文是前后刊登的。从 1949 年 7 月青岛解放后，我们又回到上海之后，这些年我们再未去过青岛。只是大约 1986 年 9 月我们夫妇去过烟台，我参加在那里举行的由中国社会科学院文学研究所主持的中国当代文学研究资料丛书编审会，住了大约不到一礼拜，住在部队招待

---

① 江希张（1907—2004），字慕渠，山东历城人。据传"生有异禀，周岁识'之、无'，三岁能文"，人称"江神童"。五岁时被推荐为宣统皇帝伴读，后因清亡而未果。九岁著《四书白话解说》《息战论》等书，名声益彰，被誉为"民国第一神童"。康有为先生谓其为"今之项橐"，收为弟子，与徐悲鸿同学。信中所言《四书白话注释》，应为《四书白话解说》。

所里，还乘海军快艇游了蓬莱。

上面说的大约就是我和青岛或胶东的关系史。

我希望能早日读到您主编的《青岛文学史》①，编地区性文学史我们目前还不多见，但很有意义，因为它大大加深或开拓了中国文学史的深度与广度，是中国文学史学科建设的一个重要工程。

匆复，并候

撰安

贾植芳

1992 年 4 月 17 日上海

---

① 由信中可知，鲁海先生给贾植芳先生写信的目的，是为编撰青岛文学史收集资料。后来鲁海撰写了不少有关作家与青岛的文章，并出版著作多种。

致吴宏聪①

（19950702）

宏聪兄：

　　信和书及稿酬都收到了，想不到你为这本书的出版，专为责任编辑玩忽职守毫无责任感的行为，花了这么大的力气、费了这许多心思，真使人感慨万端！其实，这种现象看惯了，也就不生气了，这是我们出版体制不健全的几种惯常的表现，包括旧的经济体制，我国出版社一概由国家垄断，这些工作人员既不是出版商，又不是出版家，而是些"出版官"！他们不学无术、高高在上，既不懂行，又干这一行，即所谓"外行能领导内行"，高踞在作者头上，当官做老爷，作者权益毫无保障；现在走向市场，他们又唯利是图，剥削勒索作者，这大约就是我们文化出版市场陷入混乱无序的历史和社会原因。你千万不要与他们为这类事生气了，你生气了，他们并不动心，我行我素。好在封面上已用贴面形式改过来了，也就算了，只是今后和这类人打交道你得提高警惕！虽然作为本书作者之一，我深深为你这种斗争精神感动，也谢谢你为本书的出版，花了这么多的力气，操了这么多的心，又费了这许多周折！

---

①此信从李勇、闫巍著《流淌的人文情怀：近现代名人墨记（三）》（东方出版中心 2014 年 6 月）一书中辑出。

稿酬也早收到了，寄来的五本书，除留一册留念外，其余四册分赠有关年轻朋友为念。

前此，我曾托人转送你一本我的生活回忆录《狱里狱外》，不知收阅否？这本书本来还没写完，只写很少一历史段落，但有机会出书，就发行一下再说，发在《新文学史料》杂志的题目是《在这个复杂的世界里》，出书时改了个题目，改得比较实际些，你就留个纪念吧。

上海虽已进入夏季，但气温极不正常，忽冷忽热、忽阴忽晴，其中反差很大，弄不好很容易感冒，为此我们两个还算好，生活得还正常。我们也有好几年不见面了，多么盼望你再光临上海，到寒舍再喝上几杯，并漫谈人生，因为我们都是上了年纪的人了，能见一次就是一次了!先写到这里。

　　祝
健康长寿

贾植芳

1995 年 7 月 2 日 上海

致李存光①
（19960329）

存光：

收到你从韩国回京后的来信（春节贺卡），得悉近况，十分欣慰。原来在此之前，就听到你去韩讲学的讯息，去年在上海出版了我的回忆录《狱里狱外》（即《新文学史料》上连载的《在这个复杂的世界里》）一书，寄上一册请你存念。因为家里已无存书，可巧手头有原寄给珠海一位老学生的一本，她大约是搬家了，退回来了，就先将这本重新签名送了你。

我们一切如常，只是一年年地老了，体力、精力、智力都在衰退中，所幸还保留一点"主观战斗精神"，所以我们没什么大病痛，只是按部就班地打发着日子，做不出什么事来了，所幸周围还有些青年朋友，所以日子还过得并不寂寞空虚。

坂井洋史来这半个月在上海（他带了十几位他的学生去上海一所大学进行汉语教学实践），我们又碰面喝酒了。前天看《光明日报》广告，人民出版社还刊出他与山口守合著的《巴金的世界》一书的广告，他和我都关心这本书的出版，看到广告，都很高兴，但希望能早日见书，也因此，

———————————
①此信由李存光提供。

希望你便中去问询一下是否出书，希望能早日看到样书。坂井下月三日回国，山口守年前来讯，在美国访问。听坂井说，他近日可能已回到东京来了。

　　陈思和去年年底被学校派到日本早稻田大学做访问学者，为期半年，下月底就可回上海了。

　　李辉夫妇前些天来上海走了走，也给我们的生活增添了一些热闹和欢乐。因此，我们也希望你今年能有机会光临上海，到我们家喝酒聊天。

　　但愿这一天早日到来！

匆此，祝

　　健康，并贺年禧！

贾植芳　任敏

1996 年 3 月 29 日上海

致沈扬①
（19970310）

沈扬同志：

您好！先向您拜个晚年，祝您身体健好，鸿运高照，万事大吉大利。

现寄上近作一篇，请你们审阅。这是为国家教委委托编写"比较文学"专业教材中青年朋友集体撰写的序文，借以谈了我对这些中青年学人的治学精神人文精神的认识，也借此介绍了这个综合性学科——比较文学教材的体例及内容，等于写了一个"安民告示"。如果《朝花》能发一下，也是借此扩大些学术影响，为当前的学术文化建设出些力气。

总之，请你们审阅定夺。如认为不符贵刊体例，就请退我，俟有新作，再行投稿。

耑此顺颂健好并祝
编安！

贾植芳

1997 年 3 月 10 日

---

①此信从沈扬作《贾植芳：晚年笔墨中的精神慧光》一文中辑出，该文收入沈扬著《朝花怀叙录：老编辑笔下的数十位名作家》（上海远东出版社 2008 年 1 月）。

致山东教育出版社编辑[①]

（19971225）

　　前信写好后，睡了一夜，今日早晨，偶然翻阅藏书，发现我在 1991 年初为一部译稿《牛津格言集》的中译本所写的序文，觉得它还对中西文化的异同关系说的那些话，还有点味道，"文章是自己的好"，所以又复印了一份一起寄您们，补入我那本自选集的《辑四　开放与交流》内。如何何处[②]，还请您们审阅是察，又及。

　　问好！

贾植芳

1997 年 12 月 25 日

---

　　①此信曾以"作者手迹"形式收入《历史的背面》（山东教育出版社 1998 年 10 月版）现据此收入。

　　②"如何何处"四字原信如此。

致复旦大学党政领导^①

(19980226)

天权同志及学校党政领导：

你们好！

自去年十月以来，我的老伴任敏因脑溢血两度住进医院。我们夫妇俩都是年逾八旬的老人，唯一的女儿当时又不在身边，但是从任敏病倒的那一天起，现在中文系攻读博士、硕士学位的十多位研究生同学张业松、张新颖、孙宜学、段怀清、孙晶、宋明炜、刘志荣、柳珊、周伟鸿、王友贵、汪凌、周涵嫣、黄红宇、钱亦蕉以及严锋、郑文晖等几位青年教师，都立即闻讯而动，或者来到我家照顾我的起居生活，或者排好了班次，轮流到医院去陪床看护。尽管他们各自都有着繁重的学习或工作任务，但在此后的几个月中，他们都投入了大量的精力来照顾我们夫妇两人。这期间，我的女儿赶回家中以后，不愿意再耽误同学们更多的时间，曾经拒绝了大家再到医院去的要求，可是这个学期开始后，同学们恐怕她一个人累坏了身体，仍然经常主动地到医院去替换她，直到最近，他们又重新排好了班，

---

①此信曾以《这才是真正的知识分子》为题，收入《新千年千字文》（上海教育报编，上海社会科学院出版社 2000 年 10 月版），并有贾先生的"附记"。现据此收入。

580

把去医院值班作为一件固定的事情来做。

这几个月以来，同学们为我们夫妇俩付出了大量的精力与体力。联想到前年冬天我自己住院时他们对我的悉心照看，作为一名并非他们的导师的退休教师，我只有心里面的感动与感激。由此我想到我们今天所说的"教育"的目的，所谓"教书育人"，也就是鲁迅先生所言的"立人"，其中第一位的事情其实正是确立一个做人的标准。古人云"道德文章"，又有"立德、立功、立言"之说，我以为在我们所从事的教育事业中，最重要的就是使我们的学生成为一个符合类似标准的人。在我看来，我周围的这些同学都是人品极为端正的青年人，这也许正反映了学校德育工作的出色成绩。正是这一点让我生出了以上的感想，并促使我写下这封信，我希望学校领导能把这封信转给校报，以借校报一角，一方面表达我对同学们的感谢。另一方面也是为了让他们的这种品格成为更多青年的表率，使"教育"的目的能够得到更大程度的实现。

　　此致
安好

贾植芳
1998 年 2 月 26 日

附记：翻阅案头堆积的信件文稿，忽然发现我因老妻任敏患病，写给我所在的工作单位的领导同志的信，想起不久前从报上看到有关"2000 年上海推进素质教育的文件"说"基本形成以德育为核心，以创新精神和实践能力为重点的素质教育模式"云云，我读到后，受到感动和激动。为此我将前些年写的这封公事信，公开发表，因为信中说的是具体事实和生活实践，并不是官样文章表扬信也。它的意义就是因为它的示范作用。

贾植芳
2000 年 1 月 17 日，上海寓所

致韩石山^①

（20050801）

韩石山先生：

　　您好！为了纪念我参加过的抗日战争活动，我在一位青年朋友协助下，写了一篇简洁的回忆录。现寄上打印稿一份，请您们审阅，如认为它尚有些史料价值，就请作为《山西文学》补白之用，如认为不行，弃之可也。

　　匆此。祝健好！

贾植芳

2005 年 8 月 1 日

---

　　① 此信所提稿件曾以《我的抗战生活的回忆》为题，发表于《山西文学》2005 年第 10 期。